岩　波　現　代　文　庫

ショック・ドクトリン

惨事便乗型資本主義の正体を暴く

（下）

ナオミ・クライン
Naomi Klein

幾島幸子・村上由見子［訳］

社会 345

岩波書店

THE SHOCK DOCTRINE
The Rise of Disaster Capitalism
by Naomi Klein

Japanese edition first published 2011,
this Japanese paperback edition published 2024
by Iwanami Shoten, Publishers, Tokyo
by arrangement with Creative Artists Agency, London
through Tuttle-Mori Agency, Inc., Tokyo.

目　次（下巻）

第六部　暴力への回帰――イラクへのショック攻撃

第七部　増殖するグリーンゾーン――バッファーゾーンと防御壁

〈上巻目次〉

第12章　資本主義への猛進
——ロシア問題と粗暴なる市場の幕開け

大統領閣下は、社会改善を目指す国々の管財人役を引き受け、その社会システムの枠内で理にかなう実験を行なうと決定しました。万が一この変革に失敗すれば、世界中が反感を抱き、正統主義と革命はとことんまでしのぎを削りあうことになるでしょう。

——一九三三年、ジョン・メイナード・ケインズからフランクリン・D・ローズヴェルト大統領に宛てた書簡(1)

二〇〇六年一〇月、私がジェフリー・サックスを訪問した日のニューヨークは、小雨のぱらつくあいにくの空模様だったが、歩く先々で鮮やかな赤が私の目に飛び込んできた。ちょうどこの週、ニューヨーク市ではボノの「プロダクト・レッド」製品の一大キャンペーンが始まったところだった〔人気ロックバンドU2のボーカリストで慈善活動家としても知られるボノが中心となって始めた活動で、協賛企業は「プロダクト・レッド」のロゴ入り商品を販売し、その売上げの一部をエイズ対策基金等に寄付するというもの〕。街のあちこちには「レッドiPod」やらアルマーニのサングラスやらの看板広告が掲げられ、バス停の待合所は赤いファッションに身を包んだスティーヴン・スピルバーグ監督や女優のペネロペ・クルスの広告写真が至るところに貼られていた。市内にあるGAPの全店舗がこのキャンペーンに参加し、五番街のアップルストアでは赤い電飾が光を放っていた。「タンクトップを一枚買って世界が変えられる?」という広告のコピーが目に入ってきた。ええ、変えられますとも、売上げの一部はエイズ、結核、マラリア対策の国際基金に回るのですから、というわけである。その数日前には、ボノが人気司会者オプラ・ウィンフリーとともにあちこちで買い物する姿がテレビで放映され、ボノは「病気がなくなるまで買い物しよう!」と視聴者に呼びかけた[2]。

こんな時期にサックスに取材したいジャーナリストがいるとすれば、こうした新手法の派手な募金活動について今をときめく経済学者のご意見を拝聴、というのが大方のところだろう。なにしろボノはサックスを「私の先生」と呼んでいるほどなのだ。現にコロンビア大学のサックスの研究室の入口には二人が並んだ写真が掲げられていた(サックスは二〇〇二年にハーバード大学からコロンビア大学へ移籍)。華々しいキャンペーンが展開するなか、私は自分がそれをぶち壊しにきたような気がしていた。というのも、私はサックスがもっとも避けたい話題について触れようとしていたからだ。それについて質問したとたん、サックスに電話を切られそうになった記者もいるという。私がサックスに尋ねたかったのはロシア政策についてだった。いったいロシアではなぜあのようなことになったのか、と。

サックスが地球規模でショック療法を推進するドクター的立場から、貧困国救済キャンペーンの先頭に立つ国際的リーダーへと変貌したのは、ロシアに初めてショック療法が施された翌年のことだった。それ以降、サックスはかつての正統派経済学界の同僚や協力者たちと意見を異にし、対立するようになる。もっとも彼自身は、自分はなんら変化していないと主張する。寛大な援助や債務免除によってその国の経済を建て直し、市場経済の導入を助けるという基本姿勢は変わっていないと。かつては国際通貨基金(IMF)やアメリカ財務省と連携することでその目的を達成できると信じていたサックスだったが、経済顧問としてロシア入りする頃にはその論調もすでに変化していた。彼はアメリカ政府の無関心ぶりに衝撃を受け、ワシントンの融資機関とも対立姿勢を強めていた。

ふり返ってみれば、シカゴ学派の改革運動が新たな段階を迎えたのがロシアだったことは明らかである。一九七〇年代から八〇年代のショック療法初期の段階において、アメリカ財務省やIMFには、少なくとも表面上は実験を成功させたいという思いがあった。実験である以上、他国が見習うべきモデルケースに仕立て上げる必要があったのだ。七〇年代、ラテンアメリカ諸国の独裁政権は国内市場を開放し、労働組合を弾圧する見返りとして、安定した融資を受けた。もっとも、チリは世界最大の銅山を従来どおり国の管理下に置き、アルゼンチンの軍事政権の民営化推進も遅々として進まずと、シカゴ学派の正統理論には合致しない部分もあったが、それでも国際融資は認可された。八〇年代にショック療法を受け入れた初の民主主義国家ボリビアは、援助を受けるとともに債務も一部免除されたが、〝ゴニ〟こと ゴンサロ・サンチェス・デ・ロサーダ大統領が民営化を推進したのは九〇年代になってからのことだ。東側諸国で初めてショック療法を施されたポーランドでも、サックスはかなりの額の融資を難なく調達できたが、当初の民営化計画は激しい反対にあって難航し、主要分野の民営化はなかなか進まなかった。

ところがロシアでは事情が違った。「衝撃は大きすぎ、治療は不十分」というのがロシアで行なわれたショック療法に対する大方の見方だった。西側諸国は苦痛に満ちた「改革」を容赦なくロシアに要求しながらも、その見返りにはあまりにも貧弱な額の援助しか与えなかった。あのピノチェトでさえ、ショック療法を和らげようと貧困層の子どもたちには食糧援助を行なったというのに、ワシントンの融資機関はエリツィン大統領にそうした救いの手を差し伸べることもなく、ロシアをトマス・ホッブズ流の「万人の万人に対する闘争」の渦巻く悪夢の社会へと追いやってしまったのである。

ロシアとサックスの関係について突っ込んだ議論をしたくとも、そう簡単にはいかない。私は、彼から自己弁護以上の言葉を聞き出したかった(サックスは「私は正しかった、間違っていたのはほかの連中だ」と言った。「話を聞きたいのなら、私じゃなくてラリー・サマーズに会うべきだ。もしくはロバート・ルービン〔銀行家、国家経済会議委員長、財務長官などを歴任〕とかクリントンとかチェイニーに会って、ロシア改革にいかに彼らが満足していたか聞いてみればいい」)。あるいは、落胆以上の言葉を聞きたかった(「あの当時はなんとかしようと努力したが、何をやっても無駄だった」)。私が何よりも知りたかったのは、なぜロシアのケースに限ってはうまく行かなかったのか、どうしてあの時点でサックスの輝かしい運が尽きてしまったのか、という点だった。

モスクワ入りしたとたんに何かが違うとわかった、と彼はふり返る。「のっけからいやな予感がしていました。(中略)最初から私は怒り狂っていた」。ロシアが直面していたのは「最大級のマクロ経済危機でした。あれほど激しく不安定な経済危機は私も見たことがなかった」。サックスの見地からすれば、取るべき解決策は明白だった。ポーランドのときと同様、ショック療法である。「短期間でベースとなる市場に力をつけ、それに加えて巨額の資金を注ぎ込む方法です。私は年間三〇〇億ドル規模の援助を考えていた。半分の一五〇億ドルをロシアに、残り半分を他の共和国へ与え、民主的かつ平和的な体制移行を実現させたいと思っていたんです」

ポーランドとロシアでの過酷な政策に話が及ぶと、サックスの記憶が自分に都合よく変わってしまうことはよく知られており、この点は指摘しておく必要がある。インタビューのなかでサックスは当時の自分を美化して語り、迅速な民営化と社会支出の大幅削減にいかに自分が尽力したか、くり返し言及した(ずばり言うならば「ショック療法」だが、サックスはこの言葉を一蹴する。ショック療法は価格政策といったごく一部の意味では使うが国家再建全般に関しては使わないと主張する)。サックス自身の記憶によれば、自分はショック療法にはさして力は入れず、もっぱら資金調達に専念していたのだという。ポーランド民主化にあたって彼が計画したのは「援助資金の安定化、債務免除、短期的財政援助、西欧経済との統合だったが(中略)エリツィン政権から相談を受けたときも、私はこれと同じ基本計画をロシアに提案した」*。

＊　ジョン・キャシディは二〇〇五年、『ニューヨーカー』誌にこう書いている。「実際のところ、ポーランドでもロシアでも、サックスは段階的な変化や時間をかけた組織作りよりも大胆な刷新のほ

うを好んだ。その一例が破壊的とも言うべきあの民営化政策だった。民営化が本格的に始まったのはサックスがロシアを去ったあとだったが、一九九四年暮れには、サックスがロシアにいた一九九二年と九三年当時に決められた基本政策が導入された」

援助資金の確保はロシア対策の柱であり、エリツィンが「改革」を受け入れた理由もそこにある――というサックスの言い分が、まともに議論されたためしはない。彼によれば、この構想はかつてのマーシャル・プランに基づいているという。第二次世界大戦後、アメリカ政府はヨーロッパ諸国のインフラ再建や産業復興のために一二六億ドル(現在に換算すれば約一三〇〇億ドル)を拠出した。これはもっとも成功したアメリカの外交戦略として広く認識されている。[3] サックスの説明によれば、マーシャル・プランとは「国が混乱状態にあり、自力では立ち上がれないときの援助策であり、私にとってマーシャル・プランが興味深いのは、(中略)わずかな資金援助を注ぎ込むことによって(ヨーロッパ)経済基盤を回復できた、という点だ」という。サックスは当初、戦後の西ドイツや日本に救いの手を差し伸べたときのように、米政府はそれと同じような政策でロシアを資本主義経済国家へ導こうという考えを持っていると信じていた。

米財務省やIMFを揺さぶれば新たなマーシャル・プランを打ち出せるはずだ、というサックスの自信には、それなりの根拠があった。ちょうどこの時期、『ニューヨーク・タイムズ』紙はサックスを「おそらく世界でもっとも注目すべき経済学者」と評していた。[4] ポーランド政府の経済顧問となった当時は、「たった一日で一〇億ドルの援助金をホワイトハウスから取りつけた」と彼はふり返る。ところが、「同じことをロシアで実行しようと提案しても、誰も関心を示さなかった。賛同する者は誰一人としていなかったんです。ＩＭＦの連中は、気でも狂ったかというような目つきで私を見た」と彼は言う。

エリツィンと彼の率いるシカゴ・ボーイズに拍手を送る者はワシントンにも少なからずいたが、肝心要の援助金をどうにか工面しようと言う者は一人もいなかった。要するに、ロシアに過酷な政策を強いておきながら、サックスは約束を果たすことができなくなってしまったのだ。彼が自己批判めいたことを口にするようになったのはこの頃だ。のちの一九九四年、ロシアが混乱に陥っていたさなか、サックスはこう語っている。「私の犯した最大の過ちは、エリツィン大統領に対して「ご心配はいりません、援助はすぐに来ます」と請け合ったことでした。資金援助に失敗すれば西側諸国にとっても取り返しのつかないことになるという意味で、援助はきわめて重要で決定的な問題だと私は確信していた」[5]。しかし問題は、ＩＭＦや財務省がサックスの言に耳を傾けなかったということだけではない。サックスは援助金の確約を取りつける前にショック療法を強行してしまったのであり、その賭けが結果として何百万人もの人々に大きな代償を強いることになったのである。

私がその質問を再度ぶつけると、自分の失敗はワシントンの政治動向を読み取れなかったことだ、とサックスは弁明した。サックスは、ブッシュ(父)政権で国務長官を務めたローレンス・イーグルバーガーと交わした議論でこう説得したという。ロシアの経済的混乱をこのまま放置しておけば、今に手がつけられないことになる。飢饉が広がり、ナショナリズムが再燃し、ファシズムが台頭する恐れもある。しかも唯一の余剰生産物は核兵器というお国柄ですから――。イーグルバーガーはこう答えた。「君の分析は正しいかもしれないが、そんなことになる心配はない。いったい今が何年だと思っているのかね？」

この会話が交わされたのはクリントンがブッシュ(父)大統領の再選を阻止しようとしていた一九九二年のことだった。クリントン陣営は「問題は経済なんだよ、ばかもの！」というフレーズを掲げ、ブッシュ政権は海外での栄光を追い求めるあまりに国内の苦しい経済状況を無視してきた、という批判を前面に押し出して選挙選を展開した。ロシアはこうした国内問題の犠牲にされてしまったとサックスは言う。さらに、あのときにはほかの要因も働いた、それはワシントンの陰の実力者たちがいまだ冷戦気分から抜けていなかったことだ、と彼は続けた。彼らはロシアの経済崩壊を地政学的勝利とみなし、アメリカの優位性がこれで決定づけられたとしていた。「私自身はそういった考えには与しなかった」。そう言うときのサックス特有の口調は、まるでボーイスカウトの健全な少年がテレビドラマの過激な描写を目にしてしまったような響きがある。「私からすれば、「よし、ついに憎むべき体制が崩壊した、さあ(ロシアを)助けてやろう、できる限り援助しようじゃないか」というだけの話だった。でも今から思えばロシア政策担当者にとって、そんな考えは頭がおかしいとしか思われなかったんだろうね」

自分の意見は通らなかったものの、この時期の対ロシア政策が自由市場イデオロギーに駆り立てられていたとは思わないと彼は言う。そこにあったのは、おおむね「怠慢」でしかなかったというのだ。ロシアに援助をするか、あるいは市場に任せるままにするか、熱い論議が沸き起こるのを待ち構えていたサックスだったが、けっきょくは誰も肩をすくめるだけだった。本格的な調査も行なわれなければ、重大な決定に関する論議も行なわれないことに、サックスはあきれ果てたという。「私に言わせれば、努力するという姿勢に欠けていた。この論議にせめて二日間は費やそう、ということすらなかった。「さあ本腰を入れてなんとか問題を解決しよう、何が起きているかをしっかり把握しよう」といった真剣な取り組みはまったく見られなかったんです」

「真剣な取り組み」について熱をこめて語る際、サックスの脳裏にはニューディール政策や「偉大なる社会」〔六〇年代にジョンソン政権が掲げた政策〕、マーシャル・プランといった時代が甦っていた。あの頃はアイビーリーグを卒業したての若者が政策作りの現場に加わり、うずたかく積まれた書類や空になったコーヒーカップを前に、腕まくりをしながら金利や小麦価格についての熱い議論を交わしたものである。ケインズ主義華やかなりしあの当時の政策立案者は、そのようにして問題解決に真摯に向き合った。危機に瀕したロシアにもまたそうした〝真剣さ〟が必要だった。

しかし、ロシアを見捨てた理由をワシントンの怠惰のせいだと言うだけでは、説明としてはまったく不十分だ。事情を理解するには、おそらく自由市場主義のエコノミストの視点、つまり市場競争というレンズを通して見ることが必要だろう。ソ連がまだ健在だった冷戦たけなわの時代、世界の人々は資本主義か共産主義かどちらのイデオロギーを取るか――少なくとも論理上は――選択することができた。対極に位置する二者の間にはさまざまな立場があった。したがって資本主義のほうはなんとしても消費者を惹きつけ、人々の刺激を駆り立て、魅力的な製品を送り出す必要があった。ケインズ主義は常に、資本主義が共産主義との競争に勝つ必要性と結びついていた。ローズヴェルト大統領がニューディール政策を導入したのは、大恐慌に対処するためだけではない。自由市場の暴走に振り回されてどん底に落とされたアメリカ市民は、これまでとは異なる経済モデルを求めていた。ケインズ主義に基づくニューディール政策は、市民から沸き起こるそうした大きなうねりを抑制する意味もあったのだ。一部の国民は極端に異なる経済モデルを求めていた。一九三二年の大統領選挙の際には、一〇〇万人の市民が社会主義もしくは共産主義の候補者に票を投じた。また、ルイジアナ州選出上院議員のヒューイ・ロングに対する注目も高まっていた。ポピュリストのロングは、すべてのアメリカ市民が二五〇〇ドルの年収を保証されるべきだと主張した（ロングは「誰もが王様」というスローガンを掲げて富の再分配を提唱した人物で、その生涯は『オール・ザ・キングスメン』というタイトルで映画化もされた）。一九三五年にニューディール政策にさらなる社会保障項目を加えたのも、ロングの影響があったからこそだった。ローズヴェルトは「ロングのアイディアを借用」したと自ら述べている。(6)

アメリカの産業界がニューディール政策をしぶしぶ受け入れた理由も、こうした社会動向から読み取る必要がある。その背景にあったのは、公共事業の雇用促進によって市場の暴走を抑制し、誰一人飢えることのない社会を目指す必要がある、そうでないと資本主義そのもの未来が危うい――という危機感だった。冷戦時代には、どの自由主義諸国でもそうした危うさを認識していた。事実、二〇世紀半ばの資本主義（サックスが言うところの「通常の」資本主義）は、北米で労働者の権利擁護、年金制度、公的医療制度、貧困層への公的援助などを誕生させたが、これらはいずれも強大化する左翼勢力を前にして、大幅な譲歩をするという実質的必要性から生まれたものなのだ。

マーシャル・プランはこうした経済の最前線に投入された最終兵器だった。第二次世界大戦後、危機に瀕したドイツ経済は、西欧経済全体に悪影響を及ぼす恐れがあった。一方、少なからぬドイツ人が社会主義に傾いたことで、アメリカ政府はドイツが崩壊するかあるいは左翼に渡るかして丸ごと失われてしまうよりはまだましだと、ドイツを二分割するほうを選択した。こうしてアメリカ政府は、ドイツ西側占領地区に資本主義システムを構築するためにマーシャル・プランを導入する。と言っても、フォードやシアーズといった米大手企業が乗り込むために新市場を大急ぎで整えようというのではない。狙いはヨーロッパ市場経済に活を入れることで、社会主義への傾倒を阻止することだった。

こうしてドイツが東西に分裂する一九四九年には、公共事業による雇用促進、公共分野への巨大投資、民間企業への補助金、強力な労働組合の是認、といった非資本主義政策を西ドイツ政府が取ることが容認された。また、アメリカ政府は一九九〇年代のロシアやアメリカ占領下のイラクでは考えられないような政策を取り、米企業から大いに不評を買った。疲弊していたドイツ企業が国際競争にさらされることなく回復を遂げられるよう、対ドイツ投資を一時停止する措置を取ったのだ。「当時は外国企業にドイツ市場を開放するなど海賊行為だ、という空気だった」と、マーシャル・プランの研究で名高いキャロリン・アイゼンバーグは私に話した。(7)「今とのいちばん大きな違いは、当時のアメリカ政府がドイツを金儲けの対象として捉えていなかった点です。ドイツ国民の反感を買うのを恐れていたから。ドイツ人の間には、どうせ敗戦国に乗り込んで戦利品を奪い、ヨーロッパ全土の回復を邪魔するつもりだろう、という不信感があったんです」

しかし、こうした方針は単なる博愛主義から生まれたわけではない、とアイゼンバーグは言う。「当時、ソ連は脅威でした。ドイツ経済は危機的状況にあり、国内には左翼勢力が台頭していたため、西側としては一刻も早くドイツ国民の信頼を勝ち取る必要があった。なんとかしてドイツ人の心をつかもうと必死だったのです」

イデオロギーの対立がマーシャル・プランを生んだというアイゼンバーグの説明は、サックスの行動につきまとう盲点を浮かび上がらせる。近年、対アフリカ援助を大幅に増加させた個人的手腕が称賛されているサックスだが、彼が大衆レベルの支援運動に言及することはまずない。サックスにとって歴史的偉業とはあくまでもエリートが成し遂げるもので、正しい政策の決定は有能な専門家に任せるべきものなのだ。ボリビアの首都ラパスやモスクワの密室でショック療法計画が練られたように、旧ソ連への三〇〇億ドルの援助計画もワシントンでの良識ある協議だけで決めるべきものである、と。しかしアイゼンバーグが指摘するように、マーシャル・プランは博愛精神や筋道だった議論から生まれたのではなく、大衆の反乱を懸念したうえでの政策だったのである。

ケインズを敬愛しているサックスだが、最終的にアメリカでケインズ主義がなぜ実現したかについては関心がないようだ。実際には、過激で厄介な要求を突きつける労組や社会主義者が次第に勢力を増すなか、より急進的な政策の選択が現実の脅威となったことから、ニューディール政策は受け入れ可能な妥協策とみなされるに至ったのだ。サックスが自分の考えを及び腰の政府に受け入れさせる際に、こうした大衆行動の果たす役割を認識しようとしなかったことは、深刻な結果を招いた。そのひとつは、目の前に立ちはだかる明々白々なロシアの政治的現実がサックスには見えていなかったことだ。マーシャル・プランとはそもそもロシアが脅威的存在であるがゆえに生まれたものであり、ロシアでマーシャル・プランを実現することなどありえない話だったのだ。エリツィンによってソ連が解体されると、かつてマーシャル・プランの誕生を促したソ連の軍事的脅威も消え去った。その脅威が消滅したことで資本主義はもっとも獰猛な形で、ロシアのみならず世界中で暴れまわる自由を突如として手に入れた。ソ連の崩壊によって、今や自由市場が世界を独占したのだ。それによって、経済の完全な均衡を妨害してきた「歪み」――すなわち政府による介入を行なう必要はいっさいなくなったのである。

このことが、ショック療法に従えばすぐにでも「西欧並みの普通の国」になると約束されたポーランドとロシアで、とりわけ大きな悲劇を生むことになった。それら普通の西欧諸国では社会的セーフティーネットが整備され、労働者の保護や医療の社会化が進み、労組も力を持っていた。そうした社会システムは、まさに資本主義と共産主義の妥協の産物、折衷案から生まれたものだった。だが、今や妥協の必要がなくなったことで、西側諸国では資本の暴走を和らげるこうした社会制度もまた崩壊の危機にさらされた。カナダ、オーストラリア、アメリカでも、事情は同じだった。ロシアにこうした社会制度が導入されるはずもなく、ましてや西側が資金援助することもなかった。

いっさいの制約から放たれたこの自由こそが、まさにシカゴ学派経済（あるいは新自由主義（ネオリベラリズム）、アメリカでは「ネオコン」と呼ばれる）の真髄である。それは新たに考案されたものではなく、言うなれば資本主義からケインズ主義を取り除いたものであり、独占状態にある資本主義、野放しのシステムである。民衆をお客扱いする必要もなく、どんなに反社会的、反民主的で横暴な振る舞いも許される。共産主義が脅威であった間は、ケインズ主義が生き延びるのが暗黙のルールだったが、共産主義システムが崩壊した今、ケインズ主義的な折衷政策を一掃することが可能になった。半世紀前にフリードマンが改革の目標として掲げたことが、ついに成就できるときが到来したのだ。

一九八九年、フランシス・フクヤマがシカゴ大学で「歴史の終わり」をドラマチックに宣言した真の意味はそこにあった。フクヤマは資本主義以外の思想はこの世に存在しないと主張したわけではなく、共産主義の崩壊によって競争相手となるほど十分なパワーを持つ主義主張はなくなった、と主張したにすぎない。

ソ連崩壊で独裁的支配から解放されたロシアを助けようとサックスが意気込んだのに対し、

シカゴ学派の同僚たちはそこに別の意味の自由を見ていた——ケインズ主義やサックスのような慈善家ぶったおせっかい焼きを一掃できる、究極の自由が訪れた、と。その観点から見れば、サックスが激怒する関係者の傍観的態度も、「怠慢」のせいではなく、自由放任主義（レッセフェール）に基づく行動——そのまま放置しておけ、何も手を出すな——だったというわけである。ディック・チェイニー（父ブッシュ政権の国防長官）から、ローレンス・サマーズ（クリントン政権の財務次官）、スタンレー・フィッシャー（IMFチーフエコノミスト）に至るまで、ロシア対策の担当者は全員、ロシアを助けるために指一本動かさなかったが、じつは何もしなかったわけではない。彼らは純粋なシカゴ学派のイデオロギーを実践し、市場のなすがままに任せたのだ。かつてのチリ以上にシカゴ学派のイデオロギーが忠実に実行されたロシアでは、誰もが金儲けに血走るような社会へと突入していく。そして一〇年後、ロシア対策に関わった彼らメンバーの多くは、イラクでも同じような暗黒世界を創り上げていくことになる。

一九九三年一月一三日、ソ連崩壊後の世界の新たなルールがワシントンで初めて示された。それは招待された者しか参加できない小規模ながらも重大な会議の席だった。会場はホワイトハウスから車で七分ほど、IMFと世界銀行の本部の目と鼻の先にあるデュポン・サークルのカーネギー会議センターの一〇階だった。〝新自由主義者族〟を招集してこの歴史的会合を開いたのは、IMFと世銀の新たな役割を方向づけた大物エコノミスト、ジョン・ウィリアムソンだった。招待されたのは、世界の先頭に立ってシカゴ学派の教えを広めてきた政治テクノクラートたち――スペイン、ブラジル、ポーランドの前財務相や現大臣、トルコやペルーの中央銀行総裁、メキシコの大統領首席補佐官、パナマの前大統領といったそうそうたる顔ぶれである。ほかにもサックスの旧友でポーランドのショック療法の立役者として知られるレシェク・バルツェロヴィッチや、サックスのハーバード大学の同僚ダニ・ロドリックもいた。ロドリックは、新自由主義に基づく再建を受け入れた国は例外なく危機に陥ったことを証明した経済学者である。のちにIMF理事に就任するアン・クルーガーも出席していた。また、ピノチェト政権の閣僚として先頭に立って旗振り役を務めたホセ・ピニェーラは、チリの大統領選出馬のため出席できなかったが、代わりに分厚い書類を送り届けていた。当時まだエリツィンの経済顧問を務めていたサックスは、この会議で基調講演を行なうことになっていた。

出席者一同は日がな一日、お気に入りのエコノミストたちの戦略に耳を傾けて論議を重ねた。国民に不人気の政策を及び腰の政治家に呑ませるにはどうしたらいいか。選挙後、どれくらい早い時期にショック療法を開始すべきか。ショック療法の急襲は、右派政党より中道左派のほうにより大きな効果を及ぼすだろうか。国民には警告を発すべきか、それとも不意をつく〝ブードゥー政治〟のほうがいいのか――。会議はメディアの注目を引かないよう、あえて「政策改革における政治経済」という無味乾燥な名称がつけられていたが、出席者の一人は、端的に言えば「マキアヴェリズム的経済」についての会議だ、とおどけた調子でコメントした。(8)

こうした話に一日耳を傾けていたサックスは、ディナーのあとで演壇に立った。講演のタイトルは「経済の緊急治療室における生活」といういかにも彼らしいものだった。[9] サックスは見るからに苛立っていたが、聴衆のほうはこれまで崇拝してきた学者から話を聞くのを心待ちにしていた。なにしろ民主主義の時代にショック療法のたいまつを掲げた人物である。だが、このときのサックスは自己満足に浸る気分ではなく、のちに私に語ったところによれば、この場を利用してロシアで何が起きているか、その重要性を有力者たちにとくと説明してやろうと心に決めていたのだという。

サックスはまず、第二次世界大戦後にヨーロッパと日本に投入した援助について触れ、それが「のちの日本に驚くべき成功をもたらした」と述べた。次にフリードマン主義の牙城であるヘリテージ財団のアナリストからの手紙に言及した。その人物は「ロシアに改革が必要であることを確信していながら、国際援助はすべきでないという。これは自由市場主義者──私もその一人ですが──によくある考え方です」。彼はこう続けた。「これは一見もっともらしく見えるが間違っている。なぜならロシア市場が独力でやり抜くのは不可能であり、国際的援助が不可欠だからです」。自由放任主義（レッセフェール）への執着のせいでロシアは今や壊滅的状態に陥りつつある。「ロシアの改革者がいかに勇ましく、優秀で、運に恵まれていようが、大規模な国際援助なしに改革は実現しない。（中略）われわれは今、歴史上の重大なチャンスを逸しつつあるのです」とサックスは主張した。

拍手こそ起きたものの、一同の反応は冷ややかだった。サックスはなぜそんな無駄遣いをしようというのか？　この場に集った一同はニューディール政策を根絶することに意欲を燃やしこそすれ、新たなニューディールを打ち立てようという気などさらさらなかった。講演に引き続いて行なわれた分科会では、サックスの提案に同調する者は誰一人なく、はっきり反対を口にする者も何人かいた。

あのときの講演では、「真の危機とはどういうものかを説明して（中略）緊急性を伝えたかった」とサックスは私に語った。ワシントンの政策決定者は往々にして「経済的混乱というものについて理解していない。どういう無秩序状態が到来するかわかっていないのです」。

だからこそ会議の参加者には恐るべき現実を直視してほしかったのだという。「事態が悪化してもはや収拾がつかなくなれば、さらなる大惨事が襲う可能性がある──ヒトラーのような独裁者が台頭したり、内戦が始まったり、飢饉が蔓延したり……。（中略）緊急援助が不可欠だというのも、不安定な状況はノーマルな均衡状態へと通じる道であると同時に、不安定さがさらに拡大する恐れもあるからです」

私からすると、サックスはその場の聴衆を見くびっていたのでは、という思いを禁じえない。なにしろ参加者はミルトン・フリードマンの危機理論に精通している人々であり、自国でその理論を実践してきた者も少なからずいた。そのほとんどは経済崩壊がいかに悲惨で不安定な社会を生むか、十二分に理解していたが、ロシアに関してはサックスとは違う教訓を学びつつあった。苦痛と混乱に満ちた政治状況が続けば、エリツィンは国家財産を急いで売りに出す、と見込んでいたのだ。それが彼らにとって歓迎すべき結果であるのは間違いない。

話を具体的な優先課題に引き戻すため、会議の主催者であるジョン・ウィリアムソンに舵取りが任された。サックスは会議のスター的存在ではあったが、参加者が実際に指導者として崇めていた人物はウィリアムソンだった。頭が禿げ上がってテレビ映りは良いとは言えないが、歯に衣着せぬ物言いで知られるウィリアムソンは、「ワシントン・コンセンサス」という言葉（経済学のなかでももっとも頻繁に引用されると同時に、もっとも論争の的にされてきた言葉だろう）を生み出した張本人でもある。彼は、仲間内で非公開の会議やセミナーをよく開くことでも知られるが、それは彼自身の大胆な仮説を検証する場でもあった。一九九三年一月に開かれたこの会議で、ウィリアムソンには差し迫った議題があった。彼が言うところの「危機理論」について最終的な検証を行ないたかったのだ。[10]

ウィリアムソンは講演のなかで、危機に瀕した国を救済する緊急性についてはまったく触れず、それどころか大惨事について熱っぽく語った。彼は聴衆に、国家は真の苦境に陥ったときにだけ自由市場という苦い薬を飲むことを受け入れる、ということを示す論争の余地のない証拠を挙げてみせた。どの国家も、衝撃を受けたときに初めてショック療法の前にひれ伏すのだ、と。「抜本的経済改革の必要性を理解する者にとって、こうした最悪の事態はまたとないチャンスになる」と彼は述べた。[11]

金融界の意向を巧みに言葉にすべり込ませる才に長けた彼は、ここから興味深い可能性も出てくるとして、さりげない口調で次のように述べた。

政治的行き詰まりを解消するため、ことによったら故意に危機を起こすのも一案ではないか、という考えも当然出てくるでしょう。たとえばブラジルでは、変革を余儀なく受け入れさせるために超インフレを起こしてはどうか、という声もしばしば聞かれました。(中略)思うに、一九三〇年代半ばのあの当時、歴史的洞察力を持つ者が、ドイツと日本は敗北後の高成長という恩恵を得るためにあえて戦争に踏み切るべきだ、などと主張することはありえなかったでしょう。しかし、あれよりももっと軽い危機が生じたときに同じようなプラス成果はないでしょうか？　戦争のような本物の危機にかかるコストなくして、擬似的な危機の発生によってドイツや日本のような建設的効果を期待できないものでしょうか？[12]

ウィリアムソンの発言は、ショック・ドクトリンへと大きく踏み出したことを示していた。国際貿易サミットを開催するに足る各国の財務大臣や中央銀行総裁が一堂に会したこの会議の場で、ショック療法を推し進めるために深刻な危機を作ってはどうかという案が、初めて大っぴらに話し合われたのである。

参加者の中で少なくとも一人だけは、こうした危険な考えから距離を置こうとした人物がいた。イギリスのサセックス大学経済学教授ジョン・トイはこう述べている。「改革を起こすべく人工的に危機を誘発するのがうまいやり方だというウィリアムソンの提案は、わざと挑発的なことを言って私たちをからかおうとしているとしか思えない[13]」。だが、ウィリアムソンが冗談半分で言っていたという証拠はない。それどころか、ワシントンや海外の金融界上層部ではすでに彼のアイディアを着々と実行に移していたことを示す証拠は十分あった。

ワシントンDCで開かれたこの会議の翌月、私の国カナダでも「擬似的な危機」をもてはやす動きが垣間見られたが、それがグローバル戦略の一端だと気づいた者はその当時ほとんどいなかった。一九九三年二月、カナダは深刻な経済危機のまっただなかにあった──少なくとも新聞やテレビを見る限りではそう考えざるをえなかった。カナダ最大手新聞の『グローブ・アンド・メール』紙の一面には「迫る債務危機」という見出しが大きく掲げられ、大手テレビ局の特別番組では「経済専門家たちは、ここ一、二年の間に財務次官が財政破綻を発表することになると予想している。（中略）そうなれば国民の生活は大幅に変化するだろう」と報じていた(14)。

「債務の壁」という言葉が急に飛び交い始めた。今の生活がいくら快適で平穏に見えようが、カナダは国の財力をはるかに超える出費をしており、近いうちにムーディーズやスタンダード・アンド・プアーズといったウォール街の格付け会社はカナダを最優良のAAA（トリプルA）からずっと下のランクに格下げするにちがいない、というのだ。もしそうなれば、グローバリゼーションと自由市場という新たなルールに則った流動的な投資家たちはカナダからいっせいにカネを引き揚げ、より安全な投資対象へと移してしまう。となれば、失業保険や医療などの社会保障予算を大幅に削減する以外に解決策はない──というわけだった。

果たせるかな、カナダ自由党はその解決策を採用した。雇用創出を公約にして選挙に勝ったばかりにもかかわらず、である（言うなればカナダ版〝ブードゥー政治〟である）。

債務危機騒ぎから二年後、調査報道ジャーナリストのリンダ・マクウェイグがその真相を暴いてみせた。あの危機はカナダの大銀行や大手企業が資金援助しているシンクタンク数社によって巧みに操作され引き起こされたのだ、と。その中心的役割を果たしたのがC・D・ハウ研究所とフレイザー研究所だった（後者はミルトン・フリードマンが設立当初から強力な肩入れをしていた）[15]。カナダが財政危機に直面していたのは事実だが、それは失業保険をはじめとする社会保障支出のせいではなかった。カナダ調査統計局の報告によれば、財政危機の原因は高金利政策にあり、大幅な金利引き上げによって起きたヴォルカー・ショックが八〇年代に発展途上国の債務を膨らませたのと同様、カナダの債務もそれによって急激に増大したのだという。マクウェイグがウォール街のムーディーズ本社で、カナダの信用格付けを担当する上級アナリスト、ヴィンセント・トルグリアに取材したところ、彼は驚くべき事実を語った。カナダの国家財政を悪く言う報告を出すよう、カナダ企業や銀行の上層部からひっきりなしに圧力を受けていたというのだ。カナダは投資先として安定して優れた国だと信じていたトルグリアはそれを拒否した。「ある国の人間が自国の評価をもっと下げてほしいと言うなんて、ほかでは見たことがない。彼らはカナダの格付けは高すぎる、と言っていたんです」。通常なら、わが国の格付けは低すぎると文句の電話がかかってくるところだが、「カナダ人は概して、外国人が考えるよりもずっと低く自国を見積もっていた」というのである。

それというのも、カナダ金融界にとっては「債務危機」が政治論争上の強力な武器となるからだった。トルグリアが奇妙な要請の電話を受けていた頃、カナダでは医療や教育などの社会支出費を削って減税するべきだと政府に迫る一大キャンペーンが展開していた。大多数のカナダ国民はこうした社会保障システムを支持しており、その大幅な削減が必要だと説得するには国家財政の破綻を言い訳に持ち出し、国家存亡の危機だと煽るしかなかったのだ。ところが、ムーディーズはカナダに対して「A＋＋」に相当するもっとも高い国債格付けを与え続けていたため、国民の危機感を煽るのは至難のわざだった。

他方、世の投資家たちはこうしたカナダに対する評価の食い違いに戸惑い始めていた。ムーディーズの格付けは高いのに、カナダのマスコミは国家財政の危機を盛んに叫んでいたからだ。カナダで発表される統計に政治的意図がからんでいることに辟易したトルグリアは、カナダの財政問題を自ら調査する必要性を痛感した。こうして彼は「特別報告書」を発行するという非常手段に出る。そのなかで彼は、カナダの政府支出は「手に負えない状況ではない」と明言し、右派シンクタンクの出している怪しげな数字統計もやんわりと批判した。「最近発行された報告書のいくつかは、カナダの債務状況をきわめて大げさに書き立てている。なかには数字を倍に計算している箇所もあれば、およそ適切とは言いがたい国際比較も見受けられる。(中略)こうした不正確な数字が、カナダの債務問題を必要以上に誇張する結果を招いたと思われる」。このムーディーズの特別報告書は「債務の壁」などはないと断言していたが、カナダの産業界は不快感をあらわにした。トルグリアが言うには、報告書が出るや、「カナダの大手金融機関の人間が電話をかけてきて、私に向かって怒鳴ったんです。文字どおり怒鳴り散らしていた。あんなことは後にも先にも一度きりでしたよ」。*(16)

* トルグリアがウォール街では例外的人物であることは言っておく必要があろう。債券や信用の格付けは往々にして政治的圧力がかかり、「市場改革」を進めるための具として使われる。

しかし、「債務の壁」が企業のひも付きシンクタンクの演出だったとカナダ国民が知る頃には、すでに予算削減が断行され、後戻りできない状況になっていった。こうして失業者向けの社会保障制度は大幅に後退し、その後、黒字予算が続いたにもかかわらず、復活することはなかった。当時はこうした危機戦略が幾度となく採用された。一九九五年九月には、あるビデオテープがマスコミにリークされて問題となった。それはオンタリオ州の教育長官ジョン・スノベレンが内輪の秘密会議の席で、教育費の削減や住民に不人気なその他の改革案を公表する前に、「口にするのはいささかはばかる」ほどの悲観的な情報を流してパニック状況を作り上げる必要がある、と語っている映像だった。スノベレンはそれを「有用な危機の創出」と表現していた。(17)

不正な統計操作

一九九五年には、ほとんどの西側民主主義国家の政治的言説においては、「債務の壁」や「迫りくる経済崩壊」といった言葉が飛び交い、政府支出のさらなる削減や積極的な民営化促進が叫ばれていた。その旗振り役を担っていたのが、フリードマン主義を奉じるシンクタンクだった。だが、ワシントンの強大な融資機関はメディアを通じて危機感を煽るのみならず、本物の危機を発生させる具体的手段を取ることにもやぶさかではなかった。ウィリアムソンが危機を「故意に起こす」ことに関する所見を述べてから二年後、世界銀行の開発経済担当チーフエコノミスト、マイケル・ブルーノもまた同様の見解を公にするが、このときもマスコミの注目を引くことはなかった。一九九五年にチュニスで開かれた国際経済学協会で講演したブルーノは(この講演はのちに世銀の出版物に論文として掲載された)、六八カ国五〇〇人のエコノミストを前に、「一定以上の規模の危機が及び腰の政府にショックを与え、生産性を向上させる改革へと向かわせるという考え」にはコンセンサスが生まれつつあると語った。*(18) その点、ラテンアメリカは「深刻な危機が有益に働いたと見られる典型例」だとし、なかでもアルゼンチンのカルロス・メネム大統領とドミンゴ・カバーロ経済相は大胆な民営化を推し進めるために「非常事態の空気を利用する」ことに手腕を発揮した、と語った。さらにブルーノはこうだめ押しをした。「私が強調したかったのは、こういうことです――深刻な危機は政治経済的に急進的改革を生み出し、良い結果をもたらす場合が多い、と」

＊　ブルーノはシカゴ大学で学んではないが、シカゴ大学出身の著名な経済学者ドン・パティンキンに学び、彼を師と崇めてきた。ブルーノは以前、マルクス主義と比較してシカゴ学派経済学の「論理的完全性」を論じたことがある。

この発言から見ると、ブルーノが主張したかったのは、国際機関は現在の経済危機を利用してワシントン・コンセンサスを断行するばかりではなく、先手を取って援助を断ち切り、危機を悪化させるべきだということだ。「政府収入や対外移転の減少といったマイナスのショックは逆に国の繁栄を増大させる可能性がある。なぜなら、(改革を導入するまでの)時間を短縮できるからだ。「物事が好転するためには最悪の事態を経ることが必要だ」という言い回しのとおりなのです。(中略)実際、程度の軽い危機に幾度も見舞われるより、超インフレ危機に襲われるほうが、その国にとっては良い結果がもたらされるかもしれないのです」

深刻な経済崩壊が進めば、政府が給料を払えなくなる、公共インフラが機能しなくなるなど恐ろしい事態になる可能性は認めつつも、シカゴ学派の学徒たるブルーノは、こうした崩壊こそが建設的な第一歩なのだと聴衆に語りかけた。「危機が深まるにつれ、政府は次第に弱体化するかもしれない」とブルーノは言った。「けれどもこうした展開が好ましい結果をもたらします。つまり、改革が実施される頃にはすでに既得権集団は力を失い、短期的利益より長期的解決策に重きを置く指導者が改革に対する支持を得る可能性が高まるのです」[19]

シカゴ学派の危機信奉者たちの思考プロセスは、急速に変化しつつあった。ほんの数年前、彼らは超インフレがショック政策に必要な状況を生み出すと考えていた。ところが今や、一七八カ国[20](当時の加盟国数)の国民の税金によって運営されている世銀のチーフエコノミストで、本来なら経済を再建・強化する任務を託されているはずの人物が、国家を破綻に導くことを提唱していたのである。そうなれば瓦礫のなかから再スタートを切るチャンスを生み出せる、と。

国際金融機関が各国を意のままに操るため、ウィリアムソンの言う「擬似的な危機」を起こすのに手を貸してきたという黒い噂はかなり以前からあったが、それを証明するのは容易ではなかった。もっとも踏み込んだ証言として、元ＩＭＦ職員デイヴィソン・ブドゥーの内部告発がある。ブドゥーによれば、頑迷な態度を取る貧困国の経済を悪化させるため、ＩＭＦは数字を偽装していたという。

カリブ海のグレナダ出身のブドゥーは、名門ロンドン・スクール・オブ・エコノミクスで経済学を学んだが、ワシントンＤＣではアインシュタイン風のぼさぼさ髪にウィンドブレーカー姿という型破りなスタイルでひときわ目立つ存在だった。彼はＩＭＦに一二年間勤めた間、アフリカやラテンアメリカ、そして彼の故郷であるカリブ海諸国の構造調整プログラムの策定に携わった。だが、レーガン、サッチャー時代にＩＭＦが急激な右旋回を遂げてから、自主精神旺盛なブドゥーは職場にだんだんと居心地の悪さを感じるようになる。筋金入りの新自由主義者であるミシェル・カムドシュ専務理事の采配のもと、資金援助計画もシカゴ学派グループが取り仕切るようになった。一九八八年に職を辞したブドゥーは、ＩＭＦの暗部を暴こうと決意する。こうして書いたのが、その一〇年前、アンドレ・グンダー・フランクがミルトン・フリードマンを糾弾した公開書簡に倣った、カムドシュ宛ての公開書簡という画期的な一文だった。

ブドゥーは、融資担当上級エコノミストには珍しく感情のほとばしるような筆致で、こう書き出している。「今日、私は一二年間勤めたIMFを辞職しました。融資部門の担当に就いてからこの一〇〇〇日間、私はラテンアメリカ諸国、カリブ諸国、アフリカ諸国の政府や国民に対し、あなたが処方した薬や数々の計略を押しつけてきました。辞職によって、私は何ものにも代えがたいほどの解放感を味わっています。なぜなら、何百万という貧しく飢えた人々の血に染まった私の手を、ようやく洗うことができると感じているからです。（中略）大量の血が川のように流れていることはあなたもご存知でしょう。その乾いた血痕は、私の体中にこびりついています。世界中の石鹼を使っても、あなたの名前で私が行なった汚れは洗い流せないのではないかと思うこともあります[21]」

続いて彼は本論に入り、融資の際に統計数字を〝必殺兵器〟として振り回すIMFの手口を非難する。八〇年代半ば、融資部門担当者だった彼が石油が豊富なトリニダード・トバゴの経済を実際よりもはるかに不安定に見せるため、巧妙な「不正な統計操作」を行なってIMFの報告書の数字を改竄したことを、証拠を挙げて余すところなく明らかにしていく。IMFは同国の労働コストを実際の二倍以上にして計算し、きわめて生産性の低い国家に見えるように操作したという。もちろん、IMFは正しい数字を把握していた。また、ある国が莫大な政府債務を負っていると「まったくやぶから棒に」統計をでっちあげた例もある、と彼は言う[22]。

単なる「ずさんな計算」の結果などではなく、意図的に行なわれたこのひどい「ごまかし」を金融市場は事実として受けとめ、トリニダード・トバゴを高リスクの国とみなして融資を引き揚げた。その結果、主要輸出品である石油の価格下落に端を発する同国の経済問題は悲惨な状況に陥り、ＩＭＦに緊急援助を願い出るしかなくなる。そこでＩＭＦは、ブドゥーが「最悪の処方箋」と呼ぶ条件を呑むことを要求した。労働者の解雇、賃金カットをはじめ、「ありとあらゆる」構造調整政策である。「いろいろな口実を使って経済的な命綱を故意に断ち切り」、それによって「トリニダード・トバゴの経済をまず崩壊させ、そのあとで改造する」というシナリオだった、とブドゥーは説明する。

ブドゥーは二〇〇一年に没したが、公開書簡のなかで彼が批判をしたのは、ひと握りの担当者によるある一国の処置という以上の問題だった。ブドゥーはＩＭＦの構造調整プログラムそのものを国民全体への拷問だとみなす。「苦痛に悲鳴を上げた政府や国民はＩＭＦの前に膝を屈する。崩壊し、打ちひしがれ、恐れおののき、援助を請い、温情を願い出る。しかしＩＭＦはそれを鼻でせせら笑い、さらなる拷問を与え続けるのだ」

この書簡が公開されたあと、トリニダード・トバゴ政府はブドゥーが暴いた問題点について独自の調査に乗り出した。二度にわたる調査の結果、ＩＭＦ側が数字を水増しして統計を改竄し、トリニダード・トバゴに甚大な損害を与えたのが事実だったことが判明する。[23]

それにもかかわらず、ブドゥーが暴露した真相は注目を集めることなく忘れられていく。トリニダード・トバゴは南米ベネズエラ沖にあるトリニダード島とトバゴ島、および周辺の小さな島々から成る国で、ワシントンＤＣ一九番地にあるＩＭＦ本部に国民が押しかけて怒鳴り込まない限り、世界がこの国の訴えに耳を貸すとは考えられない。公開書簡はその後、一九九六年に『ブドゥー氏のIMFへの辞表――五〇年にわたる悪行』というタイトルで舞台化され、ニューヨーク、イースト・ヴィレッジの小さな劇場で上演された。『ニューヨーク・タイムズ』紙に掲載された劇評は短かったものの、「まれに見る創造性」「独創的な装置」といった賛辞が送られた[24]。しかしブドゥーの名前がこれまで同紙で言及されたのは、後にも先にもこの一回だけだった。

第13章　拱手傍観
――アジア略奪と「第二のベルリンの壁崩壊」

カネというのはチャンスのある場所へと流れていく。今のところはアジアがお買い得のようだ。

――UBS証券ニューヨーク支店ジェラルド・スミス、一九九七～九八年のアジア経済危機の際に(1)

好況時に悪い政策が生まれる。

――インドネシアのスハルト大統領経済顧問、モハマド・サドリ(2)

私の質問はごく単純なものだった。お給料で何が買える？　家賃は払えるの？　実家に送金できる余裕はある？　工場に通う交通費はどうなの？　しかしどんな質問をしても返ってくる答えは同じ、「その時々で違う」あるいは「わからない」というのだ。

「つい数カ月前までは、毎月の給料から実家にほんの少し送金できる余裕があったけど、今じゃ自分の食べ物を買うにも困るくらい」。マニラ近郊のGAP縫製工場で働く一七歳の少女はそう説明した。

「お給料が下がったから？」と私は質問した。

「いえ、そうじゃないんだけど」。少女は自分でもよくわからない、といった様子だった。

「とにかくお金が足りないの。物の値段がどんどん上がっているから」

一九九七年の夏、私はアジア各地で活況を呈していた輸出向け工場の労働実態を探ろうと現地取材に来ていた。取材をするうちに、労働者の直面していた問題とは時間外の強制労働でもなければ監督者の脅迫的態度でもなく、もっと大きな問題だということがわかってきた。要するに、アジア各国では国家の屋台骨が傾き、本格的な不況へと突入しつつあったのだ。とりわけ危機が深刻だったインドネシアでは、一触即発の空気があった。インドネシアの通貨は見る見るうちに下落し、工場労働者が米と魚を買えた次の日には、同じ金で米だけしか買えなくなる、というありさまだった。街の食堂やタクシーで耳にした話では、誰に非難を向けるべきか、人々の意見は一致しているようだった。悪いのは「中国人だ」と皆が口をそろえて言っていた。インドネシア社会で商人階級を占めていた華人は、物価高騰でいちばん得をしているように見え、そのために怒りをぶつける対象にされていたのである。これはかつてケインズが、経済の混乱が招く危険として指摘したものにほかならない。怒りや民族差別や革命がどのように結びついて爆発するかわからない、と。

東南アジアの国々では陰謀説や特定の民族を悪者にする傾向がとくに目立った。それというのも、今回のこの経済危機には納得のいく説明がまったく見あたらなかったからだ。テレビや新聞では専門家が、あたかも東南アジア地域が原因不明の病に感染したかのような口調でこの現象を「アジア風邪」と呼んだが、アジア市場が崩壊し、ラテンアメリカやロシアへ余波が及ぶと、その呼び名はいっそう猛威を増して「アジア伝染病」となった。

事態が深刻化するほんの数週間前まで、これらアジア諸国は経済の活力にあふれた新興国として「アジアの虎」と呼ばれ、グローバリゼーションの輝ける成功例とみなされていた。ある時点まで、証券ブローカーは顧客をつかまえては、アジアの「新興成長市場」の投資信託に投資すれば必ず大儲けできると売り込んでいたのに、次の瞬間にはいっせいに大量の株を売却し、その一方では為替トレーダーたちがバーツ、リンギット、ルピアの売り浴びせをしかけた。その結果、『エコノミスト』誌が「全面戦争の規模にも匹敵するほどの預金の破壊」と表現する事態へと至った。(3) それでも「アジアの虎」の国内経済には表面上目立った変化は起きていなかった。大方の国では相変わらずエリート階級が縁故主義によって経済を取り仕切り、自然災害や戦争にも見舞われず、巨額の財政赤字も抱えていなかった(まったく赤字のない国もあった)。巨大コングロマリットの多くは巨額の負債を抱えてはいたものの、スニーカーから車まで、あらゆる製品を一手に製造しており、売上げもこれまでになく好調だった。ところが一九九六年には投資家たちが一〇〇〇億ドルの資金投入が適切と見ていた韓国で、翌九七年には投資収支が二〇〇億ドルの流出超となり、その差は一二〇〇億ドルにも達した。(4) なぜそのようなことが起こりえたのか?

要は、アジア諸国はパニックの犠牲になったということだった。グローバル市場の変化の激しさとスピードがそれを致命的なものにしたのだ。タイには通貨を支えるだけの外貨準備がないらしい、という単なる噂が引き金となり、〝電脳投資家集団〟の暴走が始まった。銀行は融資を引き揚げ、急成長を謳歌していた不動産バブルもあっという間にはじけた。建設中だったショッピングモールや高層ビルやリゾート施設も突如作業がストップし、バンコクの高層ビル街には動きを止めたクレーンが空しい姿をさらす。資本主義のペースがまだ緩やかだった一昔前なら経済危機もその時点で終息しただろうが、投資信託は「アジアの虎」をパッケージ化した投資商品を売り込んでいたため、一匹の虎が倒れると残りも次々と共倒れとなった。初めにタイが倒れるとインドネシア、マレーシア、フィリピンへとパニックが広がり、次々と資金が引き揚げられ、ついには世界一一位の経済力を持つグローバリゼーションの優等生、韓国にまでその波は及んだのだった。

アジアの各国政府は外貨準備を取り崩して自国通貨を買い支えるしかなくなり、それによって国家経済の破綻という恐れが目の前の現実として迫ってきた。市場にはさらなるパニックが広がった。こうしてわずか一年で、アジア諸国が何十年もかけて築き上げてきた六〇〇〇億ドルの富がアジアの株式市場から消えてしまったのだ。(5)

経済危機は人々を絶望的行動に駆り立てた。インドネシア都市部では貧窮化した市民が商店に押し入り、次々と商品を略奪していった。ジャカルタのショッピングモールでは略奪が行なわれている間に火事が発生し、中にいた数百人が焼死するという悲劇も起きた。(6)

韓国のテレビ各局は、国家の債務を少しでも減らすために金のアクセサリーを国に供出するよう呼びかけるキャンペーンを行ない、数週間のうちに三〇〇万人の市民からネックレスやイヤリング、メダルやトロフィーが持ち込まれた。ある女性は金の結婚指輪を、カトリックの枢機卿は金の十字架を寄付した。視聴者に金を放出させる安手のゲーム番組も放送された。しかし市民から集まった二〇〇トン分の金は世界の金価格を下げはしたものの、けっきょく韓国の通貨下落を止めることはできなかった。(7)

三〇年代の大恐慌期と同様、蓄えを失った一家や店をたたむ人々が増えるにつれ、自殺者も急増した。韓国では一九九八年の自殺率が前年の五〇％増となった。六〇歳以上の高齢者に自殺が目立った裏には、子どもにこれ以上の経済的負担をかけまいという年老いた親の悲痛な思いがあった。負債を負った父親が一家を道連れにして首を吊るという一家心中の増加も報道された。「統計上では一家の長だけが自殺扱いで、他の家族は他殺扱いとされるが、道連れの家族を数に含めたら自殺率ははるかに高くなる」と専門家は指摘した。(8)

典型的な恐怖の連鎖によって広がっていったアジアの経済危機だが、それを阻止できる手段があったとすれば、一九九四年にメキシコで起きたいわゆる「テキーラ危機」の際に通貨危機を食い止めた方法以外にない。つまり、迅速な融資を決然と行なうことだ。それによってアメリカ財務省は、メキシコ経済を破綻させないという断固たるメッセージを市場に伝えたのである。(9) ところがアジア経済危機の際にはこうした行動はいっさい取られなかった。それどころか危機が起きるや、金融界のそうそうたる大物たちは口をそろえて「アジアを救済するな」と発言したのだ。

当時八〇代半ばだったミルトン・フリードマンは珍しくCNNのニュース番組に出演し、キャスターのルー・ダブスに向かって、自分はいかなる救済措置にも反対であり、事態の正常化は市場に委ねるべきだと発言した。高名な経済学者を前にしてのぼせ上がったダブスは、「教授、この重要な議論であなたからの賛同をいただくことは私にとっても大きな意味を持ちます」と応答した。溺れるがまま放っておけ、という意見は、フリードマンの旧友で元シティバンク頭取のウォルター・リストンや、当時フリードマンと組んで右派シンクタンクのフーバー研究所で活動し、大手証券会社チャールズ・シュワブの理事も務めていたジョージ・シュルツ元国務長官も同様だった。[10]

ウォール街の一流投資銀行モルガン・スタンレーで新興成長市場のストラテジストとして名高いジェイ・ペロスキーも、公然と同じ意見を口にした。ミルケン研究所(〝ジャンクボンドの帝王〟と呼ばれたマイケル・ミルケンが設立したシンクタンク)が主催したロサンゼルスでの会議で、ペロスキーは、三〇年代の経済危機にも匹敵するこのアジア危機に、国際通貨基金(IMF)やアメリカ財務省は介入すべきではないと明言した。「今、アジアに必要なのはもっと悪いニュースだ。悪いニュースが増えれば、さらなる調整が促進されるからだ」[11]

クリントン政権もこうしたウォール街の意向に倣った。アジア経済危機発生から四カ月経った一九九七年一一月、バンクーバーで開かれたアジア太平洋経済協力会議(APEC)の席で、クリントン大統領は、国家存亡の危機にさらされたこの事態を「ちょっとしたつまずき」と表現し、参加アジア諸国を激怒させた。[12] 今のところアメリカ財務省は救済に乗り出すつもりはない、というメッセージがこめられていたのは明らかだった。また、本来ならこうした危機を防ぐ目的で創設されたはずのＩＭＦも、ロシア対策以来ずっと貫いてきた「何も関与しない」姿勢を通した。最終的には援助に乗り出すが、それは金融危機の鎮静化にもっとも必要な緊急融資という援助ではけっしてなかった。それどころかＩＭＦは、アジア危機を絶好のチャンスと確信するシカゴ学派流の考えによって膨れ上がった、長い要求のリストを被融資国に突きつけたのである。

一九九〇年代初頭、自由貿易推進派が論争の相手を説得するのに持ち出すのは、決まって「アジアの虎」の成功例だった。これらのアジア諸国が飛躍的な経済成長を遂げたのは門戸を広く開け、規制なきグローバリゼーションに参加したからだ、と彼らは主張した。アジア諸国が猛烈なスピードで発展していたのは事実で、成功例として持ち出すには好都合だったものの、その理由が自由貿易にあるというのは作り話であり、事実ではない。現にマレーシア、韓国、タイの各国はいまだに保護主義政策が強く、外国資本が土地や国内企業を買収するのを禁じていた。また、これらの国は国家の役割を重視し、エネルギーや運輸といった公共部門は民営化することもなかった。さらに日本や欧米からの輸入も少なからず規制し、国内市場の構築を促進した。急成長のサクセス・ストーリーはたしかだとしても、これらの国が証明したのは西部開拓時代（ワイルド・ウェスト）を思わせるような「ワシントン・コンセンサス」よりも、管理された混合経済システムのほうが迅速で公正な成長を導くという事実だった。

こうした状況は、欧米や日本の投資銀行や多国籍企業からは不興を買った。彼らはアジアの消費者市場が爆発的に拡大するのを目の当たりにし、当然ながら自社製品を売るために自由なアクセスを手に入れたがった。また新興国の優良企業買収にも強い関心を示し、なかでも大宇（デウ）、現代（ヒョンデ）、三星（サムスン）、LG電子といった韓国の財閥企業に熱い視線が注がれた。九〇年代半ば、アジア諸国政府はIMFおよび新たに創設された世界貿易機関（WTO）からの圧力を受け、妥協案を呑み込むことになる。国内企業を外資の買収から守り、主要国営企業の民営化を禁止する法律を維持する代わりに、金融部門の規制を解除し、株や債券などの投資と為替取引が自由に行なわれるようになったのだ。

一九九七年にアジアから短期資金がどっと逃げ出したのは、欧米先進諸国からの圧力によって合法化されたこの種の投機的投資の直接的結果にほかならない。しかし、当然ながらウォール街はそうは見なかった。有力投資アナリストたちはこの危機を、アジア市場を保護している残りの規制をすべて取り払うチャンスだと捉えたのである。その急先鋒モルガン・スタンレーのストラテジスト、ペロスキーはこう言ってのけた。危機がこのまま悪化すれば外資はすべて流出し、アジア企業は廃業に追い込まれるか、欧米の企業に身売りするしかなくなるだろう、と。モルガン・スタンレーにしてみれば、どっちに転んでもうまい話である。ペロスキーは言う。「私は企業の閉鎖と資産売却が進むことに期待しています。（中略）資産売却というのはきわめてむずかしい。追い込まれない限り、経営者は会社を手放そうとはしない。したがって、企業に売却のプレッシャーをかけ続けるためには、もっと悪いニュースが必要なのです[13]」

アジアの崩壊をもっと壮大な言い回しを使って表現した者もいる。かつてピノチェト政権下の閣僚として手腕を振るい、この当時はワシントンのケイトー研究所に在職していたホセ・ピニェーラは、アジア経済危機を手放しで歓迎し、「最後の審判が下った」と言い切った。このアジア危機は七〇年代に彼とシカゴ学派の同僚がチリで開始した闘いの最終楽章であり、「アジアの虎」たちの崩壊は「第二のベルリンの壁崩壊」、つまり「民主的な自由市場資本主義と国家統制による社会主義の間に〝第三の道〟があるという考え」の破綻を示しているというのだ[14]。

ピニェーラの考えは少数意見というわけではなかった。経済政策ではおそらく世界でもっとも強い決定権を持つ、米連邦準備制度理事会（ＦＲＢ）のアラン・グリーンスパン議長も公然と同じような見解を口にした。グリーンスパンはアジア経済危機を「わが国のような市場システムに対する合意に向けた画期的な出来事」だと表現し、「今回の危機はアジア諸国にいまだ多く残る政府主導型経済システムの撤廃を促進するだろう」と述べた[15]。換言すれば、アジアの管理経済の崩壊はアメリカ式経済導入のためのプロセスであり、数年後により暴力的な文脈で使われる表現を借りれば、新しく生まれ変わるために必要な「産みの苦しみ」だというわけである。

金融政策では世界第二の決定権を持つとも言えるＩＭＦのミシェル・カムドシュ理事も、似たような見解を示した。珍しくマスコミ取材に応じたカムドシュは、今回の危機はアジアが古い殻を脱ぎ捨てて新たに生まれ変わるチャンスだと語った。「経済モデルというのは永久不変のものではない。それが有効な時代もあれば、(中略)時代遅れとなり、破棄しなければならない時代も来る」[16]。噂から火がついて始まった危機が、作り話から事実へと変えられ、ついには新しい時代の到来を導いたというわけだ。

危機が悪化する数カ月の間はなんの行動も起こさなかったIMFはようやく腰を上げ、このチャンスを逃してはなるまいと、危機にあえぐアジア各国政府に交渉を持ちかける。このとき交渉に応じなかったのは比較的債務の少ないマレーシア一国だけだった。何かと議論の的になることの多いマハティール首相だが、このときも「経済を回復させるために経済を破壊する」必要はないと発言し、極端な急進主義者というレッテルを貼られることになる[17]。しかし、その他の疲弊したアジア諸国は喉から手が出るほど欲しい外貨を獲得するため、IMFが持ちかけた数百億ドルの融資話に飛びついた。タイ、フィリピン、インドネシア、韓国の各政府代表者が交渉の席についた。「援助を請うようこちらが強要することはできない。向こうからの要請があって話が始まる。しかし、困窮している国にとって頼める先はそれほど多くない」と交渉を担当したIMFのスタンレー・フィッシャーは話す[18]。

フィッシャーはロシアでのショック療法を熱烈に支持した一人だが、あのときの悲惨な国民の犠牲を十分に認識しながら、アジアでも手綱を緩めることはなかった。何カ国かは、危機を引き起こした原因はあまりに急激な資本の流出入にあるのだから、それを緩和するためになんらかの手段——IMF側にとっては聞くもおぞましい「資本移動規制」——を講じるべきではないかと提案した。実際、資本移動規制を設けていた中国だけは(この点に関してはフリードマンの忠告に耳を傾けなかった)、アジア経済危機の嵐に巻き込まれなかった。また、マレーシアもいったん撤廃した資本移動規制を復活させたことが功を奏しているようだった。

フィッシャー以下IMFのアジア担当チームは、その提案を即座に一蹴した。[19] IMFは危機発生の原因にはなんら目を向けることなく、捕虜の弱みを見つけようとする尋問官さながら、この危機をいかにうまく利用できるかだけに関心を寄せていた。経済危機に陥ったことによって、意志強固な国々が頭を下げ、温情を請うてきたのだ。シカゴ学派エコノミストが率いるIMFがまたとないこのチャンスを逃せば、プロの名に恥じるというわけである。

国家財政の危機に瀕した「アジアの虎」たちは、IMFの見地からすれば〝崩壊〟したのであり、一から作り直さなければならなかった。その第一段階は「「アジアの奇跡」がもたらされたおもな要因である貿易と投資に対する保護主義、および国家の積極的な介入」をすべて取り払うことだったと、フィリピンの政治学者ウォールデン・ベローは書く。[20] また、アジア諸国では記録的な数の自殺者が出ていたにもかかわらず、IMFは公共部門の労働者の大量解雇につながる予算の大幅削減を要求した。韓国とインドネシアにおける危機は過剰な政府支出とは無関係だとIMFが結論を出したあと、フィッシャーはその事実を追認した。それでもフィッシャーは厳しい緊縮政策を押しつけるため、危機の威力を最大限に利用した。『ニューヨーク・タイムズ』紙はIMFのこうした振る舞いを、「外科医が心臓手術の真っ最中に、肺や腎臓もちょっといじってみようとする」ようなものだと書いた。*[21]

＊　ＩＭＦがアメリカ財務省の手先だとはよく言われることだが、このときの交渉ほどそれが明らかになったことはない。最終段階においてアメリカ企業の利益が確保されるのを見届けるため、財務省国際問題担当次官のデイヴィッド・リプトン（ポーランドのショック療法の際にはサックスとタッグを組んだ人物）は韓国へ飛び、ＩＭＦと韓国政府との交渉が行なわれていたソウルのヒルトンホテルに投宿した。『ワシントン・ポスト』紙のポール・ブルースタイン記者によれば、リプトンの登場は「アメリカがＩＭＦの政策ににらみをきかせているという明白な示威行動」だったという。

こうして「アジアの虎」諸国から古いやり方や慣習を一掃したあと、シカゴ方式による国家の再生が図られる。基幹サービス事業の民営化、中央銀行の独立化、労働市場の〝柔軟化〟、社会支出の削減、そしてもちろん完全な自由貿易の実現である。ＩＭＦとの新たな合意によって、タイでは外国人による銀行の株式保有率の制限が引き上げられ、インドネシアでは食料補助金がカットされ、韓国では大量解雇を禁止する労働者法が撤廃されることになった。(22) さらにＩＭＦは韓国に容赦ない解雇の要求を突きつけた。融資を受ける条件として銀行業界に五〇％の人員削減を求めたのだ（のちに三〇％に緩和）。(23) これらの要請は、アジア企業を買収するにあたって徹底的なスリム化を断行したい欧米の多くの多国籍企業にとって不可欠だった。ピニェーラの言う「ベルリンの壁」が今まさに崩れ始めていた。

危機が発生するほんの一年前には、このような措置は考えられもしなかった。当時は韓国の労働組合がもっとも戦闘化していた時期で、雇用の安定を脅かす新労働法案が提出されるや、韓国史上もっとも大規模かつ過激なストライキが決行された。ところが経済危機のおかげで様相は一変する。経済崩壊のあまりのすさまじさに、政府は暫定的な独裁支配体制を敷くことになるが(同じようなことはボリビアからロシアに至るまで世界各地で起きた)、それもＩＭＦが介入するまでのことだった。

たとえば、タイに導入された一連のショック療法は通常のような議論もなく、四件の緊急命令という形で国会を通過した。「われわれは自治権も、マクロ経済政策の決定権も失ってしまった。じつに不運なことだ」とスパチャイ・パニッチパクディ副首相は嘆いた(このときの協力的態度への見返りとして、パニッチパクディはのちにＷＴＯの理事に指名される)[24]。ＩＭＦの民主主義破壊工作は韓国ではもっとあからさまだった。交渉が終盤にさしかかった時期、折しも韓国では大統領選が行なわれようとしており、主要候補者のうち二人はＩＭＦ路線反対を掲げていた。ＩＭＦはここで主権国家の政治プロセスに干渉するというとんでもない手段に出る。当選した暁にはＩＭＦの条件に従うという確約を主要候補者四人から得られない限り、融資は行なわないとしたのだ。国を事実上の人質に取ったＩＭＦが勝利を手にし、候補者たちは書面でＩＭＦを支持することを誓った[25]。経済問題を民主主義の手の及ばないところに保護するというシカゴ学派の至上命題が、これほどまで露骨な形で現れたことはいまだかつてない。選挙は実施していいが、それによって経済の管理運営をどうこうすることはできない──韓国国民はそう言われたも同然だった(韓国では交渉が成立した日は即座に「国民的屈辱の日」と名づけられた)[26]。

危機がもっとも深刻だった国のひとつ、インドネシアでは、こうした民主主義の封じ込め工作すら無用だった。アジア諸国でいち早く規制を撤廃して外資に門戸を開いたインドネシアでは、すでに三〇年以上もスハルト政権による支配が続いていたが、スハルトは年を取るにつれ欧米に対して非迎合的になっていた(独裁者にはよくあるパターンだ)。数十年にわたって国内の石油や鉱物資源をせっせと外国企業に売却してきたスハルトは、他人を富ませることに次第に嫌気がさし、ここ一〇年は自分や身内、それにゴルフ仲間の利害にしか関心を持たなくなっていた。たとえば息子トミーの所有する自動車会社に莫大な補助金を与えたことにフォードやトヨタは仰天し、経済アナリストが「トミーのおもちゃ」と呼ぶこの会社と競う気を喪失したほどだった[27]。

数カ月の間、スハルトはＩＭＦの要求に抵抗し、大幅削減をはねつけた予算案に固執した。これに対し、ＩＭＦ側は制裁措置を強化することで対抗した。建前上、ＩＭＦの代表は交渉の期間中にマスコミの取材に応じてはいけないということになっている。交渉の行方が少しでも外部に漏れると市場に多大な影響を及ぼすからだ。それにもかかわらず、あるＩＭＦ高官は『ワシントン・ポスト』紙の取材に応じ、「インドネシア政府上層部がこのプログラム、なかでも要となる改革措置に本気で取り組む気があるのか、市場は懐疑的だ」と語った。記事はさらに、ＩＭＦはインドネシアに約束した数十億ドルの融資を保留するだろうと予測した[28]。この記事が出るやインドネシアの通貨は暴落し、たった一日で二五％も価値を下げた。

手痛いパンチを受け、スハルトもついに白旗を揚げた。インドネシアの外務大臣は「誰か、事情のわかる経済専門家を見つけてきてくれ」と懇願したと伝えられる[29]。見つけてきたのはスハルトだった——それも一人ならず、数人も。ＩＭＦとの最終交渉をスムーズに進める切り札とは、あの「バークレー・マフィア」だった。スハルト政権初期に中心的役割を担った彼らも長期政権の果てにはすでに影響力を失っていたが、長らく活躍の場を失っていた彼らがふたたび表舞台に出てくることになる。ＩＭＦとの交渉の先頭に立ったのは、「バークレー・マフィアの学部長」と呼ばれる当時七〇歳のウィジョヨ・ニティサストロだった。「物事が順調に行っているときにはウィジョヨなどのエコノミストは隅に追いやられ、大統領の一族郎党が周りを固める」と元スハルト政権閣僚のモハマド・サドリは話す。「テクノクラートが手腕を発揮するのは危機のときだ。当面はスハルトも彼らの言に耳を傾けて、他の大臣たちの発言を封じるのです」[30]。こうしてＩＭＦとの協議は合議的な形で進められ、「知的な議論らしくなり、どちらかが一方的に圧力をかけることもなくなった」とウィジョヨ・チームのあるメンバーは説明する。当然ながらＩＭＦの要求はほぼすべて通った——合計一四〇件の「調整」である[31]。

公開のとき

ＩＭＦの側からすれば、アジア経済危機はすこぶる良好に進展した。一年足らずのうちにタイ、インドネシア、韓国、フィリピン各国の経済を大改造するに等しい交渉をまとめ上げたＩＭＦは、改造劇につきものの決定的瞬間を迎えようとしていた[32]。エクササイズと整形、へアスタイルやメークによって大変身を遂げるテレビ番組の視聴者モデルさながら、生まれ変わった経済がアッと驚く観衆——この場合は株式と通貨のグローバル市場——の目の前に姿を現すのだ。当初のシナリオとしては、IMFが最新の〝作品〟を公開すれば、前年にアジアから逃げた短期資金(ホットマネー)がどっと戻ってきて、今や有望となったアジア諸国の株や証券や通貨を買い占めるはずだった。ところがその筋書きとは裏腹に、市場はパニックに陥った。市場はこう理解したのである——アジア諸国を根底から改造しないといけないほど絶望的だとIMFが考えたということは、アジアの状況は皆が考えていたよりはるかに悪いにちがいない、と。

資金が戻ってくるどころの話ではなかった。IMFの〝大公開〟に対する反応としてトレーダーたちは資金をさらに引き揚げ、アジア通貨にアタックをかけた。韓国は一日で一〇億ドルを失い、国債の格付けはジャンクボンドのレベルにまで下がった。IMFの「援助」は役に立つどころか、経済危機を大惨事へと変えてしまったのである。今や国際金融機関を公然と批判する側に立ったジェフリー・サックスの言を借りれば、「IMFは火事を消すどころか、劇場の中で「火事だ!」と叫んで人々をパニックに陥れた」のだ。(33)

IMFのご都合主義がアジアにもたらした人的損害も、ロシアに劣らぬほどの規模に達した。国際労働機関(ILO)の調べによれば、この時期に失業した者は二四〇〇万人という驚異的な数に及び、インドネシアの失業率は四%から一二%へと跳ね上がった。「改革」がピークに達していた時期のタイでは一日に二〇〇〇人、一カ月で六万人が失業した。韓国では毎月三〇万人もの労働者が解雇されたが、これもＩＭＦ主導によるまったく無意味な政府予算削減と金利引き上げの結果だった。一九九九年、韓国とインドネシアの失業率は二年前と比べて三倍に急上昇した。七〇年代のラテンアメリカ諸国と同じく、このときにアジアから消滅したのがアジアの「奇跡」のもっとも輝かしい部分、つまり各国で著しい伸びを見せていた中産階級だった。一九九六年には韓国の国民の六三・七％を占めていた中産階級は、一九九九年には三八・四％へと激減した。世銀の調べによると、この時期に貧困化したアジア人は二〇〇〇万人に上る。ロドルフォ・ウォルシュ言うところの「計画された苦難」である。[34]

こうした数字の裏には、人々の悲痛な犠牲や苦渋の決断の物語が隠れている。いつものことながら、経済危機の最大の被害者は女性と子どもだった。フィリピンや韓国の貧しい農家は娘を人身売買業者に売り渡し、少女たちはオーストラリアやヨーロッパや北米の売春市場へと送られた。タイの公衆衛生当局は一年間に児童買春が二〇％増加したと発表したが、それはＩＭＦの改革が始まってからの一年である。児童買春に関してはフィリピンでも同様の状況だった。「経済ブームの恩恵を受けたのは金持ちなのに、危機のツケを払うのは私たち貧民だ」とタイ北東部で地域のリーダーを務めるクン・ブンジャンは訴える。夫が工場から解雇されたため、彼女の子どもたちは道路清掃の仕事に出ているという。「これまでも教育や医療は不十分だったけれど、今ではそれさえもなくなりつつあるんです」[35]

そんな折、一九九九年三月にタイを訪れたアメリカのマデレーン・オルブライト国務長官は、売春や「麻薬という袋小路」へ走るタイ国民を諌めようという気になったらしい。オルブライトは「少女たちが搾取されたり、虐待されたり、エイズの危険にさらされたりすることがあってはなりません。断固として立ち向かう必要があります」と倫理的決意をみなぎらせて語った。どうやら彼女には、おびただしい数のタイの少女たちが売春を強いられていることと、このタイ訪問中に「絶大なる支持」を表明した緊縮財政との関係がまるで理解できていないようだった。これはミルトン・フリードマンがピノチェトや鄧小平の人権侵害に不快感を表明しつつ、彼らの進める経済ショック療法を称賛したのとまったく同じことである。(36)

荒廃を食い尽くす

ふつうならアジア危機の物語はここで終わる。ＩＭＦは援助の手を差し伸べようとしたが、うまく行かなかった、というわけだ。ＩＭＦの内部組織である独立評価機関さえその失敗を認め、構造調整の要求は「思慮に欠け」、「必要以上に広範囲にわたった」だけでなく、「危機解決の決め手とはならなかった」と結論づけている。さらには「高い効果が望めるからといって改革調整を実行する機会に危機を利用するべきではなく、いかに実績のうえから正当化できたとしても行なうべきではない」と釘を刺している。* 独立評価機関が報告書のなかでもっとも厳しくＩＭＦを諫めているのは、自由市場イデオロギーに囚われるあまりに、資本移動規制でさえも問題外として一顧だにしない態度である。「金融市場は世界の資本を合理的かつ安定的に分配していない、という考えが異端であれば」、資本移動規制など「考慮するだけでも大罪に値する」というわけである。[37]

＊　どういうわけか、独立評価機関のこの厳しい内部報告はアジア経済危機から五年後の二〇〇三年になるまで公表されなかった。危機をチャンス到来と捉えるべからずという警告を発するには時すでに遅く、当時ＩＭＦはアフガニスタンに構造調整プログラムを導入し、イラクでも同様の計画を進めていた。

当時はほとんどの人が認めようとしなかったが、ＩＭＦはアジアの人々を失望させても、ウォール街を失望させはしなかった。実際には失望どころの話ではなかった。ＩＭＦの容赦ない措置によって、短期資金は寄りつかなくなったものの、大手投資会社や多国籍企業はこの状況に勢いづいた。ロンドンに拠点を置く投資運用会社アシュモア・インベストメント・マネジメントの主任研究員ジェローム・ブースはこう話す。「もちろんアジア市場は不安定このうえないが、それだからこそ面白い[38]」。これらの企業は、ＩＭＦの「調整」によってアジアのほとんどすべてが売りに出されると期待して、わくわくしていたのだった。市場がパニックに陥れば陥るほど、アジアの企業は必死になって身売り先を探し、売却価格をどんどん下げる。モルガン・スタンレーのジェイ・ペロスキーはかつて、アジアに関しての「悪いニュースがあればあるほど、企業に売却のプレッシャーをかけられる」と言ったが、ＩＭＦのおかげでまさにそのとおりの展開になったのだ。

ＩＭＦが意図的にアジア危機を拡大しようとしたのか、それとも無謀なまでに無関心だっただけなのか、その点は議論の余地がある。もっとも寛大な解釈は次のようなものだろう。

ＩＭＦはどっちに転んでも負けることはないとわかっていた。つまり構造調整によってアジア市場にふたたびバブルが起きればそれはそれで喜ばしいし、逆に資本の逃避に拍車がかかればハゲタカ投資家たちが大喜びする。いずれにしてもアジア経済が崩壊したところでさほど困らないとの判断から、ＩＭＦはサイコロを振ったのだ。この賭けで誰が勝ったのか、結果は見てのとおりである。

　ＩＭＦが韓国と最終合意に達した二カ月後、『ウォールストリート・ジャーナル』紙は「アジア太平洋地区のゴミあさりに乗り出すウォール街」と題する記事を掲載した。モルガン・スタンレーをはじめとする一流投資銀行数社が「アジア太平洋諸国に担当社員の一団を送り込み、安い値で買えそうな証券会社や資産運用会社、さらには銀行までも物色している。アジアで買収を急いでいるのは、メリルリンチやモルガン・スタンレーなど米大手証券会社の多くが海外への拡大を優先事項にしているからだ」と記事は書く[39]。何件かの大型売却の話がまたたく間にまとまった。メリルリンチは日本の山一證券とタイの最大手証券会社を買収し、ＡＩＧはバンコク・インベストメントをかなりの安値で買い取った。ＪＰモルガンは韓国の起亜（キア）自動車の株を取得し、トラベラーズ・グループとソロモン・スミス・バーニー（ともに現在はシティ・グループ傘下）は韓国最大手の繊維会社はじめ数社を買収した。興味深いのは、当時、ソロモン・スミス・バーニーに合併・買収に関する助言を行なっていた同社の国際諮問委員会の委員長がドナルド・ラムズフェルドだったという事実だ（一九九九年五月に就任）。ディック・チェイニーも委員として名を連ねていた。もう一社、ワシントンＤＣに本社を置く投資会社カーライル・グループも賭けの勝者だった。秘密主義で知られる同社は大統領や閣僚の天下り先でもあり、ジェームズ・ベーカー元国務長官やイギリスのジョン・メージャー元首相、そしてブッシュ(父)元大統領もコンサルタントとして関わっていた。カーライル社はトップレベルのコネを使って、韓国大宇（デウ）グループの通信部門と、ハイテク最大手の雙龍（サンヨン）情報通信を買収するとともに、韓国大手銀行の主要株主となった[40]。

IMFによる調整が終了すれば、「アジアは大きく変貌し、アメリカ企業の関与や浸透の度合いは格段に増すだろう」とジェフリー・ガーテン元米商務次官は予想した[41]が、まさにそのとおりになった。二年も経たないうちにアジアの様相は一変し、何百社というアジアの企業が巨大多国籍企業に買収され、姿を消していった。『ニューヨーク・タイムズ』紙はこれを「世界一大規模な閉店セール」と表現し、『ビジネスウィーク』誌は「企業買収バザー」と呼んだ[42]。実際、9・11以後の市場で規範と化す惨事便乗型資本主義を先取りする光景だった。悲惨な状況につけこんで、外国企業がいっせいにアジアに襲いかかったのである。現地に自らビジネスを立ち上げるのではなく、韓国企業が何十年もかけて築き上げてきた施設・設備から労働力、ブランドネーム、顧客基盤まで丸ごと手に入れようというのだ。買収した企業を解体したり縮小したりすることもしばしばで、ときには自社からの輸入製品の競争相手を排除するために事業を閉鎖してしまうこともあった。

ばらばらに解体して売り出された一例が、韓国最大の財閥三星（サムスン）グループだ。重工業部門はボルボが、医薬品部門はSCジョンソン・アンド・サンが、照明部門はゼネラル・エレクトリック(GE)が買収した。その数年後には、かつて繁栄を誇り六〇億ドルの資産価値があるとされた大宇(デウ)の自動車部門が、わずか四億ドルでGMに買収された。ロシアでのショック療法にも匹敵する買い叩きだが、アジアの場合は国内企業がごっそり多国籍企業に買収された点がロシアと異なる。(43)

このほかに、アジアの災難に乗じて格安セールの分け前にあずかった企業には、シーグラム(カナダ)、ヒューレット・パッカード(米)、ネスレ(スイス)、インターブリュー・アンド・ノバルティス(スイス)、カルフール(仏)、テスコ(英)、エリクソン(スウェーデン)などがある。コカ・コーラは韓国のボトリング企業を五億ドルで買い、プロクター・アンド・ギャンブルも韓国のパッケージング企業を買収した。日本の日産自動車はインドネシアの大手自動車会社を買収し、GEは韓国の大手家電メーカーLG電子の経営権を取得、またイギリスのパワージェンは韓国の大手電気ガス会社LGエネルギーを買収した。『ビジネスウィーク』誌は、サウジアラビアのアル＝ワリード・ビン・タラール王子が「クリーム色の自家用ジェット、ボーイング727でアジア中を駆け巡り、掘り出し物をあさっている」と書いたが、大宇の株もそのひとつだった。(44)

危機拡大の必要性を誰よりも声高に叫んでいたモルガン・スタンレーは、当然ながらこうした買収取引に介入して巨額の手数料を手にした。大宇の自動車部門売却に際してはアドバイザーを務め、韓国の銀行数社の民営化でも仲介役を担った。(45)

外国に売却されたのは民間企業ばかりではない。かつてラテンアメリカや東欧が危機に陥ったときと同様、アジア各国政府も資金調達のために公共サービス部門の売却へと追い込まれた。それに早くから期待を寄せていたのがアメリカ政府である。ＩＭＦのアジア支援に対する数十億ドルの資金拠出の承認について米議会で議論された折、シャリーン・バーシェフスキー通商代表は、承認すれば「米企業に新たなビジネスチャンスがもたらされる」と太鼓判を押した。アジアは「エネルギー、運輸、電気・ガス・水道、通信といった主要公共部門の民営化の促進」を迫られることになるというのだ。(46)

その言葉どおり、アジアは民営化の波に襲われ、各国の公共事業を手中にした多国籍企業は大儲けする。ベクテル社はマニラ東部の上下水道システムの民営化契約、およびインドネシアのスラウェシ島の石油精製所建設の契約を獲得した。モトローラ社は韓国のアピール・テレコムの全面的な支配権を得、ニューヨークに本社を置く巨大エネルギー企業サイス・エナジーはタイの公共ガス会社コジェネレーションの大株主となった。イギリスのテームズ・ウォーターとフランスのリヨネーズ・デ・オーはインドネシアの水道事業を分割して買収、カナダのウェストコースト・エナジーはインドネシアの巨大発電所プロジェクトを手に入れた。ブリティッシュ・テレコムはマレーシアと韓国の郵便事業のかなりの株を買収し、ベル・カナダは韓国の通信会社ハンソルの株を一部取得した。(47)

外国の多国籍企業がインドネシア、タイ、韓国、マレーシア、フィリピンで行なった大型合併・買収は、わずか一年八カ月の間に合計一八六件にも及んだ。こうした状況について、ロンドン・スクール・オブ・エコノミクスの経済学者ロバート・ウェイドと経済コンサルタントのフランク・ヴェネローソは、ＩＭＦのプログラムによって「平和時における国内から国外への資産譲渡としては、過去半世紀で世界最大規模のものが行なわれる可能性がある」と予測した。(48)

ＩＭＦは初期の危機対応のいくつかの失敗は認めたものの、修正は迅速に行なわれたとし、「安定化」プログラムは成功したと主張した。アジア市場が最終的に沈静化したのはたしかだが、それには現在進行中のものも含めると、とてつもない代償が伴った。アジア経済危機の真っ最中、ミルトン・フリードマンはパニックを諫めてこう言った。「危機はそのうちに終わる。（中略）この混乱が収まって一段落すれば、アジアはふたたび成長に転じるだろう。だがそうなるまでに一年かかるのか、二年、三年かかるか、それは誰にもわからない」(49)

一〇年経った今なお、アジアの危機は収束していない。たった二年間で二四〇〇万人が職を失ったことで新たな絶望が根を張り、どの社会においても問題の収拾に苦労している。絶望はその土地土地で違う形をとって現れる――インドネシアではイスラム過激派が台頭し、タイでは児童買春が激増した。

インドネシア、マレーシア、韓国の就業率はいまだに一九九七年以前のレベルに戻っていない。危機の際に職を失った者が再就職できないだけでなく、新たな外国の経営者が投資に見合う高利益を出すことを要求するため、人員削減は今なお続いているのだ。自殺の問題も続いている。韓国の自殺者は毎日三八人という経済危機前の倍以上のペースに達し、今や自殺は死因の四番目に位置している。(50)

これが、IMFが「安定化プログラム」と呼ぶ政策の裏にある実態であり、アジアの国々はさながら市場という荒れ狂う波間に浮かぶ小船のような存在だ。やがて安定は得られるにせよ、それは何百万人という人々を船から突き落とすことで得られる安定でしかない。公共部門の労働者、中小・零細企業の経営者、自給自足農家、労働組合員といった人々が海に投げ出され、そのほとんどは二度と船に戻れないのだ。これが「安定」という名の裏に隠された悲惨な現実である。彼らは今や一〇億人に達すると言われるスラム生活者の一員になるか、売春宿に身を投じるか、貨物船のコンテナに潜り込んで密航するしかない。ドイツの詩人ライナー・マリア・リルケが、「受け継ぐべき過去もなく、まぢかい未来をつくり出すこともできない」(『ドゥイノの悲歌』手塚富雄訳)と表現した、まさに生存権を奪われた人々なのだ。[51]

IMFがアジアに押しつけた改革の犠牲者はこれだけではない。一九九七年夏に私がインドネシアで見聞きした華人への反感は、政治家が自分たちへの批判をそらすために反華人感情を煽ったことで増幅し、スハルト大統領が生活必需品の物価をつり上げてからはさらに悪化した。インドネシア各地で起きた暴動ではマイノリティーである華人が標的となり、約一二〇〇人が死亡、何十人もの中国系女性が集団レイプにあった。[52] 彼らもまた、シカゴ学派イデオロギーの犠牲者に数えられるべきだろう。

人民の怒りの矛先はついにスハルト大統領官邸へと向けられた。過去三〇年、インドネシア国民は感情を抑制してきた。それはスハルトが権力を手にしたときの虐殺から、地方でくり返されてきた殺戮、そして東チモールでの大量虐殺と、連綿と心に刻み込まれてきた血なまぐさい記憶のせいだった。だが、表面化しないままずっとくすぶり続けてきた反スハルト感情にＩＭＦがガソリンをぶちまけた。皮肉にもＩＭＦがスハルトにガソリン価格を上げるよう強要したことが引き金となって、インドネシア人はついに立ち上がり、スハルトを権力の座から引きずり下ろすに至ったのだ。

ＩＭＦはあたかも刑務所の尋問官のごとく、経済危機の激痛を利用して「アジアの虎」諸国の意志を打ち砕き、命令に全面屈伏させようとした。しかしＣＩＡ(米中央情報局)の尋問マニュアルでは、この手法の行き過ぎに注意するよう釘を刺している。過大な苦痛を与えると退行や従順さを引き出せるどころか、捕虜は逆に大胆になり反逆してくることがあると警告している。その一線を越えたのがインドネシアであり、行き過ぎたショック療法が逆襲を引き起こした例は、その後ボリビアからイラクまで多くの地でくり返されることになる。

とはいえ自由市場改革に燃える人々は、たとえ予期せぬような結果が出ても、そこから教訓を得ようとはしない。彼らがアジア大売出しのぼろ儲けから唯一学んだのは、ショック・ドクトリンへのさらなる信頼であり、新たな未開拓地(フロンティア)を手に入れるのに本格的な大惨事や社会攪乱にまさるものはないことを示す、さらなる証だった(証拠は十分あるはずだったが)。経済危機のピークから数年後、何人かの著名コメンテーターは、アジアで起きたことは悲惨ではあったが、結果的には恵みをもたらしたとまで言い切った。『エコノミスト』誌は、「韓国が内向き志向から外国資本や変革や競争を歓迎する国へと変わるには、国家を揺るがす危機が必要だった」とコメントし、トーマス・フリードマンはベストセラーの著書『レクサスとオリーブの木』のなかで、アジアで起きたことは危機などではまったくないと言い切っている。「わたしは、グローバル化は一九九〇年代にタイ、韓国、マレーシア、インドネシア、メキシコ、ロシア、ブラジルの経済を崩壊させたことで、すべての人々に恩恵を施したと信じている。まだ十分にはグローバル化されていなかった国の、数多くの腐敗した慣習や制度をさらけ出したからだ」。フリードマンはさらに、「韓国の縁故資本主義が暴かれることも、危機とはみなさない」と書いている(東江一紀他訳)[53]。のちに彼は、『ニューヨーク・タイムズ』紙のコラムでもこれと同様のロジックを展開してイラク侵攻を支持した(もっともイラクの場合は、通貨取引ではなくミサイル攻撃によって危機が引き起こされたのだが)。

アジアの経済危機は、大惨事がいかに巧妙に利用されるかを如実に示した。その一方、市場暴落の破壊的影響と欧米諸国の冷たい対応は、強力な抵抗運動に火をつけることにもなった。

アジアでやりたい放題に振る舞った多国籍企業に対し、民衆の間からはかつてない規模の怒りが噴出し、やがてその矛先は自由放任資本主義イデオロギーを促進する国際機関そのものへと向けられた。『フィナンシャル・タイムズ』紙は珍しくバランスのとれた社説でこう書いている。アジアは「資本主義とグローバリゼーションに対する民衆の不安が、憂慮すべきレベルに達しつつあることに警鐘を鳴らした。アジア経済危機は、いかに成功した国でも突然の資本流出によって壊滅的な打撃を受ける可能性があることを世界に見せつけた。そして民衆は、秘密主義のヘッジファンドの気まぐれによって地球の裏側で大量の貧困者が生じることに怒りを爆発させたのである」[54]。

ショック療法によって計画された苦難が共産主義から市場民主主義への「移行に伴う痛み」だと言いつくろうことが可能だった旧ソ連とは異なり、アジアの危機は明らかにグローバル市場が創出したものだった。それでもグローバリゼーションを率いる司祭らが現地に伝道師を派遣した際、彼らは苦痛を増幅させることしか考えていなかった。

その結果、伝道団はかつてのような居心地のいい匿名性を失うことになる。交渉のために韓国入りしたIMFのスタンレー・フィッシャーは、ソウル・ヒルトンの周辺は「まるで祭りのような騒ぎだった」とのちに書いている。「私はホテルの部屋に閉じこもるしかなかった。ドアの外にはカメラマンが雲霞のごとく押し寄せ、外に出られなかったのだ」。別の人物によれば、交渉の行なわれる会議室へ行くためには「ぐるりと迂回して、階段を上ったり下りたりし、ホテルの広大な厨房を抜けて裏口から出なければならなかった」[55]という。当時はIMFの交渉担当者たちもこのように注目されることに慣れていなかった。しかし、五つ星ホテルや会議センターに籠城するという異例の事態は、その後民衆の抗議行動が世界各地で盛り上がるにつれ、彼らにとって日常茶飯事と化していく。

一九九八年を過ぎると、平和的手段――IMFが得意とするところの貿易サミットでの弱者いびりや強力な圧力など――によってショック療法式の改革を推し進めるのは、一段と困難になってきた。発展途上国側からの異議申し立てが初めて世界に示されたのは、一九九九年にシアトルで開かれたWTO閣僚会議での話し合いが決裂したときである。マスコミが盛んに報道したのは怒れる若者たちの抗議行動だったが、本当の意味での抗議行動は会議室の中でくり広げられていた。このとき発展途上国側は、欧米諸国が自国産業に補助金を出して保護政策を取り続ける限り、さらなる自由貿易化の要求は受け入れない、とスクラムを組んで抵抗した。

当時はそれでも、シアトル会議の決裂をコーポラティズムの着実な進展にはさしたる影響のない瑣事として片づけることができた。しかしその数年後には、潮流の変化はもはや動かしがたいものとなる。アジア太平洋地域を包囲した自由貿易圏を形成するというアメリカ政府の野望も、アラスカからチリに至る米州自由貿易地域を構築しようという国際投資家たちの目論見も潰えた。

いわゆる反グローバリゼーション運動の最大の成果は、シカゴ学派イデオロギーを国際的論議の場に引きずり出したことだと言ってもいいかもしれない。二〇〇〇年前後のほんの一時期、世界には注意を引くほどの差し迫った危機もなく、小休止といった状態だった。通貨危機のショックが収まり、「移行」段階も終わり、地球的規模の新たな戦争もまだ起きていないこの時期、目の前に広がっていたのは、自由市場主義改革運動が残した〝実績〟――すなわち格差の拡大、腐敗の蔓延、環境の悪化、という陰鬱な現実だった。すべては世界各国の政府が、フリードマンがかつてピノチェトに与えたアドバイス――「他人の金で善政を行なう」のは間違っている――を受け入れてきた結果である。

ふり返るに、対抗する思想や勢力もなく、世界が資本主義の独壇場だったのは、ソ連崩壊の一九九一年からシアトル会議の一九九九年までのたった八年間にすぎない。しかし抵抗勢力の隆盛が、途方もない利益を生むこの活動を推進しようという自由市場主義者たちの決意を鈍らせることはなかった。このあと、彼らはかつてないほど大規模なショックによって引き起こされた恐怖と混乱に乗じていくことになる。

第五部　ショックの時代

――惨事便乗型資本主義複合体の台頭

創造的破壊は、国の内外を問わず、われわれの得意とすることである。ビジネスから科学、文学、芸術、建築、映画、政治、法律に至るまで、われわれは日々古い秩序を壊している。(中略)古い体質はしぶとく生き残ろうとするが、われわれは歴史的使命を遂行するため、それを壊していかなければならない。

——マイケル・レディーン『テロ・マスターたちとの戦い』(二〇〇二年)

(テキサスの)牧場で何か問題が起きるとジョージはすぐ、だったらチェーンソーでぶった切ってしまえ、と言うんです。これだからジョージとチェイニーとラムズフェルドの三人がうまく行くわけよね。

——ローラ・ブッシュ米大統領夫人、ホワイトハウス担当記者との夕食会の席で(二〇〇五年四月三〇日)

第14章　米国内版ショック療法

――バブル景気に沸くセキュリティー産業

あの男は血も涙もないやつだ。それだけはたしかだね。

――一九七一年、リチャード・ニクソン大統領、ドナルド・ラムズフェルドに言及して(1)

私が恐れを感じるのは、現実としてわれわれがすでに監視が張り巡らされた社会のなかで生きている、ということです。

――イギリス情報委員会リチャード・トーマス(二〇〇六年一一月)(2)

今やセキュリティー・ビジネスは、インターネット・ビジネスの投資が隆盛期を迎えた一九九七年の段階に達しただろう。あの頃は社名の頭に「e」を付けただけで会社の株価はうなぎ上りになったものだが、今ならさしずめ「フォートレス(要塞)」が合い言葉だろう。

――ダニエル・グロス、『スレート』(二〇〇五年六月)(3)

ワシントンDCのある蒸し暑い月曜日、ドナルド・ラムズフェルドは彼の嫌うこと――スタッフとの会合――に臨もうとしていた。彼が国防長官に就任して以来、統合参謀本部ではラムズフェルドは高圧的だ、秘密主義だ、そして(なかでも多かったのが)傲慢だ、という悪評が定着していた。敵意が生まれたのも無理はない。ペンタゴンに足を踏み入れてから、ラムズフェルドは国防長官として期待されるリーダーとしての役割には目もくれず、人員削減の使命に燃えたCEO長官として冷血な殺し屋のごとく振る舞ってきたからだ。

ラムズフェルドが国防長官の役を受諾したときは、六八歳という年齢で、五人の孫を持ち、推定二億五〇〇〇万ドルの個人資産を持つ彼がなんで今さら、と首をひねる者も多かった。しかも国防長官のポストには、かつてジェラルド・フォード政権下で就いたことがある。[4] だが今回、ラムズフェルドは、戦争の采配を振るうという通常の意味での国防長官になりたかったわけではない。それよりもはるかに大きな野望を抱いていたのだ。

それまでの二十数年間、ラムズフェルドは数社の多国籍企業でトップや役員の職に就き、大胆な企業合併買収劇の音頭を取ったり、非情なリストラを強行したりしてきた。一九九〇年代には、デジタルテレビメーカーのCEOをはじめ、「Eビジネスのソリューション」を謳うIT企業の役員、そして鳥インフルエンザ治療薬とエイズ治療薬の独占的特許を有するSF的なバイオ技術に特化した医薬品会社の会長を兼任し、ニューエコノミーの旗手をもって任じていた。[5] 二〇〇一年、ジョージ・W・ブッシュ政権の閣僚に加わったときのラムズフェルドは、二一世紀の軍事を改革しようという個人的な野望に燃えていた。戦争を物理的なものから心理的なものへ、肉体を駆使する戦闘から派手な見世物(スペクタクル)へ、そして今までよりはるかにうま味のあるものに変えていこうというのだ。

ラムズフェルドの「改革」プロジェクトが大いに物議を醸し、八人の退役将官による辞任要求という事態に至ったあげく、二〇〇六年の中間選挙直後に辞任へ追い込まれたことについては、多くのことが書かれてきた。国防長官解任を発表した際、ブッシュ大統領がラムズフェルドの最大の貢献として挙げたのは、イラク戦争あるいはより広い意味での「テロとの戦い」での功績ではなく、「徹底した改革プロジェクト」だった。「この分野での彼の貢献は大きな注目を集めることはなかったが、彼の着手した改革は歴史的なものとなった」[6]とブッシュは述べた。歴史的であるのはたしかだが、肝心の改革の内容については必ずしも明らかにされてきたわけではない。

軍の高官たちは、「改革」という言葉を「空疎な流行語」だと冷笑したが、ラムズフェルドはまさにその通りであることを、(滑稽なほど)むきになって示そうとしているように見えることもしばしばだった。二〇〇六年四月、彼はこう語っている。「軍は今、大規模な近代化のまっただなかにある。米陸軍は従来の師団方式からモジュール式旅団戦闘チーム体制へと移行しつつあり、(中略)実戦中心の戦闘から衝突回避の戦闘へ、そして相互運用性へ、そして今や相互依存性へと向かいつつある。これを遂行するのは容易なことではない[7]」。だが、このプロジェクトは彼の言葉から想像されるほど複雑なものではなかった。小むずかしい専門用語の裏にあるのは、ラムズフェルドが実業界で関わってきた外部委託システムにおける革命を米軍の中枢で起こそうという、ごく単純な企てにすぎなかった。

一九九〇年代、それまで安定した労働力を大量に抱えて自社商品を製造してきた企業の多くが、ナイキ方式と呼ばれる方法を採用するようになった。つまり自社工場は持たず、商品の生産は請負業者やその下請業者の複雑なネットワークに委託し、持てる資源はデザインとマーケティングに投入するという経営モデルである。もうひとつの選択肢はマイクロソフト方式だった。こちらは企業の「中核能力」を担う従業員株主による中央管理部門だけを維持し、郵便仕分け室の管理からプログラミングに至るその他の仕事すべてを派遣社員に任せるスタイルである。会社には実体がほとんど残らないことから、このような徹底した構造改革を進めた会社は「空洞企業」とも呼ばれた。

ラムズフェルドは、国防総省にもこれに匹敵する改革が必要だと確信していた。長官就任時に『フォーチュン』誌が書いたように、「このミスターCEOは(中略)自ら指揮を執って成功させた実業界の構造改革を国防総省にも導入しよう」としたのだった。[8] もちろん、違いはいくつかある。企業が工場と正規労働者という負担を切り捨てたのに対し、軍は少数の中核スタッフを残して大規模な正規軍を縮小し、予備役や州兵のパートタイマーを安く雇えばいいとラムズフェルドは考えた。その一方で、ブラックウォーターやハリバートンといった民間企業と契約して、リスクの高い運転業務から拘束者の尋問、ケータリング・サービス、医療保健に至るまでの業務を委託する。企業が雇用経費を削ってデザインやマーケティングに回したのに対し、国防総省では兵員や戦車の数を減らして、民間部門から最新の衛星システムやナノテクノロジー技術を導入する金にあてればいい——というわけだ。軍の近代化に関してラムズフェルドはこう述べている。「二一世紀の今日、われわれは物量にこだわる思考を捨て、スピード、機敏さ、正確さについても考慮しなければならない。おそらくはそれらを第一に考える必要があろう」。これは九〇年代後半、経営コンサルタントとして精力的に活動していたトム・ピーターズの、企業は「まぎれもない頭脳〝プレーヤー〟」となるか「役に立たない物体を売りさばく商人」になるかを決めないといけない、という言葉とじつによく似ている。(9)

当然のことながら、ペンタゴンで幅を利かせてきた幹部は、戦闘には今もなお「物」や「量」がものを言うと固く信じていた。ほどなく彼らはラムズフェルドの「軍隊空洞化」構想に強い敵意を抱くようになる。就任から七カ月余りで、ラムズフェルドは同省の高官の間でかなりの反感を買い、辞任に追い込まれる日も近いとまで噂されていた。

ラムズフェルドがめったにない「対話集会」を行なうとスタッフに通達したのは、ちょうどそんな時期だった。スタッフの間ではただちに憶測が飛び交った。辞任発表か？　檄を飛ばそうというのか？　それとも今さらながら守旧派の軍人たちに改革を説こうとでも言うのか？　月曜日の朝、大会議室には数百人の上級職員がそろった。「お手並み拝見といった雰囲気だった」と、一人のスタッフはふり返る。「さて、どんな手で説得に出てくるか、とね。すでにラムズフェルドに対する敵意は相当のものでしたから」

ラムズフェルドが姿を見せると、「全員が礼儀正しく起立、着席した」。この会合が辞任発表でも、檄を飛ばすことでもないことはすぐに判明した。ラムズフェルドのスピーチは、アメリカ国防長官の演説としてはかつてないほど突飛なものだった。彼はこう切り出した。

今日の話題は、アメリカ合衆国の安全保障に深刻な脅威をもたらしている敵についてであります。この敵は、中央指令型システムの世界最後の砦のひとつであり、彼らは五年計画を掲げて統治支配しています。ひとつの首都から、時差や大陸や海を飛び越えて自らの要求を押しつけようと目論んでいるのです。容赦ない一貫性をもって思想の自由を抑圧し、新しいアイディアを叩き潰す。この敵はアメリカ合衆国の防衛を混乱に陥れ、軍服姿のアメリカ人男女の命を危険にさらしています。

こう言うと旧ソ連のことのように聞こえるかもしれないが、その敵はもはや存在しない。今日、われわれが敵とする相手はもっと陰険であり、執念深い。(中略)この敵はわれわれのすぐ身近にいます。それは国防総省の官僚主義であります。[10]

ラムズフェルドの巧妙な話術の流れが見えてくるや、出席者一同の表情がこわばった。そのほとんどはソ連との戦いに職務を捧げてきた人々であり、現下の状況で共産主義者にたとえられるなどとは不愉快きわまりなかった。ラムズフェルドはなおも続けた。「われわれはこの敵について知っているし、その脅威もわかっています。強固な敵に抵抗する際の常として、われわれは固い決意を持ってこの敵と向き合わなければならない。(中略)今日ここに、官僚主義との戦いを宣言します」

爆弾発言だった。この国防長官はペンタゴンがアメリカにとって重大な脅威だと述べただけでなく、自分が勤める組織に対して戦いを宣言したのだ。出席者はただ唖然とするばかりだった。先のスタッフは私にこう語った。「彼は、われわれが敵だ、敵はわれわれ国防総省だ、と言ったのです。私たちは国家のために働いていると思っていたのに」

ラムズフェルドは税金の無駄遣いを憂えていたわけではない。現に、国防総省予算の一一%増加を議会に申し入れたばかりだった。大きな政府と大企業が力を結集して資金を国民ではなく企業に再分配するという反革命的なコーポラティズムの原則に従って、省内の人件費をできるだけ削減し、膨大な公的資金を民間企業に直接送り込もうというのが彼の考えだった。ラムズフェルドが〝戦争〟を宣言した目的はまさにそこにあった。「世界各地の米軍基地の司令部も含め」、すべての部門は一五%の人員削減を行なう必要があると彼は述べた。「これは単なる取り決めではない。素晴らしい名案であり、必ずやり遂げなければならないのです」(11)

ラムズフェルドはすでに上級スタッフに対し、「民間に委託したほうがうまくいき、かつ、より安くすみそうな業務を洗い出すよう」に命じていた。ラムズフェルドの言い分はこうだった。「なぜ国防総省は給料を支払う経理部をいまだに内部に持つ時代遅れの組織なのか。保管倉庫を効率的に運営する業界が存在するのに、国防総省はなぜこんなに多くの倉庫を所有し、管理するのか。どうして世界各地の米軍基地では自分たちでゴミの収集や床掃除を行なっているのか。どこの企業でもやっているように、そんな仕事は民間に委託すればいいではないか。もちろんコンピューター・システムの管理ももっと外注に回せるはずだ」

ラムズフェルドは軍組織の聖域とも言える兵士の保健医療分野まで標的にした。なぜこんなに多くの医者がいるのか、と彼は問いかけた。「これらニーズのいくつか、とりわけ戦闘とは無関係の一般医療あるいは専門医療なら民間部門に任せたほうが効率的ではないか」。軍人やその家族の住居は？　もちろん「官民のパートナーシップ」で建てればいいという。国防総省は中核能力である「戦闘活動」に専念すべきだと彼は主張した。「それ以外の業務のすべて、つまり周辺活動に関しては効率的かつ効果的に行なうことのできる業者を探すべきです」

スピーチが終わったあと、少なからぬ国防総省スタッフは、軍務を外注に出すというラムズフェルドの大胆な構想を妨げるものは、もはやアメリカ合衆国憲法ぐらいしかないとこぼした。憲法では国家安全保障は政府の責務であると明確に定義している。「このスピーチで、ラムズフェルドの立場は危うくなるだろうと思った」と、先のスタッフは私に語った。

ところがそうはならず、ラムズフェルドのペンタゴンへの宣戦布告がマスコミを賑わすこともほとんどなかった。というのも、問題含みのこの演説が行なわれたのが、二〇〇一年九月一〇日だったからである。

九月一〇日の夜にCNNイブニング・ニュースが「国防長官、ペンタゴンの官僚主義に戦いを布告」というタイトルで短いニュースを流した次の朝、そのペンタゴンがもはや比喩ではない本物の攻撃を受け、二四時間も経たないうちにラムズフェルドが国家の敵と糾弾した組織の職員一二五人が死亡し、一一〇人が重傷を負ったことをテレビ各局がいっせいに報じ

ることになろうとは――まさに歴史の皮肉としか言いようがない。(12)

チェイニーとラムズフェルド――元祖・惨事便乗型資本主義者

世間から忘れられたラムズフェルドの演説の中心にあったのは、ブッシュ政権の基本方針――すなわち政府の仕事は統治することではなく、その業務をより効率的で一般的に有能な民間部門に下請に出すことだ、という考え方にほかならない。ラムズフェルドが明らかにしたとおり、これは予算削減といった月並みな方針ではなかった。ブッシュ・チームにとってこれは、共産主義打倒にも匹敵する世界改変への推進運動なのだった。

一九八〇年代から九〇年代に全米を席捲した民営化ブーム(クリントン政権のみならず、州政府や地方自治体も全面的にこれを採用した)により、ブッシュ・チームが政権に就く頃にはすでに水道や電気事業、ハイウェーの運営管理、ゴミ収集といった大規模な公営事業はあらかた民間に売却されるか、業務委託されていた。国家機能のこうした手足が次々に切り落とされていったあとに残ったのは、「中核」だけだった。だが、軍、警察、消防、刑務所、国境警備、秘密情報、疾病対策、公教育、政府機関の統括、といった国家統治の根幹に関わる機能を民間企業に渡すというのは、国民国家とは何かということに関わる問題だ。ところが、初期の民営化がもたらした利益があまりにも大きかったことから、味をしめた多くの企業は即収益につながる次なるターゲットとして、これら政府の中核機能に貪欲な目を向け始めていた。

こうして九〇年代後半には、「中核機能」は民営化すべきでないという最後の一線を越えようとする動きが高まってくる。それは多くの点で、現状の論理的延長線上にあるものにすぎなかった。九〇年代の株式市場に莫大な富をもたらしたロシアの油田、ラテンアメリカ諸国の通信事業、アジア諸国の産業に続き、今やアメリカ政府そのものが重要な経済的役割を演じようとしていたのだ。発展途上国では民営化と自由貿易に対する反発が急速に広がっており、他の成長手段が封じられていたことが事態にいっそうの拍車をかけた。

これは、ショック・ドクトリンを自己言及的な新たな局面へと押しやるものだった。その時点まで、惨事や危機はそれが起きたのちに急進的な民営化計画を推し進めることに利用される一方で、大惨事を引き起こす力と救済する力の両方を併せ持つ公的組織――軍隊、CIA、赤十字、国連、緊急救済部隊など――は公的管理の最後の砦として機能してきた。ところが今や、過去三〇年間にわたって腕を磨いてきた危機活用方式は、大惨事の発生と救済に関わるこうした基幹組織の民営化促進に活用されようとしていた。フリードマンの危機理論は脱近代化(ポストモダン)しつつあったのだ。

民営化警察国家、とでも呼ぶしかない状況を率先して作り出そうとしていたのが、のちにブッシュ政権で絶大な権力を振るう、ディック・チェイニー、ドナルド・ラムズフェルド、そしてジョージ・W・ブッシュの三人である。

米軍に「市場理論」を適用しようというラムズフェルドのアイディアは、四〇年前のプロジェクトに端を発する。六〇年代初頭、シカゴ大学経済学部のセミナーに通っていたラムズフェルドは、そこでミルトン・フリードマン教授と親交を深めた。彼が三〇歳で下院議員に当選すると、フリードマンはこの共和党の新星に目をかけ、大胆な自由市場政策要綱を練り上げる手助けをするとともに、シカゴ学派経済理論を教え込んだ。二人は長年親しい関係を保ち、ラムズフェルドはヘリテージ財団のエド・フュルナー総裁が主催する毎年恒例のフリードマンの誕生日パーティーにも欠かさず出席した。「ミルトンのそばにいて話していると自分が賢くなった気がしてくるんだよ」とは、恩師フリードマンが九〇歳を迎えたときのラムズフェルドの言葉だ。[13]

フリードマンのほうも彼に目をかけた。市場の規制撤廃に強い姿勢で臨むラムズフェルドにいたく感じ入り、一九八〇年の大統領選では副大統領候補にジョージ・H・W・ブッシュ(父)ではなくラムズフェルドを選ぶようレーガンに強く働きかけたほどだった。レーガンが自分の進言を無視したことを、フリードマンは少なからず根に持ち、「レーガンが副大統領候補にブッシュを選んだことは間違いだった」と、回顧録に書いている。「選挙戦のみならず、政権にとってもまさに最悪の決定だった。私の推す候補者は、ドナルド・ラムズフェルドだった。もし彼が選ばれていたら、レーガンの後を継いで必ずや大統領になっていただろうし、あの嘆かわしいブッシュ・クリントン時代が訪れることもなかっただろう[14]」

レーガンの副大統領候補指名を逸したラムズフェルドは、すでに身を投じつつあったビジネス界でキャリアを築くことで生き残りを図った。国際化学薬品企業、サール薬品（現ファイザー」でCEOの地位にあったとき、ラムズフェルドは政治的コネを利用し、さまざまな毒性が指摘されている人工甘味料「アスパルテーム(商品名ニュートラスイート)」の認可を食品医薬品局(FDA)から取りつけ、莫大な利益を得た。また、サール薬品をモンサント社(農薬や遺伝子組換えを主力とするバイオ化学メーカー)に売却した際、ラムズフェルドは推定一二〇〇万ドルの仲介手数料を懐に入れた(15)。

この巨額買収劇でラムズフェルドは凄腕企業プレーヤーとして名を馳せ、シアーズやケロッグといった一流優良企業の役員にも就任する。七〇年代にフォード政権で国防長官を務めた彼の経歴は、アイゼンハワーの言う「軍産複合体」の一角を占めるすべての企業に高く買われた。ラムズフェルドは航空機メーカー、ガルフストリーム社の役員を務める一方、スイスの電力技術大手ABB(アセア・ブラウン・ボベリ)の役員として年間一九万ドルの報酬を受けていたが、そのABBがプルトニウム製造能力を含む核技術を北朝鮮に売ったことが明るみに出たときには大いに物議を醸した。この核施設開発の技術が提供された二〇〇〇年の時点で、ラムズフェルドは取締役会でただ一人の北米人だった。取締役会でこの話を聞かされた覚えはないと彼は主張するが、ABB側は「この件に関しては全役員が報告を受けていた」と明言している(16)。

ラムズフェルドが元祖・惨事便乗型資本主義者たる立場を確立するのは、一九九七年にバイオテクノロジー企業ギリアド・サイエンスの会長に就任してからである。ギリアド社は種々のインフルエンザに効果があり、鳥インフルエンザにも効くとされていた治療薬タミフルを特許登録していた。[*]もし強い感染性を持つインフルエンザが大流行すれば(あるいはその恐れがあれば)、政府は治療薬確保のためにギリアド社へ何十億ドルも支払うことになる。

＊　タミフルは大いに論議を呼んできた。これまでにタミフルを服用した子どもや若者が意識の混乱や幻覚、異常行動などに陥るケースが多く報告されているほか、二〇〇五年一一月から翌年一一月までの間にタミフルに関連する死亡が世界各地から二五件報告された。現在、アメリカ国内ではタミフル処方にあたり「自傷行為や意識の混乱が生じる恐れ」があると警告しており、服用後に「異常行動の兆候がないか厳重に見守ること」と注意を呼びかけている。

国民の緊急治療に関わる薬やワクチンを民間企業が特許登録することには、大いに議論の余地がある。アメリカではここ数十年、伝染病の大流行は起きていない。かつて五〇年代半ばにポリオ(小児麻痺)の流行がピークに達した際には、疾患で暴利を得ることの倫理性が大いに議論された。六万件近くの症例が報告され、死に至ることもしばしばあるこの病気の恐ろしさに親たちの不安も増大したことから、治療法の研究は急ピッチで進められた。一九五二年、初めてポリオ・ワクチンの発見・開発に成功したピッツバーグ大学のジョナス・ソークは、このワクチンを特許申請しなかった。「特許などありえない」と、ソークはテレビキャスターのエドワード・R・マローに語った。「だって太陽を特許登録できますか？」[17]

もし太陽を特許登録できるのなら、とうの昔にラムズフェルドが米国特許商標局に申請していたにちがいない。彼が会長を務めていたギリアド社は四種類のエイズ治療薬の特許も持っているが、同社はこの薬のより安価なジェネリック薬が発展途上国に出回るのを阻止することに膨大なエネルギーを注いだ。アメリカの医療活動家たちはこれを非難し、同社の主要な医薬品は国民の税金である補助金を使って開発されたと指摘した[18]。一方、伝染病を成長市場とみなすギリアド社は、万が一の場合に備えてタミフルを買いだめしておくよう企業や消費者に向けて大がかりな販促キャンペーンを展開してきた。成長著しいこの新産業に通じていると自負するラムズフェルドは、ふたたび政権入りする前、バイオテクノロジーと医薬品に特化した複数の投資ファンドの立ち上げに関わった[19]。これらのファンドは深刻な病気の大流行を当て込んで金を投資している。大流行になれば、政府は民間企業が特許登録した人命救助薬を高値で買わざるをえなくなるからだ。

フォード政権時代、ラムズフェルドの〝子分〟だったディック・チェイニーもまた、不吉な未来を想定して財を成してきた。チェイニーが当てにしたのは病気ではなく戦争だった。ブッシュ(父)政権下で国防長官を務めたチェイニーは、現役部隊の規模を縮小する一方で、民間委託契約を大幅に増やした。チェイニーはヒューストンに本社を置く多国籍企業ハリバートンのエンジニアリング部門、ブラウン・アンド・ルートと契約し、民間企業に委託可能な米軍の業務を調査させた。当然ながら多種多様な業務が委託可能だとの報告が出され、これに基づいてペンタゴンは「兵站民間補強計画(LOGCAP)」という大胆な外部委託契約プログラムを導入する。ペンタゴンが兵器メーカーと数十億ドル規模の契約を結んでいることにはもとより悪評があったが、今回は装備の供給ではなく、軍の運営のマネジメントを民間に委託しようというのだ[20]。

米軍の軍事活動に無制限の「後方支援」を提供するというこの契約の入札には、有力企業数十社が参加した。じつに漠然とした職務説明だが、この契約には価格がいっさいついていなかった。契約を勝ち取った企業はいかなる業務にも国防総省から支払いが保証されるのだ。経費をペンタゴンが負担するだけでなく、利益まで保証される「原価加算方式(コストプラス)」の契約だった。ブッシュ(父)政権の任期切れ直前の一九九二年、契約を勝ち取ったのはほかでもないハリバートンだった。『ロサンゼルス・タイムズ』紙のT・クリスチャン・ミラーが書いたように、ハリバートンが「他の三六社をしのいで五年契約を獲得したのも、この契約業務を立案した張本人であれば当然と言えよう」。

クリントン政権に替わって三年目の一九九五年、チェイニーはハリバートンの新たなCEOに就任する。すでに国防総省には子会社のブラウン・アンド・ルートが食い込んでいたが、ハリバートンはチェイニーの采配のもと、近代戦の様相を一変させるほどの劇的な拡大を目論んでいた。国防長官時代のチェイニーと結んだ契約文書を巧妙にぼかしておいたおかげで、「後方支援」という言葉はいかようにも拡大解釈でき、海外の軍事行動に伴うすべてのインフラ建設をハリバートンが請け負うことも可能だった。軍の役目は兵士と武器の確保だけでいい――言ってみれば国防総省はコンテンツ・プロバイダーで、取り仕切るのはハリバートンというわけだった。

その結果がバルカン紛争のときにお目見えした「軍隊のマクドナルド化」とでも言うべきもので、米軍の海外派遣はさながら重装備された危険いっぱいのパッケージツアーといった趣を呈した。「兵士がバルカンに到着した際にはわが社のスタッフが最初に出迎えをし、最後に見送るのもわが社のスタッフです」というハリバートンの広報担当者の説明は、軍の後方支援担当者と言うよりまるでクルーズツアーのガイドのように聞こえる。[21] だが、それこそがハリバートンのセールスポイントだった。戦争を収益性の高いサービス経済の一部にして何が悪い、にっこり笑って軍事侵略を——というわけである。

一万九〇〇〇人の兵力が送り込まれたバルカン半島で、現地の米軍基地の建設と運営を一手に引き受けたハリバートンは、ゲートに囲まれた小ぎれいな〝ミニ・ハリバートン・シティー〟を出現させた。アメリカ国内にいるような居心地の良さを提供しようと、基地内にはファストフードの店舗からスーパーマーケット、映画館、ハイテク設備のジムまでが整備された。[22] 基地にショッピングモールを設けることがはたして軍隊の士気につながるのか、首を傾げる高官もいたが、彼らもけっきょくはその恩恵に浴していた。「ハリバートンのやることはみんな金メッキをしたみたいにピカピカだったからね。文句はなかったよ」と高官の一人は言う。ハリバートンにしても、顧客を満足させることがいちばんだった。そうすればこの先の契約も保証されるし、利益はかかったコストのパーセンテージ計算なので、コストをかければかけるほど儲けが出る。イラク戦争の際に連合国暫定当局(CPA)が置かれたバグダッドのグリーンゾーンでも、「大丈夫、原価加算方式だから」という言葉が盛んに飛び交ったが、こうした戦争支出のデラックス化はクリントン政権時代に始まったことだった。チェイニーがハリバートンのCEOの座にあったわずか五年の間に、財務省から同社への支払い額は一二億ドルから二三億ドルへとほぼ倍増し、連邦政府からの融資と融資保証の合計額は一五倍に膨らんだ(23)。もちろん、こうした貢献に対してはたっぷり報酬が与えられた。副大統領就任前、チェイニーは「自分の純資産を一八〇〇万ドルから八一九〇万ドルの間だと算出したが、ここには六〇〇万ドルから三〇〇〇万ドルに相当するハリバートンの株が含まれており(中略)、同社から与えられたストックオプション一二六万株のうち一〇万株はすでに行使ずみ、七六万株は行使可能の状態にあり、一六万六六六七株は今年(二〇〇〇年)の一二月に行使可能になる(24)」という状態にあった。

政府中枢部にサービス経済を拡大させることは、チェイニーにとって家族ぐるみの事業でもあった。米軍基地がミニ・ハリバートン・シティーに変貌しつつあった九〇年代後半、彼の妻リンは世界最大の軍需企業ロッキード・マーティンの役員の座にあり、給料に加えてストックオプションを与えられていた。リンが役員を務めた一九九五年から二〇〇一年は、ロッキードのような軍需企業が重要な転換期を迎えた時代である(25)。冷戦終結で国防費が減少するなか、収入のほぼすべてを国防総省への兵器納入契約に頼っていた企業は新たなビジネスモデルを必要としていた。こうしてロッキードをはじめとする兵器メーカーは、新たな事業に積極的に乗り出す――政府業務を肩代わりして儲けようという戦略だ。

一九九〇年代半ば、ロッキードはアメリカ政府内のＩＴ業務を手中に収め、コンピューター・システムの運営と膨大なデータ管理を担当するようになる。おおむね公には気づかれないところで着々と歩を進めた同社は、二〇〇四年には『ニューヨーク・タイムズ』紙にこう書かれるまでになる。「ロッキード・マーティン社がアメリカ合衆国を運営しているとは言わないまでも、同社は驚くほど多岐の事業に手を貸している。(中略)郵便の仕分けから、税金の計算、社会保障小切手の支払い、国勢調査の統計、さらには宇宙飛行事業の運営や航空管制まで。これらすべてを行なうために同社が作成するコンピューター・プログラムの数はマイクロソフトを上回る*(26)」

＊ この時期、大手兵器メーカーはそろって政府事業に参入していった。生体認証などのIT技術提供で米軍と契約しているコンピューター・サイエンス社は、この当時、カリフォルニア州サンディエゴ郡のIT部門の全面的運営を六億四四〇〇万ドルで受注したが、これは同種の外注契約のなかでも最大規模のものだった。けっきょくサンディエゴ郡は同社の仕事に満足せず契約を打ち切ったが、次に契約を結んだ企業もまた兵器製造大手、B2ステルス爆撃機のメーカーであるノースロップ・グラマン社だった。

こうしてチェイニー夫妻は強力なチーム体制を築き上げた。夫ディックが米軍の海外インフラ事業をハリバートンが独占できるように仕向ける一方、妻リンはアメリカ政府の日常業務をロッキードが肩代わりするよう立ち回ったのである。時には夫婦が競合することもあった。一九九六年、テキサス州政府が福祉事業を民間入札(五年契約で最大二〇億ドルに相当)にかけると発表したとき、ロッキードと、ディック・チェイニーが役員を務める巨大IT企業EDS(エレクトロニック・データ・システムズ)が名乗りを上げたのだ。だが、この入札は最終的にクリントン政権が介入して、待ったをかけることになる。いかにクリントン政権が民営化を熱心に支持していたとはいえ、福祉受給者の資格を審査・認定するのは政府本来の業務であり、民営化するわけにはいかないという判断だった。福祉事業の民営化をすばらしいアイディアと見ていたロッキードとＥＤＳ、そしてテキサス州知事だったジョージ・Ｗ・ブッシュは、政府の介入にそろって非難の声を上げた。(27)

州知事としては凡庸な仕事しかしなかったジョージ・Ｗ・ブッシュだが、抜きん出た分野がひとつだけある。それは州を統治する知事に選出されながら、州政府の多岐にわたる業務、なかでもセキュリティー関連業務を民間企業に委託したことだ。これは数年後に彼が始めることになる「テロとの戦い」の民営化を予兆させるものだった。ブッシュ知事のもとで同州の民営刑務所は二六から四二カ所へと増加し、『アメリカン・プロスペクト』誌は、ブッシュが統治するテキサス州を「世界における民営刑務所業界の首都」と呼んだほどだった。一九九七年、ヒューストン市から六〇キロメートルほど離れたブラゾリア郡刑務所内で看守が無抵抗の受刑者の股間を蹴り上げたり、スタンガンで撃ったり、犬をけしかけたりする様子を映したビデオが地元テレビ局で放映されるという事件が起きた。ＦＢＩの捜査の結果、暴行を働く監視員のうちの少なくとも一人は、刑務所に看守を派遣していた民間企業キャピタル・コレクショナル・リソースの制服を着用していたことが突きとめられた。(28)

だが、この事件も民営化に対するブッシュの熱意をくじくことはなかった。その数週間後、かつてピノチェト独裁政権下で大臣として社会保障制度の民営化を進めたホセ・ピニェーラと会った際、ブッシュはこれぞというひらめきを得ることになる。ピニェーラは当時をこうふり返る。「ブッシュ知事の集中ぶり、そのジェスチャーや質問内容からも、私のアイディアの核心を十分に理解してくれたのはすぐにわかった。私の提唱する社会保障改革は、安心できる老後を提供するとともに国民が資本家労働者となる社会、所有者社会(オーナーシップ・ソサエティー)を実現できるものです。(中略)ブッシュ氏はたいそう乗り気となり、最後には笑みを浮かべて私の耳元でこうささやいたほどだった。「フロリダにいる弟にもぜひこの話をしてほしい。弟も絶対気に入るはずだ[29]」とね」

将来大統領になる人物が州政府を積極的に競売にかけ、チェイニーが軍のアウトソーシング化に指導力を発揮し、ラムズフェルドが伝染病の治療薬の特許を取る――ここから、この三人が一緒になったときにどんな国家を創り上げるかが明確に浮かび上がってくる。それは米政府の完全空洞化だった。二〇〇〇年の大統領選の際、ブッシュはこの過激な構想を前面に押し出すことはなかったが、言葉のはしばしにはその考えが表れていた。ある選挙演説でブッシュはこう述べている。「何十万人という連邦正規職員が行なっている業務は、民間セクターに任せても十分にこなせるものだ。(中略)私はこういった業務をできる限り多く、民間の競争入札にかけるつもりです。民間セクターのほうがいい仕事ができるのなら、彼らにこそそれを任せるべきなのです[30]」

9・11と公務員の復権

二〇〇一年一月のブッシュ政権発足当時、アメリカ企業にとって新たな成長源の確保はいっそう緊急性を帯びていた。ITバブルが本格的にはじけ、ダウ平均株価はブッシュ就任後二カ月半の間に八二四ポイントも下落。アメリカが深刻な経済悪化に直面しつつあることは誰の目にも明らかだった。かつてケインズは、不況から抜け出すには政府が公共事業を創出して経済を刺激すべきだと主張したが、ブッシュが打ち出した解決策とは、政府そのものの解体だった。つまり減税と大口委託契約によって、公共の富をどんどん産業界に分け与えようというのだ。ブッシュ政権の行政管理予算局長を務め、シンクタンクのイデオローグでもあったミッチ・ダニエルズはこう明言した。「政府の任務はサービスそのものを提供することではなくサービスの提供を監督することにあるという考え方は、私にとって自明の理に思える」(31)。このことは災害対策にも当てはまる。ブッシュによって連邦緊急事態管理庁(FEMA)長官に任命された共和党の戦略家ジョゼフ・オールボーは、テロ攻撃を含む大災害に対応する政府機関である自分の新しい職場を「特大の社会福祉プログラム」だと言ってのけた(32)。

しかし9・11を境に、自己解体を任務の中心に据えた政府というスローガンの旗色は一気に悪くなる。恐怖に陥った国民の間には頼りになる強い政府に守ってほしいという願望が高まり、緒に就いたばかりの政府空洞化プロジェクトの先行きには暗雲が立ち込めた。

実際のところ、事件からしばらくの間は、プロジェクトも中止かと思われた。事件の一〇日後、ミルトン・フリードマンの旧友で保守系シンクタンク、ヘリテージ財団のエド・フュルナー総裁が「9・11がすべてを変えてしまった」と発言し、この宿命的フレーズを最初に口にした一人となる。当然ながらそこにはフュルナーとその仲間が過去三〇年間、国内外で推し進めてきた過激な反国家的戦略の見直しも含まれると考えた者も少なくなかった。言ってみれば、9・11でさらけ出されたセキュリティー上の失態とは、過去二〇年以上にわたり、政府業務や公共部門を切り刻んでは営利目的の民間企業に受け渡してきた結果にほかならない。ニューオーリンズが水害に見舞われた際、公共インフラ設備の悲惨な実態が暴露されたように、9・11でも危険なまでに弱体化した国家の実態が次々とあらわになった。ニューヨーク市警察と消防署の無線連絡は救出作業の真っ最中に不通になり、航空管制官は旅客機が飛行コースを外れたことに気がつかず、テロ実行犯は契約社員が担当する空港のセキュリティー・チェックを難なく通り抜けた(こうした契約社員のなかには、空港内の飲食カウンターの契約社員よりも賃金が低い者もいる)[33]。

フリードマン流の反革命的政策がアメリカ国内で最初に大きな勝利を手にしたのは、レーガン政権が航空管制官組合を非難し、航空事業の規制撤廃を実施したときだった。その後の二〇年間で、すべての航空交通網が民営化され、規制が廃止され、人員が大幅に削減された結果、空港のセキュリティー・チェックを担当するのはほとんどが十分な訓練も受けず、労組に属さない低賃金の契約社員となった。運輸省の監査長官は、ブッシュが設立した9・11委員会の席で、航空会社は飛行の安全に責任を持つ立場にありながら経費を抑えるために安全対策をすっかり怠ってきたと報告し、「その代償としてセキュリティーは深刻な脆弱さを露呈している」と述べた。連邦航空局で長年セキュリティー対策に携わる当局者も、航空会社の安全対策は「軽視され、否定され、後回しにされている」と同委員会で証言した。[34]

二〇〇一年九月一〇日には、安価なフライトが十分にある限り、そんなことは誰も気にしなかった。それが九月一二日には一転、空港のセキュリティーを時給六ドルの契約社員に任せるなどもってのほか、という空気になった。続く一〇月には白い粉末入りの封筒が議員やジャーナリストに送りつけられ、炭疽菌パニックが広がった。事態が変化した今、一九九〇年代に推進された民営化はまったく違う様相を呈してきた。なぜ民間の一研究所が炭疽菌ワクチン製造の独占権を持っているのか？　連邦政府は公共衛生上の緊急事態から国民を守る責任を放棄したのか？　さらにまずいことにワクチン製造の独占権を手にした当のバイオポートはFDAの審査に失格となり、けっきょくワクチンの商品化は認可されなかった。[35]　そのうえメディアはこう書き立てた。もし炭疽菌や天然痘などの危険な病原菌を郵便物や食品流通、水道を通してばらまけるのなら、ブッシュが掲げる郵政民営化を推進するのは正しいことなのか？　そして、すでに解雇されてしまった食品検査員や水道検査員を復職させることはできるのか？

企業寄りの政策に対する世の反発は、エンロンの企業スキャンダルが発覚するに及んでいっそう高まった。巨大エネルギー企業エンロンは不正取引と不正会計が明るみに出た結果、9・11の三カ月後に倒産に追い込まれ、それによって数万人の社員が退職貯蓄を失ったが、内部事情に通じていた役員だけは事前に現金を引き出していたのだ。エンロンの破綻は民間企業が公益事業に携わることへの不信感を増大させたが、その数カ月前に起きたカリフォルニア州の大停電がエンロンのエネルギー価格操作によって引き起こされたことが判明すると、不信感はさらに募った。このとき九〇歳のミルトン・フリードマンは、世の流れがケインズ主義に引き戻されていることを憂え、「ビジネスマンが二流市民のように見られている」と不満をもらした[36]。

企業のCEOが次々と失脚する一方、公共部門の組合労働者――フリードマンの反革命にとっての敵である悪人たち――の評価は一挙に高まった。9・11から二カ月の間に、政府に対する国民の信頼は一九六八年以来もっとも高い数字を示し、ブッシュもまた連邦政府の公務員に向かって「君たちが職務を遂行してくれたおかげだ」と言って持ち上げた[37]。9・11のヒーローが、ニューヨーク市消防隊員、警察官、レスキュー隊員といったブルーカラーの労働者だったことは誰の目にも明らかだった。彼らのうち四〇三人が、被害者の救出作業中やビルから避難する途中で命を落とした。アメリカ国民は突如として制服姿の公僕男女に熱い眼差しを向け、政治家も世の流れに遅れをとるまいと、あわててNYPD(ニューヨーク市警察)やFDNY(ニューヨーク市消防署)のロゴが入った野球帽をかぶり始めた。

九月一四日、ブッシュは消防隊員やレスキュー隊員とともにグラウンド・ゼロに立ち(ブッシュの側近たちはこれを〝メガホンの瞬間〟と呼んだ)、これまで保守層がなんとか叩き潰そうとしてきた組合に所属する公務員を抱擁した。もちろんするべきことをしたまでだが(ディック・チェイニーですらこの頃はヘルメットをかぶっていた)、このときのブッシュの振る舞いには真に迫るものがあった。ブッシュなりの純粋な追悼の気持ちと、こうした時期に国民がリーダーに寄せる期待とが相まって、そこでのスピーチはブッシュの政治家人生のなかでももっとも心打つものとなった。

事件後の数週間、ブッシュは公立校、消防署、追悼集会、疾病対策予防センターなど、あちこちの公共施設を慰問して回り、公務員を抱きしめては、その貢献と愛国精神に感謝の意を表した。救出に携わった当事者のみならず、教師や郵便局員や医療施設の職員に対しても、「あなたたちは新たなヒーローだ」とスピーチのなかで称えた。[38]ブッシュは赴いた先々で、公共の利益のために働く公務員を過去四〇年間アメリカでは目にしなかったような敬意と尊厳をもって扱った。公共予算削減の話は急に沙汰やみとなり、スピーチのたびにブッシュは新しい意欲的な公共政策を発表した。

事件から一一日後、『ワシントン・ポスト』紙のジョン・ハリスとダナ・ミルバンクは「経済の停滞と緊急課題であるテロとの戦い、この二つがブッシュ大統領の政策の柱となる考え方を一変した」と言い切った。記事はこう続く。「ロナルド・レーガンのイデオロギーの継承者として大統領に就任した人物が、その九カ月後にはフランクリン・D・ローズヴェルトの後継者に近い存在となった。(中略)景気後退に歯止めをかけようと、大統領は大規模な経済刺激対策に取り組んでいる。ブッシュは弱体化した経済は政府が大量の資金を投入して活性化させる必要があると言ったが、この考えはまさにローズヴェルトのニューディール政策の中核をなすケインズ経済にほかならない」[39]

公式発表や宣伝効果を狙った写真はさておき、ブッシュ大統領と側近にはケインズ主義へ転換するつもりなどさらさらなかった。9・11に際してのセキュリティー上の大失態は、公共領域の縮小という決意を鈍らせるどころか、彼らの心の奥底にあるイデオロギー的――そして利己利益に基づく――信念を再確認させた。新たなセキュリティー上の課題に取り組むのに必要な情報や革新性を持つのは民間企業しかないという信念である。たしかにホワイトハウスは経済活性化のために膨大な公的資金を注ぎ込もうとしていたが、ローズヴェルトの政策に倣おうとしていたわけでは毛頭ない。ブッシュ流のニューディール政策とはアメリカ企業のみに目を向け、年間何千億ドルという公的資金をそっくりそのまま民間企業へ渡すというものだった。委託契約という形を取るが、その多くは秘密裏に提示され、競争入札や監視の目もない。その対象はテクノロジー、メディア、通信、刑務所、エンジニアリング、教育、医療と幅広い分野に及んだ。[*]

＊　委託契約の競争入札の激減はブッシュ政権期のきわだった特徴のひとつである。二〇〇七年二月、『ニューヨーク・タイムズ』紙は「新規契約と現行契約への支払い件数を合わせた全契約事業のうち、完全公開の競争入札は半数以下である。二〇〇一年は七九％だった競争入札による契約件数は、二〇〇五年には四八％に減少した」と報じている。

ふり返ってみれば、9・11直後に人々が呆然としていた時期に起きたのは、まさに国内版経済ショック療法だった。フリードマン主義に徹したブッシュ・チームは、ただちにこのショック状態につけこみ、戦争から災害対応に至るすべてを利益追求のベンチャー事業にするという、急進的な政府の空洞化構想を推し進めるべく動き出したのだ。

ここでショック療法は大胆な進化を遂げた。既存の公的企業を民間に売却する一九九〇年代の手法とは違い、ブッシュ・チームは、「テロとの戦い」という名目のもと、初めから民営化を念頭に置いたまったく新しい枠組みを構築したのである。それには二つの段階があった。まず、ホワイトハウスは9・11の衝撃で引き起こされた国民の恐怖感情を利用し、警察、監視、拘束、戦争遂行といった政府の権力を大幅に強化する――軍事史研究家のアンドルー・ベースヴィッチが「波状クーデター」と呼んだものだ[40]。次に、潤沢な資金を投入されて拡大したセキュリティー、侵攻、占領、復興といった新事業がただちに外部委託され、利潤追求を目的とする民間企業へと手渡されていった。

表向きはテロリズムとの戦いを目標に掲げつつ、その実態は惨事便乗型資本主義複合体、すなわち国土安全保障と戦争および災害復興事業の民営化を担う、本格的なニューエコノミーの構築にほかならなかった。その使命は、国内外に民営化されたセキュリティー国家を構築・運営することにある。この大々的な経済刺激策は功を奏し、グローバリゼーションとインターネット関連事業のブームの波が引いたあとのアメリカ経済に活を入れた。インターネットがドットコム・ビジネスのバブルを生んだように、9・11は惨事便乗型資本主義のバブルを生んだのだ。「IT産業が斜陽となりバブルがはじけたあと、大金を握っているのはどこか？　それは政府だ」と言ったのは、セキュリティーに特化した投資会社ノヴァク・ビドル・ベンチャー・パートナーズのロジャー・ノヴァクだ。今や「投資会社はどこもこのおいしい話をかぎつけ、どうやったらそこに加われるかと鵜の目鷹の目だ」と彼は言う。[41]

フリードマンが提唱してきた反革命的経済政策はここで頂点に達した。過去何十年にわたり国家のおこぼれに群がってきた市場が、今や国家の中核部分に食らいつこうというのだ。

奇妙なことに、こうした一連の動きのなかでもっとも効果を発揮したイデオロギー・ツールは、アメリカの国内および対外政策において経済イデオロギーはもはや主要な動機ではない、という主張だった。市場原理主義者や彼らが利益増大に手を貸す企業にとって、9・11以降変化したことと言えば彼らの野心的戦略の追求がやりやすくなったことだけだったにもかかわらず、「9・11がすべてを変えた」という大合唱がその事実を都合よく覆い隠してくれたのだ。かくして新たな政策を議会の討論にかけることもなければ公務員労組との厄介な対立もなく、ブッシュ政権は国民の愛国的団結心を後ろ盾とし、〝言葉よりも行動〟というメディアの論調を味方につけ、フリーパスを手に入れた。『ニューヨーク・タイムズ』紙が二〇〇七年二月に書いたとおり、「公の論議も正式な政策決定手続きもないまま、請負企業は事実上、国家の第四権力にのし上がった」のである。[42]

ブッシュ・チームは、9・11によって明らかになったセキュリティー上の問題に対処するために公共インフラの抜本的改革に取り組むことなく、その代わりに政府の新たな役割を考案した——セキュリティー対策を提供するのではなく、それを市場価格で買い上げるという役割である。事件からちょうど二カ月後の二〇〇一年一一月、インターネット関連分野に精通した「ベンチャー投資コンサルタント」なるグループが国防総省内に立ち上げられた。彼らの任務は「国際的な「テロとの戦い」に挑むアメリカを直接的にアシストする最新テクノロジーによるソリューション」を見出すことだった。二〇〇六年初めには、この非公式グループは国防総省の公式組織「国防ベンチャー推進イニシアチブ(略称DeVenCI)」へと昇格する。その任務は、政府にコネを持つベンチャー投資家へセキュリティー上の情報を流す見返りとして、そうした投資家たちに新たな監視装置や関連製品を生産できる新規ベンチャー企業を探させるというものだった。「われわれは検索エンジンのようなもの」だと、このグループを率いるボブ・ポハンカは言う[43]。ブッシュ構想によれば、アメリカ政府の役割は単に新たな戦争市場を立ち上げるのに必要な資金を調達し、民間企業のクリエイティブな発想から生まれた優良製品を買い上げ、さらなる技術革新を産業界に促すということにすぎない。政府が需要を創出し、民間企業があらゆる解決策を供給する。それによって、国土安全保障と二一世紀方式の戦争の分野で、国民の税金によってすべてをまかなう経済ブームを起こそうというのだ。

ブッシュ政権下で創設された国土安全保障省は、この全面的外注方式を如実に体現していた。「われわれは物は作らない。すべては民間から調達しようということです」と同省のジェーン・アレクザンダー調査部次長は説明する。[44]

CIAとは別個の新たな諜報機関としてラムズフェルド国防長官のもとで創設された「対諜報現地活動局(CIFA)」も同様である。予算の七〇%を民間契約にあてるこの諜報機関は、国土安全保障省と同じく中身のない空洞組織として設立された。国家安全保障局(NSA)のケン・ミニハン元局長は、「国土安全保障はあまりに重要であり、政府だけに任せておけない」と説明したが、そのミニハンも他の何百人ものブッシュ政権スタッフと同様に政府の職を離れ、自らがその確立に尽力した成長著しいセキュリティー業界に転職した。[45]

敵とは誰かから、交戦規則、拡大し続ける戦闘規模まで、ブッシュ政権による「テロとの戦い」の定義はすべて、その市場としての収益性と持続性を最大限に拡大する役目を果たしてきた。国土安全保障省設立趣意書には、「今日、テロリストたちは時と場所を問わず、いかなる種類の武器を使ってでも攻撃してくる可能性がある」と記されている。これは、セキュリティー産業も、いつどこで起きるかわからないあらゆる攻撃を想定して備えておく必要があるという都合の良い帰結を導く。しかも全面的対応に値する脅威が本当にあるのかどうか、証拠を示す必要もない。チェイニーの言う有名な「一%原則」によれば、脅威の可能性が一%あれば、危険性は一〇〇%とみなして対応する必要があるからだ。これこそがイラク侵攻を正当化した論理にほかならない。この論理のおかげで多大な恩恵を受けたのが、さまざまなハイテク探知装置を開発するメーカー各社だった。国土安全保障省が天然痘のテロ攻撃の可能性を想定し、証明もされていない脅威に対抗するために探知装置の開発・設置資金

として民間企業に五億ドルを提供したのは、その一例である。(46)

テロとの戦い、イスラム過激派との戦い、イスラム・ファシズムとの戦い、第三世界の戦争、長い戦い、世代にわたる戦い――呼び方はさまざま変われども、対立の基本的構図は不変である。時間にも、場所にも、敵とする相手にも、いっさい制限はない。軍事的に見れば、無限に広がったつかみどころのないこうした状況が「テロとの戦い」を勝利なき戦争にしている。しかし経済的に見れば、これはまさに無数のチャンスだった。たとえ勝利しても一時的なものでしかない戦争ではなく、世界経済構造のなかに永続的な戦いを新たに組み込む機会が到来したのだ。

これが9・11後にブッシュ政権がアメリカ産業界に提示した「事業要綱」である。収益源は無尽蔵とも思われる国民からの税収だ。ブッシュ政権になってから、国防総省の民間企業との委託契約金は一三七〇億ドル増の年間二七〇〇億ドルとなり、米諜報機関から情報活動の外注費として企業に支払われた金額も一九九五年と比べて二倍以上の年間四二〇億ドルとなった。新設の国土安全保障省が二〇〇一年九月一一日から二〇〇六年までの間にセキュリティー関連事業を民間に委託した費用は合計一三〇〇億ドルに上ったが、これはチリあるいはチェコ共和国の国内総生産(GDP)を上回る。二〇〇三年、ブッシュ政権は民間委託費として三二七〇億ドルを費やしたが、これは自由裁量予算のじつに四〇%に相当する。(47)

ワシントンDC近郊には、またたく間に「新規」や「設立準備中」のセキュリティー企業が入居したグレーのビルがあちこちに出現した。一九九〇年代後半のシリコン・バレーのように、これら急ごしらえの企業にはオフィス家具がそろう間もなくカネが流れ込んだ。このブームと足並みをそろえ、ブッシュ政権も気前のいいベンチャー投資家の役を演じた。九〇年代、企業は新種のアプリケーション・ソフトを開発しては「次なる新商品」としてマイクロソフトやオラクルへ売り込むことにしのぎを削ったが、今回はテロリストを「発見して捕まえる」ためのテクノロジーを開発して、国土安全保障省あるいはペンタゴンへ売り込もうというのだ。このため、新規ビジネスと投資ファンドだけでなく、そうした企業としかるべき連邦議会議員の間を結ぶロビー企業が雨後の筍のごとく誕生した。セキュリティー事業に関連したロビー企業は二〇〇一年には二社しか存在しなかったが、二〇〇六年半ばには五四三社へと激増した。セキュリティー企業に特化した投資会社パラディンの代表取締役マイケル・スティードは、テクノロジー専門誌『ワイヤード』に、「九〇年代初めから未公開株投資の仕事をしているが、こんなに次々と商談が続くのは初めてだ」と語っている。(48)

対テロリズム・マーケット

インターネット関連事業のバブル期のように、惨事便乗ビジネスはバブル景気に沸き立っていた。セキュリティー産業で最初のブームになったひとつが監視カメラだった。イギリス国内には四二〇万台(国民一四人当たりに一台)、アメリカ国内には三〇〇〇万台の監視カメラが設置され、年間四〇億時間の映像が録画されている。問題は、誰がこの膨大な四〇億時間もの映像をチェックするかだ。そこで登場してきた次なるビジネスが、撮影映像をスキャンして記録ファイルと一致する顔があるかどうかをチェックする「分析ソフト」だった(もっとも多額の契約を取りつけたひとつが、さまざまなセキュリティー・システムをネットワークで結ぶ仕事だ。老舗の経営戦略コンサルタント会社ブーズ・アレン・ハミルトンや大手軍事請負企業からなるコンソーシアムは、空軍と九〇億ドルの契約を結んだ)[49]。

だが、この分析方法にも新たな問題が生じた。顔認識ソフトが正確に照合できるのは正面を向いた顔であり、監視カメラがせわしく行き来する人々の顔を真正面から捉えることはめったにない。こうして次に登場してきたビジネス分野が、デジタル画像分析だった。セリエント・スティルズ社は当初、メディア企業をターゲットに画像を拡大・鮮明化するソフトを販売していたが、もっと収益の期待できる取引相手が出現する。それがFBIをはじめとする法執行機関だった[50]。こうしてさまざまな監視業務(電話記録から、通信傍受、取引状況、メール、監視カメラ映像、ネットサーフィン追跡に至るまで)の拡大に伴って、政府の抱えるデータは膨れ上がる一方となり、ここからまた情報管理やデータ解析、あるいは膨大な文字や数字を「すべて照査して」疑わしいものを突きとめると称するソフトなど、新たな巨大マーケットが生まれていった。

一九九〇年代、IT企業はボーダーレス社会の素晴らしさを謳い、ITの力が独裁政権を転覆させ壁を崩壊させたと誇らしげに宣伝した。ところが今日、惨事便乗型資本主義複合体の間では、情報革命技術はまったく逆の目的に使われている。携帯電話やネットサーフィンは次第に独裁政権が大衆を監視するための強力な手段と化し、ヤフーが中国政府に協力して反体制分子の拠点を探し出したり、AT&TがNSAに協力して顧客の会話を無断で盗聴するなど、各国政府は民間電話会社やサーチエンジン企業から全面的協力を取りつけている（ブッシュ政権はすでに盗聴は中止したと主張している）。国境なき未来はグローバリゼーションの輝かしいシンボルだったが、今やそれは光学式走査（オプティカル・スキャニング）や生体認証、アメリカとメキシコ間の国境に配備するハイテク・フェンス設置計画（ボーイング社や他の企業グループが二五億ドルで受注）といった急成長を続ける国境監視産業に取って代わられてしまった[51]。

ハイテク企業がITバブルからセキュリティー・バブルの波へと乗り移った結果、セキュリティーとショッピング文化の結合という奇妙な現象が生まれた。今日「テロとの戦い」で活用されている生体認証、ビデオ監視装置、ネット追跡、データ解析といったテクノロジー（提供するのはヴェリント・システム・アンド・セイシスト、アクセンチュア、チョイスポイントなどの企業）は、9・11以前、小売業界向けに顧客構成を調査してマイクロマーケティングに役立てるために開発されたものだった。さらにキャッシュカードと生体認証機能を合体することで、スーパーマーケットやショッピングモールの販売員を削減できるというメリットもあった。だが、〝ビッグ・ブラザー〟（ジョージ・オーウェルの小説『一九八四年』に登場する監視国家の権力者）的な監視装置に対する世の根強い抵抗にあって、これらの新技術の多くは途中で構想が行き詰まり、メーカーも小売業者も落胆していた。ところが、9・11がその行き詰まりを打破する。一気に拡大したテロへの恐怖が、監視社会への恐怖にまさったからだ。こうして、キャッシュカードや各種ポイントカードの情報は、旅行代理店やGAPにマーケティング・データとして売られるだけでなく、プリペイド携帯電話購入者や中東旅行者のデータから「疑わしい」人物を洗い出せるセキュリティー・データとしてFBIにも売ることが可能になった。[52]

ビジネス誌『レッド・ヘリング』の記事は、嬉々とした調子でこう書く。あるソフトは、「名前のスペルが一〇〇種類あろうと国内のセキュリティー・データベースから合致するものを割り出し、テロリストを追跡できる。ムハンマドという名前を例に取れば、この名前のありとあらゆるスペルを網羅しており、テラバイト容量のデータの中から瞬時に検索することが可能だ[53]」。どこかのムハンマド氏が誤認逮捕されない限りは素晴らしい技術と言えようが、実際にはイラクからアフガニスタン、トロント郊外に至るまで、誤認逮捕は頻発している。

イラクからニューオーリンズまで、不手際と強欲が横行したブッシュ政権時代、こうしたプロジェクトはじつに悲惨な事実誤認を招いた。偽のIDがこうした電子情報検索に引っかかった場合、顔がなんとなく似ていたり、名前の発音が似ている(少なくともアラビア語やイスラム文化の知識がない人にとっては)だけで、テロリストの疑いありとみなされてしまうのだ。今や監視リストに人名や団体名をインプットしたり、旅行客の名前をデータバンクと照合するのも民間企業が担当している。二〇〇七年六月の時点で、国家テロ対策センターのリストにはテロリストの疑いのある人物がじつに五〇万人登録されている。二〇〇六年一一月には、アメリカを通過する数千万人の旅行者をレベル別に「リスク評価」する自動ターゲッティング・システム（ATS）が導入された。旅行客本人には知らされないそのリスク評価は、商業データの解析に基づく不審パターンによって行なわれている。たとえば、「その旅行客の片道チケット購入歴、座席の好み、頻繁に訪れる渡航先、荷物の数、チケットの支払い方法、はては機内食で何を注文したかまで」に関して航空会社が提供する情報に基づいて、疑わしいとみなされる行動の数が集計され、各旅行客のリスクレベルがはじき出されるのだ。(54)

今や誰もが、顔認識ソフトの不鮮明な映像や、綴りの違う名前との照合や、会話を交わした際のささいな誤解といった当てにならない証拠を基に飛行機の搭乗を阻まれたり、アメリカへの入国ビザを拒否されたり、はたまた「敵性戦闘員」として逮捕される可能性がある。もし逮捕された「敵性戦闘員」が米国市民でなければ、おそらくその本人は逮捕理由さえも知ることができない。というのも、ブッシュ政権は被疑者から人身保護請求権のみならず、裁判所で証拠を目にする権利も、正当な裁判を受ける権利も、自らを弁護する権利も、すべて剝奪したからである。

その結果、容疑者がグアンタナモ収容所に送られれば、ハリバートンが建設した二〇〇人収容の完全警備の新施設に収容されることも十分にありうる。もし容疑者がCIAの「超法規的強制逮捕」によってミラノの路上で拉致されるか、アメリカ国内の空港で拘束されるかして、世界各地にCIAが設置した秘密収容所「ブラックサイト」のどこかに連行される場合は、頭部をすっぽり覆われ、豪華なビジネスジェット機として設計されたボーイング

737を改造した輸送機に乗せられる可能性が高い。『ニューヨーク・タイムズ』紙によれば、ボーイング社はこうした秘密輸送のために一二四五回に上る特別フライトを用意し、地上クルーの手配からホテルの予約まで行なって、さながら「CIAの旅行代理店」のような役割を果たしてきたという。スペイン警察の調べによると、手配を担当したのはカリフォルニア州サンノゼに本社を置くボーイングの子会社イェッペセン・インターナショナル・トラベル・プランニングで、二〇〇七年五月、米国自由人権協会は同社に対して訴訟を起こした。同社は容疑を肯定も否認もしていない(55)。

目的地に着くと容疑者は尋問を受けることになるが、尋問官はCIAや軍の人間ではなく、民間委託契約者の場合もある。諜報関連の求人サイトを運営するビル・ゴールデンによれば、「この分野で働く有資格の専門家の半数以上は民間契約者」だという(56)。これらフリー契約の尋問官が高収入の仕事を継続して受注するには、米政府の求める「起訴可能な情報」を容疑者から引き出す必要があり、それが虐待を生む温床となる。拷問された者は通常、苦痛から逃れるためになんでも口にするし、尋問官のほうも経済的誘因から、ありとあらゆるテクニックを駆使して求められる情報を——信憑性は度外視して——引き出そうとする(ラムズフェルドが立ち上げた秘密主義の「特殊作戦室」をはじめ、ブッシュ政権が新設した諜報組織に民間人スタッフがきわめて多い理由のひとつは、彼らのほうが政府の人間よりも、米政府の政治目標に合致する情報を巧みな操作で引き出すことにはるかに熱心だったからである。次の契約がかかっているのだから当然と言えば当然だろう)。

テロとの戦いに市場の「ソリューション」を応用する方法にはローテク版もある――テロリストに関する情報提供者に大金を支払うのだ。アフガニスタン侵攻後、アメリカ課報機関は、アルカイダまたはタリバン兵士を引き渡したら三〇〇〇ドルから二万五〇〇〇ドルの報奨金を支払うと発表した。アフガニスタンで配布されたビラ(二〇〇二年にグアンタナモの拘束者数人が起こした裁判で証拠品として提出された)には「夢のような富と力を手に入れよう」といった文句が並んでいた。「反タリバン勢力に協力すれば大金があなたのものに。(中略)家族や村、部族を生涯養えるほどの金額が手に入ります[57]」

まもなく、アフガニスタンのバグラム米空軍基地やグアンタナモの収容所は、ヤギ飼いからタクシー運転手、コック、小売店主などであふれかえった。金目当ての通告者から、他人の命を脅かす危険人物だとされた人々である。

「政府やパキスタンの情報機関がなぜ君をアメリカに引き渡したのか、理由はわかっているのか?」。グアンタナモ基地に拘留されていたあるエジプト人に、軍事裁判の担当者がこう質問した。

情報開示された記録によれば、このエジプト人はけげんな顔つきでこう答えたそうだ。「おい、そっちだってわかってるだろ? パキスタンでは一〇ドルで人を買収できるんだ。五〇〇〇ドルと聞いて黙っていられるかい?」

「では、君はカネで売られたと言うのかね?」。そんなことは想像だにしなかった、といった口調で担当者が尋ねた。

「ああ、そうさ」

ペンタゴンの統計によれば、グアンタナモ基地に拘束された者のうち八六％が、報奨金の発表後にアフガニスタンもしくはパキスタンの戦闘員や諜報員によって引き渡された者だった。二〇〇六年一二月の時点で、ペンタゴンは三六〇人をグアンタナモ基地から釈放したが、そのなかでAP通信が追跡調査した二四五人のうち二〇五人は祖国に戻って自由の身になるか、すべての嫌疑を解かれていることが判明した。(58) このことは、テロリストの識別に政府が市場方式を採用した結果、情報活動の質がいかに低下したかを如実に示している。

9・11以前には存在しなかったに等しいセキュリティー産業は、わずか数年のうちに映画産業や音楽産業をはるかに上回る規模へと驚異的な成長を遂げた。(59) しかし、もっとも驚くべきなのは、セキュリティー・ブームがひとつの経済分野として分析されたり議論されたりすることがほとんどないという点だ。セキュリティー産業とは、野放しの警察権と野放しの資本主義が、いわば秘密刑務所とショッピングモールが結びつくように合体した前代未聞の産業なのである。セキュリティー上脅威とみなされる人物は誰かという情報が、誰がアマゾンで『ハリー・ポッター』の本を購入したか、誰がカリブ海クルーズやアラスカ・クルーズに参加したか、といった個人情報と同じように簡単に売買されるようになったとき、社会の価値観は大きく変化する。スパイ活動や拷問や偽情報が横行するだけでなく、セキュリティー産業を生み出した恐怖感や危機感そのものを常態化させる強力な推進力が生まれるのだ。

歴史をふり返ると、フォード革命からＩＴブームまで新たな経済が台頭したときには必ず、富の創出における劇的な変化が文化的存在としての人間の労働や移動のしかた、さらには脳が情報処理する方法にどんな影響を及ぼすかをめぐって、分析や議論が盛んに行なわれた。ところが、新たに登場した惨事便乗型経済については、そうした広範囲にわたる議論はいっさい見られない。たしかに「愛国者法」の合憲性や被疑者の無期限拘留、拷問や特例拘置引き渡しなどに関する議論はあったし、今もなされているが、それらが商業行為として行なわれることを正面から問う議論はほぼ皆無だった。取り上げられるのは個別の不当利得行為や汚職スキャンダル、あるいは政府の請負業者監督不行き届きなどに限定され、終わりのない戦争の完全民営化が持つ意味について、広い視点から深く議論されたことはほとんどないのが現状である。

その理由のひとつは、惨事便乗型経済が人々の気がつかないうちに浸透したことにある。ニューエコノミーが鳴り物入りで登場した一九八〇〜九〇年代には、ＩＴバブルの寵児たち——プライベートジェット機やリモコン式ヨットやシアトル郊外の豪邸を所有する颯爽としたヤング・エグゼクティブ——のリッチなライフスタイルがマスコミにくり返し取り上げられたものである。

ところが今日、惨事便乗型産業複合体がＩＴバブルに匹敵する富を築き上げていることは、ほとんど報道されない。二〇〇六年の調査によれば、「「テロとの戦い」開始後、軍事請負企業上位三四社のＣＥＯの平均収入は９・11以前の四年間と比べて倍増した」という。二〇〇一年から二〇〇五年にかけて彼らの所得は平均一〇八％増加したのに対し、同時期のアメリカ大手企業CEOの所得の増加率は六％にとどまっている[60]。

今やインターネット産業の収益レベルに達しようという惨事便乗型産業だが、その秘密主義はCIAにもひけをとらない。惨事便乗型資本主義者たちはマスコミの注目を避け、これみよがしに富を見せびらかすこともしない。セキュリティー産業の起業支援を行なっているチェサピーク・イノベーション・センター（CIC）のCEOジョン・エルストナーは、「対テロ産業の巨大化を喜んでいるわけではないが」と断わりながらも、「ビッグ・ビジネスが進行しているのはたしかであり、わが社もそのただなかにある」と話す[61]。

クリントン政権で個人情報保護法顧問を務めたピーター・スワイヤーは、「テロとの戦い」のバブル景気は「情報収集力の強化という神聖なる使命を掲げる政府と、新しい市場を渇望するIT産業」という二つの力がひとつになった結果もたらされたと指摘する[62]。言い換えれば、これは大企業と政府が結託して強大な権力を築き、国民を管理しようというコーポラティズムにほかならないのだ。

第15章　コーポラティズム国家
――一体化する官と民

おかしな話だし、ばかげている。われわれのやることすべてが金目当てだなんて、とんでもない考えだ。学校へ戻って勉強しなおしたまえ。

――ジョージ・H・W・ブッシュ、息子のブッシュ大統領がイラクに侵攻したのはアメリカ企業に新たな市場を創出するためではないか、という非難に応えて[1]

公務員は民間企業の人間にはないものを持っている。それは社会全体、すなわちひと握りの人間ではなく、国民全体の利益に対して忠誠を尽くす義務である。企業が忠誠を尽くす相手は株主であって、国家ではない。

――デイヴィッド・M・ウォーカー会計検査院院長(二〇〇七年二月)[2]

彼は公共の利益と企業の利益を混同している。

――サム・ガーディナー元空軍大佐、ディック・チェイニーに言及して(二〇〇四年二月)[3]

二〇〇六年の中間選挙のまっただなか、ドナルド・ラムズフェルド国防長官の辞任を発表する三週間前のこと、ジョージ・W・ブッシュ大統領は執務室で「国防権限法」に署名した。一四〇〇ページに及ぶ法案には、ある付帯条項が付け加えられていたが、当時それに注目した者はほとんどいなかった。それは「国家非常事態」が起きた際、戒厳令を発令し、州知事の要請に優先して「州兵を含む兵力を召集」し、「治安回復」と混乱の「鎮圧」を図る権限を大統領に与えるものだった。非常事態とはハリケーンや大衆抗議行動、あるいは「公衆衛生上の緊急事態」の場合もあり、そうなると軍隊を検疫作業や供給ワクチンの確保にあたらせることも可能になる。[4]これ以前に大統領が戒厳令を発令できたのは内乱発生時のみだった。

公式記録によれば、選挙戦中にこの法改正に懸念を表明したのは民主党上院議員のパトリック・リーヒーただ一人である。「法の執行に軍隊を投入するのはわが国の民主主義の基本原則に反する。この法改正はきわめて重大な影響を及ぼすにもかかわらず、なんの検証もないまま、防衛法案のなかに付帯条項として紛れ込んでしまった。この法案に関しては公聴会はおろか、この種の事案を管轄する議会委員会に意見陳述の機会も与えられなかった」とリーヒーは批判した。[5]

政府はこれによってとてつもない権限を獲得したが、それ以外にも少なくともあと一者、明らかな勝者がいた——医薬品業界である。なんらかの病気が大流行すれば、軍隊が出動して企業の研究所や薬品供給の安全を守り、検疫作業にあたることになったのだ。これこそブッシュ政権が長年、政治目標に掲げてきたことだった。ラムズフェルドがかつて会長を務め、鳥インフルエンザ治療薬タミフルの特許を持つギリアド・サイエンス社にとっても、これは朗報だった。この新法成立に加え、鳥インフルエンザの脅威が継続したおかげもあってか、タミフルの売上げはさらに躍進し、ラムズフェルドの退職後も同社の株価は五カ月で二四％上昇した。(6)

法案の詳細を作成するにあたり、業界の利害はどの程度関与していたのだろうか。何も関係はなかったかもしれないが、そう問うことには十分意味がある。同様に、それよりはるかに大きな規模で言えば、ハリバートンやベクテル、そしてエクソンモービルをはじめとする石油会社などの受託業者の利害は、ブッシュ・チームがイラク侵攻と占領にあれほど熱心だったことにどれほど関係していたのか、という問いも生じる。しかし、こうした疑問に明確な答えは得られない。企業利益と国家利益を巧妙に結びつけてきたせいで、どうやら当事者である彼ら自身も両者を区別できなくなっているからだ。

『ニューヨーク・タイムズ』紙の元特派員スティーヴン・キンザーは、二〇〇六年に出版した『オーバースロー（転覆）』のなかで、過去一〇〇年間に海外のクーデターを命令・指揮したアメリカの政治家の動機はなんだったのかを探っている。一八九三年のハワイから二〇〇三年のイラクに至るまで、アメリカが関与した各国の政権交代劇を調査したキンザーは、多くの場合、そこには三つの明確な段階があると指摘する。第一段階では、アメリカに本社を置く多国籍企業がその国の政府から「税金の支払い、または労働法や環境法の順守」を要求された結果、企業収益が脅威にさらされ、「ときにその企業は国有化されるか、所有地や資産の一部を売却するよう求められる」。次に、企業の苦境を伝え聞いたアメリカの政治家が、それを自国に対する攻撃だと解釈する。「政治家たちはその問題を経済的なものから政治的・地域戦略的なものへと転換する。アメリカ企業を妨害し、困らせるような政権は反米的・弾圧的・独裁的だと決めつけ、おそらくはアメリカを弱体化させようという外国の権力や利益集団の手先だとみなすのだ」。第三段階では、政治家は国民に介入の必要性を納得させようとする。このとき事態は善と悪との対決という図式に単純化され、これは「抑圧されたかわいそうな人々を暴力的な政権から解放するチャンスにほかならない。なぜならアメリカ企業を痛めつける政権が独裁的でないはずはないからだ」ということになる。(7) 言い換えれば、アメリカの外交政策は多くの場合、ごく一部のエリート集団の利己的要求や願望を世界全体の利益と同一視するという、「集団投射」(精神分析理論の用語で、自我の防衛のために外部の対象に自己の衝動や感情を帰する機制を指す)の実践の場となっているのだ。

キンザーによれば、こうした傾向はとりわけ企業界から政治家に転身した者に顕著に見られるという。たとえばアイゼンハワー政権で国務長官を務めたジョン・フォスター・ダレスは、人生の大半を有能な国際企業弁護士として送り、世界有数の大企業数社の代理人として外国政府との折衝にあたった。ダレスの伝記を執筆した何人もがキンザーと同様、彼が企業利益と国家利益を区別できなかったと結論づけている。「ダレスは生涯にわたり二つの執念を抱き続けた。ひとつは共産主義との戦い、もうひとつは多国籍企業の権利を守ることだ」とキンザーは書く。「彼の頭の中ではその二つは(中略)「表裏一体の関係にあり、互いに補強しあっていた」」(8)。つまり、ダレスにはこの二つを区別する必要はなく、たとえばグアテマラ政府がユナイテッド・フルーツ社の利益を侵害する行動に出れば、それは事実上アメリカに対する攻撃であり、軍事力行使に値することだとみなすのである〔一九五四年、社会改革を進めていたグアテマラ政府はユナイテッド・フルーツ社の土地没収を決定、これに怒ったアメリカ政府がCIAを使ってグアテマラに親米独裁政権を誕生させた〕。

つい最近まで企業のCEOだった人間がひしめくブッシュ政権もまた、テロリストとの戦いと多国籍企業の利益保護という二つの執念を追い求めており、利益の公私混同に陥りやすい。だがダレスの時代とは大きな違いがある。ダレスが肩入れした多国籍企業は海外で鉱業、農業、金融、石油といった事業に莫大な投資をしており、事業を行なうにあたって安定した収益性の高い環境(投資法が緩やか、従順な労働力、土地の強制収用などの唐突な手段に出ないなど)を確保するという共通の目的があった。クーデターを起こしたり武力介入を行なうのは目的達成のための手段であって、目的そのものではなかった。

一方、「テロとの戦い」を立案した元祖・惨事便乗型資本家たちは同じ企業家＝政治家でも、先駆者たちとは異なる種に属する。彼らにとっては、戦争やクーデターなどの惨事が目的そのものなのだ。チェイニーやラムズフェルドが、ロッキードやハリバートンやカーライルやギリアドにとっての利益と、アメリカ(実際には世界)にとっての利益を同一視したとき、そこには世にも恐ろしい結果が伴う。なぜならこれらの企業にとって、戦争、疫病、自然災害、資源不足といった大異変は確実に利益増をもたらすからだ。ブッシュ政権以降これらの企業資産が劇的に増加した理由もそこにある。こうした同一視による彼らの行動がさらに危険なのは、ブッシュ政権の高官たちが戦争と惨事対応の民営化という新時代を導く一方で、惨事便乗型資本主義複合体における自分たちの権益を――かつてないほどの度合いで――維持し続けたからだ。こうして彼らは、自ら惨事を引き起こすことに加担しつつ、同時にそこから利益を得ていたのである。

一例を挙げよう。二〇〇六年中間選挙での共和党の敗北を受けてラムズフェルドが辞任した際、マスコミは彼が民間企業に戻ると報じた。だが実際には、彼は任期中も民間企業と縁を切っていたわけではなかった。国防長官就任を受諾した際、ラムズフェルドは政府高官の義務として、個人的に所有する株のうち、在任中に下す決定によって損得の生じる可能性のある株をすべて処分することを求められた。つまり、セキュリティーや防衛事業に関連する所有株すべてを売るということだが、彼はここで大きな困難に直面する。あまりに多くの惨事関連企業株を所有していたため、彼は期限内には処理が間に合わないと主張し、倫理規定に複雑な解釈をこじつけて資産を保持しようとした。

ラムズフェルドは、直接所有していたロッキードやボーイングをはじめとする軍事関連企業の株を売却し、最大で五〇〇〇万ドル相当の株を白紙委任する一方、防衛株やバイオテクノロジー株に特化したいくつかの民間投資会社の所有権は全部または一部保持した。これらの会社の株を急いで売却して損を被ることを回避するため、彼は三カ月の猶予を二回にわたり申請する。閣僚レベルではまずありえないことだ。こうして彼は国防長官就任後半年間にわたって(あるいはもっと長く)、自分の会社や資産の望ましい売却先を物色していたことになる。[9]

かつて会長を務め、タミフルの特許を保有するギリアド・サイエンス社の株に関しては、ラムズフェルドは頑として譲らなかった。ビジネス上の利益と公僕としての義務のどちらかを選ぶよう求められても、それをきっぱり拒否したのだ。疫病発生は国家安全保障上の問題であり、したがって国防長官の職務に直接関わる。公私の利益が明らかに衝突するにもかかわらず、彼は在任の全期間を通して八〇〇〇万ドルから三九〇〇〇万ドル相当の同社の株を手放そうとしなかった。[10]

上院倫理委員会が公私利益に関する倫理規定を順守させようとすると、ラムズフェルドは逆に食ってかかった。ある時点で彼は政府倫理局に文書を提出し、資産情報開示の「過剰に煩雑で面倒な」書類作成のために会計士に六万ドルも支払ったと不満をぶつけた。公職にありながら九五〇〇万ドルにも相当する株を躍起になって守ろうとする者にとって、六万ドル程度の出費など大した額ではないはずだ。[11]

国家安全保障業務の頂点に立ちながら、惨事によって生じる利益の放棄を断固拒否したことは、具体的な業務遂行に支障をきたした。就任初年度の大半にわたり持ち株の処理に手間取っていたラムズフェルドは、いくつもの重大な政策決定に関与しないことを余儀なくされた。AP通信は「ラムズフェルドはエイズ問題に関する国防総省の会議への出席を見合わせた」と報じ、GE、ハネウェル、ノースロップ・グラマン、シリコンバレー・グラフィクスなど大手軍事企業が関わる数件の大型合併・買収に、連邦政府が介入すべきかどうかを決定するトップレベルの会議にも彼は姿を見せなかった。広報担当者によれば、ラムズフェルドはこれら軍事企業数社と経済的関係を持っていることが判明したという。これらの買収のうちの一件について聞かれた際、本人は「今のところその件には関わらないようにしている」と答えている[12]。

六年間の在職中、話題が鳥インフルエンザやその治療薬購入に及びそうになったときは必ず、彼はその場を中座することになっていた。「ギリアド社に直接影響を及ぼすことが予測される」決定にはいっさい関与しないというのが、株の保持を認める合意文書の取り決めだったのだ[13]。とはいえ政府内の同僚たちは、ラムズフェルドの利権に大いなる思いやりを示した。二〇〇五年七月、国防総省は五八〇〇万ドル相当のタミフルを購入、数カ月後には保健社会福祉省も一〇億ドル相当のタミフルを注文すると発表した[14]。

株売却を拒否したことは、間違いなくラムズフェルドに利益をもたらした。二〇〇一年一月の就任時にもしギリアドの株を売却していたとすれば、彼が手にしたのは一株当たりたかだか七ドル四五セントにすぎなかった。だが鳥インフルエンザや生物テロの脅威が続き、ブッシュ政権が同社に莫大な支払いを決定する間も株を手放さなかったため、彼が辞任した時点での株価は一株六七ドル六〇セントと、約九倍に膨れ上がった(二〇〇七年四月には八四ドルにまで上昇[15])。つまりラムズフェルドは、就任当時よりもはるかに金持ちになって職を辞したことになる。億万長者が公務に就いた結果、こうなることは通常まずありえない。

ラムズフェルドがギリアドとの関係を水面下で保つ一方、チェイニーもまたハリバートンとの関係を維持しようとした。ラムズフェルドのケースとは異なり、チェイニーとハリバートンの関係はメディアの大きな注目を集めた。ブッシュの副大統領候補に指名され同社CEOの職から降りるにあたって、チェイニーは退職パッケージに大量の同社株とストックオプションを含めるよう交渉した。マスコミからの追及を受けたチェイニーは一部の持ち株を売却することに同意し、それによって一八五〇万ドルという巨額の売却益を手にしたが、それはあくまで所有株の一部にすぎなかった。

『ウォールストリート・ジャーナル』紙によれば、チェイニーは副大統領に就任した時点で、ハリバートンの持ち株一八万九〇〇〇株と未確定オプション五〇万株を手元に残していたが、その後、株から得た利益を慈善事業に寄付する法的契約書に署名した[16]。副大統領就任後の四年間、チェイニーは同社から繰延収益として毎年二一万一〇〇〇ドルの支払いを受けていたが、これは副大統領の年収にほぼ匹敵する。一方のハリバートンも、石油価格の急騰と数十億ドル規模の入札なしの契約事業のおかげで収益は急激に増大した。この二つの要因がともに、チェイニーがアメリカの国益保護のために絶対に必要だと主張してイラク侵攻の決断が下されたことと密接に関連しているのは言うまでもない。結果的に、戦争はアメリカの物理的および経済的な安全性を損なったが、ハリバートンには大きな勝利をもたらした。同社の株価は、イラク戦争前の一〇ドルから三年後には四一ドルへと約四倍に急騰した[17]。イラクのケースもまた、キンザーのセオリーがぴたりと当てはまるように思われる。サダム・フセインはアメリカの安全保障に脅威を与えていたわけではないが、エネルギー企業にはたしかに脅威を与えていた。当時フセインはロシアの巨大石油企業と契約を交わし、フランスの大手石油会社トタルとも交渉を進めていたが、英米の石油メジャーは蚊帳の外に置かれていた。世界第三位の原油埋蔵量を持つとされていた国が、イギリスとアメリカの手からすり抜けようとしていたのである。[18] フセイン政権の崩壊は、エクソンモービル、シェブロン、シエル、BP（ブリティッシュ・ペトロリアム）など英米の石油メジャーに新たな可能性への道を開いた。これらの企業がイラクでの石油事業の下準備を着々と進める一方で、ハリバートンもまたアラブ首長国連邦の首都ドバイに本社を移転し、これら大手石油企業にエネルギー・サービスを売り込む態勢を整えていた。[19] この時点ですでにイラク戦争は、ハリバートンにとって史上最高の収益を生む事業となっていた。

ラムズフェルドにしてもチェイニーにしても、政界に戻るにあたって惨事関連企業の株をすべて処分することは容易にできたはずだ。そうすれば、惨事を引き起こすことに熱心なのは私利私欲のせいではないかと疑いの目が向けられることもなかった。だが、二人は株を処分することを拒否し、政府の倫理委員会もねじ伏せて自らの立場を通したのである。

第二次世界大戦中、フランクリン・D・ローズヴェルト大統領は戦争で暴利を得る行為に断固として反対し、「世界が惨事に見舞われた結果、アメリカに一人でも戦争成金が出現することがあってはならない」と述べた。もしローズヴェルトがラムズフェルドのやったことを見たら、はたしてなんと言っただろうか。情報開示年次報告書によれば、彼は在職中の二〇〇四年、保有するギリアドの株の一部を売却してやすやすと五〇〇万ドルを手にしたが、これも国防長官辞任後に得た富に比べればささいな額である。[20] ブッシュ政権においては、戦争成金が政府に接近しようとしたばかりでなく、政府そのものが戦争成金で構成されていた。両者を隔てるものは存在しなかった。

ブッシュ政権が、近年まれに見る破廉恥な汚職スキャンダルにまみれていたことは今さら言うまでもない。連邦議員をゴルフ旅行に招待したロビイストのジャック・エイブラモフから、所有するヨット「デューク・スター号」を軍事企業に寄贈し、贈収賄罪で八年の刑を受け服役中のランディ・〝デューク〟・カニングハム元下院議員(このヨットを含む「贈賄リスト」は連邦議会のレターヘッド入り便箋に書かれていた)、はては高級コールガールを用意したウォーターゲート・ホテルでのパーティーまで。まるで、一九九〇年代半ばのモスクワやブエノスアイレスを思わせる腐敗ぶりである。[21]

さらに、政府と産業界を往き来する〝回転ドア〟もブッシュ政権の特徴だった。いつの時代にも回転ドアは存在したが、ほとんどの場合、政治家はその政権が終わるまでは政府のコネを利用するのを自粛したものだ。だがブッシュ政権下では、セキュリティー・ビジネスが天井知らずの収益拡大を続けるなか、少なからぬ数の政府当局者が誘惑に抗しきれず、さまざまな政府機関の何百人という職員が任期切れを待たずに回転ドアに突進した。国土安全保障省における転職状況を調査したエリック・リプトンは、『ニューヨーク・タイムズ』紙にこう書く。「ワシントンのベテラン・ロビイストや監視グループによれば、政権終了前に離職する上級職員がこれほど続出する例は近年ではまず見当たらないという」。リプトンは、同省の職員からセキュリティー業界へと転職した者九四人を確認している。[22]

こうしたケースはあまりに多く、詳細に触れることはできない。ここでは「テロとの戦い」を先導した何人かのキーパーソンについて述べるにとどめよう。「愛国者法」成立の立役者であるジョン・アシュクロフト元司法長官は現在、セキュリティー企業に政府契約を斡旋するアシュクロフト・グループを率いている。国土安全保障省の初代長官トム・リッジはリッジ・グローバル社の創立者兼CEOであり、セキュリティー分野に積極的に参入している通信機器メーカー、ルーセント・テクノロジー社の顧問も務める。9・11の際の対応が称賛されたルドルフ・ジュリアーニ元ニューヨーク市長は、事件から四カ月後に危機管理コンサルタント会社ジュリアーニ・パートナーズを設立した。クリントン、ブッシュ両政権でテロ対策を担当し、ブッシュ政権を猛烈に批判したことでも知られるリチャード・クラークは現在、セキュリティーとテロ対策専門のグッド・ハーバー・コンサルティング社の会長の座にある。一九九五年までCIA長官を務めたジェームズ・ウールジーは、セキュリティー企業に特化した未公開株投資会社パラディン・キャピタル・グループの代表であり、大手戦略系コンサルタント会社ブーズ・アレンの副社長も務める。9・11の際に連邦緊急事態管理庁(FEMA)長官の座にあったジョー・オールボーは、事件のわずか一年半後にニュー・ブリッジ・ストラテジーズ社を設立、金のうなる政府契約事業やイラクでの投資機会と企業との〝橋渡し〟を行なっている。後任者のマイケル・ブラウンもわずか二年で辞任し、災害準備に関するコンサルタント会社マイケル・D・ブラウン・LLCを立ち上げた。[23]

ハリケーン・カトリーナ災害のさなか、ブラウンがFEMAの同僚に送ったのが、「今辞めてもかまわないかな？」という悪名高いEメールだった[24]。この言葉はまさに彼らの本質を表している。大型契約を扱う政府部署で立派な肩書を手にし、これから何が売れるかについての内部情報を収集したら、即座に辞めて政府内のコネを企業に売り込む、というわけだ。もはや公職に就く動機は、惨事便乗型資本主義複合体で働くための予備調査でしかなくなってしまった。

もっとも汚職や天下りに絡むこうした話は、ある意味で誤った印象を植えつけかねない。あたかも国家とこれら企業複合体の間には明確な一線があるかのように聞こえるかもしれないが、実際にはそんな境界はとうの昔に消滅しているのだ。ブッシュ政権時代の革新は、政治家が二つの世界を行き来する際の変わり身の速さではなく、多くの政治家が政府と産業界の両方に同時に身を置くことを当然の権利と思うようになった点にある。リチャード・パールやジェームズ・ベーカーのような、明らかに戦争や復興の民営化ビジネスと深いつながりを持つ人々が政策の決定に関与し、トップレベルに助言を与え、あたかも私利私欲のない政治エキスパート然としてマスコミで発言する。彼らはまさに、コーポラティズムの使命を身をもって達成しているのだ。安全保障の名のもとに政治と企業のエリートが完全に融合し、国家が産業組合のトップの役割を担うと同時に、契約経済の仕組みを利用して最大のビジネスチャンスを提供するという構図である。

過去三五年間、サンティアゴからモスクワ、北京、そしてブッシュ政権のワシントンまで、世界各地で見られた企業上層部と右派政権の結託は、一種の逸脱行為——マフィア資本主義、大富豪資本主義、そしてブッシュ政権下では「縁故資本主義」——として片づけられてきた。だが、これらは例外的な逸脱行為などではなく、シカゴ学派による改革運動が、民営化、規制撤廃、組合潰しの三位一体政策によって導いてきた結果にほかならない。

ラムズフェルドとチェイニーが、惨事産業に関連する株の保有と公的義務の二者択一を頑として拒んだことは、正真正銘のコーポラティズム国家の到来を告げる最初の兆しだった。その兆候は他にも多々見られる。

長老たちの再登場

ブッシュ政権のきわだった特徴のひとつに、外部の顧問や特使に重要な任務を任せてきたことがある。ジェームズ・ベーカー、ポール・ブレマー、ヘンリー・キッシンジャー、ジョージ・シュルツ、リチャード・パール、そして国防政策委員会やイラク解放委員会のメンバーなどが挙げられるが、これはほんの一部にすぎない。重大な決定がいくつも下されたこの数年間に、議会は形式的な承認機関と化し、最高裁の判決も単なる勧告程度にしかみなされなくなる一方で、これら外部の顧問(大部分は無償)が強大な影響力を及ぼすようになった。

こうした顧問たちが強大な権限を持つに至ったのは、彼らが国務長官、大使、国防次官といった政府の重要ポストの経験者だからだ。全員、公職から離れて久しく、その年月の間に惨事便乗型資本主義複合体でキャリアを築き、高給を食んできた。もはや政府職員ではなく外部契約者という立場であるため、そのほとんどは選挙や任命によって政治家になった人たちのように公私の利益に関する規則に縛られることはない。その結果、政府と産業界の間には「回転ドア」の代わりに「アーチのかかった門」(災害管理の専門家アーウィン・レドレナーが私に語った言葉)が設けられることになる。こうして惨事関連企業は元大物政治家の威光を隠れ蓑にして、政府内で堂々と商売を始めることが可能になったのである。

二〇〇六年三月、イラク政策についての提言を行なう諮問機関、イラク研究会の共同議長にジェームズ・ベーカー〔レーガン政権で財務長官、ブッシュ(父)政権で国務長官を歴任〕が任命されると、与野党の間に安堵の空気が広がった。今より安定した時代に国政の舵取りをした、伝統的なタイプの〝大人〟の政治家だというのがその理由だった。たしかにベーカーは、アメリカの外交政策が今ほど無謀ではなかった時代の老練政治家だが、それは一五年も前の話である。ベーカーはその後何をしていたのか?

ブッシュ(父)政権の終焉とともに政府を離れたベーカーは、チェイニーと同様、在任中の人脈を利用して財を成した。とりわけ利益をもたらしたのが、湾岸戦争の際に友好関係を築いたサウジアラビアとクウェートのクライアントだった。[25]彼の経営する弁護士事務所ベーカー・ボッツ(本社テキサス州ヒューストン)は、サウジアラビアの王族、ハリバートン、ロシアの石油最大手ガスプロムなどを顧客に持つ、世界でも有数の石油・ガス関連企業の弁護士事務所である。ベーカーはまたカーライル・グループの共同出資者として、秘密主義に徹したこの会社から推定で一億八〇〇〇〇万ドルの利益を得ている。[26]

カーライル・グループはイラク戦争から莫大な利益を得てきた。ロボット工学システムと防衛通信システムを売り込み、イラク人警察官訓練の大型契約を、同社が保有するUSインベスティゲーション・サービスが取りつけた結果だ。運用総額五六〇億ドルのカーライル・グループには国防事業に特化した投資部門があり、軍事関連企業の株式公開を行なっているが、このビジネスは近年高収益を上げている。同社の最高投資責任者ビル・コンウェイは、イラク戦争開始からの一年半を、「わが社にとっては最高の一八カ月だった。大きな収益を短期間で上げることができた」とふり返る。イラク戦争はすでに泥沼化していたにもかかわらず、同社の一部投資家には六六億ドルという記録的な配当が支払われた。[27]

ブッシュ(息子)大統領がベーカーをイラク債務問題担当特使として公務に呼び戻した際、彼はカーライル・グループやベーカー・ボッツが戦争の利権と直接的な関わりを持つにもかかわらず、その株を手放すよう迫られることはなかった。当初、何人かのコメンテーターがこのことを問題視し、『ニューヨーク・タイムズ』紙は、彼が特使として誠実な立場を保つためには両社から身を引くべきだとする論説を掲載した。同論説は「ベーカー氏はきわめて収益性の高い民間事業と抜き差しならない関係にあり、イラクの債務整理にあたる際に特定の利益のために動いていると見られる恐れがある」と指摘。ベーカーは「イラクの債務と明確な関係のある顧客から収益を得ることを差し控える」だけでなく、「誇りを持って新たな公務を遂行するためには、この二つの民間企業から身を引くべきである」としている。[28]

だがベーカーはブッシュ政権トップの前例に倣い、こうした提言をきっぱり拒否した。ブッシュは彼の決断を擁護し、イラクの対外債務を帳消しにするよう各国政府を説得する役を彼に託した。ベーカーの特使就任から一年も経たない頃、私はある極秘文書のコピーを入手したが、そこにはベーカーの公私の利害衝突が、それまで考えられていたよりはるかに大きく直接的なものであることが暴露されていた。六五ページに及ぶその書類はカーライルを含む企業連合が作成し、イラクの主要債権者であるクウェート政府宛てに提出された事業計画で、イラクのクウェート侵攻によって生じた未払い債務二七〇億ドルを、ハイレベルの政府的なコネを利用してイラクから回収することを提案するものだった。つまり、特使としてのベーカーの任務――フセイン時代の債務を帳消しにするよう各国政府を説得すること――とまさに正反対のことを提案していたのだ[29]。

「イラクに対する債権請求の実現と保護に関するクウェート政府支援提案書」と題されたその文書は、ベーカーの特使任命からほぼ二カ月後にクウェート側に提出されたものだった。文書中、ベーカーの名前は一一回も言及されており、イラクの債務帳消しに携わる人物が関係する民間企業と手を組むことはクウェートにとって有利だと言わんばかりである。ただしそれには相応の代価が必要だ。書類は便宜を図る交換条件として、カーライル・グループに対して一〇億ドルの投資をすることをクウェート政府に求めているが、これはまさに斡旋収賄にあたる。ベーカーの力を借りたいのなら、その会社に金を払えというのだ。政府の倫理規制問題の専門家であるワシントン大学法学部教授キャスリーン・クラークにこの書類を見せたところ、これは「典型的な利益の衝突」のケースだと言う。「ベーカーはこの取引の両サイドに属している。彼はアメリカ合衆国の国益を代表する立場であると同時にカーライルの首席弁護士でもあり、同社はクウェートが対イラク債権を回収する手助けをする代わりに、その見返りを求めているわけですから」。そして書類を精査したクラークは、「カーライルをはじめとする企業はベーカーの現在の立場を利用して、アメリカ政府の利益に反するような取引をクウェートとの間で行なおうとしている」と結論した。

この極秘文書に関する私のスクープ記事が『ネーション』誌に掲載された翌日、カーライルは一〇億ドル獲得の夢を捨てて企業連合から脱退し、数カ月後、ベーカーはカーライル・グループの株を処分して同社の上級顧問の職も辞した。だがその時点では、すでに実害が生じていた。特使としてのベーカーの任務は無残な失敗に終わり、ブッシュが請け合い、イラクが必要としていた債務免除を取りつけることはできなかったのだ。二〇〇五年から翌年にかけて、イラクはフセインの起こした戦争の賠償金として二五億九〇〇〇万ドルを支払ったが(そのほとんどは対クウェート)、それだけの金があれば、復興と人道危機への対処のためにイラクが是が非でも必要としていた資金にあてることができたはずだ。アメリカ企業が復興資金を無駄遣いしたあげく、任務半ばで去ってしまったことを考えればなおさらである。当初、対外債務の九〇〜九五%免除が目指されたものの、けっきょくは支払いの期限が先送りされただけで、現在もイラクはGDPの九九%に相当する債務を抱えている(30)。

そのほかのイラク政策に関する重要な任務もまた、戦争によって未曽有の収益を上げていた企業を経営する民間人特使に託された。二〇〇二年に創設されたイラク解放委員会の委員長にはジョージ・シュルツ元国務長官が就任した。これは戦争の正当化を国民に吹き込むことを目的に、ホワイトハウスの要請によって設置された圧力団体で、シュルツは忠実に自分の役回りに徹した。政府から独立した立場であることから、フセイン政権がいかに危険かについて、なんの証拠も示すことなく国民のヒステリーを煽ることが可能だった。二〇〇二年九月、シュルツは『ワシントン・ポスト』紙に「今こそ行動の時——危険は目前に迫っている　サダム・フセインは排除すべきだ」と題する一文を寄稿し、「もし庭にガラガラ蛇がいたら、身を守るためには嚙みつかれる前にやっつけるのが当然だ」と書いた。もちろん、彼がかつてCEOとして長く君臨したベクテルの役員を務めていることにはいっさい触れていない。シュルツが崩壊すべきだと熱く主張したそのイラクで、同社はやがて二三億ドルの復興事業契約を受注することになる。(31) シュルツが世界に向けて「今こそ行動」せよと呼びかけたとき、はたして彼は事態を憂慮する老練政治家として発言していたのか、それともベクテル——あるいはロッキード・マーティンかもしれないが——を代表して発言していたのだろうか？　ふり返ってそう問うてみるだけの価値はあるだろう。

非営利監視団体、政府監視プロジェクトのダニエル・ブライアン事務局長によれば、「どこまでが政府のためで、どこからがロッキード社の利益のためか線引きすることは不可能だ」という。もっと困難なのは、ロッキード社とイラク解放委員会の任務との線引きだ。シュルツが率い、戦争遂行の具に利用したこの委員会を結成したのは、わずか三カ月前までロッキード・マーティンの戦略企画担当副社長を務めていたブルース・ジャクソンだった。本人によれば、「ホワイトハウス関係者」を中心に委員会を結成するよう要請されたというが、彼が集めたのはロッキードの元同僚だった。こうしてジャクソンのほかに、宇宙戦略ミサイル担当副社長のチャールズ・クッパーマン、防衛システム担当責任者のダグラス・グラハムなどの同社関係者が委員に就任した。この委員会がホワイトハウスの肝煎で戦争プロパガンダを目的に設置されたことは明らかだったにもかかわらず、誰一人としてロッキードを辞職したり所有株を処分する必要はなかった。これはメンバーにとって間違いなく吉と出た。委員会がその遂行を助けた戦争のおかげで、ロッキードの株価は二〇〇三年三月の四一ドルから、二〇〇七年二月には一〇二ドルへと一四五%も上昇したのだ(32)。

再登場組には、かつてピノチェトのクーデターを後押しして反革命運動をスタートさせたヘンリー・キッシンジャーもいる。ジャーナリストのボブ・ウッドワードは二〇〇六年の著書『ブッシュのホワイトハウス』のなかで、チェイニー副大統領がキッシンジャーと毎月会合を持つ一方、ブッシュ大統領も二カ月に一回程度はキッシンジャーと会うと指摘し、彼は「外交問題において大統領がもっとも頻繁に会う外部顧問」だとしている。またチェイニーは、「ヘンリー・キッシンジャーほど頻繁に話をする相手はたぶんほかにいない」とウッドワードに語っている(33)。

だがキッシンジャーは、いったい誰を代表してこうした政権トップとの会合に臨んでいたのだろう？　ベーカーやシュルツと同様、彼もかつて国務長官を務めた経歴を持つが、それははるか三〇年も前の話だ。彼は一九八二年に、秘密主義の非公開コンサルタント会社キッシンジャー・アソシエーツを設立、その顧客リストにはコカ・コーラからユニオン・カーバイド、ハント石油、フルーア(大規模なイラク復興事業契約を獲得した)、さらにはチリ政権転覆の隠密作戦の際に手を組んだ国際電話電信会社(ITT)まで、幅広い企業が名を連ねていると言われる。(34) となると、彼はチェイニー副大統領との会合で政界の長老として振る舞っていたのか、あるいは顧客である石油やエンジニアリング企業に高給で雇われたロビイストとして行動していたのか?

キッシンジャーが誰に忠誠を尽くしているか、それがあらわになったのは二〇〇二年一一月、ブッシュによって彼が「9・11委員会」の委員長(愛国心に燃える政治家が引退後に就くことのできるもっとも重大なポストと言っていい)に任命されたあとのことだった。犠牲者の家族グループが、調査の過程で公私の利害衝突が起きる可能性があるとして、キッシンジャーに彼の会社の顧客リストを公開するよう要求したところ、彼は国民に対する説明責任と透明性という基本的姿勢すら示すことを拒否したのである。顧客名を公表する代わりに、彼は委員長の座を辞すほうを選んだ。(35)

その一年後、キッシンジャーの友人で仕事仲間でもあるリチャード・パールも、これとまったく同じ選択をした。レーガン政権で国防次官補を務めた経験を持つパールは、ラムズフェルド国防長官の要請を受け、国防政策委員会の委員長に就任する。それまでこの委員会は前政権の国防政策を現政権に引き継ぐことを任務とするごく地味な諮問機関だったが、パールはここを自らの活動基盤とし、その肩書を振りかざしながらイラク先制攻撃を煽る発言を精力的にマスコミで展開した。そればかりか、『ニューヨーカー』誌のセイモア・ハーシュの調査記事によると、パールはこの肩書を利用して自らの新会社への投資を勧誘したという。実際、パールは9・11後にすかさず行動を起こした惨事便乗型資本家の一人であり、事件のわずか二カ月後、セキュリティーや軍事に関連するサービスや製品を開発する企業に投資するベンチャー企業トライリーム・パートナーズを設立した。同社への投資を勧誘するビジネスレターは、政治的コネクションを誇らしげに謳っている――「弊社のマネジメント・グループのうち三人は現在、国防政策委員会のメンバーとして国防長官に助言を行なっています」。この三人とはリチャード・パール、彼の友人のジェラルド・ヒルマン、そしてヘンリー・キッシンジャーである。(36)

トライリームの投資勧誘に早々と乗ってきたうちの一社が、国防総省からの受注額第二位のボーイングだった。同社が二〇〇〇万ドルの事業資金を提供したことで、以後、パールは大っぴらにボーイングを持ち上げるようになる。同社がペンタゴンから受注した一七〇億ドルの空中給油機契約が大きな問題になったときには、『ウォールストリート・ジャーナル』紙の論説欄に同社を援護する一文を寄せたほどだった。*(37)

＊　この給油機発注問題は国防総省では近年最大のスキャンダルとなり、最終的には同省高官とボーイング社重役に実刑判決が下った。この政府高官は、契約取引の進行中にボーイングでの職を交渉していた。その後の調査で、なぜこうした腐敗取引を掌握できなかったのか、ラムズフェルド長官

の監督責任が追及された際、彼は一七〇億ドルから三〇〇億ドルの国税を費やすことになるこの契約に具体的にどう関与したか、記憶にないと答えた。「承認した記憶はないが、承認しなかったかと言えば、その記憶もまったくない」。管理能力の欠如を厳しく非難されたラムズフェルドだったが、記憶が曖昧なのは、軍事関連の株を数多く所有している彼が利害問題に抵触しないよう、発注事業についての会議をしょっちゅう欠席していたせいもあるかもしれない。

ペンタゴンとのコネは積極的に投資家に売り込んだパールだったが、国防政策委員会のメンバーのなかにはトライリーム社のことをパールから聞いていなかったと言う者が何人もいる。同社の話を聞いたある委員は、「倫理規定に照らせばぎりぎりの線か、違反にあたる」と述べた。けっきょく公私の利益の衝突が問題化し、パールもキッシンジャーと同様、国防政策に専念するか、テロとの戦いで儲けるかの選択を迫られる。イラク戦争の幕が切って落とされ、契約事業の大ブームが始まろうとしていた二〇〇三年三月、パールは国防政策委員会委員長の座を辞した(38)。

すべての悪を一掃するための終わりなき戦いを支持するのは、それが莫大な個人的利益をもたらすからではないか――そう批判されたときのリチャード・パールの怒りはすさまじいものがある。CNNのニュースキャスター、ウォルフ・ブリッツァーが、「彼は戦争の利益を当て込んで会社を設立した」というハーシュの批判をパール本人に問いただしたときもそうだった。自明の理と思われるこの指摘にパールは激怒し、ピュリッツァー賞受賞ジャーナリストであるハーシュを、「はっきり言って、アメリカのジャーナリストのなかでもっともテロリストの思考に近い人間」と言ってのけ、こう続けた。「企業が戦争から利益を得るなどということは考えられない。(中略)私の見解が国防事業に投資する可能性と関連があるなどというのは、まったくのたわごとだ[39]」

なんとも奇妙な言い分である。セキュリティーや軍事関連企業に投資する目的で設立されたベンチャー・キャピタル会社が、戦争からの利益は当てにしないとなれば、明らかに投資家を落胆させることになる。この一件はさらに、パールのように惨事便乗型資本家、公的知識人、そして政策立案者といういくつもの顔を持つ人間が果たす役割は何か、という大きな問題を私たちに突きつける。もし仮に、ロッキードやボーイングの重役がフォックス・ニュースに出演してイランの政権交代を――パールのように――主張したとしたら、彼らがいかに知的な議論を展開したとしてもなんの説得力も持たない。ところがパールは依然として「アナリスト」または国防総省のアドバイザー(場合によっては「ネオコン」)として紹介され、弁舌に長けた兵器ディーラーだとほのめかされることはよもやないのだ。

ワシントンのこの一派は、戦争にからむ私的利益について問いただされるたびに、例外なくパールと同じ反論を口にする――そんなことを問題にすること自体非常識だ、ばかばかしい、テロリストまがいの考え方だ、などなど。チェイニー、ラムズフェルド、シュルツ、ジャクソン、そして私の見るところではキッシンジャーを含むネオコン・グループは、自分たちが金儲けなどという世俗的な目的ではなく、イデオロギーや大局的な理念に基づいて行動する知識人、あるいはタカ派現実主義者だと見せるために腐心してきた。たとえば、イラク解放委員会のブルース・ジャクソンは、ロッキードは彼が外交政策という社外の任務に従事することを許さなかったと言い、パールは国防総省との関係によって「立場上(中略)言動に制約があった」ためビジネスにはマイナスになったと説明している。パールの共同経営者のジェラルド・ヒルマンも、「パールは金の亡者などではない。金儲けしようなどとはみじんも思っていない」と彼を擁護する。ダグラス・ファイス元政策担当国防次官は当時、こう主張した。「KBR(ハリバートンの元子会社ケロッグ・ブラウン・アンド・ルート)に契約を発注するのが妥当だとはわかっていても、副大統領が以前(ハリバートンと)関係していたせいで、政府の人間は発注に及び腰になっていた」[40]

ネオコンはアメリカとイスラエルの覇権拡大に熱心なあまり、経済的利益は二の次にしてでも「安全保障」を重視するというのが、これまでのネオコン批判——もっとも徹底的な批判を含め——の基本的な論調だった。だがそうした見方は人為的であると同時に、重大な事実を見落としている。彼らのイデオロギーの中心には常に、飽くなき富の追求は当然の権利だとする考えがあったのだ。9・11以前、ネオコンは急進的な民営化促進と社会支出削減を主張して勢いを得たが、まさにフリードマン流経済理論に則ったこの運動の中心を担ったのが、アメリカン・エンタープライズ研究所、ヘリテージ財団、ケイトー研究所といったシンクタンクだった。

「テロとの戦い」を開始したことで、ネオコンがコーポラティズムに基づく経済的目標を捨てたわけではない。その目標達成に向けた新しい、より効果的な手法を発見したのだ。ワシントンのタカ派である彼らが、世界におけるアメリカ、中東におけるイスラエルの絶対的優位性を目指して尽力していることは言うまでもない。しかし、そうした軍事構想――国外での終わりなき戦い、国内でのセキュリティーの強化――を惨事便乗型資本主義複合体の利害と切り離すことは不可能だ。そこに生まれた巨大産業は、まさにその構想をもとに築き上げられたものだからである。こうした政治的目標と利益追求との融合がどこよりも明らかに見て取れたのが、イラクの戦場だった。

第六部　暴力への回帰
――イラクへのショック攻撃

ショックを基本とする作戦のリスクのひとつは、「予期せぬ結果」を招きかねないこと、すなわち予想されていなかった反応を引き起こす可能性にある。たとえば、ある国のインフラ設備や送電網、経済システムなどを広範囲に攻撃した場合、相手国の国民の戦意を喪失させるどころか、激しい反発によってきわめて困難な事態に陥る可能性もある。

——ジョン・N・T・シャナハン中佐「ショックを基本とする作戦」、米空軍専門誌『エアー・アンド・スペース・パワー』(二〇〇一年一〇月一五日号)

直接的な身体的暴行は恨みや憎悪、さらなる反逆心をかき立てるだけであり、(中略)いったん苦痛に耐えた拘束者は、他の方法によって扱うことがより困難になる。身体的暴力には拘束者を抑え込む効果がないばかりか、かえって相手の自信や成熟度を増大させてしまう。

——CIAのマニュアル「クバーク対諜報尋問」(一九六三年)

第16章　イラク抹消
――中東の〝モデル国家〟建設を目論んで

内向性の統合失調症や憂鬱症は、たとえて言えば周囲に壁を張りめぐらし、門を固く閉ざして外界との接触を断った町のようなものだ。（中略）壁に穴が開くと、外界との関係が再開される。だが不幸なことに、爆撃によって受ける損傷の大きさをコントロールすることはできない。

――イギリスの精神科医アンドルー・M・ワイリー、電気ショック療法について（一九四〇年）[1]

9・11後の世界においては、慎重な暴力の行使が治療的効果をもたらすと私は考えていた。

――『ワシントン・ポスト』紙コラムニストのリチャード・コーエン、イラク侵攻を支持して[2]

二〇〇四年三月。バグダッド空港に降り立ってからまだ三時間足らずだったが、事はうまく行っていなかった。まず、いくら待っても迎えの車が空港のチェックポイントに姿を見せない。私と同行カメラマンのアンドルー・スターンは、「世界でもっとも危険な道路」とすでに呼ばれていた道をヒッチハイクして市内に向かうしかなかった。なんとか市の中心部カラダ地区にあるホテルにたどり着き、米軍の侵攻前からバグダッド入りしていたアイルランド人平和活動家、マイケル・バーミンガムと落ち合うことができた。彼には前もって、イラク経済の民営化計画に懸念を抱くイラク人を何人か紹介してほしいと頼んであったのだが、彼はこう言い放った。「民営化のことなんか誰一人気にしちゃいませんよ。みんな生き延びるだけで精一杯なんです」

交戦地帯に政治的なテーマを持ち込むことの是非について、マイケルと私はしばしの間激しい議論を戦わせた。マイケルは、イラク人が民営化計画を支持していると言っているわけではなかった。ただ、ほとんどの人はもっと差し迫った問題、たとえば近所のモスクが爆撃されたとか、米軍によってアブグレイブ刑務所に連行された従兄弟の消息といったことで頭がいっぱいなのだという。明日の飲み水や体を洗う水をどう手に入れるかを考えるのに必死で、外国企業がイラクの水道事業を乗っ取って民営化し、一年後にまた売りつけるのではないかなどと考えている余裕はないのだ、と。われわれ外国人のなすべき仕事は戦争や占領の実態を記録することであり、イラクにとって何が優先課題かを判断することではない、というのがマイケルの主張だった。

私も負けじと反論した。この国がベクテルやエクソンモービルに売り払われるというのは、なにも私が勝手に作り上げたシナリオではない。それは現実にアメリカ政府が大統領特使としてイラクに送り込んだポール・ブレマーの指揮下で実施され、すでに初期段階に入っていた。それまで何カ月にもわたって、私はホテルのイベント会場で開催された展示会をいくつも取材しては、イラクの国家財産が売り払われる様子を報告してきた。会場はなんとも非現実的な雰囲気で、防弾チョッキのセールスマンが爆撃で手足を失った人々の話をしてビジネスマンを震え上がらせる一方、貿易担当の政府当局者がイラクの現状はテレビで見るほどひどくないと強調するといった具合だった。ワシントンDCで開かれた「イラク再建2」と題された会議の席上、ある参加者は私に真顔でこう言った。「まだ流血が続いているときこそが投資に最適の時期です」

経済の話をしてくれそうなイラク人がおいそれと見つからないのは、驚くことではなかった。なにしろイラク侵攻の立案者たちはショック・ドクトリンの確固たる信奉者である。人々が目前の緊急事態に振り回されている間にさっさとイラクの国家資産を売り払い、あとから既成事実として公表するというのが彼らの手口だ。ジャーナリストや活動家も、最大の利益を得る連中はけっして戦場に姿を見せないということを忘れ、劇的な攻撃の光景にすっかり注意を奪われているのが実情だった。そしてイラクには、奪い取れるものが山ほどあった。世界第三位の石油埋蔵量だけではない。イラクはフリードマンの放任資本主義構想を基本とするグローバル市場化の流れに、最後まで抵抗した地域のひとつだった。ラテンアメリカ、東欧、アジアを征服してきたグローバル市場推進派にとって、アラブ世界は最後の未開拓地（フロンティア）だったのである。

マイケルと私が議論している間、カメラマンのアンドルーは一服するためにバルコニーに出ようとした。彼がガラス戸を開けたとたん、部屋中の空気が外に吸い取られるような感覚があり、窓の外に目をやると、ところどころ黒の混じった深紅の炎に包まれた溶岩のような火の玉が見えた。とっさに靴をつかむと、私たちは靴下のまま五階から一階まで階段を駆け下りた。ロビーには一面、ガラスの破片が飛び散り、すぐ近くのマウント・レバノン・ホテルとその隣の住宅が一〇〇〇ポンド爆弾によって破壊され、瓦礫の山と化していた。戦争終結宣言後に起きた最大級(その時点では)の爆撃だった。

アンドルーはカメラを手に爆撃現場へと走り、行くまいと思った私も、けっきょくその後を追った。バグダッドに着いてたった三時間で、自分に課していた「爆撃は取材しない」というルールを破ってしまったのだ。ホテルに戻ると、フリーのジャーナリストやNGO関係者らが、興奮を鎮めるためにアラク〔イラクの酒〕を喉に流し込み、にやっと笑いながら「バグダッドにようこそ!」と言ってくる。私はマイケルにちらっと目をやった。何も言わなくても、彼に軍配が上がったことは二人ともわかっていた。戦争の現実そのものが、とどめのひとことを発したのだ——「ここで物事の重要性を決めるのは爆弾であってジャーナリストではない」と。まさしくそのとおり。爆弾は周囲から酸素を奪うだけでなく、私たちの注意を奪い、同情を、怒りを奪い取ってしまうのだ。

その夜、私は二年前にブエノスアイレスで出会った才気あふれるジャーナリスト、クラウディア・アクーニャのことを思い出していた。その際に彼女は、アルゼンチンの作家ロドルフォ・ウォルシュの書いた「ある作家から軍事政権への公開書簡」のコピーを私に手渡し、過激な暴力はそれによって利益を得るものから私たちの目をそらすのが常だと警告した。ある意味で、それは反戦運動でもすでに起きていることだった。私たちはとかく、戦争が起きた理由は石油だ、イスラエルだ、ハリバートンだ、とひとことで片づけようとする。イラク戦争にしても、反対した人々のほとんどは、それを自分の力を過信したアメリカ大統領と、勝者として歴史に名を残そうとしたイギリス首相が手を組んだ愚行だとみなしていた。戦争とは理性的な政治的選択であり、イラク侵攻の立案者たちがすさまじい暴行の限りを尽くしたのは、中東諸国の閉鎖的経済を平和的手段で開放できなかったからであること、そしてイラク側の反撃は米英にとっての利害の大きさに比例して拡大したことを認識する者はほとんどいなかった。

イラク侵攻の正当性を国民に説得するのに大量破壊兵器の恐怖が使われたのは、ポール・ウォルフォウィッツ国防副長官が説明したように、それが「誰もが納得する問題」、言ってみれば大衆迎合的な口実となったからである[3]。それより高尚な理由として戦争を支持する知識人の多くが好んで用いたのが「モデル」理論だった。この理論を推進する専門家（多くはネオコンに属する）によれば、テロの源はアラブ・イスラム世界の各地に点在するという。たとえば9・11の実行犯はサウジアラビア、エジプト、アラブ首長国連邦、レバノンの出身者から成り、イランはヒズボラに資金援助を行ない、シリアはハマス指導部に拠点を提供し、イラクはパレスチナの自爆テロリストの家族に送金している、と。イスラエルへの攻撃をアメリカへの攻撃とみなし、両者を同一視するこれらの戦争支持派にとっては、これだけでアラブ・イスラム世界全体がテロリストの温床になる恐れがあると考えるのに十分な根拠となったのだ。

ならば、この地域がテロを生み出すのはなぜなのか、と彼らは問う。イデオロギー上、アメリカやイスラエルの政策がその背後にある——ましてやそれがテロを誘発した——という見方は論外であるため、彼らは原因をそれ以外のところに求める。すなわち、この地域に市場経済民主主義が欠如しているからだ、と。*(4)

* 市場経済の波がこの地域に及んでいない理由はいくつかある。クウェート、サウジアラビア、アラブ首長国連邦など石油資源で潤っている国々には債務がないことから、IMFの介入を免れてきた(たとえばサウジアラビア経済の八四%は国家の管理下にある)。他方、イラクはイランとの戦争中に大きな債務を負ったが、グローバル化の時代が始まる時期に湾岸戦争が終結、厳しい経済制裁が課された。その結果、イラクは「自由貿易」はおろか、事実上すべての合法的取引ができなくなった。

アラブ世界を一気に征服するのは不可能だから、まず一国を足がかりとすることが必要になる。アメリカがその国へ侵攻し、「アラブ・イスラム世界のど真ん中にほかとは異なる国家モデル」(メディアでこの理論を先頭を切って提唱するジャーナリスト、トーマス・フリードマンの言葉)を打ち立て、そこから周辺地域全体に民主主義／新自由主義の波を広げようという構想である。アメリカン・エンタープライズ研究所の研究員ジョシュア・ムラブチックは、そうなれば「テヘランやバグダッド」で起きた「津波がイスラム世界全域を覆う」と予想し、ブッシュ政権の顧問で超保守派のマイケル・レディーンは、目的は「世界を作り変えるための戦争」だと表現している。*(5)

＊　ワシントン・コンセンサスに逆らったせいで外国の侵攻を招いた、という考えはうがちすぎに聞こえるかもしれないが、これにはすでに先例がある。一九九九年にNATO軍がセルビアを空爆した表向きの理由は、スロボダン・ミロシェヴィッチの残忍な人権侵害が世界に脅威を与えているため、というものだった。ところがコソボ紛争終結から何年も経過してから、クリントン政権で国務副長官を務めたストローブ・タルボットと紛争中に交渉にあたった政府高官が、当初の理想論とはまったく異なる真相を次のように明かした(このことはほとんど報道されなかった)。「この地域全体の国々が、経済改革と民族間の緊張緩和、そして市民社会の拡大を求める一方、ユーゴスラビア政府は終始それとは逆方向へ進もうとしていた。NATOとユーゴスラビアが衝突に至ったのも当然だった。NATOによる空爆の理由は、コソボで窮状に陥ったアルバニア人を救うためではなく、ユーゴスラビアが政治的・経済的改革の流れに抵抗したためだという説明がもっともふさわしい」。これはタルボットの元広報担当ジョン・ノリスが、二〇〇五年の著書『衝突コース――NATO、ロシア、コソボ』で明らかにしたことである。

この理論のロジックによれば、テロとの戦い、資本主義世界の拡大、選挙の実施の三つはひとつのプロジェクトに統合される。すなわち、中東からテロを「一掃」し、巨大な自由貿易ゾーンを構築したのちに事後承認としての選挙を実施して動きを封じるという三位一体計画である。のちにブッシュ大統領はこれを「問題のある地域に自由を広める」という単純なフレーズで表現したが、それが民主主義実現にかける純粋な思いからくるものだと誤解した人も少なくなかった。[6]だがここで言う「自由」とは、別の意味だった。それは一九七〇年代のチリや九〇年代のロシアに提示されたような自由、つまり新たに民営化された国家を欧米多国籍企業が食い物にする自由であり、これこそがモデル理論の中核にある考えにほかならなかった。二〇〇三年五月、ブッシュ大統領がイラク戦争の大規模戦闘終結宣言からわずか八日後に発表した「中東自由貿易圏構想」は、このことを明白に裏づけている。[7]そしてこのプロジェクト担当者に任命されたのが、ディック・チェイニーの長女で、ロシアのショック療法に携わった経験を持つリズ・チェイニーだった。

アラブの国に侵攻し、そこをモデル国家に変革するという構想が9・11以降、流布し始めると、いくつかの国が候補として挙がってきた。イラク、シリア、エジプト、そして超保守派マイケル・レディーンお薦めのイラン〔アラブではないが〕などだ。が、もっとも好ましい条件を備えていたのはイラクだった。豊かな石油資源に加え、サウジアラビアの協力がもはやあまり当てにならないなか、アラブ世界の中心的な位置にあるイラクは軍事基地を設けるにも好都合だった。しかも自国民を化学兵器で殺した過去のあるサダム・フセインは、憎悪の対象としても申し分ない。そしてもう一点、見落とされがちだが、イラクはすでに一戦を交えた馴染みの相手だった。

一九九一年の湾岸戦争は、アメリカが数十万規模の兵力を投入した直近の地上戦だった。以来、イラク戦争に至るまでの一二年間、ペンタゴンは湾岸戦争をひとつのモデルにして研究会を開き、訓練を行ない、戦争ゲームを磨き上げてきた。湾岸戦争後に生まれたゲーム・セオリーのひとつに、ドナルド・ラムズフェルドの心を捉えた『衝撃と恐怖――迅速な支配を達成するために』がある。これは一九九六年にアメリカ国防大学の独自路線の戦略家グループが発表した論文で、万能の軍事理論であるとはしているものの、実際には湾岸戦争をやり直すとしたらどうするかという観点から書かれたものだった。代表執筆者のハーラン・ウルマン元海軍司令官によれば、このプロジェクトのきっかけは、湾岸戦争の空軍司令官チャック・ホーナー将軍の言葉にあったという。対イラク戦でいちばん苛立ったのは何かと問われ、ホーナーはどこに「針を突き刺せば」イラク軍を倒せるかわからなかったことだと答えた。「『衝撃と恐怖』は、この問いに答えるために書かれた」とウルマンは書いている（彼は「衝撃と恐怖」という表現の生みの親でもある）。「〈砂漠の嵐作戦〉をもう一度やり直せるとして、半分かそれ以下の時間で、大幅に縮小した兵力で勝利に導くにはどうしたらいいのか？（中略）成功のカギは、ホーナーの言う針を突き刺す場所、つまりそこに狙いを定めればまたたく間に敵を倒せる急所を見つけることだ」[8]。『衝撃と恐怖』の執筆者たちは、米軍が再びサダム・フセインと一戦を交えることになれば、今度ははるかに容易に「急所」を見つけられると確信していた。というのも新しい人工衛星技術と飛躍的に進化した高性能ミサイルのおかげで、かつてないほど精確に「針」を突き刺すことが可能になったからだ。

イラクを相手にする利点はもうひとつあった。米軍が、進化したハイテク技術（あるコメンテーターは湾岸戦争当時と比べたら「アタリとプレイステーションの差」に等しいと表現した）を活用して今一度〈砂漠の嵐作戦〉をやり直せればと夢見る一方で、イラクの軍事力は急速に弱体化していた。経済制裁による打撃に加え、国連の大量破壊兵器に関する査察活動によって、イラクの軍事力はもはや解体同然の状態だった。[9] イランやシリアと比べても、イラクはもっとも勝ちが見込める相手だったのである。

では実際にモデルに選ばれたら、イラクはどうなるのか？ この点についてトーマス・フリードマンはずばり、「われわれがイラクで行なおうとしているのは国家の建設ではない。新たな国家の創設である」と書く。豊富な石油資源を有するアラブの大国を物色し、そこにゼロから国家を創るのは当然であるばかりか、二一世紀における「崇高な」試みだと言わんばかりである。[10] フリードマンもいったんはイラク戦争を支持しながら、侵攻後にあれほどの大虐殺が行なわれるとは思いもしなかった、と弁明した多くの人々のうちの一人だった。だが、なぜ彼のような人物がそれを見抜けなかったのか、理解に苦しむ。イラクは地図上の空白地帯でもなんでもない。その歴史は古代文明発祥にまでさかのぼり、国民には帝国主義に激しく抵抗してきた誇りと強烈なアラブ・ナショナリズム、そして篤い信仰心がある。しかも成人男子の大多数は軍事訓練を受けている。もしイラクで「国家の創設」が行なわれるとしたら、すでにそこに存在していた国家はどうなるというのか？ 当初からの暗黙の前提は、壮大な実験を行なうためにはまず国の大部分を消し去り、きれいに片づける必要があるという考え方だった――すなわち、桁外れの植民地主義的暴力の是認を核心に据えた考え方である。

三〇年前、シカゴ学派の反革命運動が大学の研究室から最初に現実世界に飛び出したときも、既存の国家を丸ごと消し去り、そこに新たな国家を打ち立てようという構想が画策された。二〇〇三年のイラクと同じく、一九七三年のチリもアメリカに反抗的な南米大陸全体にとってのモデルケースとみなされ、その後長年にわたってそのように扱われてきた。七〇年代にシカゴ学派の学説を実行に移したチリ、アルゼンチン、ウルグアイ、ブラジルといった国々の暴力的政権は、理想的な国家を新たに誕生させるためには、その国のあらゆる層の人々と文化を「根こそぎ」引き抜かなければならないという認識のうえに立っていた。

こうした政治的〝浄化〟の悲劇を体験してきた国々では、近年になって暴力の歴史と向かい合おうという国民的な努力が続けられている。真実和解委員会の設置や無名墓地の発掘が行なわれ、戦争加害者の責任を追及する裁判も始まっている。しかし、ラテンアメリカの軍事政権は単独で蛮行をくり返したわけではない。クーデター以前、そして以後にもアメリカ政府から支援を得ていたことは十分裏づけられている。たとえばアルゼンチンでクーデターが発生した一九七六年、何千人という若い活動家が自宅から連れ去られるなか、同国の軍事政権は米政府から全面的な資金援助を受けていた（「なすべきことがあるなら迅速に行なうべきだ」とキッシンジャーは言った）[11]。この年、アメリカのジェラルド・フォード政権では、チェイニーが首席補佐官、ラムズフェルドが国防長官の座にあり、キッシンジャー国務長官のもとで特別補佐官を務めていたのは野心あふれる若きポール・ブレマーだった。彼らは軍事政権を支持したことに関して真実や正義を追及されることもなく、その後も長きにわたって高給職に就いてきた。そして三〇年の年月を経てふたたび表舞台に登場した彼らは、イラクで驚くほど似通った実験を——しかもはるかに暴力的な形で——実施することになる。

二〇〇五年、再選を果たしたブッシュ大統領は就任演説で、冷戦終結から対テロ戦争の開始までは、「安息の日々、休暇のような時期」であり、「その後、あの攻撃の日がやってきた」と述べた[12]。イラク侵攻は、自由市場経済を目指す改革運動初期の残忍な手口への回帰をもたらした。いっさいの干渉を受けつけないコーポラティズム国家のモデルを建設するうえで障害となるものを力ずくで排除、消去するために、究極のショック療法が駆使されることになるのだ。

かつてCIAの資金で人体実験を行なった精神科医のユーイン・キャメロンは、患者を幼児期の状態に退行させることで「脱行動様式化(デパターニング)」を図った。軽度のショックが効果を現すなら、ショックを強めればさらに効果が上がると考えたキャメロンは、電気療法、幻覚剤、感覚遮断、過負荷など思いつく限りの方法で患者の脳にショックを与え、脳内に存在するものすべてを消し去って白紙状態にしたうえで、新たな思考、新たな行動様式(パターン)を刷り込もうとした。これをはるかに大きなキャンバスに描こうというのが、イラクにおける侵攻と占領の戦略だった。戦争立案者たちは世界中で用いられてきたショック戦術を研究し、そのすべてを採用した。電撃的爆撃のうえに巧妙な心理作戦を加え、その後迅速かつ徹底した政治的・経済的ショック療法をあらゆる分野に施し、もし抵抗する者があれば取り押さえ、「手荒な」虐待を加えるという形でバックアップする、という戦法である。

イラク戦争の分析にはしばしば、侵攻は「成功」だったが、占領は失敗だったという結論が見受けられる。だがここで見落とされているのは、侵攻と占領がそもそも表裏一体の戦略だったという点だ。イラク爆撃は、キャンバス上にあるものをすべて抹消し、そこにモデル国家を描くという構想のうえに開始されたのだった。

集団的拷問としての戦争

二〇〇三年のイラク侵攻の立案者たちにとって、「どこに針を突き刺すか」という問いの答えは「すべての場所」だったようだ。一九九一年の湾岸戦争の際には、およそ三〇〇発のトマホーク・ミサイルが五週間にわたってイラクに撃ち込まれたが、二〇〇三年にはたった一日で三八〇発以上が発射された。「大規模戦闘」が行なわれた三月二〇日から五月二日までの間に、米軍はイラクに三万発以上の爆弾を投下し、二万発の精密誘導巡航ミサイルを発射したが、これは過去に発射されたミサイル総数のじつに六七％に相当する[13]。

「怖くて生きた心地もしない」と、爆撃の続くなか、バグダッドに住む三人の子どもの母親ヤスミン・ムーサは言った。「ひっきりなしにどこかで爆撃の音がして、衝撃が伝わってくる。イラク国内に安全な場所などどこにもないと思います[14]」。要するに、「衝撃と恐怖」作戦がうまく機能しているということだ。無差別攻撃を禁止する戦争法に公然と逆らい、この作戦は――その執筆者らが強調したように――攻撃目標を敵の軍事力だけに絞らず、「社会全体」に向けることを標榜している。つまり、広く大衆に恐怖を与えることがこの戦略のカギなのだ。

もうひとつ、「衝撃と恐怖」作戦を特異なものにしている要因は、戦争をテレビで生中継する見世物(スペクタクル)だとみなす鋭い認識である。しかもその映像は、同時に多様な視聴者——戦う相手からアメリカ国民、そして世界のどこかで騒擾を企む者まで——に届けることができる。『衝撃と恐怖』のマニュアルにはこうある。「攻撃の成果を映した映像がCNNを通じてリアルタイムで世界中に放映されると、連合軍の支持者には確実にプラス効果を、潜在的脅威とされる側の支持者には決定的なマイナス効果をもたらすことができる」。*イラク侵攻は当初から、アメリカ政府が全世界へ与えるメッセージ——爆弾投下や耳をつんざく爆撃音、大地を揺るがす地響きによって表現されるメッセージとして立案されたのだ。ジャーナリストのロン・サスキンドは、著書『一パーセントの原則』のなかでこう指摘する。ラムズフェルドとチェイニーを「イラク侵攻に駆り立てたいちばんの原動力」は、「破壊兵器を保有しようなどという不埒な考えを持つ者、すなわちいかなる形にせよ、アメリカの権威に刃向かおうとする者に振る舞い方を教えるために、ひとつの実演モデルを作ってやろう」という願望だった。それは戦略とは呼ぶに値しない、「人間行動に関するグローバル規模の実験」にすぎないのだ、と。(15)

* 一九九一年の湾岸戦争はCNNが現地から生中継した初めての戦争だったが、当時は二四時間ニュース番組が登場して間もない時期であり、米軍もその戦略に本格的な映像活用を組み込んでいな

かった。

戦争行為は常に、ある部分はパフォーマンスであり、また大衆に向けた情報伝達の一形態でもあるが、ラムズフェルドはビジネス界で身につけた手腕とメディア対策のノウハウを集約し、アメリカの軍事政策の中心に「恐怖」のマーケティング戦略を据えた。かつて冷戦時代には、核攻撃に対する恐怖が抑止戦略の要に据えられたが、その目的はあくまで核ミサイルを格納庫から外に出さないことにあった。しかし今回のイラク攻撃は違った。ラムズフェルドの戦争は、核爆弾以外のありとあらゆる兵器を投入し、それによって人々の感覚を攻めたて、感情を翻弄し、永続的なメッセージを伝えるための一大ショーを展開することだった。攻撃目標も入念に検討したうえで、象徴的価値の高い、テレビ向けのインパクトの強いものが選ばれた。こうしたラムズフェルドの戦争理論(彼が提唱する軍改革プロジェクトの一部でもある)には、軍幹部たちの考える従来の「力対力」による戦闘戦略との共通点より(彼らは常にラムズフェルドの暴走を抑える側に立った)、彼が根絶するまで戦うと宣戦布告した当の相手であるテロリストとの共通点のほうがはるかに多かった。テロリストは正面からぶつかり合うことはせず、目を引くような派手な行動に出ることで敵の国民の戦意を叩き潰そうとする。それがテレビで放映されれば相手の脆弱さが露呈されるとともに、自分たちの残忍性を見せつけられるからだ。それこそが9・11の攻撃をしかけた側の論理であり、イラク侵攻の背後にあったのもまさにこの論理だった。

「衝撃と恐怖」はしばしば、圧倒的な攻撃能力を見せつける作戦だと説明されるが、立案者たちの考えははるか先にまで及んでいる。これは「敵の国民の抵抗の意志に直接狙いを定めて」巧妙に練られた心理作戦だと彼らは主張する。その手法はアメリカ軍複合体の別の部門にとってはすでにお馴染みの手口、つまり混乱と退行を引き起こすための感覚遮断と過負荷だ。CIAの尋問マニュアルの影響が明らかに見て取れる『衝撃と恐怖』によれば、「簡単に言ってしまえば、「迅速な支配」とは情勢をコントロールし、敵の状況把握能力や認知力を麻痺させ、あるいは過重な負荷を負わせる」ことである。その目的は「敵を完全に無能な状態にする」ことであり、その具体的な戦略としては、「感覚とインプットをリアルタイムに操作すること、(中略)文字どおり〝明かりをつけたり消したり〟することで、潜在的攻撃者が自分たちの勢力、ひいてはその社会全体に関わる出来事や状況を理解し、評価する能力を奪い」、さらには「特定の領域における敵側の情報伝達および観察能力を剝奪すること」があるという。[16] イラクは何カ月にもわたって、こうした集団的拷問の実験台にされたのであり、しかもそれは爆撃開始のはるか以前から準備されていた。

恐怖の誘導

二〇〇二年、カナダ市民マヘル・アラールはニューヨークのジョン・F・ケネディ国際空港でアメリカの捜査員に拘束され、シリアへ連行された。特例拘置引き渡しの被害者となったアラールは、十分に試験ずみの拷問を受けることになる。「椅子に座らされると、一人の男が尋問を始めました。(中略)すぐに答えないと、隅に置いてある金属製の椅子を指して「あれを使ってほしいか？」と聞いてくる。(中略)私は心底から怯え、拷問だけはごめんだ、拷問されないためならなんだって言う、という気になりました[17]」。彼に使われたこの尋問テクニックは「器具の提示」、あるいは米軍内部では「恐怖の誘導(フィアー・アップ)」と呼ばれている手法である。拷問する側は、拘束者自身の想像力に訴えることがいかに有効かを知っている。恐ろしげな器具を見せるほうが実際に使うより効果的であることが多いのだ。

イラク侵攻の日が近づくと、国防総省はアメリカのニュース・メディアを巻き込んで、イラクに「恐怖を誘導する」戦術に出た。開戦二カ月前、CBSニュースのレポートは次のように始まった。「その日は〝Aデー〟と呼ばれています。Aは空爆(エアーストライク)を意味しており、イラク軍の兵士たちが戦意を失うほどの徹底攻撃が加えられる予定です」。次に『衝撃と恐怖』の執筆者の一人ハーラン・ウルマンが登場し、「その一斉攻撃には言うなれば広島の原爆のような効果があり、何日とか何週間単位ではなく数分で片をつけることができる」と説明した。キャスターのダン・ラザーは最後にこう締めくくった。「今回のレポートには、イラク軍を利すると国防総省がみなしている情報はいっさい含まれていないことを、はっきり申し上げておきます[18]」。ラザーはもっと踏み込んだ言い方をすることもできたはずだった。この時期の他の多くの報道番組と同様、このレポートも国防総省の戦略――恐怖の誘導――と不可分の関係にあったのだ。

イラク国民は何カ月にもわたり、こうした情報を密輸品の衛星アンテナで受信したり、海外にいる親戚からの電話で知らされたりして、「衝撃と恐怖」作戦の恐ろしさを想像しながら過ごした。まさにこの局面自体が強力な心理的武器だった。国民の恐怖は次第に膨らんだ。一九九一年の湾岸戦争のときよりもひどい攻撃が行なわれるのだろうか？　フセインが大量破壊兵器を隠しているとアメリカが信じているのなら、彼らは核攻撃も辞さないつもりなのか？

開戦一週間前、ひとつの答えが示される。国防総省がワシントンの軍事担当記者を特別にフロリダのエグリン空軍基地へ招き、ＭＯＡＢ（公式には「大規模爆風爆弾」の略称だが、米軍内部では誰もが「すべての爆弾の母（マザー・オブ・オール・ボムズ）」と呼ぶ）の投下実験を見学させたのだ。重量約九・五トン。この巨大爆弾は非核爆弾としては未曽有の威力を持つもので、実験を見学したＣＮＮのジェイミー・マッキンタイヤー記者は、「高さ三〇〇〇メートルのキノコ雲はまるで核兵器を思わせます」とレポートした。(19)

マッキンタイヤーはさらに、この爆弾が実際に投下されなくても、それが存在するというだけで「心理的な効果を及ぼすと思われる」と続けた。彼自身が心理的効果をもたらす役目を果たしていることを暗黙のうちに認めた形だ。尋問室で脅される拘束者のように、イラク国民は「器具を提示」されていたのだ。同じ番組にはラムズフェルドも登場し、「連合軍の戦闘能力を明々白々に示すことで、イラク軍の戦意を著しく喪失させることが目標だ」と説明している。(20)

戦争が開始されるや、バグダッド市民は大規模な感覚遮断を受けることになった。それまで存在した感覚入力はひとつずつ奪われていった。最初に奪われたのは聴覚である。

米軍部隊がバグダッドに接近していた二〇〇三年三月二八日の夜、通信省が爆撃され炎上した。それとともに、市内四カ所の電話局が地中貫通型のバンカーバスター爆弾の集中攻撃にあい、市内全域の電話が不通になった。その後四月二日までに計一二カ所の電話局が爆撃され、バグダッドの通信機能はほぼ壊滅状態となる。*(21) 同じ爆撃でテレビとラジオの送受信機能も破壊され、家の中で身を寄せ合っていた市民は外で何が起きているのか、いっさい情報を得ることができなくなった。

＊　バグダッドの電話システムを徹底的に破壊した公式の理由は、サダム・フセインと配下の精鋭部隊との交信を断ち切るためだったとされる。しかし戦争終結後、捕虜となったイラク高官に詳細にわたる「面接」を行なったところ、フセインは電話通信がスパイに監視され自分の居場所を追跡されていると信じており、過去一三年間でたった二回しか電話を使わなかったことが判明した。このときも、信頼できる情報を収集する必要はなかった。ベクテルに電話システムの再建工事を発注するための資金はたっぷりあるのだから。

空爆で心理的にいちばんこたえたのは電話が通じなくなったことだ、とふり返るイラク人は少なくない。雨あられと降り続く爆弾の振動や爆音に怯えながら、すぐ近くに住む身内や親戚が無事でいるかどうかも確かめられず、自分が無事であることを国外の親戚にも伝えられない、それが何よりも苦痛だったという。バグダッド駐在の外国人ジャーナリストのもとには、ほんの短時間でいいから衛星電話を使わせてほしいとか、電話番号を書いた紙を押しつけながらロンドンやボルティモアにいる兄弟や伯父に伝言してくれ、などと懇願する地元イラク人が殺到した。「こっちは無事だ、母さんも父さんも生きていると伝えてほしい。ひとことだけでいい。心配するなと言ってほしい[22]」と。その頃にはバグダッドのほとんどの薬局では睡眠薬や抗鬱剤が売り切れ、精神安定剤のバリウムは完全に町から消えていた。

次に奪われたのが視覚だった。四月四日付の『ガーディアン』紙は停電の瞬間を次のように報じた。「この夕方の攻撃では爆音はいっさい聞こえず、なんの異変も感じられなかったが、五〇〇〇万人のバグダッド市民は一瞬のうちに真っ暗闇の恐怖のなかに放り込まれた。(中略)暗闇に差す明かりと言えば、通り過ぎる車のヘッドライトだけだった[23]」。市民は家から一歩も出られず、互いに話しかけることも、相手の声を聞くこともできず、家の外の様子を見ることもできなくなった。さながらＣＩＡの秘密収容所に連行される拘束者のように、バグダッドの全市民が手かせ足かせをはめられ、すっぽり頭巾で覆われたのだ。そして、次に剝ぎ取られたのは衣服だった。

消去された文化

敵対的な取り調べにおいて、拘束者を屈伏させるための第一段階は、着ていた衣服を剝ぎ取り、その人間の自己意識を呼び起こす品物——心の慰めになる品物——を取り上げることだ。多くの場合、尋問者は相手にとって特別な価値のあるもの、たとえばコーランや家族の写真などをわざと手荒に扱ってみせ、そうすることで「お前は無力だ、こっちの思いどおりにさせてやる」というメッセージを送る。まさに人間性抹殺の手口そのものだ。イラクでは、国民全体にこの破壊的手法が施された。人々の目の前で、国の最重要施設が略奪行為によって穢され、歴史的文化財がトラックで持ち去られた。爆撃はイラクに深い傷を負わせたが、人々が何よりも傷ついたのは占領軍が放置した略奪行為によって、国の魂とでも言うべき大切なものが消えてしまったことだった。

『ロサンゼルス・タイムズ』紙はこう報じた。「何百人もの略奪者が国立博物館に押し寄せ、古代の陶芸品を叩き壊し、陳列棚を破って金製品や古美術品を奪っていった。まさに最古の文明の記録が略奪されたのだ。（中略）博物館が所蔵する一七万点の貴重な文化財の八割が持ち去られた(24)」。これまでにイラクで出版されたすべての書籍と博士論文を所蔵していた国立図書館も灰燼に帰した。宗教省の建物は骨格だけを残して全焼し、美しい装飾が施された一〇〇〇年前のコーランも焼失した。バグダッドのある高校教師は「わが国の国家遺産は失われてしまった」と嘆き(25)、ある商人は「博物館はイラク人の魂だった。略奪された文化財が戻ってこなかったら、私の魂の一部が盗まれたような気がする」と語っている。シカゴ大学の考古学者マグワイア・ギブソンはこう話す。「これは言ってみればロボトミー手術のようなものだ。何千年と続いてきた文化、その文化の深遠な記憶が取り除かれてしまったのだから(26)」

略奪のさなか、宗教指導者を中心に国の財宝を取り戻すための活動が組織されたおかげで、一部の美術品は戻ってきた。だが当時も今も、記憶を奪う〝ロボトミー手術〟は意図的なものだったと信じて疑わないイラク人は少なくない。強力な国家を根こそぎ取り去り、自分たちに都合のいいモデルと入れ替えようというアメリカ政府の策略の一部だったのだ、と。七〇歳のアーメド・アブドゥラーは『ワシントン・ポスト』紙の取材に応えてこう話す。「バグダッドはアラブ文化を生み出した母なる地だ。あいつらは私たちの文化を丸ごと消し去ろうとしている」[27]

アメリカの戦争立案者たちがすかさず反論したように、略奪を行なったのは外国の部隊ではなくイラク人だった。また、ラムズフェルドがイラクの略奪を企てたわけではないのも事実だ。だが彼はそれが起きないように手を打つこともしなかったし、略奪が始まっても止めようとはしなかった。これを単なる不注意だと言って片づけるわけにはいかない。

一九九一年の湾岸戦争の際にも、イラクで一三カ所の博物館が略奪行為にあったことを考えれば、今回も一部のイラク人が、貧困や旧体制に対する怒り、社会全体の無秩序な空気といったものを背景に同様の行為に駆り立てられることは十分予想できた(数カ月前に、フセインが刑務所から受刑者全員を釈放したことを考慮すればなおさらである)。また国防総省は考古学の専門家から、イラクへの攻撃を開始する前にバグダッドの博物館や図書館を守るための徹底した対策を立てるべきだとの勧告を受けていた。国防総省が連合軍司令部に送った三月二六日付の覚書には、「保護対象とすべきバグダッド市内の一六施設を重要性の順に並べた」リストがあり、博物館は二番目に挙がっていた。またラムズフェルドのもとには、治安維持のために軍と同時に国際警察部隊をイラクに派遣するよう求める勧告も寄せられていた。だがこれも無視された[28]。

国際警察の力を借りなくても、バグダッド市内にいる米兵のうち何人かを重要文化施設の監視にあたらせることは十分できたはずだが、そうした任務が下されることはなかった。装甲車のそばでブラブラしている米兵が略奪品を積んだトラックが行き来するのを眺めている、といった報道も数多くあったが、そこには「いろいろあるさ」というラムズフェルドの無頓着ぶりが如実に反映されている。なかには自発的に略奪を止めに入った部隊もあるが、その一方では米兵が略奪行為に加わった事例もある。彼らはバグダッド国際空港の机や椅子などを破壊し尽くしたあげく、駐機してあった民間機内に乗り込み、狼藉の限りを尽くした。『タイム』誌の報道によれば、「米兵たちは座り心地の良さそうな椅子や記念品になるものを持ち帰ろうと、座席や備品を引き剝がし、操縦室の機器を破壊したり、手当たり次第に風防ガラスを外したりした」。その結果、イラク国営航空は推定一億ドルの損害を被った。これは多々論争のあるイラク占領初期に行なわれた部分的民営化のなかでも、イラク国家財産が勝手に競売にかけられた最初のケースのひとつにあたる[29]。

アメリカが略奪行為の阻止に消極的だったのはなぜなのか？　イラク占領で重要な役割を担った二人の人物の発言にその理由が示唆されている。一人はポール・ブレマー連合国暫定当局（CPA）代表の経済上級顧問ピーター・マクファーソン、もう一人はイラク占領下で高等教育再建事業の責任者を務めたジョン・アグレストである。車やバスであれ、政府施設の備品であれ、イラク人が国家の財産を盗んでいくことはまったく気にならなかったとマクファーソンは言う。イラクにおける経済的ショック療法の責任者たる彼の任務は、国家を大幅に縮小し、その資産を民営化していくことだ。つまり略奪行為は、彼の任務を後押ししてくれるものにほかならない。「国家の所有物である車やトラックが次々と盗まれれば、自然発生的に民営化が進むことになるのだから、結構なことだと思った」と彼は言う。レーガン政権下で国際開発庁長官などの要職を務めたベテラン官僚で、シカゴ学派経済学の強固な信奉者であるマクファーソンは、略奪行為を公共部門の「縮小」だと呼んではばからない。*(30)

＊　これに従えば、国防総省がハリバートン社の水増し請求を大目に見て、国民の税金から支払ったことにも新たな解釈が成り立つ。国防総省は何千万ドルという不正請求を略奪とはみなさず、「縮小」と考えたのかもしれない。すべては政府を縮小して民間ビジネスを活性化する作戦の一環だったというわけである。

彼の同僚であるジョン・アグレストも、テレビに映し出されるバグダッドの略奪の光景に希望の兆しを見出していた。アグレストはイラクの高等教育制度をゼロから作り直すことが自分の任務――「二度と経験できない冒険」――だと考えていた。その意味で、イラクの大学や教育省を解体することは「新たなスタートを切るための機会」であり、イラクの教育施設に「近代的設備を導入」するチャンスだという。「国家の創設」が使命であるとすれば(そう確信する者はきわめて多かった)、旧体制の遺物はすべて、その遂行の妨げになるとみなされた。西洋の古典を重視した教育方針で知られるセント・ジョンズ・カレッジ、サンタフェ校(ニューメキシコ州)の元学長という経歴を持つアグレストは、イラクについて何も知らなかったにもかかわらず、「極力先入観を持たずに」現地入りするために、事前にイラクに関する資料はいっさい読まないようにしたという。[31] イラクの大学と同じく、アグレスト本人も〝白紙状態〟になったというわけである。

もしアグレストが一冊か二冊でも本を読んでいたなら、すべてを壊して初めから作り直すという計画を考え直していたかもしれない。たとえば経済制裁が課せられる前のイラクが中東でも最高の教育システムを持ち、アラブ世界一の高い識字率(一九八五年のイラクの識字率は八九%にも達していた)を誇っていたということも知ったはずだ。これに対し、彼の出身地ニューメキシコ州では日常生活に必要な読み書き能力に欠ける人が人口の四六%、「売上金の合計を出すといった基本的な計算能力」のない者が二〇%にも及ぶ。[*][32] だが、アメリカの教育システムの優位性を信じて疑わなかった彼は、イラク国民が自分たちの文化を守りたいと願い、文化遺産の破壊に心が引き裂かれるほどの苦痛を感じるなどとは思い至らなかったようだ。

＊ イラクの大学制度を作り変えるという任務にあえなく失敗し、なんの成果もあげずにイラクを去ったアグレストは、略奪行為を歓迎していた当初の考えを一転し、自らを「イラクの現実に欺かれた新保守主義者」と称する。この辺りに関しては、ＣＰＡの実態を描いたラジブ・チャンドラセカラン著『グリーン・ゾーン(原題 *Imperial Life in the Emerald City: Inside Iraq's Green Zone*)』

に詳しい（同書はマット・デイモン主演『グリーン・ゾーン』として映画化された）。

新植民地主義者のこうした無知や無分別は、「テロとの戦い」に広く当てはまる。グアンタナモ米海軍基地の収容施設には、敵性戦闘員ではないと判定された釈放間近の拘束者が収容される〝愛の部屋（ラブ・シャック）〟と呼ばれる一室がある。ここではハリウッド映画を観ることも、アメリカのジャンクフードをたらふく食べることもできる。同施設に不当に拘束された「ティプトン・スリー」（イギリス中部ティプトンに住む三人のパキスタン系イギリス人青年。彼らの体験をもとに映画『グアンタナモ、僕達が見た真実』が製作された）のうちの一人アシフ・イクバルは、やっと本国への送還が決まったあと、三人は何度かこの部屋に連れてこられたという。「DVDを観たり、マックやピザハットの食い物を与えられたりして、ぶらぶら過ごしたんだ。あそこでは手錠や足かせもはめられなかった。（中略）なんでこんなことするのかって、不思議だったけど。ほかの日はいつもの檻にまた戻されたしね。（中略）あるとき、レスリー（FBI職員の一人）からポテトチップスとアイスクリームとチョコレートの差し入れがあって、それがイギリスに帰る前の最後の日曜日だった」。別の一人、ローヘル・アフマドはこの〝もてなし〟の意味についてこう話す。「俺たちを二年半も拷問してさんざんひどい目に遭わせたことは向こうもわかってるから。そのことは忘れてほしいとでも思ってるんだろ」[33]

アシフは祖国パキスタンで結婚式を挙げるため、友人たちとともに里帰りする途中、ふとしたことから寄り道したアフガニスタンでタリバンと間違えられて北部同盟に捕らえられる。その後、米軍によりグアンタナモ基地へ移送された彼らは、手荒に殴りつけられ、怪しげな薬を注入され、何時間も無理な姿勢を取らされ、睡眠を許されず、無理やり髭を剃り落とされるなどの過酷な仕打ちを受け、あらゆる法的権利を奪われたまま二年半にわたり拘置された。[34] そのあげく、ポテトチップスをたんとやるから「忘れてくれ」というわけだ。事実、それが彼らの目論見だった。

信じがたいことだが、アメリカ政府の対イラク戦略そのものもこれとほぼ重なる。つまり、ショックと恐怖で国全体を痛めつけ、インフラ施設を故意に破壊し、この国の文化や歴史が崩壊するのを手をこまぬいて見ていたあげくに、安い家庭用品やジャンクフードが無制限にイラクになだれ込むことは放置する、という戦略だ。イラクにおいては、文化を消去して他の文化と入れ替えることは机上の空論ではなかった。わずか数週間のうちに、それは現実のこととなったのである。

ブッシュによりCPA代表に任命されたポール・ブレマーは、自分がバグダッド入りしたときにはまだ略奪が横行し、治安回復にはほど遠い状態だったと言う。「空港から市街へ入ると、バグダッドは文字どおり炎に包まれていた。(中略)通りには一台の車も見かけず、町中が停電していた。石油生産もストップし、経済活動は麻痺していた。街角に立つ警官も一人としていなかった」。ところがブレマーは、こうした危機への対応策としてただちに貿易を自由化し、関税も輸入品検査もいっさい課すことなく、輸入を無制限に許可する。そして彼は到着からわずか二週間後、イラクは「ビジネスの門戸を開いた」と宣言した。[35] 国連決議による厳しい経済制裁措置でほとんどの貿易活動を封じられ、世界から孤立していたイラクは、一夜にして世界でもっとも開かれた市場に変身したのである。

略奪品を積んだトラックがヨルダンやシリア、イランなどのバイヤーのもとへと向かう一方、反対車線を走るトラックの荷台には、中国製テレビ、ハリウッド映画のDVD、ヨルダン製の衛星アンテナなどが山のように積まれていた。これらの商品は、バグダッドの繁華街カラダ地区へと運ばれて行くのだ。ひとつの文化が焼き尽くされ、ばらばらに解体されるのと入れ替えに、すでに包装された別の文化がなだれ込んできたのである。

この資本主義未開拓地（フロンティア）での実験を先導すべくチャンスをうかがっていたアメリカ企業のひとつが、かつてブッシュ政権で連邦緊急事態管理庁（FEMA）長官を務めたジョー・オールボーが設立した投資顧問会社、ニュー・ブリッジ・ストラテジーズだ。同社はトップレベルの政治的コネを使い、アメリカの多国籍企業がイラクでの儲け話にあずかるための手助けをすることを約束する。「プロクター・アンド・ギャンブルの製品をイラクで流通させる権利が得られれば、金鉱を当てたようなものだ」と、同社の共同出資者の一人は興奮気味に語る。「商品豊富なセブン-イレブン一店舗で地元の三〇店はノックアウトできるし、ウォルマート一店舗あればイラク全土を制覇できる」(36)

グアンタナモ収容所の〝愛の部屋〟に入れられた拘束者と同じく、イラクの全国民がポテトチップスとポップカルチャーで買収されようとしていた。少なくともそれが、ブッシュ政権の描いていたイラク戦後計画だった。

第17章　因果応報
——資本主義が引き起こしたイラクの惨状

世界が混迷している以上、誰かが片づけなければならない。

——コンドリーザ・ライス、二〇〇二年九月、イラク侵攻の必要性について[1]

ブッシュが異なる中東像をイメージできたのは、中東について無知だったことと関係があると思われる。もし実際に現地に行って機能不全に陥っている現状を目にしていたら、失望してやる気をなくしたかもしれない。中東の日々の現実を知らなかったからこそ、彼なりの中東ビジョンを抱くことができたのだ。

——ファリード・ザカリア(『ニューズウィーク』誌コラムニスト)[2]

すると、玉座に座っておられる方が、「見よ、わたしは万物を新しくする」と言い、また、「書き記せ。これらの言葉は信頼でき、また真実である」と言われた。

——「ヨハネの黙示録」21章5節

損害対策に追われる時期があまりに長く続いた結果、イラク戦争の当初の構想がどのようなものだったのかは、ともすれば忘れられがちだ。だが構想はたしかにあった。占領初期の二〇〇三年九月、国防総省がバグダッドで開催した会議の場で、手際よくまとめられたビジョンが提示されたのだ。この会議にはロシアや東欧諸国から財務大臣や中央銀行総裁、元副首相など、一四人の政府高官や官僚が出席した。バグダッド空港に降り立った彼らはヘルメットと防弾チョッキに身を固め、すみやかに市内の「グリーンゾーン」へと向かった。グリーンゾーンとはフセイン政権時代の大統領宮殿周辺を壁で囲った一画のことで、当時はアメリカ主導によるイラク統治機関、連合国暫定当局(CPA)が設置されていた(現在はアメリカ大使館が置かれている)。VIPたちはここで少数のイラク人有力者を前に、資本主義への移行に関しての指南を行なったのである。

メイン・スピーカーの一人はポーランドでかつて右派政権の財務大臣を務め、イラクでもブレマーのもとで数カ月間仕事をしたマレク・ベルカだった。国務省の公式記録によれば、ベルカはこのとき、混乱状態にある今こそ「多数の国民を失業させる」政策を「強引に」推し進める必要があると主張した。ポーランドからの第一の助言は「非生産的な国営事業は民間に即刻売却し、公的資金を使って救済しようなどとは考えないこと」だとベルカは言った(だが彼は、ポーランドの民衆が「連帯」の打ち出した急激な民営化構想を阻止し、ロシアのような経済崩壊に陥らずにすんだことには触れなかった)。第二の助言はもっと大胆な提案だった。バグダッド陥落から五カ月後のイラクは人道的危機のまっただなかにあり、失業率は六七%に達し、食料不足による栄養失調も慢性化していた。だが大規模な飢餓の発生を免れていたのは、ひとえに政府の配給システムのおかげだった。経済制裁下にあった戦争前、国連の石油・食糧交換計画によって生き延びていたときと同様、国民は政府の配給による食料品や生活必需品に依存して生活していた。ガソリンも出回るときはごく安価で手に入った。ところがベルカは、市場を歪めている配給制度はすぐに廃止すべきだと主張した。「まずは政府の補助金を撤廃し、民間部門を育成すべきだ」と彼は言い、こうした措置は「民営化よりはるかに重要であり、決定的な効果をもたらす」と強調した。(3)

次に登場したのは、エリツィン政権で第一副首相を務め、ロシア・ショック療法計画の立案者と言われるあのエゴール・ガイダルだった。ガイダルを招聘した米国務省は、彼が新興財閥(オリガルヒ)と結託し、その政策によって何千万というロシア人を貧困に追いやった悪名高い人物だとはイラク人もよもや知るまい、と高をくくっていたようだ。* フセイン時代にイラク国民が海外のニュースに接する機会が制限されていたのは事実だが、この会議に出席していたイラク人のほとんどは、最近亡命先から戻ってきた人々であり、ロシア崩壊当時は『インターナショナル・ヘラルド・トリビューン』紙などの国際報道に目を通していたのだ。

＊　イラク侵攻と占領を率いた中心的人物のなかには、かつてロシアにショック療法を要請した米政府のスタッフが少なからず含まれている。ブッシュ(父)大統領がソ連崩壊後の対ロシア政策を練っていたその当時、ディック・チェイニーは国防長官、ポール・ウォルフォウィッツは国防次官、コンドリーザ・ライスは国家安全保障会議ソ連・東欧担当部長を務めていた。彼ら政権トップ以下数十人のスタッフは、一九九〇年代にソ連崩壊後のロシアで実施された政策が一般市民に悲惨な結果

をもたらしたものであるにもかかわらず、しばしばそれを体制移行期のイラクの手本として、皮肉抜きに引き合いに出した。

当時マスコミでは報道されなかったこの奇妙な会議について話してくれたのは、イラクの暫定産業大臣を務めていたモハマド・トフィクだった。会議から半年後にバグダッドの仮執務室(旧産業省の建物は全焼)で私が面会したとき、トフィクはこの会議のことを笑いながらふり返った。イラク人側は、防弾チョッキに身を固めた来訪者たちに向かって怒りをぶつけたという。ブレマーが貿易を自由化して無制限の輸入を許可したせいで、戦争で疲弊した国民の生活は急激に悪化している。このうえガソリンの政府補助金や食料の配給を廃止すれば、占領当局は革命暴動という事態に直面することになるだろう、と。また、ロシアからやってきた〝スター〟についてはこう皮肉った。「会議を開催した連中に言ってやったよ。もし私がイラクで民営化を促進することになったら、ガイダルを引っ張ってきて、ロシアでやったことと正反対のことをするように助言してもらうとね」

ブレマーがバグダッドで次々と法令を出すなか、元世界銀行チーフエコノミストのジョセフ・スティグリッツは、イラクでのショック療法が「旧ソ連で推進されたものよりもはるかに過激」になりつつあると警告を発した。実際、そのとおりだった。当初の米政府の計画では、イラクは一九九〇年代初頭のロシアに倣って中東の「未開拓地(フロンティア)」になる予定だった。ところがロシアのときとは違い、今回、真っ先にぼろ儲けにあずかろうとしていたのは地元のイラク企業でも、ヨーロッパやロシアや中国の競合相手でもなく、アメリカ企業だった。どんなに過酷な経済改革であろうとブレーキがまったく利かなかったのは、旧ソ連やラテンアメリカ、アフリカ諸国では現実認識を欠いた政府と国際通貨基金（IMF）担当者との間で型にはまった交渉が行なわれたのに対し、イラクではアメリカ財務省がすべてを牛耳っていたからだ。イラク統治にあたって米政府は仲介機関を排除した。IMFや世銀は脇役に押しやられ、アメリカが表舞台の中央に立ち、ポール・ブレマーがイラク政府そのものと化した。ある米軍高官はAP通信に、イラク暫定政権と交渉してもなんの意味もなかったと語った。そんなことをしても「自分自身と交渉するようなものだった」からだ。[4]

イラクにおける経済改革が初期のショック療法実験と大きく異なる点は、こうした力学にあった。一九九〇年代には、「自由貿易」を帝国主義的企てとは違うものとして提示するための慎重な努力が払われたが、それももはやかなぐり捨てられた。従来のような過保護的な交渉による〝ライト〟な自由貿易もなくなるわけではないが、これからは〝ヘビー〟な自由貿易――すなわち仲介機関も傀儡政権も介さずに、先制攻撃をしかけた戦争で直接、欧米多国籍企業のために新市場を獲得するなりふり構わぬやり方も登場してくるというわけである。

かつて「モデル理論」を提唱した人々は今になって、イラク情勢が泥沼化した原因はそこにあると主張している。二〇〇六年末、リチャード・パールは「ブレマーの起用」こそが「重大な間違い」だったと発言し、デイヴィッド・フラム〔ブッシュ大統領のスピーチライター〕を務めた右派ジャーナリスト〕も、イラクのすみやかな改変のためには「誰でもいいからイラク人を投入すべきだった」と述べている。[5] だが、アメリカ政府が青緑色のドームを頂く大統領宮殿に据えたのはポール・ブレマーであり、ブレマーは国務省からEメールで送られてくる貿易や投資に関連する法案をプリントアウトしては、せっせと署名して一方的にイラク国民に押しつけたのだ。彼は背後で巧妙に糸を引く〝おとなしいアメリカ人〟などではなかった。映画スターばりの風貌のブレマーはマスコミに取り巻かれるのも大好きで、ブラックウォーター社から雇い入れた民間の護衛兵を従え、プレスの効いたブルックスブラザーズのスーツとティンバーランドのベージュのブーツというお決まりのスタイルでブラックホーク・ヘリコプターに乗ってイラク各地を飛んで回るその姿は、自分の絶大なるパワーをイラク全土に誇示しているかのようだった。ブーツはバグダッド入りする前に息子からプレゼントされたもので、プレゼントに添えられたカードには、「これでケツを蹴っ飛ばしてやれよ、パパ」と書いてあったという。[6]

ブレマー本人が認めるように、彼はイラクについて何も知らないも同然だった（あるインタビューでは、「アフガニスタンに住んだことはある」と答えている）。だが、無知はほとんど問題にならなかった。というのもブレマーが飛び抜けて豊富な知識を持っていた分野こそが、イラクにおける彼の主要任務だったからだ。すなわち惨事便乗型資本主義の導入である。[7]

9・11が起きたとき、ブレマーは大手保険会社マーシュ・アンド・マクレナンの常務取締役兼「上級政治顧問」を務めていた。世界貿易センターの北棟にオフィスのあった同社は甚大な被害を受け、事件後数日間は七〇〇人の社員が消息不明となり、最終的には二九五人の死亡が確認された。事件からちょうど一カ月後の二〇〇一年一〇月一一日、ブレマーは同社の一部門として、クライシス・コンサルティング・プラクティスをスタートさせる。多国籍企業を対象に、テロ攻撃その他の危機対策を支援するのが業務である。ブレマーはかつてレーガン政権でテロ対策担当大使を務めた経歴をアピールしつつ、政治リスク保険から広報活動、備蓄品に関する助言に至る包括的なテロ対策サービスをクライアントに売り込んだ。(8)

ブレマーのセキュリティー産業へのいち早い参入は、イラクでの活動に向けての理想的な下準備となった。というのもブッシュ政権はイラク復興にあたって、9・11に対応するために開発したのと同じ戦略を用いたからだ。つまり戦後のイラクを、濡れ手で粟の利益を得られる新規公開株のごとく扱ったのである。ブレマーがイラク国民の感情を逆なでするようなことを多々行なったとしても、それは当然のことだった。そもそも彼の使命はイラク国民の信頼を勝ち取ることではなく、「イラク株式会社」創業のための準備工作だったのだ。そう考えれば、厳しい非難を浴びたブレマーの占領初期の政策にも明白な首尾一貫性が見て取れる。

慎重派のジェイ・ガーナー将軍がアメリカ代表特使を解任され、その後任としてバグダッド入りしたブレマーは、就任後の四カ月をほぼ経済改革に専念して過ごした。この時期に彼が制定した一連の法律は、古典的なシカゴ学派流ショック療法と呼べるものだった。侵攻前のイラク経済は国営石油会社および二〇〇社に上る国営企業によって支えられており、セメントや紙から食用油に至るまで、主要な食料と原材料のすべてが国営企業で生産されていた。

ところがブレマーは就任翌月、「イラク経済復興のためには、非効率的な国営企業を民間の手に渡すことが不可欠である」として、国営企業二〇〇社をただちに民営化すると発表した。[9]

次に着手したのは新たな経済法の制定だった。海外投資家を民営化オークションに呼び込み、イラクに新しい工場や小売店を建設させるため、ブレマーは一連の急進的な法律を制定する。『エコノミスト』誌はこれを「海外投資家や資金供与機関が発展途上市場に望む夢のようなリスト」だと持ち上げた。[10] ある法律は、それまで約四五%だった法人税を一律一五%へと引き下げ（ミルトン・フリードマンの教科書どおりの数字だ）、別の法律は、外国企業がイラクの資産を一〇〇%保有することを認めた。これは新興財閥（オリガルヒ）に旨みをさらわれたロシアでの失敗をくり返さないための措置だったが、今回のさらなるメリットとして投資家はイラクで上げた利益を一〇〇%無税で国外に持ち出せるうえ、再投資の義務もなかった。また、投資家は四〇年の長期リースや契約を結ぶことができ、その後も更新資格を取得できる。言い換えれば、将来選挙によって選ばれた政府も、かつてイラク占領者と結んだ契約に縛られるというわけだ。アメリカ政府が唯一手控えたのが石油事業だった。政権移譲以前に国営石油会社の民営化に動いたり、未開発資源に手をつけたりしようものなら、それは戦争行為とみなされるとイラク側顧問が警告を発したからである。それでも占領当局は、イラク国営石油会社の収益から二〇〇億ドル相当を差し押さえ、「イラク開発基金」の名目のもと、自分たちの自由裁量で使うことにした。*[11]

＊ このうちの八八億ドルはしばしば「イラクの巨額の使途不明金」と呼ばれるが、それはこれらの

資金が二〇〇四年にアメリカの管理下にあったイラク政府省庁や機関に渡されたのち、文字どおり行方不明になってしまったからだ。二〇〇七年二月、米議会の委員会でずさんな管理ミスを指摘されたブレマーは、「イラク経済を再稼動させることが何にも増して急務だった。その第一段階が、イラク人側にできるだけ早く資金を渡すことだった」と弁明した。委員会でこの莫大な不明金について尋ねられたブレマーの財政顧問デイヴィッド・オリヴァー元海軍少将は、「その件は承知している。私としては、だからどうしたと言いたい」と答えた。

ホワイトハウスは輝かしい新生イラク経済の誕生を印象づけようと躍起になるあまり、占領の初期段階で新通貨の導入を早々に決定した。これには大規模な輸送業務が伴った。紙幣の印刷はイギリスのデ・ラ・ルー社が行ない、新通貨は航空貨物機でイラクへ運び込まれたのち装甲車やトラックに積み込まれて国内各地へと送り届けられた。いまだ国民の半分が飲み水にも事欠き、信号機は壊れたままで、犯罪も頻発するなか、新通貨をイラク全土へ配送するために少なくとも一〇〇〇回の走行指令が下されたのだ(12)。

これらの計画を実行に移したのはブレマーだったが、優先順位の決定はワシントンで下された。ラムズフェルド国防長官は上院の委員会で、ブレマーの「抜本的な改革」によって「自由世界でも有数の賢明かつ魅力ある税法および投資法」が誕生したと証言した。当初は投資家たちもこうした動きを評価していた様子で、数カ月も経たないうちに、バグダッドの繁華街にマクドナルド――イラクのグローバル経済参入の究極のシンボル――が開店する噂が取り沙汰され、大型ホテルチェーン、スターウッド社は高級ホテルの建設資金をほぼ調達し、GMは自動車工場の建設を計画した。金融面では、ロンドンに本社を置く国際銀行HSBCがイラク全土に支店を開設する契約を取りつけ、シティ・グループはイラクの将来の石油の売上げを担保にして多額の融資を行なう計画を発表した。また、イラクに乗り込む日は近いと確信したシェル、BP、エクソンモービル、シェブロン、ロシアのルクオイルなどの石油メジャーは、イラク人公務員に最新の抽出技術や経営モデルについての研修を行なう契約を結び、準備態勢を整えた(13)。

ブレマーが投資ブームを呼び起こすために制定した法律は、まったくのオリジナルというわけではなく、過去に行なわれたショック療法実験で実施されたものをさらに推し進めたものにすぎなかった。だが、惨事便乗型資本主義者で固められたブッシュ政権にとっては、法律が発効されるまでじっと待つことも我慢ならなかった。侵攻、占領、復興を完全に民営事業化したエキサイティングな新市場へと転換することで、イラクでの実験は新たな領域へと突入することになった。アメリカ国内のセキュリティー産業複合体と同じく、この市場も巨額の公的資金を投入することによって創出された。復興事業だけでも、米議会はブームに火をつけるための資金として三八〇億ドルの予算を計上し、その他諸外国から一五〇億ドル、イラクの石油収益からも二〇〇億ドルが拠出された(14)。

巨額の復興予算が発表されると、当然ながらこれをマーシャル・プランと並び称する声が上がった。そのきっかけは、ブッシュがイラク復興事業を「経済支援策としてはマーシャル・プラン以降最大の貢献」と呼んだことにある。さらに占領初期の時点で行なったテレビ演説でも、ブッシュはこう述べた。「わが国は以前にもこれに類する貢献を行なった。第二次大戦後、アメリカは敗戦国の日本とドイツの復興に手を貸し、民主主義政権の成立後もこれらの国を支持したのです[15]」

しかし、イラク復興資金として拠出された巨額の金がいったいどこへ行ったかについては、ブッシュが引き合いに出した歴史との共通点はいっさいない。マーシャル・プランの時代にもアメリカ企業はヨーロッパ向けの機器や食料の輸出で利益を得たが、そこには戦争で疲弊した経済を回復させて自立した市場を生み出し、地元の雇用を創出して社会福祉制度を支える税制を確立させるという明確な目的があった。それが今日のドイツと日本の混合経済として結実していることが、何よりの証拠である。

これに対してブッシュ政権がやろうとしたのは、実際のところ、考えうる限りほぼすべての面でマーシャル・プランとは正反対のことだった。疲弊したイラクの工業部門をさらに弱体化させ、失業率を急増させる結果を招くことは、初めから折り込みずみだった。外国企業が敗戦国に投資することを禁じ、弱みに乗じるような印象を与えるのを回避しようとしたマーシャル・プランに対し、ブッシュ政権はアメリカ企業を誘い込むためにありとあらゆる手を尽くした（「有志連合」に加わった国の企業にもいくらかのおこぼれは与えたが）。イラクの復興資金を当のイラク人から取り上げ、それを──単に「腐敗」や「非効率性」といった一般的なマイナスイメージにとどまらず──アメリカは優れ、イラクは劣っているという頭からの人種差別的思い込みによって正当化していたのだから、ブッシュ構想の破綻は初めから決まっていたも同然だった。

工場の操業を再開して持続可能な経済の基盤を作り、国内雇用を創出して社会保障費を確保できるように、復興資金がイラクの工場に投じられることもなかった。イラク国民は事実上、計画の蚊帳の外に置かれていた。イラク人に金を渡す代わりに米政府はヴァージニア州やテキサス州の民間企業にイラク再建の設計を発注し(ほとんどは米国際開発庁(USAID)による)、あとは現地で組み立てるだけ、という形にしたのだ。占領当局がくり返し強調したように、それは「アメリカ人からイラク人への贈り物」であり、イラク人は渡されたプレゼントの包みを開けるだけでいいというわけだった。[16] 取り付け作業には、現地の低賃金労働者すら必要とされなかった。というのも、契約を受注したハリバートン、ベクテル、カリフォルニアに本社を置く巨大エンジニアリング企業パーソンズなどは、自分たちの管理しやすい外国人労働者を使うほうを好んだからだ。ここでもイラク国民は恐れおののきながら傍観するという立場に置かれた。まず初めにアメリカの軍事テクノロジーに、次にはその工学技術と経営手腕に恐れおののくしかなかったのである。

アメリカのセキュリティー産業と同様、イラクにおいても公務員に与えられる役割は――米政府職員も含めて――最低限にまで削られた。人口二五〇〇万人のイラクを統治するブレマー以下CPAスタッフは、たった一五〇〇人だった。これに対し、ハリバートンは五万人の社員をイラクへ送り込んでいたが、そのなかには長年政府に勤めながら高給につられて転職した元公務員が少なからず含まれていた。[17]

このように公共部門の存在感が薄れ民間企業のそれが強大化した背景には、ブッシュ政権が完全なアウトソーシングによる政府の空洞化構想を、イラク復興事業を利用して(政府官僚のいるアメリカ本国とは違い、イラクの支配権は完全にブッシュ政権の掌中にあった)実施していたという事実がある。イラクには、政府機能の「中核」としてこれだけは外注に回せないという聖域も存在せず、その契約は選挙戦中に共和党に大口献金を寄せたり、右派キリスト教徒を選挙運動員として動員したりした企業に優先的に回されることになる。こうして外国勢力が関与するイラクでの事業のあらゆる局面に、「民間にできることは民間に任せる」というブッシュお得意のモットーが浸透したのである。

したがってブレマーが署名して発令した法律にしても、その経済政策を立案し、運営したのは民間の会計監査法人だった(大手国際監査法人KPMGの子会社ベリングポイントは、二億四〇〇〇万ドルでイラクにおける「市場主導型システム」の構築を受注した。一〇七ページにわたる契約書には「民営化」という言葉が五一回も使われているが、元請契約書の大半はベリングポイント社が作成した)。複数のシンクタンクにも「考える」仕事が発注され(イラク国営企業の民営化促進事業を委託されたイギリスのアダム・スミス研究所など)、民間のセキュリティー会社や防衛企業は、イラクで新たに編成される軍や警察の訓練を委託された(ダインコープ、ヴィンネル、カーライル・グループ傘下のUSISなど)。さらに、教育関連企業には新生イラクの教育カリキュラムや教科書の作成が発注された(ワシントンDCに本社を置く教育経営コンサルタント会社クリエイティブ・アソシエイツは一億ドルを超える大型契約を得た)。*(18)

＊ クリエイティブ・アソシエイツで働いていたイラク系アメリカ人アフメド・アル・ラヒムは、「当初の計画ではアメリカで作ったカリキュラムをイラクに導入することになっていた」と説明する。だがイラク側が「アメリカが作ったものなど承服できないと言い、けっきょく打ち切りになった」という。

一方、チェイニーの発案によりハリバートンがバルカン半島で確立した手法、つまり米軍基地を〝ミニ・ハリバートン・シティー〟に変貌させるという手法は、今回さらに大規模な形で適用された。イラク各地の米軍基地の建設と運営はもちろんのこと、グリーンゾーンが設置された時点から、同社は道路の維持管理から害虫駆除、映画館やディスコ・ナイトの実施まであらゆることを一手に引き受け、さながらハリバートンの運営する一大都市国家が出現した。

請負業者をくまなく監視するにはCPAのスタッフではとうてい足りなかったが、ブッシュ政権はそれさえも外注に回しても差し支えない周辺業務とみなした。コロラドに本社を置くエンジニアリング建設会社CH2Mヒルはパーソンズ社との合弁事業という形で、大手四社の契約事業の監督を二八五〇万ドルで受注。それのみならずイラクに「民主主義を根づかせる」任務さえ民営化され、ノースカロライナ州に本社を置くリサーチ・トライアングル・インスティチュート(RTI)に四億六六〇〇万ドル相当の契約金で委託された。が、はたしてRTIにどんな資格があってイスラム国家に民主主義を根づかせる仕事が任されたのかは、まったく不明である。同社のイラク事業部のトップは有力なモルモン教徒が占めていたが、その一人ジェームズ・メイフィールドは自らの任務についてヒューストンで語った際、モルモン教の教えは預言者ムハンマドの教えと相通じるものであることをイスラム教徒に説得するつもりだ、と豪語した。また彼は家族宛てのEメールで、イラク人が「民主主義の父」として自分の銅像を建てるだろうとまで言っている。*(19)

＊　RTIは、イラクのいくつかの市や町でイスラム政党が民主的な手続きによって権力を握ろうとするのを妨害し、けっきょくイラクから追われる結果になった。

これらの外国企業がイラクにどっと群がるなか、二〇〇社に上るイラク国営企業は慢性的な停電のために稼動停止を余儀なくされていた。かつては中東地域でも一、二を争う工業国だったイラクだが、今や最大手の企業でさえ自国の復興事業の孫請のそのまた下請仕事にすらありつけない状況だった。イラク企業がこの経済ブームに参入するには、まず非常用発電機を手に入れ、破壊された工場を修理する必要があった。まるでアメリカ中西部郊外かと見紛うような米軍基地を続々と建設するハリバートンの力をもってすれば、その程度の供給は簡単にできたはずだった。

モハマド・トフィク産業大臣が私に語ったところでは、彼は発電機を供給するよう何度も暫定当局に要求し、さらには国内一七カ所の国営セメント工場は復興事業用の資材が供給でき、何万人というイラク人労働者を仕事に戻す万全の態勢が整っていると強調したという。それにもかかわらず、これらの工場には契約も、発電機も、援助も、何ひとつ与えられなかった。米企業は労働力と同様、セメントも海外から――地元で調達するより一〇倍も高い価格で――輸入するほうを好んだのだ。また、ブレマーの発令した経済法のひとつは、イラク中央銀行が国営企業に融資することを明確に禁止していた(この事実が報じられたのは何年も経ってからだった)[20]。復興事業からイラクの国営産業を締め出したのは実際的な理由からではなく、イデオロギー的なものだったとトフィクは言う。彼によれば、政策決定を下す者は「誰一人、公的部門の価値を認めていなかった」。

貿易の自由化により流れ込む輸入品に対抗できず、次々と倒産に追い込まれるイラクの民間企業に対し、ブレマーのスタッフは慰めの言葉をかけることすらしなかった。側近の一人マイケル・フライシャーはイラクの実業家が集まった席で、外国との競争で立ち行かなくなる企業も多いだろうが、それこそが自由市場経済の素晴らしさだと言い放った。「イラクは外国企業に負かされてしまうのでしょうか?」。フライシャーは思わせぶりに問いかけた。「その答えはあなた方自身にかかっています。もっとも優れた者だけが生き残れるのです」――まるでエゴール・ガイダルを思わせるような口ぶりだ。ロシアのショック療法によって中小企業が次々と倒産に追い込まれた際、経済担当副首相の座にあったガイダルはこう言ったという。「それがどうした。死ぬやつには死ぬにふさわしい理由があるんだ[21]」

周知のとおり、反マーシャル・プランとも言うべきブッシュの計画はけっきょく何ひとつうまく運ばなかった。外国企業を主体とする復興計画をイラク国民が「贈り物」と受けとめるはずはなく、大半の人々はそれを現代版の略奪だとみなした。米企業の迅速性や効率性にイラク人が感嘆の声を上げることもなく、「復興」の謳い文句は、あるイラク人技術者が言ったように「誰も笑えない冗談」へと変わった[22]。暫定当局のたび重なる判断ミスはイラク国民の抗議をエスカレートさせ、それを外国人部隊が鎮圧するということのくり返しで、ついにはイラク全土が暴力吹き荒れる地獄と化した。もっとも信頼できる統計によれば、二〇〇六年七月の時点でイラク戦争による死者――イラク侵攻と占領がなければ死なずにすんだ人々――の数は六五万五〇〇〇人に上った[23]。

二〇〇六年一一月、元米陸軍将校ラルフ・ピーターズは『USAトゥデー』紙にこう書いている。「われわれはイラク人に法治・民主主義国家を築くまたとないチャンスを与えた」にもかかわらず、イラク人は「旧来の憎悪や殉教も辞さない暴力、偏狭な民族主義、そして腐敗文化を手放そうとしなかった。どうやらアラブ社会にはわれわれが考えるような民主主義は根づかない、という冷笑的な見方のほうが正しかったようだ。国民は自分の身の丈に合った政府しか持てないのである。（中略）バグダッドの血塗られた惨状は、イラク政府が無能であることの証であるだけではなく、アラブ世界全体が人類の組織的な取り組みという領域ではなんら進歩できないことの証でもある。われわれは今、ひとつの文明が崩壊するさまを目の当たりにしているのだ[24]」。ピーターズの無神経ぶりはとりわけきわだっているものの、欧米人の多くも彼と同じく、悪いのはイラク人だという結論に達したのだった。

だが、宗派間の分裂やイスラム過激派の台頭を、イラク侵攻と占領統治から切り離して語ることはできない。そうした勢力はたしかに戦争前から存在していたが、イラクがアメリカによるショック療法の実験場と化す前には取るに足らない存在でしかなかった。ここで言及しておくべき点は、侵攻から一一カ月後の二〇〇四年二月にオックスフォード・リサーチ・インターナショナルが行なった世論調査の結果だ。このとき過半数のイラク国民は世俗政権を望み、「イスラム国家」が望ましいと回答した者は二一％、政治を動かすのは「宗教的政治家」が好ましいと答えた者は一四％にとどまった。ところがそれから半年後、占領統治が一段と暴力化してきた時点での他の調査では、国民の七〇％までがイスラム法を基本とした国家を望むと答えた。[25] また宗派間の暴力的抗争については、占領一年目にはほとんど存在せず、シーア派のモスクが同派の宗教行事であるアシュラ祭の最中に爆撃されるという最初の大事件が起きたのは、占領開始からちょうど一年後の二〇〇四年三月のことだった。こうした宗派間の対立が占領統治によって激化したことは疑いようもない。

それどころか、今日のイラクをずたずたに引き裂いている要因――腐敗の蔓延から宗派抗争の凶暴化、原理主義の台頭、暗殺集団の跋扈まで――はすべて、ブッシュ政権が反マーシャル・プランを実施したことによってエスカレートしてきた。フセイン政権の転覆後、イラクが何より必要としていたのは国家の修復と国民の再結束であり、それはイラク人自身によってしか成し遂げられないことだった。ところがまさにその不安定な時期に、イラクは冷酷無情な資本主義の実験場へと変えられてしまったのだ。そのシステムこそがイラク国民や地域社会同士を敵対させ、何百万という人々から職や生活手段を奪い、外国人占領者の横暴な振る舞いを許して正義追求の道を封じ込めたのである。

現在のイラクの惨状は、ブッシュ政権の無能さや縁故主義のせいでもなければ、イラク国民の宗派抗争や部族主義に起因するものでもない。これは資本主義が引き起こした惨事であり、戦争によって解き放たれた際限のない強欲の生み出した悪夢にほかならない。イラクでの「大失敗」は、歯止めのないシカゴ学派のイデオロギーを入念かつ忠実に適用しようとしたことによって起きたのだ。以下に述べるのは、侵略行為の中核をなすコーポラティズム改革の目論見とイラク「内戦」との関係について、当時得られた情報(包括的なものではない)に基づく詳細である。それは、イデオロギー攻勢をかけた当の本人たちが、その手痛いしっぺ返しを受けるプロセスだった。

そのなかでももっとも広く認識されているのは、ブレマーの最初の大仕事である、およそ五〇万人の国家公務員の解雇(ほとんどは兵士だったが、医師や看護師、教師、技術者も含まれていた)が引き起こしたものだった。「バース党解体」と呼ばれたこの措置は、表向きには政府からフセイン支持者を一掃するためのものだと説明された。それが理由のひとつであったのは疑いないが、高官レベルにとどまらない、公共部門全体をずたずたに切り裂いた大規模な解雇の実施は、それだけで説明がつくものではない。

この追放作戦は、かつてチリでミルトン・フリードマンがピノチェトに政府支出の二五％削減を提言して以来、ショック療法プログラムが必ず伴ってきた公共部門削減策と同類のものである。ブレマーは、イラクの国営企業や大規模な政府省庁を「スターリン主義経済」と呼んで嫌悪をあらわにし、イラクの技術者や医師、電気技師、道路建設者らが長年培ってきた専門知識や技能を評価しようともしなかった[26]。ブレマー自身、大量の失業者が出れば国民の間に動揺が広がることは予想しながらも、回顧録で明らかにしているように、専門職の一斉解雇によってイラク国家が機能不全に陥り、ひいては自分の仕事に困難をきたすとまでは考えていなかったという。この無分別な大量解雇の背景にあったのはフセイン色一掃などではなく、ひたすら自由市場経済を推進しようとする熱気だった。政府を厄介な重荷とみなし、公共部門の労働者を役立たずだと思い込んでいる人間にしかできないことを、ブレマーは実行したのである。

このイデオロギーに駆り立てられた無分別な政策は、三つの結果をもたらした。第一に専門技術者を解雇したことで国家再建の可能性が損なわれ、第二に世俗派イラク人の発言権が弱まり、第三に抵抗運動が人々の怒りで燃え上がったのだ。解雇された四〇万人のイラク人兵士のうち少なからぬ人々が、当時生まれつつあった抵抗勢力に加わった事実は、米軍や情報機関の高官の多くが認識していた。トーマス・ハムズ海兵隊大佐はこう語る。「解雇された兵士が武器をそのまま持っているのだから、今や武装したイラク人が数十万人いることになる。武器の扱いを知っていて、将来になんの展望もなく、われわれに対して怒る理由を持った連中だ[27]」

同時に、ブレマーがシカゴ学派の教科書どおり貿易を自由化して無制限の輸入を許可する一方で、外国企業がイラクの資産を一〇〇%保有することを認めたことが、イラクの実業家たちの激昂を招いた。そのなかには、わずかな収入をなげうって抵抗運動に提供する者も少なくなかった。スンニ・トライアングル（反米武装勢力の拠点となった三角地帯）における抵抗運動の初期一年間を取材した調査ジャーナリスト、パトリック・グラハムは『ハーパーズ』誌にこう書く。「（イラクの実業家たちは）外国企業がイラクの工場を二束三文で買い上げることを可能にする新しい外国人投資法に激怒している。外国からの輸入品が大量に入ってきたために、彼らの収入は激減した。（中略）立ち向かえる手段はもはや武力しかないと彼らは考えるに至った。これは至極単純なビジネスの論理である。イラク国内の問題が増大すれば増大するほど、外国人がイラクに関与するのはむずかしくなるからだ[28]」

さらに米政府は、ブレマーの定めた経済法を将来イラク政府が改正できないようにする決定を下したが（危機の直後に行なった改革を「恒久化」するという、IMFが「構造調整」プログラムを最初に導入して以来採用してきたやり方と狙いは同じである）、これがさらなる不都合な結果をもたらした。ワシントンの見地からすれば、もし数カ月後に主権がイラク暫定政権に移譲されて法律が改正されてしまうのなら、世界でもっとも賢明な投資ルールを定めることになんの意味もない。ブレマーの発令した法令の大半は法的にグレーゾーンに属するものだったため、ブッシュ政権はイラクに新憲法を制定するという解決策を考え出した。同政権が残忍なまでの決意を持って達成しようと定めたその目標とは、まず初めに暫定憲法でブレマーの法律を恒久化し、次に恒久憲法でも同じことを行なう（結果的には失敗に帰したが）というものだった。

是が非でもイラクに新憲法をという米政府の意気込みに困惑した法律専門家も少なくない。憲法を一から作り直す切迫した必要性は見当たらなかったからだ。一九七〇年に定められたイラク憲法(フセインは完全に無視していたが)は十分使えるものだったし、現状では憲法改正などよりはるかに緊急を要する問題が山積みだった。それ以上に重要なのは、憲法の草案を作成するのは、たとえ平和時であっても大きな困難と痛みを伴うものであり、その過程ではありとあらゆる緊張や対立や反感や潜在的不満が表面化するという点だ。ましてやフセイン政権後のイラクのように分裂し崩壊した国に、そのプロセスを——しかも二度にわたって——押しつけようとすれば、内戦の可能性が高まるのは必至だった。改正をめぐって社会に生じた分裂に修復の道はなく、対立が国中に燃え広がる恐れすらあるのだ。

貿易規制の全面解除と同様、国営企業二〇〇社を民営化しようというブレマーの計画を、アメリカの新たな戦争行為だとみなしたイラク国民は少なくない。国営企業を外国の投資家にとって魅力的な物件にするためには、従業員の三分の二までが解雇される見通しであることがわかってきたのだ。七つの工場で食用油、石鹼、台所用洗剤など日用必需品を製造していたある大手国営企業を取材した際、私は民営化構想がいかに多くの敵を作ったかを浮き彫りにするエピソードを耳にした。

バグダッド郊外にあるこの工場で、私はマハムドという名の二五歳の青年と知り合った。きれいに手入れした顎ひげをたくわえ、自信に満ちた彼は、米軍の占領から半年後に工場が売りに出されるという話を聞いたときのことをこうふり返る。「皆、ショックを受けた。民間企業がこの会社を買ったら、まず初めにやるのは利益を上げるために労働者のクビを切ることだ。そうなったら僕たちの運命は悲惨です――この工場がなければ生活していけないんだから」。不安にかられたマハムドを含む一七人の労働者は、工場長の一人に直談判に行った。だが話し合いは暴力へと発展、一人の労働者が工場長を殴りつけると、ボディーガードが彼らに向かって発砲し、その銃口が次にマハムドのほうにも向けられ、彼は一カ月もの入院生活を強いられた。数カ月後、今度は工場長とその息子が出勤途中に撃たれて重傷を負ったという。取材の最後に、もし労働者の反対を押し切って工場が売り渡されたらどうなるかと尋ねると、マハムドは穏やかな笑みを浮かべて答えた。「選択肢は二つ。工場に火を放ってすべて焼き払ってしまうか、自分たちが工場内で自爆するか。そうすれば民営化は止められますからね」。ショックを与えればイラク国民を服従させられると考えたブッシュ政権は明らかに自らの力を過信していたが、このマハムドの言葉はそのことを知らせる早期の警告(数多くなされたうちのひとつ)だった。

米政府が夢に描いた民営化構想には、さらにもうひとつの障害があった。それは占領統治の構造そのものを形成していた自由市場原理主義である。「国家統制主義」的なるものはすべて否定するという方針が災いした結果、グリーンゾーンを本拠とするCPAがその野心的計画を遂行するには、スタッフの数も資金も大幅に不足していた。とくにマハムドのような筋金入りの労働者の抵抗運動に遭ってはなおさらだった。『ワシントン・ポスト』紙のラジブ・チャンドラセカラン記者が著書『グリーン・ゾーン』で暴いたように、CPAには国営工場の民営化という膨大な任務の担当者がたった三人しかいないというありさまだった。「下手に仕事を始めないほうがいい」と、旧東ドイツ視察団のメンバーの一人は三人の担当者に助言した。かつて旧東ドイツでは国家資産の売却に八〇〇〇人の人員があたったという。[29]言ってしまえば、CPA自体がイラクの民営化を進めるにはあまりにも民営化されすぎていたのだ。

問題はスタッフの数が足りなかったというだけではない。CPAのスタッフには、国をゼロから再建するという複雑きわまりない任務を遂行するのに必要な公的領域に対する基本的信頼が欠けていた。政治学者のマイケル・ウルフはこう書く。「ベジタリアンにとびきりの牛肉の赤ワイン煮込みが作れないのと同様、保守主義者がうまく国を統治できるわけがない。自分に課せられた任務に対する信頼がなければ、事がうまく運ばないのは当然だ。(中略)国の統治において、保守主義とは惨事の代名詞である」[30]

イラクで起きたことはまさにそれだった。CPAの政治スタッフが経験の浅い若年層で占められていることについてはあれこれ取り沙汰されてきたが、実際、一三〇億ドルを投じたイラク復興事業の統括という重要な役割を担ったのは、ほんの数人の二〇代の共和党員だった。[31]これらの〝生意気な若造〟たちが驚くほど若かったことは事実だが、最大のマイナス材料は若さではなかった。彼らは単に政治的身内というだけではなく、ケインズ主義の遺物の一掃を目指すアメリカの反革命勢力が前線に送り込んだ戦士であり、その多くが一九七三年の創設以来フリードマン主義の牙城となってきたシンクタンク、ヘリテージ財団と関係していた。つまり、ディック・チェイニーのインターンを務める二二歳の若者であろうが、六〇代の大学の学長であろうが、彼らは政府および政府による統治への反感を共有する仲間なのだ。そうした反感は本国アメリカで社会保障や公教育システムの廃絶を推進するには有益であっても、破壊された公的機関を立て直すという任務にはなんの役にも立たなかった。

それどころか、復興そのものを不要と考えていたスタッフも少なくなかったようだ。イラクでは子どもの死亡原因の七〇％は下痢などの治療可能な病気であり、保育器も粘着テープを貼って使っているという状態であるにもかかわらず、医療制度再建を担当したジェームズ・ヘイヴマンは、無料の公共医療制度に対するイデオロギー的反感のあまり、医薬品流通システムの民営化を最優先課題とする決断を下した(32)。

ＣＰＡスタッフに公務経験者が不足していたのは手落ちなどではなく、イラク占領が当初から統治の空洞化の過激な実験だったことの表れにほかならない。シンクタンクの専門家たちがバグダッドに到着した頃には、すでに復興事業の主要業務はハリバートンと大手国際監査法人ＫＰＭＧに委託されていた。公務員としてのＣＰＡスタッフの仕事は小口の現金の管理をすること、具体的には収縮包装された一〇〇ドル札の札束を契約企業に渡すことだけだった。まさにここには、コーポラティズム国家における望ましい政府の姿――すなわち、公的資金を民間企業へ流すベルトコンベアーの役目を果たすこと――が垣間見える。その任務を果たすには、実地体験を積むよりイデオロギーへの献身のほうがはるかに重要な意味を持つのだ。

国家の補助も貿易保護策もなしに自由市場経済に適応すべきだと主張するアメリカに対してイラク国民が怒りを爆発させた理由のひとつは、途切れることのないこのベルトコンベアーの流れにあった。マイケル・フライシャーは、イラクの実業家向けに行なった数多くの講義のひとつで、「政府の保護を受けている限り、ビジネスは絶対に競争力をつけられない」と述べた。(33) どうやら彼は、ハリバートン、ベクテル、パーソンズ、KPMG、RTI、ブラックウォーターをはじめ、イラク復興事業に関わるすべての米企業が自国政府から手厚い保護を受けているという皮肉な事実に、鈍感にも気がつかなかったらしい。米政府は戦争を起こしてこれらの企業に市場を創出し、他国の競争相手が参入すらできないよう手を打ったうえで、高額の契約金で事業を発注し、おまけに収益の保証までしてやった――しかも、すべて国民の税金を使ってのことである。こうしてニューディール政策に代表される福祉国家主義廃絶を旗印にして始まったシカゴ学派の改革運動は、ついに「企業ニューディール」とも言うべき頂点に達した。それは、よりシンプルにスリム化した民営化の形態だった。企業はもはや巨額の資金を民間に移転することもなく、国庫から直接金を貪り食えるようになったのだ。投資も説明責任も必要もなく、莫大な収益が手に入るのである。

復興プロジェクトからイラク人を組織的に締め出したことが逆襲を招いたように、アメリカの二枚舌も怒りを爆発させる危険性をはらんでいた。経済制裁や侵略によってこれまでさんざん苦痛を強いられてきたイラク国民のほとんどは、当然ながら自国の復興事業から利益を得る権利があると考えていた。最終生産物だけでなく、その過程で創出される職も自分たちに回ってくると思っていたのだ。ところが外国企業に雇ってもらうために何万人もの外国人労働者が国境を越えてなだれ込むさまは、イラク国民の目にはまさに侵略の延長と映った。これは復興どころか形を変えた破壊行為にほかならない。それまでイラク国民が誇りにし、宗派を超えて繁栄してきた産業の大規模な破壊が行なわれつつある、と。ブレマーの就任期間中、アメリカ資本による復興事業で雇用されたイラク人はわずか一万五〇〇〇人だったが、これは驚異的な少なさである。[34]「復興事業がすべて外国人に発注され、しかもその外国人がガードマンや技術者まで連れてきて、イラク人はただ黙って見ているしかないとしたら、いったいどうなると思います？」。イラク系アメリカ人ヌーリ・シットは、グリーンゾーンで私の取材に応えて言った。CPAの復興事業を支援すべく祖国へ戻ってきたシットは、アメリカとイラクの間を取り持つのに、もううんざりといった様子だった。「テロや治安の悪化の最大の原因は経済です」

暴力の大部分は直接、外国人の運営する占領当局とその事業、そこで働く者に向けられた。攻撃のなかには、明らかにアルカイダのような武装組織が混乱の拡大を目的に起こしたものもある。だが、もし復興が最初から国家プロジェクトの一部として国民に受け入れられていれば、イラクの一般市民は自分たちの地域社会再建の延長としてそれを支持し、武装組織が活動する隙を与えなかったはずだ。

ブッシュ政権にしても、アメリカの税金を使ってイラクで事業を行なう企業にイラク人の雇用を義務づけることは簡単にできたはずだし、イラク企業と直接契約して多くのイラク人に職を提供することもできたはずだ。こうした単純でごく常識的な手段が長年にわたって取られなかったのは、それが復興の背後にあった米政府の基本戦略、つまりイラクを一気に新興成長市場に変えるという考えと相反していたことに理由がある。誰もが知るとおり、規則や規制に縛られていればバブル景気は起きない。それがないところでこそバブルは膨らむ。だから請負業者はスピードと効率性を口実に、雇用する労働者も、原材料の輸入先も、使う下請会社も、好きなように選べたのである。

それでももし侵攻から半年以内に、ベクテルの敷設した水道管から清潔な飲み水が得られ、GEの電気事業によって電気が灯り、パーソンズが建てた清潔な病院で病人が治療を受け、軍事企業ダインコープが訓練した有能な警官が街をパトロールしていたら、全国民とは言わずとも多くのイラク市民は、復興事業から締め出されたことへの怒りを鎮めていたことだろう。だが、そんなことは何ひとつ実現しなかった。自由放任主義の原則をこれほど大規模な政府事業に適用した結果が悲惨な失敗であることは、イラクの抵抗勢力が復興事業の拠点を組織的に攻撃するようになるずっと以前から、もはや明々白々だった。

いっさいの規制を受けず、刑事告発からもおおむね守られ、かかった経費プラス収益まで保証されているとなれば、外国企業の多くが何をするかは十分に予想がつく。企業の間には詐欺まがいの行為が横行した。イラクで「プライム」と呼ばれる大手契約企業は、入念に構築された下請システムを駆使していた。まずオフィスをバグダッドのグリーンゾーン(あるいはクウェートシティーやヨルダンのアンマンの場合もある)に構え、そこからクウェート企業に下請に出す。クウェート企業はそれをサウジアラビア企業に孫請に出し、事業地の治安状況が悪化すると、サウジアラビア企業はさらにイラクの業者(多くの場合はクルド人)へと下請に出すが、最終的にクルド人業者に渡る金は微々たるものだ。バイロン・ドーガン民主党上院議員はこの複雑な下請システムを、バグダッドでのエアコン取り付け契約を例に取ってこう説明する。「契約は次々に下請に出され、その回数は四回にもなる。こうしてエアコンの取り付け代金が四社に分散した結果、最後の業者はエアコンではなく扇風機を取り付けることになる。アメリカの納税者が支払ったエアコン代金は、四社の手から手へと回るうちに氷のように解けてなくなり、けっきょく部屋には扇風機しか取り付けられないというのがイラクの現状なのです[35]」。端的に言えば、国中に怒りが渦巻くなか、イラク国民は自分たちへの援助金がみすみす盗まれるのを見せつけられていたのだ。

二〇〇六年九月、ベクテルはイラクから撤退するにあたり、業務が遂行できなくなったのは「たび重なる暴力」のせいだったと述べた。しかし、契約事業の失敗は武装抵抗勢力が台頭するずっと以前から見られた[36]。同社が最初に再建を委託されたバグダッドの学校には、すぐさま住民の苦情が殺到した。イラク全土で暴力が激化する前の二〇〇四年四月上旬、私はバグダッド中央小児病院を訪ねた。病院は別の請負業者によって再建されたことになっていたが、廊下には汚水が流れ込み、トイレはすべて故障して使えず、修理にあたっていたイラク人男性(孫請のさらに下請の労働者)は靴も履いていないほど貧しかった。自宅の台所のテーブルで出来高払いの針仕事をしていたイラク人女性もまた、ウォルマートの孫請の下請の仕事をもらって働いていた。

こうしたずさんな管理を三年半にわたって続けたあげく、アメリカの大手契約企業はすべてイラクから撤退した。何十億ドルという金が費やされたにもかかわらず、膨大な仕事の大部分は手つかずのままだ。パーソンズは一四二カ所の病院の建設を一億八六〇〇万ドルで受注したが、完成したのはたった六カ所だけだった。再建の成功例として持ち上げられたプロジェクトでさえ、疑問が呈されている。二〇〇七年四月、アメリカ政府監査官が米企業によって完成した産科病院や浄化システムなど八カ所のプロジェクトを調査したところ、そのうちの「七カ所はもはや当初の意図どおりに稼動していない」ことが判明したと、『ニューヨーク・タイムズ』紙は報じている。さらに同紙は、二〇〇七年のイラクの発電量は前年を大きく下回っているとも報告している。[37] 主要な復興事業の契約が終了する二〇〇六年一二月の時点で、米監査官事務所はイラクで米企業が関連した八七件の詐欺容疑の捜査を進めていた。[38]イラク占領下の不正はずさんな管理によって引き起こされたのではない。イラクを西部開拓資本主義の次なるフロンティアにするには、法の拘束から解放しなければならない、という政策決定がもたらしたものなのだ。

ブレマー率いるCPAがこうした詐欺的行為や裏取引やいかさまを取り締まろうとしなかったのは、CPA自体がいかさま組織だったからにほかならない。暫定当局と名乗ってはいたものの、名称に実体が伴っていたかどうかははなはだ怪しい。この点をずばり指摘したのは、悪名高いカスター・バトルズ社の事件を担当した判事だった。

セキュリティー会社カスター・バトルズの二人の元社員が起こした内部告発の訴えによれば、同社はCPAから得た復興事業契約（大半はバグダッド国際空港での仕事）で不正を働き、アメリカ政府から数百万ドルをだまし取ったという。証拠として同社の資料が提出されたが、それが二重帳簿――一方は会社用、もう一方はCPAに提出した納品書用――なのは明らかだった。ヒュー・タント元准将は、同社の手口は「陸軍に在籍した三〇年間に見聞きしたなかでも、おそらく最悪のもの」だと証言した（同社の数多くの不正疑惑のひとつに、バグダッド空港からイラク政府の所有物であるフォークリフトを勝手に持ち出して塗り直し、CPAに機械リース代を請求したとされるものがある）(39)。

二〇〇六年三月、ヴァージニア州連邦陪審はカスター・バトルズに対して詐欺罪で有罪評決を下し、一〇〇〇万ドルの損害賠償金を支払うよう命じた。同社側は評決を不服として控訴したが、その言い分は非常に示唆深いものだった。いわく、CPAはアメリカ政府の正式機関ではなく、したがって虚偽請求取締法などのアメリカの法律は適用できないというのだ。この言い分の意味するところはきわめて大きい。というのもブッシュ政権はイラクで事業を行なう米企業に対し、イラクの法律は適用しないというお墨付きを与えていたからだ。CPAがアメリカの法律の適用外にあるというのなら、請負業者はアメリカ法、イラク法のどちらにも縛られないということになる。だが、控訴審の判事はカスター・バトルズ側の言い分を認め、同社がCPAに「不正に水増しされた虚偽の請求書」を提出した証拠は多くあるが、原告側は「この申し立てがアメリカ合衆国に対するものだということを証明できなかった」

との判決を下した。[40] 言い換えれば、経済実験の最初の一年間にイラクに存在していたかに見えたアメリカ政府は、〝蜃気楼〟にすぎなかったということだ。そこには政府は存在せず、あったのはアメリカ国民の血税とイラクのオイルマネーを、あらゆる法律の枠外で外国企業にどんどん流し込むパイプだけだった。イラクは反国家的反革命の究極の形——つまり空洞国家にほかならなかった。裁判所が最終的に明確にしたように、そこには何もなかったのだ。

何十億ドルという金を請負業者に分配し終わると、CPAは跡形もなく消えてなくなった。スタッフは民間企業に戻り、数々の不祥事が浮上したときにはCPAの失態を説明できる責任者は誰一人残っていなかった。だがイラクでは、行方不明の数十億ドルに対する怒りは消えるはずもなかった。「状況は前よりずっと悪化しているし、アメリカ企業には莫大な契約金が渡されたのに状況はいっこうに改善しない」と、ベクテルがイラク撤退を発表した翌週、電力省のあるエンジニアは話した。「何十億ドルという金が電力事業に注ぎ込まれたのになんの改善も見られず、それどころか状況は悪くなっているというのだから奇妙な話ですよ」。モスルのタクシー運転手はこう怒りをぶつける。「何が復興だ？　今だって未処理の水を飲んでるよ。浄水場は何十年も前に建てられたまま、放っておかれているんだ。電気だって一日二時間しかつかない。おまけにガスもこないから、森から拾ってきた薪で煮炊きしている状態だ。[41] 生活は昔に逆戻りだよ」

さらにイラク復興の壊滅的失敗は、もっとも破壊的なしっぺ返し——すなわち、イスラム原理主義の台頭と宗派対立の激化を招く直接的原因のひとつとなった。占領当局が治安維持などのもっとも基本的な業務すら遂行できないことが明らかになると、その空白を埋めたのはモスクや各地の民兵組織だった。なかでもシーア派の若い宗教指導者ムクタダ・アル・サドル師は、バグダッドからバスラに至るシーア派貧困地域で、自前の〝影の復興〟を推進することでブレマー率いる民営化計画の失敗を暴き、熱心な支持者を獲得していった。モスクへの献金を資金源とし、のちにはおそらくイランからの援助も得たサドル派の組織は、電気や電話線を修理する技術者を派遣することから、ゴミの収集作業の組織、非常用発電機の取り付け、さらには献血運動や交通整理まで行なった。「空白ができているのに、誰もそれを埋めようとはしなかった」と、占領初期にサドル師は語っている。「私にやれることがあればやるだけだ[42]」。彼はまた、ブレマー統治下のイラクで職もなく希望を失った若者を集め、黒装束に身を固めさせ、錆びついたカラシニコフ銃を与えた。これがシーア派民兵組織マフディ軍へと発展し、今やイラクの宗派抗争のなかでももっとも残虐な組織のひとつとなっている。これらの民兵組織もまたコーポラティズムがもたらした産物だと言える。もし復興事業が雇用を生み、イラク社会に秩序をもたらしていれば、サドル師が台頭する機会もなく、彼が新たな支持者を獲得することもなかった。だが実際には、企業国家アメリカが犯したたび重なる失敗が、サドル師が成功する土壌を作ったのである。

ブレマー統治下のイラクは、まさにシカゴ学派の理論の論理的帰結だった。公共部門で働くスタッフは最低限まで減らされたが、その大半はハリバートンが建設した都市国家に住む契約社員で、KPMGが草案を作成した企業に有利な法律に署名したり、傭兵(全面的に訴追を免除されていた)に守られた欧米の請負業者にダッフルバッグに詰め込んだ札束を渡すことを任務としている。だが、その周囲の人々は皆、激しい怒りをたぎらせていた。彼らが原理主義へとなびいていったのも、空洞化した国家においてはそれが唯一の力の源泉だったからだ。ロシア政府のギャング体質やブッシュの縁故主義と同様、占領後のイラクもまた世界の民営化を目論む半世紀にわたる改革運動の産物にほかならない。その文脈とは切り離されがちではあるが、今日のイラクはまさにそれを創出したイデオロギーの、かつてないほど忠実な権化とみなされるべきなのだ。

第18章　吹き飛んだ楽観論
――焦土作戦への変貌

それならば／いっそ早道ではなかろうか、政府が／人民を解散して／別の人民を選出するのが？

――ベルトルト・ブレヒト、詩「解決」（一九五三年、野村修訳）[1]

イラクは中東最後の大いなる未開拓地(フロンティア)だ。（中略）イラクではこれまでに掘削された油田の八割で石油が発見されている。

――デイヴィッド・ホーガン、アイルランド石油企業ペトレル最高経営責任者（二〇〇七年一月）[2]

イラクでの経済政策が猛烈な反発を招きかねないことを、ブッシュ政権がまったく認識していなかった可能性はあるのだろうか。負の結果を招く可能性を事前に認識していたと思われる人物が一人いる。イラク政策を実行に移した張本人、ポール・ブレマーである。二〇〇一年一一月にテロ対策企業クライシス・コンサルティング・プラクティスを立ち上げた際、彼はクライアントに向けた事業趣意書のなかで、なぜ多国籍企業が国内外でテロ攻撃にさらされるリスクが増大しているのかを説明している。「国際ビジネスにおける新たなリスク」と題するこの趣意書によれば、クライアントであるエリート企業が直面する脅威が拡大している原因は、それらの企業に莫大な富をもたらした経済モデルにあるという。自由貿易は「前代未聞の富を創出」したが、「多くの人々に対して即座にマイナスの影響」を及ぼした。それは「労働者の解雇を必要とするとともに、国際貿易への市場開放は伝統的小売業者や貿易の独占業者に対する膨大な圧力となった」。こうした変化すべてが「収入格差の拡大と、社会的緊張の増大」をもたらし、その結果、米企業に対するテロ攻撃を含むさまざまな攻撃へとつながる可能性があるというのである。[3]

　これはまさに、イラクで起きたことそのものだ。だが、経済政策が政治的に不都合な結果を招くはずはないと戦争立案者たちが高をくくっていたとしても、おそらくそれは、イラク国民がそうした組織的剥奪政策を嬉々として受け入れると考えたからではない。彼らは別のこと――イラク国民が見当識を失って集団的退行に陥り、変革のスピードに追いつけなくなると見込んでいた。つまり、ショックの衝撃力(パワー)をあてにしていたのである。イラクにおける軍事的および経済的ショック療法の筋書きをもっとも端的に述べているのは、リチャード・アーミテージ元国務副長官だ。いわく、イラク国民はアメリカの軍事力に圧倒されると同時にフセインがいなくなったことに心底から安堵するはずだから、「A地点からB地点へと容易に導くことができるだろう」と。[4]そして数カ月もすれば、戦後の混乱から立ち直ったイラク人は、アラビア版シンガポールの世界――市場アナリストたちは興奮気味に「チグリスの虎」と呼んだ――を嬉しい驚きとともに享受するだろうというわけだった。
ところが予想に反して、多くのイラク人は戦後ただちに自分たちの国をどう改革するかについて、発言権を要求した。そしてこの予想外の展開に対するブッシュ政権の対応が、最大のしっぺ返しを招くことになったのである。

破棄された民主主義

イラク侵攻後の二〇〇三年夏、バグダッド市民は日々の困難に見舞われながらも政治参加への熱い思いをたぎらせ、街は祝祭的とも言うべき熱気であふれていた。市民の間にはブレマーの進める解雇政策への怒りや慢性的な停電へのいらだち、外国請負業者への不満などがくすぶっていたが、何カ月間かはそうした怒りの多くも、規制を解かれてほとばしり出た「自由な言論」によって表明された。夏の間、グリーンゾーンのゲートの外では連日抗議デモが行なわれたが、参加者のほとんどは職場への復帰を要求する労働者だった。新たに創刊された何百もの新聞は、ブレマーや経済政策への批判記事を紙面に満載した。金曜礼拝では宗教指導者が説教のなかで政治に言及したが、それもまたフセイン時代には許されなかった「自由」だった。

なかでも市民の熱狂を集めたのは、国内各地の市町村で自然発生的に始まった選挙だった。フセインの支配からようやく解き放たれた人々は自ら市民集会を開き、新たな時代における市民代表者としてのリーダーを選出した。サーマッラー、ヒーラ、モスルなどの各都市では、宗教指導者、世俗派の各専門家、部族代表者らが集い、宗派対立や原理主義台頭といった最悪の事態を招かないよう、地元の復興を優先することで一致団結した。集会では激しい論議が交わされたが、そこには喜びもあふれていたと人々は言う。課題は山積みだったが、自由は現実のものになりつつあった。多くの場合、米軍もこうした動きを後押しした。イラクに軍隊を送ったのは民主主義を広げるためだというブッシュ大統領の言葉を信じ、米軍は投票箱を作るまでして選挙の実施に手を貸した。

だがこのイラク国民の民主主義への熱狂とブレマーの経済政策に対する明確な反対表明が、ブッシュ政権を困難な立場へと追いやることになった。アメリカ政府は、占領開始から数カ月以内に国民が選出したイラク新政府に権限を移譲し、政策決定には即イラク人を参加させるという思い切った約束をしていた。ところがその占領後最初の夏、米政府は明白な事実を突きつけられる。もし今ここで権力を手放したら、イラクを広大な米軍基地の点在する民営化経済モデル国家にしようという夢のような構想を断念せざるをえない。それを実現するには、イラク国民の経済ナショナリズムが――とりわけ貴重な国家財産とみなされている石油資源に関しては――あまりに強固であることが明白になったのだ。そこで米政府は民主主義実現の約束を反故にしたばかりか、ショックのレベルをさらに引き上げるよう命じた。そうすれば最終的にはアメリカの目論見どおりになるだろうというわけだった。この決断によって、完全な自由市場経済を目指す改革運動は、その出発点である南米諸国で採用された方式へと回帰することになる。民主主義を暴力で押さえ込み、反対する者を片っ端から連行して拷問を加えることによって経済ショック療法を強行する、という原点に立ち戻ったのである。

ブレマーがバグダッドに赴任した時点でのアメリカ政府の計画は、イラク社会のあらゆる部門の代表を集めた大規模な制憲議会を招集し、イラク人代表者に暫定評議会のメンバーを選出させるというものだった。ところがバグダッドに到着してわずか二週間後、ブレマーはその構想を破棄し、「イラク統治評議会」のメンバーを自ら選ぶことを決定する。ブッシュ大統領に宛てたメッセージのなかで、ブレマーはその作業について、「目の見えない人がはったりで三次元の三目並べをするようなもの」だと表現している。[5]

さらにブレマーは、イラク統治評議会に統治権限を持たせるという当初の考えもまた途中で覆した。のちに彼は、「あの時点での統治評議会を見る限り、うまくいくとは思えなかった」と言い、評議会のメンバーは議論ばかりしていてちっとも先に進まなかったと説明している。言い換えれば、彼の進めようとしていたショック療法計画には不適切だったのだ。「なにしろ彼らは二台の車を連ねるパレードすら準備できなかった。(中略)てきぱきと決定を下せない、いやそもそもどんな決定も下せないんだ。それに私は、主権を移譲する前にとにかく憲法を制定することが重要だと強く思っていましたから」[6]

ブレマーにとって次の問題は、イラク全土の市町村で自発的に始まっていた選挙だった。赴任からわずか二カ月目の六月末、ブレマーは地方選挙をただちに中止するように指令を出す。統治評議会メンバーと同じく地方自治体の指導者も占領当局が指名するという新たな決定が下された。これによって、イラクの最大宗派であるシーア派の聖地ナジャフで決定的な対立が生じる。ナジャフでは米軍の協力を得て市全体の選挙を行なう準備をしていたが、選挙登録日の前日になって責任者の米軍中佐のもとにジム・マティス海兵隊少将から電話が入った。「選挙は中止しなければならなかった。ブレマーは反米イスラム教徒の候補者が勝つことを懸念していた。(中略)そういう連中が当選するのを許すわけにはいかないというのが彼の考えだった。安全と思われるイラク人グループを選んで、その連中に市長を決めさせるようにとの指令が海兵隊に入っていた。それがアメリカの仕切り方だというわけだった」と、『ニューヨーク・タイムズ』紙記者マイケル・ゴードンとバーナード・トレイナー元海兵隊中将は、イラク侵攻のもっとも信頼できる軍事的分析とみなされる共著書『コブラII』のなかで書いている。けっきょく米軍はフセイン時代に陸軍大佐だった人物をナジャフ市長に任命し、イラク全土のその他の市町村でも同様に指導者を任命した。*(7)

＊　アメリカの掲げる「バース党解体」がイラク国民の激しい怒りを招いた理由のひとつはここにあった。下級兵士全員が職を失い、出世するためには党員にならざるをえなかった教師や医師も解雇された一方で、それまでさんざん人権を蹂躙してきたバース党の軍高官に、市町村に秩序をもたらす役割が与えられたのである。

なかには、ブレマーの中止命令が届く前に地方選挙がすでに終わっていたケースもあったが、ブレマーはかまわず新たに議員を選び直すよう命じた。イラク中部タジ地方では、地方自治体構築事業を請け負っていたモルモン教徒を主体とする米企業リサーチ・トライアングル・インスティチュート(RTI)が、何カ月も前に選挙で選ばれた議会を一方的に無効とし、選挙のやり直しを主張した。あるイラク人男性は、「時代が逆戻りしているような気がする」と不満をあらわにした。だがブレマーは、民主主義を「全面的に禁止するようなことはいっさいなかった」と主張する。「私は民主主義に反対しているわけではない。ただ、われわれの懸念を考慮に入れたやり方を取ろうとしただけだ。(中略)選挙を拙速に行なえば、破壊的な影響が出る恐れがある。慎重に行なわなければいけない」[8]

この時点でもイラク国民は、国政選挙を実施して市民の多数決で選ばれた政府に権力を移譲するという約束をアメリカ政府が守るものと期待していた。だがブレマーは地方選挙の中止を命じたあと、二〇〇三年一一月に帰国してホワイトハウスでいくつかの秘密会議に出席し、バグダッドに戻ってくると国政選挙の白紙撤回を発表した。イラク初の「主権」政府は、国民の選挙ではなく任命によって決められるというのだ。

この一八〇度の方針転換は、同時期にワシントンに本部を置く共和党国際研究所がイラクで行なった調査結果と関係がある可能性が高い。もし投票できるとしたらどんな政治家を選ぶかという質問に対するイラク国民の回答は、グリーンゾーンのコーポラティズム主義者たちを愕然とさせるものだった。四九%のイラク人が「公務員の職を増やす」と公約した政党に投票すると答えたのに対し、「民間部門の職を増やす」と公約した政党に投票すると答えた者はたった四・六%だった。「治安が回復するまで連合国軍がとどまる」ことを公約した政党に投票すると答えた者もわずか四・二％にすぎなかった。[9] 要するに、もしイラク国民が次の政府を自由に選ぶことができ、その政府が実質的な権力を握れば、米政府はこの戦争の大きな目的のうちの二つ――イラクに自由に米軍基地を展開すること、そしてイラクをアメリカ多国籍企業のために全面的に開放すること――を達成できなくなるということだ。

ブッシュ政権内のネオコン一派の間には、アメリカのイラク政策があまりにも民主主義を重視し、イラク国民の自決権を尊重しすぎているとの批判がある。だがこの物言いからは、ブレマーがあちこちで頭をもたげる民主主義をモグラ叩きのように潰していった占領一年目の実績は、きれいに消し去られている。就任からわずか半年間に、ブレマーは制憲議会の招集を取りやめ、憲法立案者を選出することもやめ、何十という地方自治体で行なわれた選挙を無効とし、ついには国政選挙の機会すらも奪い取った。民主主義を理想に掲げている人物とはとうてい思えない行動である。そして、今になって「イラク人の顔」が見えないのがイラク問題の元凶だなどと主張するネオコン派の大物たちのなかにも、当時、バグダッドやバスラの街角に沸き起こっていた直接選挙を求める声に理解を示した者は誰一人いなかった。

占領初期のイラクに駐在していた人のなかには、民主主義の実現を遅らせ、骨抜きにするさまざまな決定と、反米武装勢力による攻撃激化との間に直接的な関係があると指摘する者も少なくない。占領後イラクに赴任した国連外交官のサリム・ローンは、ブレマーが最初に下した反民主主義的な決断がきわめて重要な意味を持っていたとふり返る。「イラクで最初に外国人が大規模な攻撃を受けたのは、二〇〇三年七月にアメリカが最初のイラク人による指導機構である統治評議会のメンバーを選んだ直後のことだ。ヨルダン大使館が爆撃され、次にはバグダッドの国連事務所が爆破されて罪のない多くの人が死んだ。（中略）評議会メンバーの構成と、国連がその評議会を支持したことへのイラク国民の怒りが明らかに感じられた」と、このときの攻撃で多くの友人や同僚を失ったローンは言う[10]。

ブレマーが国政選挙を白紙撤回したことは、イラクのシーア派にとって苦々しい裏切りだった。フセイン時代に何十年にもわたって弾圧されてきたシーア派は国内の多数派であり、選挙が行なわれれば勝利は確実だったからだ。当初はそのシーア派の抗議行動も、平和的なデモ行進という形を取っていた。バグダッドでは一〇万人、バスラでは三万人がデモに繰り出し、「選挙（エレクション）にはイエス、イエス、任命（セレクション）にはノー、ノー」というスローガンを声高に叫んだ。イラクのシーア派指導者ナンバー・ツーであるアリ・アブドゥル・ハキム・アルサフィはブッシュ大統領とブレア首相に宛てた書簡のなかで、「この移行プロセスにおける私たちの主要な要求は、任命ではなく選挙によって立憲政府を成立させることです」と書き、ブレマーの計画は「ひとつの独裁体制を別の独裁体制と入れ替えることにほかならず」、もし米英がそれを強行すれば、勝ち目のない戦いに直面することになるだろうと警告している[11]。だがブッシュとブレアの決意は揺るがなかった。二人はイラク市民のデモ行進を民主主義が開花した証だと称賛する一方で、イラク新政権を任命する計画を強引に推し進めたのだ。

ムクタダ・アル・サドル師が多大な政治的影響力を持つようになったのは、イラクがこうした岐路に立っていたときだった。シーア派内の他の主要グループは任命による暫定政権に参加し、占領当局が起草した暫定憲法を甘受することを決めたが、サドル師はそれに反旗を翻して占領当局のやり方や暫定憲法を正当性を欠くものだと非難し、ブレマーを公然とサダム・フセインになぞらえた。これと並行して、サドル師はマフディ軍の増強にも本腰を入れた。平和的な抗議がなんら功を奏さないことがわかると、少なからぬシーア派信者は、多数決による民主主義を実現させるためには実力で戦い取るしかないと確信するようになる。

もしブッシュ政権が、イラク国民が選んだ政府にただちに主権を移譲するという当初の約束を守っていれば、抵抗勢力の反乱も全土に広がることなく小規模にとどまった可能性は十分にある。だがブッシュ側にとって約束を守るということは、戦争の裏に隠されていた経済的意図を断念することにほかならず、それだけは絶対にありえなかった。したがってアメリカによる民主主義の否定がもたらした暴力的な波紋もまた、イデオロギー上のしっぺ返しのひとつである。

身体ショック療法

抵抗運動が拡大するにつれ、占領軍のショック戦術もエスカレートしていった。深夜または早朝、米軍兵士はいきなり民家に押し入り、懐中電灯で暗い部屋の奥を照らして英語でわめきちらした(「くそ野郎」「アリババめ」「オサマ・ビンラディン」など、いくつかの単語はイラク人にも理解できた)。突如侵入してきた他人を前に、女たちはあわててスカーフで頭を隠した。

男たちは頭部に袋をかぶせられて軍用トラックに乗せられ、刑務所や収容所へ連行された。占領開始から三年半の間に米軍は推定で六万一五〇〇人のイラク人を逮捕・拘束したが、その大部分に「逮捕時の衝撃を最大限にする」手法が用いられたのだ。二〇〇七年春の時点でも約一万九〇〇〇人が依然として拘束されており[12]、刑務所内ではさらなるショック療法が与えられた。バケツの冷水を浴びせたり、牙をむいてうなるジャーマンシェパード犬をけしかけたり、殴る蹴るの暴行を加えたり、さらには針金を使って電気ショックを与えることもあった。

三〇年前、新自由主義推進運動が始まったときに用いられたのも、これとよく似た戦略だった。当時、破壊分子あるいはテロリスト容疑者とみなされた者は自宅から連行され、目隠しをされたり袋をかぶせられたりして暗い独房へと送り込まれ、殴る蹴るの暴行、あるいはもっとひどい拷問にかけられた。そして今、イラクに自由市場経済モデルを実現するという願望をかなえるため、プロジェクトは原点に立ち戻ったというわけだ。

こうした拷問戦術の強化が不可避となった理由のひとつは、アウトソーシング化を進める今日の企業に倣って軍を運営するというラムズフェルドの確固たる考えにある。部隊配備を計画する際も、ラムズフェルドは国防相というより、従業員の給与計算から労働時間を少しでも差し引こうとするウォルマートの副社長のように振る舞った。司令官たちが当初要求した五〇万人という戦闘員の数を二〇万人以下にまで減らしてもまだ満足しなかった彼は、企業CEOよろしく、最後段階でさらに数万人を削った[13]。

ぎりぎりまで兵力を削った軍隊でもフセインを打倒することはできたが、ブレマーの命令が引き起こした事態――イラク市民の公然たる反逆と、イラク軍と警察の崩壊によって生じた大きな空白――にはとうてい対処できなかった。治安を維持するだけの兵力を持たない占領軍は次善策を採用する。それが、イラク人を手当たり次第に捕まえて刑務所へぶち込むという手法だった。こうして拘束された数万人のイラク市民が、抵抗運動に関する情報ならどんなことでも収集しようというCIA捜査官や米軍兵士、そして民間契約者(専門的訓練を受けていない者も少なくなかった)によって過酷な尋問を受けることになった。

占領初期にはポーランドやロシアから経済的ショック療法の専門家を招き入れたグリーンゾーンだったが、今やここは異なるタイプのショック療法専門家――抵抗運動弾圧の残忍な手口を熟知したスペシャリストたち――が集まる磁場と化していた。民間セキュリティー会社では、コロンビア、南アフリカ(以下、適宜「南ア」と略記)、ネパールで「汚い戦争」を経験した元軍人をごっそり雇い入れた。ジャーナリストのジェレミー・スケイヒルの報告によれば、ブラックウォーターをはじめとする民間セキュリティー会社は、イラクに配備する要員としてチリから七〇〇人以上の軍人を雇い入れていたという。特殊工作部隊の隊員も相当数含まれ、なかにはピノチェト政権下で訓練を受けた軍人もいた。(14)

ショック療法専門家のトップの一人は米軍司令官ジェームズ・スティールという人物だった。二〇〇三年五月にイラク入りしたスティールは、かつて中米の右派勢力支援活動において主要な役割を担い、「暗殺部隊」の悪名を持ついくつかのエルサルバドル陸軍大隊のアメリカ人首席顧問を務めたこともある。近年はエンロン社副社長の座にも就き、当初はエネルギー問題コンサルタントとしてイラク入りした。だがイラク人による抵抗運動が激化すると、かつての役どころに戻ってブレマーの安全保障担当首席顧問となる。やがてスティールは、ペンタゴンの匿名情報筋が恐ろしげに「エルサルバドル・オプション」と呼ぶ手法をイラクに導入するよう指示を受けた(15)。

人権監視団体ヒューマンライツ・ウォッチの主任研究員ジョン・シフトンによれば、イラクでの捕虜虐待行為は通常のパターンには当てはまらないという。一般に虐待は紛争地域において、戦場が混乱状態にあって誰もルールを知らない初期の段階、いわゆる「戦争の霧」に包まれた状況下で起こる。アフガニスタンではまさにそうだったが、「イラクはそれとは違っていた」とシフトンは言う。「初めから専門的手法による虐待が行なわれ、事態は良くなるどころか悪化の一途をたどった」。シフトンによれば、変化が起きたのはバグダッド陥落から四カ月経った二〇〇三年八月下旬だった。それを境に虐待に関する報告がどっとあふれ出したのだ。

経緯をふり返ると、刑務所内での拷問が表面化したのは、もっとも議論を呼んだブレマーの経済的ショック療法が導入された直後にあたる。各種の法律を制定し、地方選挙を中止させたブレマーの長い夏が終わったのが、二〇〇三年八月下旬だった。ブレマーの一連の決定は抵抗者の数をさらに増大させ、それに呼応するように米軍兵士が民家を襲撃しては兵役年齢の男たちを一人また一人と捕らえ、反逆に関する情報を絞り出そうという動きが始まったのである。

この変化がいつ起きたかは、アブグレイブ刑務所での虐待スキャンダルによって明るみに出た一連の機密資料を見れば明瞭にたどることができる。資料は二〇〇三年八月一四日付Eメールで始まる。駐留米軍司令部の情報担当将校ウィリアム・ポンス大尉がイラク各地に駐留する同僚将校に送ったこのEメールには、その後有名になった一節が含まれている。「拘束者への尋問はもう手加減なしだ。(中略)(ある大佐が)言うように、一人残らず吐かせなければならない。兵員の損耗も増加しており、わが軍の兵士をこれ以上の攻撃から守るために情報を収集する必要がある」。尋問官が拘束者に使うことのできるテクニックはないか、ポンスがアイディア(「希望リスト」)を募ったところ、すぐさま同僚たちからさまざまな提案が寄せられた。なかには「低圧電流による感電」というものもあった(16)。

二週間後の八月三一日、キューバのグアンタナモ収容所所長ジェフリー・ミラー少将がイラクに到着する。彼の任務はアブグレイブ刑務所を「グアンタナモ化」することだった(17)。ミラーのイラク入りから二週間経った九月一四日、駐留米軍最高司令官リカルド・サンチェス中将は、グアンタナモ収容所を手本とした一連の新たな尋問方法を許可する。それは意図的な辱めのテクニック(「プライドとエゴの剝奪」)から「犬に対するアラブ人の恐怖心を利用する方法」、感覚遮断(「光のコントロール」)、感覚への過負荷(怒鳴り声を浴びせる、大音響の音楽を聴かせる)、そして「無理な姿勢」を取らせることまで多岐にわたっていた。アブグレイブ刑務所であの悪名高い写真が撮られたのは、サンチェスが許可を出してから間もない一〇月初旬のことである。[18]

ブッシュ・チームは「衝撃と恐怖」作戦によっても、経済的ショック療法によってもイラクをねじ伏せることができなかった。そこで次に取られたのがショック戦術の個別化、すなわちCIAの「クバーク・マニュアル」に示された決定的手法を使って心理的退行を引き起こすことだった。

重要度が高いとみなされた拘束者の多くは、米軍特殊部隊とCIAが管理するバグダッド国際空港近くの保安区域にある秘密施設へ連れて行かれた。ここには特別な身分証明書を持つ者しか入れず、赤十字にもその存在を隠し、軍高官でさえ出入りが禁じられていたほどだった。その存在を隠蔽するために、名称も「タスクフォース20」「タスクフォース121」「タスクフォース6-26」「タスクフォース145」など、頻繁に変えられた。[19]

拘束者は一見なんの変哲もない小さな建物に収容された。建物の内部は完全な感覚遮断をはじめ、「クバーク・マニュアル」に書かれている状況を作り出せるようになっており、五つの部屋——健康診断室、居間のように見える「ソフト・ルーム」(協力的な拘束者用)、レッド・ルーム、ブルー・ルーム、そしてもっとも過酷なブラック・ルーム——に分かれていた。ブラック・ルームは内部がすべて真っ黒に塗りつぶされた小さな独房で、四隅にはスピーカーが設置してあった。

この秘密施設の存在が公に知られたのは、ここに勤務していたある軍曹がジェフ・ペリーという仮名でヒューマンライツ・ウォッチに通告してからのことである。アブグレイブ刑務所での虐待が、おおむね専門的訓練を受けていない監視兵によるその場の思いつきによるものだったのに対し、このCIA施設では不気味なほど冷静かつ整然と事が運ばれた。ペリーの証言によると、ブラック・ルームで「手荒な方法」を使って拘束者を尋問する際、取調官はコンピューターで「拷問メニュー」とでも言うべき一覧表をプリントアウトする。「手口はすべてそこに書いてある」とペリーはふり返る。「室温を上げる、下げるとか、ストロボライトを使うとか、音楽をかけるとか。犬を使うというのもある。(中略)そのなかから使いたいものにチェックを入れるんです」。取調官は記入した紙を上官のところへ持って行ってサインをもらう。「サインがもらえなかったことは一度もない」とペリーは証言する。

ペリーたち何人かの取調官は、こうした手法がジュネーブ条約で禁止されている「侮辱的で体面を汚す待遇」にあたるのではないかとの懸念を抱き始めた。自分たちの任務が明るみに出たら告発されるのではないかと恐れたペリーら四人は上司の大佐のもとを訪れ、「こんな方法で虐待することに自分たちは不安を覚えると訴えた」。するとなんとも手際のいいことに、二時間もしないうちに軍属の弁護士チームが駆けつけ、同施設の拘束者はジュネーブ条約の適用外であり、感覚遮断は――CIA自身の研究報告とは反対に――拷問とはみなされないといったことを、「パワーポイント」を使って説明した。「あまりの対応の速さにびっくりした」とペリーはふり返る。「準備はできていたようです。あらかじめ二時間のスライドショーを作ってあったとしか思えません」

イラク国内にはこのほかにも、CIA方式による「感覚遮断」を拘束者に施す施設が各地に点在し、なかにはかつてキャメロンがマギル大学で行なった医学実験に酷似した手法を使う施設もあった。もう一人の軍曹は、シリア国境に近いアルカイム近郊にある「タイガー」と呼ばれる軍事基地内の刑務所について語った。そこに収容されていた二〇〜四〇人の拘束者は目隠しをされて手錠をかけられ、うだるような暑さの金属製の輸送用コンテナの中に二四時間閉じ込められた。「眠らせず、食料も水も与えなかった」と、この軍曹は証言する。感覚遮断の状態に置かれたあと、拘束者はストロボライトと大音響のヘビーメタル音楽を浴びせられたという。[20]

ティクリート近くの特殊部隊基地でもこれと似た手法が使われた。閉じ込められる空間はさらに小さく、箱の大きさは縦横が各一・二メートル、奥行きは五〇センチと、大人であれば立つことも横たわることもできない。これはかつて南米南部地域(サザンコーン)で使われたものとそっくりだ。拘束者は感覚を極度に剝奪された状態で、長ければ一週間も閉じ込められた。拘束者の少なくとも一人は米兵から電気ショックの拷問を受けたとも証言しているが、米兵らはその事実を否定している。[21] だが、議論に上ることはほとんどなかったものの、米兵が実際に電気を使って拷問を行なったことを裏づける重要な証拠がある。二〇〇四年五月一四日、二人の海兵隊員が一カ月前にイラク人拘束者に電気ショックを与えた罪で実刑判決を下されたが、これについてはほとんど報道されていない。米国自由人権協会が入手した政府報告書によれば、一人は「電気変圧器を使い（中略）拘束者の肩の辺りに針金を押し当て」、そのショックで「拘束者が〝踊り出す〟まで使い続けたという。[22]

アブグレイブ刑務所のあのおぞましい虐待写真が公表されたあと、アメリカ陸軍は奇妙な問題に直面した。写真のなかには、頭巾をかぶせられた拘束者が箱の上に立って手から電気コードをぶら下げている一枚があるが、刑務所内での虐待の捜査にあたった陸軍犯罪捜査司令部の広報担当者によると、「問題の写真に写っている人物が自分だと主張した拘束者は何人もいた」。そのうちの一人でかつて地区長を務めたハジ・アリによれば、彼も頭巾をかぶせられ、箱の上に立たされて体のあちこちに電気コードを装着されたという。同刑務所の看守らはコードに電流は通さなかったと主張したが、アリはPBSのインタビューで「電気ショックをかけられたとき、目の玉が飛び出すかと思った」と語っている(23)。

他の何千人もの拘束者と同じように、アリは「誤認逮捕だった」と言われて無罪放免となり、トラックで運ばれて解放された。赤十字によると、米軍当局はイラクで拘束された者の七〇〜九〇%は「誤認逮捕」だったと認めているという。こうしたイラク人拘束者の多くが報復感情を抱いているとアリは言う。「アブグレイブは反米抵抗勢力の温床となった。(中略)辱めや拷問を受けた連中は今すぐにでも報復してやろうという気になった。誰がそれを非難できるというんだ?」(24)

米兵のなかにも、そうしたイラク人の怒りや報復感情を理解し、恐れる者が少なからずいる。「そいつが善人だったとしても、俺たちの扱いのせいで悪人になっちまったわけだ」と、第八二空挺部隊のある軍曹は話す。この部隊が駐屯していたファルージャ近くの米軍基地にある仮設刑務所はとりわけ残忍なことで知られ、イラク人からは「殺人マニア」と呼ばれていたが、当の兵士たちはそれを誇りにしていたという[25]。

　イラク人によって管理されている刑務所の状況はこれよりもはるかに過酷だ。フセインは権力維持のために拷問を常套手段としていた。フセイン後のイラクから拷問を一掃しようというのなら、新政権は拷問の禁止を断固として貫くことが必要だった。ところがアメリカは自らの目的遂行のために拷問を容認し、イラクで新たな警察組織を監督・訓練しようというまさにその出発点で、低劣な基準を設定してしまったのだ。

　二〇〇五年一月、ヒューマンライツ・ウォッチは、アメリカの監督のもとでイラクが運営する刑務所および収監施設において、電気ショックを含む拷問が「組織的」に行なわれていることを突きとめた。米軍第一機甲師団の内部報告によると、「電気ショックおよび首を絞める」拷問は、イラク警察やイラク軍兵士によって「自白を引き出すために常時使われている」という。またイラク人看守は、中南米諸国における拷問で常用された電気ショック用の牛追い棒（ピカーナ）も使用していた。二〇〇六年一二月、『ニューヨーク・タイムズ』紙は「裸にされ、天井から吊るされた」ファラジ・マフムードという人物の体験を紹介している。「電気ショック棒を性器に当てられると体が壁に跳ね返った、と彼は言う[26]」

　二〇〇五年三月、『ニューヨーク・タイムズ・マガジン』のピーター・マース記者は、ジェームズ・スティールが訓練にあたった特別奇襲部隊に従軍取材した。マースが訪れたサマッラーの元市立図書館は死の臭いが漂う刑務所に転用されており、建物の中には目隠しをされ手錠をはめられた者や、殴打されて血だらけになった者もいた。「血がしたたり落ちた跡」のある机も目にした。嘔吐する音や「正気を失った者や発狂しそうな者が出すような背筋のゾッとする」叫び声が聞こえたとマースは書く。また、「拘置所の中か建物の裏から聞こえてくる」二発の銃声もはっきり耳にしたという(27)。

エルサルバドルの暗殺部隊は単に政敵を排除するためだけではなく、一般市民に恐怖心を植えつけるために殺人を行なったことで知られる。お前たちも逆らうとこうなるぞ、という見せしめのために切断された死体が道路に放置され、拷問された死体にはしばしば、「白い手(マノ・ブランコ)」「マクシミリアーノ・エルナンデス旅団」といった暗殺部隊の名前を書いた札が下げられていた。二〇〇五年にはイラクでも、同様の脅しのメッセージを日常的に目にするようになった。イラク特殊部隊(通常は内務省と通じている)に拘束されたのを最後に目撃された人々が、その後無残な死体となって見つかるのだ。頭部に一発の銃弾の跡があったり、後ろ手に手錠をかけられていたり、なかには頭蓋骨に電気ドリルの穴が開いていることもある。二〇〇五年一一月の『ロサンゼルス・タイムズ』紙の記事によれば、バグダッドの死体安置所には「毎週、何十体という遺体が一度に運び込まれ、なかには警察の手錠をかけられた死体も数多くある」という。金属製の手錠の多くは死体安置所で回収され、警察へ返却された(28)。

イラクでは、恐怖のメッセージを伝えるのにハイテク化した方法も使われた。イラク国営テレビ局アルイラキア(アメリカの資金により運営)の番組「正義によって裁かれるテロ行為」がそれだ。国民に広く視聴されているこのシリーズは「エルサルバドル化」したイラク特殊部隊の協力を得て制作されたもので、釈放された拘束者たちはその制作の手口を次のように説明する。まず、たいがいは一斉襲撃によって手当たり次第に捕まえた人物に暴行や拷問を加え、なんらかの罪を働いたことを「白状」しないと家族に危害が及ぶと脅迫する(そんな罪は誰も犯していないことを弁護士が証明したものもある)。次にビデオカメラが持ち込まれ、拘束者の「自白」の様子――反乱グループの一員だった、盗みを働いた、同性愛者だ、嘘をついた、などなど――が録画される。イラク国民は毎晩、ひと目で拷問されたとわかる、あざだらけで腫れ上がった顔の人物が自白する様子を見せられるのだ。「この番組は一般市民にきわめて高い効果をもたらした」と特殊部隊のリーダー、アドナン・タビトはマース記者に語っている。[29]

「エルサルバドル・オプション」が最初にメディアで取り上げられてから一〇カ月後、背筋の凍るその実態が白日のもとにさらされた。スティールによって叩き上げられたイラクの特殊部隊は公式には内務省の管理下に置かれており、マースが元市立図書館で目撃したことについて質問した際、内務省は「当省の治安部隊が管理する拘束者に対しては、いかなる人権侵害行為も許していない」と主張した。ところが二〇〇五年一一月、内務省の地下牢で一七三人のイラク人拘束者が発見される。拷問によって皮膚がむけた者や、頭に電気ドリルの跡がある者、歯を抜かれたり爪を剝がされたりした者もいた。解放された拘束者は殺された者もいたと証言し、内務省地下牢で拷問の末に死に至った一八人の名前を挙げた――イラク版の「行方不明者」である。[30]

一九五〇年代にユーイン・キャメロンが行なった電気ショックの実験について調べていた際、私はフレッド・ローウィというキャメロンの同僚の精神科医が書いた次のような文章を見つけた。「フロイト派の人々は、タマネギの皮をむくようにして徐々に問題の核心に迫るじつに精巧な手法を開発した。（中略）キャメロンはそんな途中の層などどうでもいい、一気に脳のいちばん奥へ到達しようと考えていた。しかしその後わかったのは、層構造そのものが脳だということだった」(31)。キャメロンは患者の脳の層の部分を消去すれば、そこにまったく新しい人格を創り出せると考えていた。だが、患者は決して生まれ変わったりはしなかった。ただただ混乱し、傷つき、人格を破壊されただけだったのだ。

イラクにおけるショック療法家たちも、国家の層構造を破壊して白紙状態に戻し、そこに新たなモデル国家を創り上げようと考えていた。だがその結果目にしたのは、自分たちの攻撃によって築かれた瓦礫の山と、心身ともに打ちのめされた何千万人というイラク国民だった。人々はフセインによって、戦争によって、そして互いを傷つけ合うことによって打ちのめされていた。ブッシュ政権内の惨事便乗型資本主義者たちはイラクの過去を消し去るどころか、混乱をかき立てただけだった。過去の歴史を一掃した白紙状態を作るどころか、昔ながらの対立抗争がふたたび表面化して復讐が復讐を呼び、カルバラのモスクで、サーマッラーで、市場や省庁で、病院で、報復のための攻撃がくり返されることになった。人間と同様に国家も、大きなショックを与えられても再起動してゼロに戻ることなどなく、崩壊し続けるだけなのだ。

こうなると、当然の帰結としてさらなる攻撃が必要になる。ショックの投与量を増やし、ボタンを長く押し続け、苦痛を、爆撃を、拷問を増大させることが求められる。かつてイラク国民を「A地点からB地点へと容易に導くことができる」と予想したリチャード・アーミテージ元国務副長官はその後、問題はアメリカの態度が生ぬるいことにあると結論するに至った。「人道に配慮した連合軍の戦法が、けっきょくはイラク人をまとめるのを困難にしている今のような状況を生み出した。(第二次世界大戦後の)ドイツや日本では、人々はショックに打ちのめされ疲れ果てていたが、イラクの状況はそれとは正反対だ。われわれが敵に対して迅速な勝利を収めた結果、ドイツや日本とはまるで違う状態が生まれた。(中略)われわれはショックも受けず、怯えてもいないイラク国民を相手にしているのだ」[32]。二〇〇七年一月の時点でも、ブッシュと側近たちは大規模な「増派」を行なってイラク統治の「ガンとなっている」サドル師を退治すれば、イラクを掌握できると確信していた。この増派戦略の根拠となった報告書によれば、まず「バグダッド中心部から抵抗勢力を一掃し」、サドル師の軍隊がバグダッド北東部のサドルシティーに移動すれば、「このシーア派拠点も武力制圧する」という筋書きだった[33]。

コーポラティズム改革運動が始まった一九七〇年代には、法廷があからさまな「集団虐殺(ジェノサイド)」であると裁定した手法──国民の一部を意図的に抹殺すること──が用いられたが、イラクではそれよりもはるかに忌まわしいことが起きた。国民の一部どころか国を丸ごと消去しようという戦術が取られた結果、イラクはまさに消滅し、崩壊しつつある。最初に姿が見えなくなったのは——こうした場合の常で——女性と子どもだった。女たちはベールに身を隠して家の中に引きこもり、次に学校から子どもたちの姿が消えた。二〇〇六年時点で児童の三分の二は学校に行っていない。次に姿を消したのは、医師、大学教授、起業家、科学者、薬剤師、判事、弁護士など各分野の専門家だった。アメリカの侵攻以降、暗殺部隊によって推定三〇〇人の学者が殺害されたが、そのなかには大学の学部長も数人含まれる。イラクから脱出した学者は数千人に及ぶ。医師の運命はさらに悲惨で、二〇〇七年二月までにおよそ二〇〇〇人の医師が殺害され、一万二〇〇〇人が国外へ脱出した。二〇〇六年一一月、国連難民高等弁務官事務所は推定三〇〇〇人のイラク人が毎日国外へ脱出していると報告している。同事務所によれば、二〇〇七年四月までに四〇〇万人のイラク人が自宅退去を余儀なくされたが、これは概算で国民の七人に一人にあたる。これらの難民のうち、アメリカが受け入れたのはわずか数百人にすぎない[34]。

イラクの産業がことごとく崩壊する一方、国内でブームとなった数少ないビジネスのひとつが「誘拐」だった。二〇〇六年初めの三カ月半だけで、イラクでは二万人近くの人が誘拐された。国際メディアが注目するのは欧米人が誘拐されたときだけだが、被害者のほとんどは出勤か帰宅途中で連れ去られた専門職のイラク人だった。家族は米ドルで何万ドルもの身の代金を用意できなければ、死体安置所で遺体を確認するしかなかった。「拷問」も新たな成長産業となった。人権団体の調べによると、イラク警察が拘束者の家族に拷問をやめる引き換えとして数千ドルを要求するケースは数え切れないほどあるという[35]。まさに惨事便乗型資本主義のイラク国内バージョンと言っていい。

ブッシュ政権がアラブ世界のモデル国家としてイラクを選んだときに思い描いていたのは、こんなものではなかった。占領当初には「白紙状態」や「一からのスタート」といった明るい話題が飛び交っていた。だがそれも長続きせず、いつの間にかサドルシティーやナジャフから「イスラム主義者を根こそぎ引っこ抜く」とか、ファルージャやラマディから「イスラム過激派というガン」を取り除くといった物言いへと形を変えていく。汚れたものは力ずくで洗い流せという方針に取って代わられたのだ。

他人の国にモデル社会を建設しようなどという目論見がこうした事態を招くのは、必然のなりゆきである。邪魔なものを一掃するという浄化作戦が、熟考を重ねたうえでの行動であることはまずない。その土地の住人が自分たちの過去を放棄するのを拒めば、たちまちある国を「白紙状態」にするという夢想は、その〝分身〟たる「焦土作戦」へと変貌する。そして「すべてを作り直す」という夢想は「すべてを破壊し尽くすこと」へと形を変えるのだ。

イラク全土を巻き込んだ予期せぬ反乱は、戦争立案者たちの破壊的な楽観論が生み出したものにほかならない。それは一見無害で理想的な響きすらあった「新たな中東のモデル国家」という言葉によって、すでに運命づけられていたのだ。イラク崩壊の根源には、新たな物語を書き込むための白紙状態を要求するイデオロギーがあった。そして真っ白なキャンバスが得られないことが明らかになると、その信奉者たちはなんとか約束の地にたどり着こうと、さらなる爆破と増派をくり返していったのである。

敗北、あるいは成功の新局面

二〇〇四年四月、私の乗ったバグダッド発の飛行機は、治安が悪化する一方のイラクから逃げ出す外国請負業者の関係者で満席だった。ファルージャとナジャフは完全包囲され、その週だけで一五〇〇人の請負事業関係者がイラクを去り、今後もさらに多くの脱出者が続くと予想されていた。当時の私は、コーポラティズム改革運動がここで初めて本格的敗北を喫したことを信じて疑わなかった。イラクは原爆以外のあらゆる兵器によるショック攻撃を受けながら、けっして屈伏することはない。イラクでの実験が失敗に帰したのは明らかだ、と。

だが本当にそう言い切れるのか、今の私に確信はない。ある面で、計画のかなりの部分が無残な結果に終わったことは疑問の余地がない。ブレマーは企業のユートピアを建設するために送り込まれたが、イラクはユートピアどころかおぞましいディストピアへと変貌し、商談ひとつ行なうだけでも、外出途中でリンチを受けたり、焼かれたり、首を切られたりする危険が伴う。『ニューヨーク・タイムズ』紙によれば、二〇〇七年五月までに九〇〇〇人以上の請負事業関係者が命を落とし、「一万二〇〇〇人以上が戦闘に巻き込まれ、あるいは職務中に負傷した」。企業をイラクに誘致しようと全力を挙げたブレマーの努力も空振りに終わった。HSBCしかり、合弁事業計画を保留にしたプロクター・アンド・ギャンブルやゼネラル・モーターズもしかり。かつて「ウォルマート一店でイラク全土を制覇できる」と豪語した投資顧問会社ニュー・ブリッジ・ストラテジーズも、「マクドナルドのイラクへの出店は当分ありそうもない」と負けを認めている。[36] ベクテルの復興事業契約が水道や電気システムの運営管理を行なう長期契約へとスムーズに移行することもなかった。二〇〇六年末の時点で、ブッシュの反マーシャル・プランの中心にあった民営化復興事業のほとんどは途中で放棄され、なかには一八〇度方針転換したケースもある。

イラク復興事業の監査にあたったスチュアート・ボーウェン特別監査官の報告によれば、イラク企業が直接契約した数少ない事業のほうが「効率的かつ安価であり、イラク国民に職を与えたことで経済も活性化させた」という。イラクという国についての知識もなくアラビア語も話せない動きの鈍い多国籍企業（護衛として日給九〇〇ドルの傭兵を雇うなど、諸経費が契約予算の五五％にも上る）を使うのではなく、当のイラク国民に資金を出して自国の復興を任せたほうがよほど効率がいいことが判明したのだ。[37] バグダッドのアメリカ大使館で医療顧問を務めるジョン・C・バワーソックスは、イラク復興の最大の問題はあらゆることをゼロから作り直そうという考えだ、と言い切る。「二年間で医療保険制度を丸ごと変えようなどというのではなく、低予算で少しずつ手直しをしていく方法を取れたはずだ」と彼は言う。[38]

国防総省はさらに大規模な方針転換を打ち出した。二〇〇六年一二月、イラクの国営工場を再稼動させる計画を発表したのだ――ブレマーがスターリン時代の遺物だとして非常用発電機を供給することを拒否した、あの国営工場である。ペンタゴンはようやく、ヨルダンやクウェートからセメントや機械部品を輸入するより、長く使われていなかったイラクの工場から買い上げれば数十万の雇用が生まれ、地元地域も潤うことに気づいたのだ。イラク事業改革担当のポール・ブリンクリー国防副次官は、「これらの工場を詳しく調査したところ、われわれが考えていたようなソ連時代の老朽施設ではないことがわかった」と述べたが[39]、おかげで何人かの同僚からはスターリン主義者呼ばわりされるようになったとも漏らした。

イラク駐留米軍の戦闘指揮官トップ、ピーター・W・キアレッリ陸軍中将はこう説明する。「怒りに燃えるイラクの若者を職に就けることが必要だ。(中略)失業率がほんの少し低下するだけで、宗派間の殺し合いを減少させる効果が大いに見込まれる」。さらに彼はこうもつけ加えた。「四年経っても、まだわれわれがそのことに気づいていないというのは信じがたいことだ。(中略)私にとって、これは大問題だ。ほかのどんな軍事作戦とも同じぐらい重要な問題だ[40]」

では、こうした方針転換が惨事便乗型資本主義の終わりを意味しているのかと言えば、けっしてそうではない。一から真新しい国を創る必要はなく、イラク人に職を提供し、イラク産業界にも莫大な復興資金を分配することのほうが重要だ——そう米政府当局者が気づいたときには、すでに資金は使い果たされていたからである。

一方、こうした新ケインズ主義風の〝悟り〟が高まりを見せるさなか、かつてない大胆不敵な危機便乗の企てがイラクを見舞うことになる。二〇〇六年一二月、ジェームズ・ベーカー元国務長官率いる超党派諮問機関「イラク研究グループ」が長く待たれていた報告書を出した。この報告書は、アメリカが「イラク指導者を支援して国営石油産業を営利事業として再組織し」、さらに「国際社会や国際エネルギー企業に呼びかけて、イラク石油部門への投資を奨励する」べきだと提言した。[41]

米政府は同グループの提言の大部分は無視したが、この箇所だけは例外だった。ブッシュ政権はただちにこれを実行に移すため、イラク新石油法案の起草に力を貸した。それはシェル石油やBPといった国際石油メジャーが三〇年の長期契約のもとで、数百億、いや数千億ドルにも及ぶイラクの石油収益のかなりの部分を保持することを可能にするものであり（イラクほど簡単に採掘できる石油に恵まれた国では、およそありえないことだ）、政府収入の九五％を石油に依存する国を恒久的貧困に縛りつける宣告にも等しいものだった。[42] この提案はあまりに不評だったため、ブレマーでさえ占領初年度にはあえて持ち出さないようにしていた。ところが今それが表に出てきたのは、イラクの混乱が深まったおかげにほかならない。石油メジャー側は、利益の大部分をイラクから取り上げることを、安全上のリスクを負っていることを理由に正当化した。言い換えれば、惨事そのものがこれほど大胆な法案提出を可能にしたのである。

米政府の取ったタイミングには非常に深い意味があった。法案成立が進められていたそのとき、イラク国内は宗派対立で引き裂かれ、毎週平均一〇〇〇人のイラク市民が死亡するという、かつてない深刻な危機に直面しており、サダム・フセインが醜悪かつセンセーショナルな報道のなかで処刑された直後でもあった。ブッシュはこれに合わせるように米軍の「増派」を指示し、交戦規則も「緩和」された。この時期のイラクは石油メジャーが本格的な投資を行なうにはあまりにも危険な状態にあったため、法案の成立を急ぐ必要はなかった。だがイラクにとってもっとも論議の分かれる大問題を国民の議論抜きで決定するのに、この混乱を利用しない手はなかった。選挙で選ばれたイラクの国会議員の多くは新法案が準備されていることすら知らず、当然その起草にも関わっていないという。石油監視団体「プラットフォーム」の研究員グレッグ・ムティットはこう報告する。「最近、イラクの国会議員の会合に出席した際、例の法案を目にしたことがあるか聞いたところ、見たと答えたのは二〇人中一人だけだった」。ムティットによれば、「現下のイラクには交渉を有利にまとめるだけの力がないため、(もしこの法案が通過したら)大損を被ることになる」という。[43]

イラクの主要労働組合は「石油の民営化だけは越えてはならない一線」だとして反対を表明し、共同声明のなかで、この法案は「いまだ占領状態に置かれるイラク国民が自国の未来を模索しているさなかに」エネルギー資源を奪い取る企てだとして厳しく非難した。[44]二〇〇七年二月、イラク政権が最終的に採用した法律は予想された以上にひどい内容だった。外国企業がイラク国内で得る利益にはなんの制限もなく、投資企業がイラク企業と提携する際の出資比率や、油田でイラク人労働者をどの程度雇うべきかについての規定もいっさいなかった。なかでも厚顔無恥と言うべきなのは、将来の石油契約に関してイラクの国会議員はなんら発言権も持たないという規定である。代わりに設置されるのが「連邦石油ガス協議会」で、『ニューヨーク・タイムズ』紙によれば「イラク内外の石油専門家で構成される委員会」から助言を得るという。選出によらない協議会が、不特定の外国人の助言を得て石油に関連するすべての事柄に最終的決定権を持ち、イラクがどの契約にサインすべきかを決定する全面的な権限も持つというわけだ。これは事実上、イラクの主要財源である国有石油資源を民主的管理の対象から外し、富と権力を持つ石油独裁者の管理に任せることに等しい。しかもこの独裁者たちは、機能不全に陥ったイラク政府とともに存在し続けることになるのだ。[45]

この資源強奪の目論見がいかに恥知らずであるかは、いくら強調してもし過ぎることはない。石油収益は、いつかふたたび平和の兆しが見えたときに自国の復興費用としてイラク国民が唯一希望を託せる資金である。崩壊の危機にある国から将来の富まで乗っ取ろうというのは、惨事便乗型資本主義のなかでも破廉恥の極みとしか言いようがない。

ほとんど話題にされていないことだが、イラクにはもうひとつ混迷状態がもたらしたものがある。混迷が長引くに伴って外国のプレゼンスがますます民営化の度合いを高めるなか、戦争をどのように戦い、惨事にどう対応するかに関する新しいパラダイムが最終的に作り出されたのだ。

反マーシャル・プランの核心にある過激な民営化イデオロギーは、これによって十分に成果を上げたことになる。ブッシュ政権はイラク戦争に人員を投入することを――兵員であれ、政府の管理下にある文民行政官であれ――かたくなに拒んだが、それは政府機能の外部委託というアメリカのもうひとつの戦いには明らかなメリットをもたらした。政府の公的な議論から影をひそめていたものの、ブッシュ政権はいまだにこの構想の推進に強く執着し、公的議論によって得られるよりはるかに大きな成果を上げていたのである。

ラムズフェルドが徹底して無駄を省く「ジャストインタイム方式」の戦争を構想し、戦闘の中核を担う少数の兵力しか送り込まなかったこと、そしてイラク戦争初年度に国防総省と退役軍人省合わせて五万五〇〇〇人の人員削減を断行したことにより、あらゆるレベルの業務を民間が肩代わりするようになった。[46] イラクが混乱のスパイラルに陥れば陥るほど、最小限に抑えられた軍隊をバックアップするために、いっそう緻密に整備された戦争民営化産業が形成されたのだ。イラク現地でも、本国アメリカで傷病兵の治療にあたるウォルター・リード陸軍病院でも事情は同じだった。

ラムズフェルドが兵力増強を必要とする方法を断固拒んだ結果として、軍は戦闘兵力を補強する手段を見つける必要に迫られた。そこへ民間セキュリティー会社がどっとイラクへなだれ込み、要人の警護から基地の警備、請負企業関係者のガードマン役まで、兵士が担っていた任務を肩代わりするようになる。だがいったん現地に入ると、混乱に対処するためにその任務内容はさらに拡大していった。ブラックウォーター社の当初の契約任務はブレマーの身辺警護だったが、占領から一年後には本格的な街頭戦に加わるようになった。二〇〇四年四月、ナジャフ市でサドル師率いるマフディ軍が蜂起すると、同社はアメリカ海兵隊の実戦部隊に加わるよう指令を受け、丸一日に及ぶマフディ軍との戦闘に参戦した。この戦闘では数十人のイラク人が命を落とした。[47]

占領開始時、イラクにはおよそ一万の民間人兵士が駐留していたと見られるが、これはすでに湾岸戦争での民間兵の数をはるかに上回る。米国会計検査院の報告によると、その三年後にイラクには全世界から四万八〇〇〇人の民間兵士が配備されていたが、この数は米軍に次ぐ第二の規模で、アメリカ以外の「有志連合」の兵力の総数をも上回っていた。こうして闇に包まれ、世に疎んじられた傭兵ビジネスという分野が全面的に英米の戦争機構に組み入れられていき、経済紙はそれを「バグダッド・ブーム」と呼んだ。ブラックウォーターはワシントンの辣腕ロビイストを雇って公的表現から「傭兵」という言葉を消すよう画策し、自社を一大アメリカブランドへと変貌させた。同社のCEOエリック・プリンスはこう強調する。「フェデラル・エクスプレスが航空貨物事業でやったことを、国家安全保障の領域で目指す、というのがわが社のモットーなのです[48]」

戦争がイラク市民を大量に拘束する段階に入ると、訓練を受けた取調官やアラビア語通訳者が大幅に不足し、新たな拘束者から情報を聞き出すことができなくなった。なんとしても尋問官や通訳を増やさなければならない必要から、人員の補充は民間軍事企業CACIインターナショナルに外注された。同社のイラクにおけるもともとの契約は米軍への情報テクノロジー関連のサービス提供だったが、契約の文言が曖昧なことから「情報テクノロジー」には「尋問」も含まれるという拡大解釈がなされた[49]。この〝柔軟性〟は初めから計算に入っていた。CACIは連邦政府への人材派遣を請け負う新種の契約企業のひとつであり、曖昧な表現による契約を交わして政府の要請に対応できる大量の人材をそろえ、どんな職種の人材もすぐに提供できる態勢を整えているのだ。CACIがストックする人材には、政府職員のような厳しい職業訓練や身元調査は必要なく、人材派遣の要請はまるで事務用品を注文するようにお手軽だった。こうして何十人もの取調官が即座に現地へ送り込まれた。*

* 問題は、契約事業に監視の目がほとんど届かないことだ。アブグレイブ刑務所の不祥事を調査した米軍の内部報告によると、取調官の監視を担当する政府職員はアブグレイブはおろかイラクにも来ておらず、「契約の管理はきわめて困難であり、不可能でさえあった」という。報告書の執筆者であるジョージ・フェイ陸軍将軍は、政府の「取調官やアナリスト、指導者らには民間の取調官を受け入れる用意がなく、これらの民間人の管理や統制、規律訓練に関する十分な教育も受けていなかった。(中略)アブグレイブ刑務所において、契約履行に関する適切な監視が確実な形で行なわれていなかったのは明らかである」と結論づけている。

イラクの混迷で最大の利益を得たのはハリバートンだった。イラク侵攻以前、同社はフセインの退却部隊が油田に放火した場合の消火活動契約を受注していた。実際には放火は行なわれず、同社の契約は拡大解釈されて新たな業務――イラク全土への燃料供給――を含むことになる。その規模の大きさは、「クウェートから使用可能なタンクローリーをすべて買い取ったうえ、さらに数百台を輸入した」ほどだった。(50) さらに同社は兵士を他の任務から解放して戦闘に専念させるという名目で、軍用車両や無線のメンテナンスなど、従来は軍が行なっていた何十もの任務を引き受けた。

戦争が長引くにつれ、新兵採用までもが急速に営利目的のビジネスと化した。二〇〇六年には、民間ヘッドハンティング会社のサーコや大手軍事企業L-3コミュニケーションズの一部門が新兵採用業務を手がけ、採用担当者(軍隊経験のない者も少なくなかった)には、兵士を一人採用するごとにボーナスが支払われた。ある会社の広報担当者は「ステーキが食べたかったら、どんどん人を軍隊に入れればいい」と得意げに話している。[51] ラムズフェルドの采配のもと、兵士訓練のアウトソーシングも活況を呈した。キュービック・ディフェンス・アプリケーションズやブラックウォーターでは、民営の訓練施設に兵士を送り込み、本物に似せて造ったイラクの村で民家を一軒一軒襲撃するといった実戦形式の戦闘訓練を施した。

ラムズフェルドは二〇〇一年九月一〇日に行なったスピーチで戦争民営化への意気込みを初めて示したが、そのおかげで病気や心的外傷後ストレス障害を抱えて祖国に帰還した兵士も、民間の医療施設で治療を受けることになった。心的外傷を多く生み出したイラク戦争は、こうした民間医療企業に思いがけない利益をもたらした。そのうちのひとつヘルス・ネットは、イラクで心的外傷を負った帰還兵士が多数に上ったことが主な理由で、二〇〇五年の『フォーチュン500社』の第七位にランクされた。IAPワールドワイド・サービスも、ウォルター・リード陸軍病院が行なっていた医療サービスの多くを肩代わりして大きな利益を上げた。だが民営化によって、公務員として働いていた一〇〇人以上の熟練医療職員が解雇され、医療現場の崩壊は目を覆うばかりになったとされる。[52]

民間企業の役割がこれほど拡大したにもかかわらず、この問題が政策の争点として公の場で議論されることは一度もなかった(イラクの新石油法案がろくな議論もないまま可決されたのと同様である)。ラムズフェルドは連邦政府機関の労働者組合や軍の高官らと論戦を交わす必要もなく、すべてはイラクの現場でひそかに進行した——軍事用語で言ういわゆる「ミッション・クリープ」〔本来の任務や活動がなし崩し的に拡大・変質すること〕である。戦いが長引けば長引くほど戦争の民営化はさらに進み、やがてそれが戦争の新たな形態となった。過去のあまたの例が示すとおり、危機こそが経済ブームをもたらしたのである。

企業にとっての「ミッション・クリープ」がいかに劇的なものかは、数字を見れば明らかだ。一九九一年の湾岸戦争の時点では、民間人の割合は兵士一〇〇人に対して一人にすぎなかった。それが二〇〇三年のイラク侵攻時点で、兵士一〇人に対して一人へと激増する。さらにイラク占領三年目の時点では兵士三人に対して一人となり、その後一年足らず、占領四年目に突入する頃には兵士一・四人に対して一人の割合となった。しかもこれはアメリカ政府に直接雇われた契約者の数であり、他の連合国やイラク政府との契約者は含まれていない。また、クウェートやヨルダンの契約企業が下請に出して集めた民間兵もここには含まれない。[53]

一方、イラクに駐留する英兵の数はイギリスの民間セキュリティー会社が派遣した人員にとうに追い越され、その割合は兵士一人につき民間契約者三人となっている。二〇〇七年二月にトニー・ブレア首相が一六〇〇人の兵力を撤退させると発表すると、メディアは即座に「政府関係者は空いた穴を「傭兵」が埋めてくれると期待」しており、その際の民間セキュリティー会社への支払いは直接イギリス政府が行なうことになると報じた。同時期、AP通信はイラクに滞在する民間契約者の数を一二万人と報じたが、これは米軍兵士の数とほぼ同数だった。[54] こうした戦争の民営化の規模は、すでに国際連合の活動を大きく上回る。二〇〇六〜〇七年度における国連の平和維持活動予算は五二億五〇〇〇万ドルだが、これはハリバートンがイラクで受注した契約総額二〇〇億ドルの四分の一強にすぎない。最新の調査によれば、傭兵産業だけでも四〇億ドル規模に達すると推定されている。(55)

イラク国民とアメリカ人納税者にとって、イラク復興支援策は明らかに失敗だったが、惨事便乗型資本主義複合体にとってはその正反対だった。9・11の攻撃が可能にしたイラク戦争は、まさにニューエコノミーの暴力的な誕生を意味していた。ラムズフェルドの「改革」計画の才覚はここにある。破壊と再建の両方におけるありとあらゆる任務が外部に委託され、民営化された結果、攻撃を開始しても、停止しても、そしてまた爆撃を再開しても、あらゆる局面で経済は活況化することになるのだ。壊しては新たに造る——破壊と再建が作り出す収益の回路がここにある。ハリバートンやカーライル・グループといった先を読むことに長けた企業には、同じ会社のなかに破壊事業と復興事業の二つの部門が併設されている。*(56)

＊　この路線をもっとも徹底させたのがロッキード・マーティンだった。『フィナンシャル・タイムズ』紙によれば、二〇〇七年初頭、同社は「年間一兆ドル規模の医療市場で企業を買収」し始め、同時に技術工学大手のパシフィック・アーキテクツ・アンド・エンジニアーズも買収。こうした買収の波は惨事便乗型資本主義複合体における、おぞましい垂直統合という新時代の到来を意味していた。将来どこかで紛争が起きれば、ロッキード社は兵器や戦闘機の製造から利益を得るだけでなく、それによって破壊されたものを再建し、さらには自分たちの造った武器で傷ついた人々を治療することからも利益を上げられることになったのである。

ブッシュ政権は、イラクで生み出された戦争民営化モデルを制度化するため、十分な検証もないままいくつかの重要な措置を講じることで、民営化モデルを外交政策に定着させた。二〇〇六年七月、ボーウェン特別監査官は契約業務の失敗から得られる「教訓」をまとめた報告書を発表した。報告書は問題の原因が不十分な計画にあると結論したうえで、「有事作戦において迅速な救出と復興作業に携わるよう訓練された、民間契約による配備可能な予備隊」を創設し、「さまざまな復興の領域の専門知識を持つ多様な要員を前もって確保しておく」ことが必要だと結論している。言い換えれば、民間契約による軍隊を常設化すべしということだ。ブッシュ大統領は二〇〇七年初頭の一般教書演説でこの考えを支持し、民間人による予備隊を新設すると発表。「この部隊はアメリカ軍の予備軍と似た機能を果たすことになる。重要な技能を持つ民間人を雇用し、必要なときに海外任務を任せることで軍の負担を減らすことができる。これは軍服を着ていないアメリカ全土の民間人に、現代の決定的な戦いで任務を果たす機会を与えるものだ」とブッシュは述べた[57]。

イラク占領から一年半後、国務省は新たに復興・安定化調整官室を設置した。将来なんらかの理由によりアメリカ主導による攻撃を受ける可能性のある世界二五カ国(ベネズエラからイランまで)について、その詳細な国家復興計画の作成を民間事業者に発注するというのだ。惨事が起きたら即行動に移せるように、複数の企業やコンサルタント会社が「事前契約」を得ようと列をなした[58]。ブッシュ政権にとってこれは自然ななりゆきだった。まずアメリカは無制限の先制攻撃を行なう権利があると主張し、次には「先制復興」——すなわちまだ破壊されていない場所を復興する、という新分野を開拓したのである。

こうして最終的に、イラク戦争によってひとつのモデル経済が誕生した。それはネオコンが喧伝してきた「チグリスの虎」などではなく、戦争と再建の民営化モデルにほかならなかった。そしてたちまちのうちに、このモデルを海外に輸出する準備も整った。イラク戦争以前、シカゴ学派の改革運動にとっての新天地はロシア、アルゼンチン、韓国などと地理的に制約されていた。ところが今や、次に大惨事が起きる場所であれば文字どおりどこでも新天地となりうるのだ。

第七部　増殖するグリーンゾーン

――バッファーゾーンと防御壁

あなた方（アフガニスタン人）はまさに最先端の場所から新たなスタートを切ることができるのです。これはじつに素晴らしいことです。このようなチャンスに恵まれたあなた方は特権的立場にいます。世界にはこうした社会体制を持てない国や、いまだに一〇〇年前、二〇〇年前の体制に縛られている国が数多くあるのです。最良の構想と専門知識を持って再出発できるというのは、ある意味でアフガニスタンにとって大きな強みとなるのです。

――ポール・オニール米財務長官、二〇〇二年一一月、カブール侵攻後に

第19章　一掃された海辺
――アジアを襲った「第二の津波」

巨大ブルドーザーのごとく海辺を一掃してくれた津波のおかげで、開発業者に思いがけないチャンスが訪れた。乗り遅れまいと、彼らはただちに行動に出た。
――セス・マイダンス、二〇〇五年三月一〇日付『インターナショナル・ヘラルド・トリビューン』紙(1)

二〇〇五年七月のある朝、日が昇る頃、私はスリランカの海岸にいた。地元の漁師たちがエメラルドブルーの大海原へ漁に出てしまう前に、誰かから話を聞こうと思ったのだ。人気のない浜の一角にペンキを塗った木造の双胴船が何隻か並んでいる。そのうちの一隻の脇で漁の準備をしている小さな家族の姿があった。腰にサロンと呼ばれる布を巻いた四〇歳の漁師ロジャーと二〇歳の息子アイヴァンは砂浜に座り、絡まった赤い網をほどいている。妻のジェニタは線香の煙が立ち昇る小さな缶を振りながら、船の周りを回っている。「漁の幸運と安全を願う」儀式だと彼女は説明した。

二〇〇四年一二月二六日に起きたスマトラ沖地震で、この海岸線一帯は大津波に襲われ、今私のいる浜を含む何十カ所かで必死の救援活動が行なわれた。近年最大規模の自然災害となったこの津波によって、周辺地域一帯ではおよそ二五万人の命が奪われ、二五〇万人が家を失った[2]。半年後、私は復興作業の状況をイラクと比べるため、被害の大きかった国のひとつスリランカを訪れたのだった。

この旅に同行してくれたクマリはコロンボ在住の人権活動家で、津波災害の救出作業や復興活動にも携わった。今回、彼女はガイドと通訳を兼ね、被災地を案内してくれることになった。旅はスリランカ東部にあるさびれたリゾート地の漁村アルガムベイから始まった。ここはスリランカ政府の復興チームによって「改良再建」計画のモデルケースとされた村だ。

そのアルガムベイの漁師ロジャーの口から出てきたのは、政府見解とはまったく違う話だった。政府の計画は「海辺から漁師を追い払う企て」にほかならない、と彼は言う。漁師を根こそぎ立ち退かせる案はずっと前からあったが、政府は今回の津波を——これまでの多くの惨事便乗ケースと同様に——口実にして、住民にはまったく不評だった計画を推し進めているのだ、と。ロジャーの一家はこの一五年間、漁の季節になるとこの浜に草葺屋根の小屋を建ててそこで暮らし、漁に出ていた。ほかの数十の漁師の家族と同様、彼らは小屋の脇に船を置き、釣った魚は白い砂浜に広げたバナナの葉の上で干した。漁師たちは観光客ともうまく共存していた。やってくるのはほとんどがオーストラリアやヨーロッパのサーファーで、彼らはビーチに立ち並ぶホステルに宿泊していた。前庭にはくたびれたハンモックが吊ってあり、ヤシの木にくくりつけたスピーカーからはロンドンのクラブミュージックが流れてくる、といった雰囲気の宿だ。周辺の飲食店も漁師の釣った魚を直接買い上げた。漁師たちは昔ながらの伝統的な生活様式を守りつつ、獲れたての新鮮な海の幸をいかついサーファーたちに提供していたのである。

長い間、アルガムベイのホテル業者と漁師たちの間にはこれといった問題はなかった。長年にわたる内戦のせいで、ホテル業も漁業も規模の拡大は望めなかったということもある。スリランカ東部はもっとも内戦が激しかった地域で、北部を拠点とするタミル人反政府勢力「タミル・イーラム解放のトラ(LTTE＝通称「タミル・タイガー」)」と、シンハラ人を主体とするコロンボの中央政府がともに領有権を主張しながら、いずれの側もこの地域を掌握できずにいた。当時はアルガムベイに行くにも、あちこちに点在する検問所を通り抜け、銃撃戦や自爆攻撃に遭遇するリスクも覚悟しなければならなかった(タミル・タイガーは装着式自爆ベルトを考案したことで知られる)。どのガイドブックにも、スリランカ東部には絶対に足を踏み入れるなとの警告が書かれていた。極上の波で知られるサーフポイントではあったが、それだけの危険を冒してまで行くのは筋金入りのタフなサーファーだけだった。

転機がやってきたのは二〇〇二年二月、中央政府とタミル・タイガーが停戦協定に合意したときだった。もっとも和平が実現したわけではなく、停戦とはいえ散発的な爆撃や暗殺は相変わらず続いていた。こうした不安定な状況にもかかわらず、道路の封鎖が解かれるやいなや、ガイドブックはスリランカ東部の海岸をプーケットに次ぐ観光地として盛んに宣伝し始める。サーフィンにうってつけの波、美しいビーチ、クールなホテル、スパイシーな料理、満月の夜のパーティー——旅行ガイド『ロンリープラネット』によれば、まさに「ご機嫌なパーティースポット」というわけだった(3)。その中心となったのがアルガムベイだ。同時に、停戦によって多くの漁民がアルガムベイをはじめとする豊かな資源に恵まれた東部海岸へと戻ってきた。

アルガムベイは漁村区域に指定されていたが、ビーチが次第に賑わいを増すにつれて、ホテル業者から苦情が出るようになった。漁民の小屋が景観の邪魔になり、干し魚の臭いで客が離れるというのだ(あるオランダ人のホテル経営者いわく、「臭いの公害というのがあるんです」)。漁船や小屋を旅行者のあまり来ない場所に移動させようと、一部のホテル経営者は地元議会に対してロビー活動を開始。対する漁民たちはこう主張した——われわれは先祖代々この土地に暮らしてきたし、アルガムベイは単に船が沖へ出て行く場所であるばかりか魚も売りさばける。水道や電気、子どもたちの通う学校もあるのだ、と。

津波が襲う半年前のある深夜、海岸で不審火が発生して二四軒の漁師小屋が全焼したことから両者の対立は緊張を増し、一触即発状態となった。ロジャーの一家もこの火事で「所持品も、網もロープも、すべてを失った」という。私たちが話を聞いたアルガムベイの漁師たちは皆、あの火事は放火だったと口をそろえた。ビーチを独占しようとしているホテル経営者たちのしわざにちがいない、と。

だが、たとえそうだったにせよ、経営者たちの思惑どおりにはいかなかった。漁民たちはこの場所にとどまる決意をいっそう強固にし、すぐに小屋を建て直した。

ところが津波は、火事にできなかったことをやってのけた――海岸にあったものをことごとく一掃してしまったのだ。船や漁師小屋はもちろん、観光客用の脱衣所やバンガローなど、もろい建造物はすべて洗い流された。人口四〇〇〇人ほどのこの漁村でも三五〇人の命が奪われたが、そのほとんどはロジャーやアイヴァンやジェニタのように海で生計を立てる人々だった。(4) ところが散乱する瓦礫や死体の下には、まさに観光産業が手に入れようと画策してきたものがあった。ごちゃごちゃと見苦しい生活風景がきれいさっぱり一掃された、汚れのない美しいビーチ――いわば休暇用の〝エデンの園〟である。東部海岸沿いのビーチはどこも同じだった。瓦礫が片づけられれば、そこに現れるのは〝パラダイス〟というわけだった。

事態が徐々に収拾に向かい、住まいのあった海岸へ漁師たちが戻ってみると、そこには警官が立ちふさがり、家を建て直すことはまかりならぬと申し渡した。海岸に小屋を建てることは禁止、すべての建造物は満潮線から二〇〇メートル以上内陸に建てること、それが「新しい規則」だというのだ。ほとんどの漁民はそれを受け入れる用意はあったが、家を建てようにも土地がなく、けっきょくは行き場を失ってしまう。アルガムベイのみならず東部海岸の全域に、こうした「バッファーゾーン(緩衝地帯)」(津波の浸水予測区域ではないが、浸水の恐れがあるとして家屋の再建が禁止される地域)が新たに設けられた。

津波によって、スリランカでは約三万五〇〇〇人が死亡し、一〇〇万人近くの人々が立ち退きを余儀なくされた。これらの犠牲者の八〇%はロジャーのように小船で漁をする漁師だったが、地域によってはその割合は九八%近くにも上った。食糧の配給とわずかばかりの援助金を受け取るため、何十万という人々が海岸から離れ、内陸部に設けられた仮設避難所へと移動した。だがそれは避難所とは名ばかりのトタン板で覆われたみすぼらしいバラックで、あまりの暑さに耐えかねて屋外で寝る者も少なくなかった。避難所は次第に不潔になり伝染病も発生し、機関銃を持ち威嚇するような目つきの兵士が巡回するようになった。

政府の公式説明によれば、バッファーゾーンの設置は次の津波襲来に備えた安全策だという。一見もっともらしく聞こえるが、そこには明らかな矛盾があった。観光産業は例外扱いされていたからだ。禁止どころか、政府は漁民たちの貴重な生活の場だった海岸線に観光ビジネスを拡大することを奨励した。リゾート施設の建設にはバッファーゾーンのルールは適用されず、「改修」という名目で申請すればどんな仰々しい建物でも、どんなに海に近くても許可された。こうしてアルガムベイの海岸線では建設労働者が忙しく作業するようになる。

「観光客は津波を心配しなくてもいいのか?」とロジャーは疑問をぶつける。

ロジャーたち漁民からすれば、バッファーゾーンの設置は、ビーチから漁民を一掃するという津波以前からの政府の目論見を実行するための言い訳にしか聞こえなかった。漁師たちは海からの恵みで十分に家族を養っていけたが、それは世界銀行など国際機関の基準から見た経済成長にはつながらない。海岸にはもっと収益の出る利用法があるはずだ、というのが政府の見解だった。私が現地に到着する少し前、「アルガムベイ資源開発計画」と題する政府資料がマスコミにリークされ、漁民がもっとも恐れていた事態が裏づけられたばかりだった。この計画書は、スリランカ政府からアルガムベイ再建計画の立案を委託された海外のコンサルタント・グループが提出したものだった。津波の被害を受けたのは海岸に面した建造物だけで、町の大部分は無傷だったにもかかわらず、この計画ではアルガムベイの町を全面的に取り壊して再建することを提案していた。ヒッピーの集まる海辺の町から、五つ星ホテルや一泊三〇〇ドルもする豪華なエコツーリズム・コテージが立ち並び、水上飛行機用の桟橋やヘリポートまでそろった「高級ツーリストスポット」に変貌させようというのだ。さらに計画書は、アルガムベイをモデルにして周辺地域に三〇カ所近くの「観光ゾーン」の開発を進めれば、内戦で疲弊したスリランカ東海岸を南アジアのリヴィエラに変えることができると力説している。(5)

この青写真からすっぽり抜け落ちていたのが津波の被災者、すなわち海辺で生計を立てていた何百もの漁師の家族だった。計画書では、漁民はより適切な場所に移動させるとしているが、それは海岸の村から数キロメートルも離れた場所だった。さらにひどいことに、この再開発プロジェクトの費用八〇〇〇万ドルは津波被災者のために寄せられた支援金を使うというのである。

津波襲来後、スリランカだけでなくタイやインドネシアなどの漁民たちの悲嘆に暮れた姿が世界中に報道されたことで、海外からはかつてないほど多額の義援金が寄せられた。モスクに累々と横たわる死体はこうした漁民たちの身内であり、溺れた赤ん坊の遺体を捜して泣き叫ぶのは彼らの妻、子どもを波にさらわれたのも彼らだった。それなのにアルガムベイのような被災地で語られた「再建」とは、彼ら漁民の文化や生活様式を意図的に破壊し、その土地を奪うことにほかならなかった。クマリの言うように、この再建プロジェクトは結果的に「犠牲者を犠牲にし、搾取されている者をさらに搾取する」ことにしかならないのだ。

再開発計画が暴かれると国中で怒りの声が噴出したが、もっとも激しい怒りが渦巻いたのはアルガムベイだった。私たちも到着してすぐ、数百人規模のデモ隊に出くわした。サリーやサロン、ヒジャブ〔スカーフ〕姿の女性や、ビーチサンダル履きの人など、さまざまないでたちの人々が海岸に集結している。デモ隊はこれからホテルの立ち並ぶ前を通り、この地方の行政の中心地である隣町ポッツヴィルまでデモ行進する予定だという。

ホテルの前を行進しながら、白いTシャツに赤いメガホンを持った青年が「いらない、いらない」とシュプレヒコールを上げると、デモ隊が「観光ホテル！」と叫ぶ。「白人は」の声に、人々は「出ていけ！」と応える（クマリは謝りながら訳してくれた）。次に、海の男らしい引き締まった肌をした青年がメガホンを取り、「返せ、返せ」と言うと、「われらの土地を！」「家を！」「漁港を！」「支援金を！」の声が上がり、「飢饉、飢饉」というかけ声に、人々は「漁師を襲う！」と応えた。

地方政府庁舎の前に来ると、デモ隊のリーダーたちは住民の代表である議員の任務放棄や腐敗を非難し、漁民への支援金を「自分たちの娘の結婚持参金や妻の宝石代に使っている」と糾弾した。さらにはシンハラ人に対する優遇やイスラム教徒への差別、そして「われわれの不幸を食い物にする外国人」に対する怒りをぶちまけた。

だが、彼らのシュプレヒコールが聞き入れられる様子はなかった。私はコロンボでスリランカ観光局のシーニヴァサガン・カライセルヴァン局長と面会したが、この中年の官僚は事あるごとにスリランカには数百万ドルの利益を生む「ブランド」としての価値があることを強調したがった。アルガムベイのような漁村の住民はこの先どうなるのか質問すると、彼は籐の椅子にふんぞり返ってこう説明した。「これまで海岸線一帯には無許可の建造物がたくさんありましてね。（中略）それは観光計画に沿って建てられたものじゃない。ですが、津波が観光産業に味方をしてくれました。無許可の建造物のほとんどが津波で壊され、海岸から姿を消したからです」。もし漁民が戻ってきて小屋を建てたら、「また撤去しなければならなくなる。（中略）ビーチには何も建てさせるわけにはいかないんです」と彼は言った。

だが、最初から政府の思惑どおりに事が進んだわけではない。津波発生から何日も経ってクマリが初めて東海岸にやってきたとき、公的な救援の手はまだ届いていなかったという。救助活動も、ケガの手当も、遺体を埋める穴を掘るのも、すべて住民たち自らがやっていた。そうした事態のなか、この地域を分断していた民族の壁（スリランカにはシンハラ人（仏教徒）、タミル人（ヒンドゥー教徒）、イスラム教徒、キリスト教徒など多民族が暮らす）が突然消えてなくなった。クマリはこうふり返る。「イスラム教徒は遺体を埋葬するのにタミル人に助けを求め、タミル人はイスラム教徒に食料や水を分けてもらい、内陸に住む人たちは家ごとに毎日二個、弁当の包みを届けてくれた。貧しい彼らにとっては大変なことだったけれど、それは見返りを期待してのことじゃない。ただ、困っている隣人を助けなくては、兄弟や姉妹、娘や母親たちを助けなくては、という純粋な思いからだったんです」

こうした民族の壁を超えた助け合いは、国中至るところで見られた。タミル人の一〇代の少年は農村部からトラクターで駆けつけ、遺体の収容を手伝った。イスラム教徒の埋葬用にキリスト教徒の子どもたちは白い制服を寄付し、ヒンドゥー教徒の女性たちは白いサリーを提供した。津波は家々を押し潰し、道路を破壊した一方で人々を謙虚にし、民族間の長年にわたる憎しみや流血の抗争、復讐の念をも洗い流す力を持っていたかのようだった。これまで長い間、民族間の融和を図るために平和活動を続けながら空しさを覚えてきたクマリは、津波の悲劇が人々に礼節をもたらしたことに深く心を揺さぶられたという。一大危機のさなか、スリランカ国民は言葉だけの応酬を重ねるのではなく、身をもって平和を実践したのだ。

復興に関しても、国際支援が期待できると見られていた。当初は各国政府の対応は遅く、初めに援助の手を差し伸べたのは被害の様子をテレビで観た世界中の人々だった。ヨーロッパの児童たちは手作りケーキを売ったり廃品回収をしたりしてお金を集め、ミュージシャンはスターが顔をそろえるチャリティー・コンサートを開き、宗教団体も古着や毛布、そして募金を集めた。やがて市民らは自国政府に対し、災害支援金を拠出するよう働きかけた。こうして半年後には、一三〇億ドルという史上最大規模の支援金が集まった(6)。

初めの何カ月間かは、こうした復興資金のほとんどはその目的どおり被災者救済のために使われた。NGOや支援団体は緊急用食料や水、テントや仮設小屋を運び込み、先進国は医療チームや医薬品を送ってきた。住宅を建て直すまでの間、被災者が一時的に生活するための場所として避難所が造られた。住宅再建のための資金が十分にあったことはたしかである。ところが津波から半年後に私が訪れたときには、復興作業はすべてストップしていた。再建された住居はほとんどなく、避難所はもはや緊急のシェルターではなく恒久的なスラムと化していた。

支援活動家たちは、スリランカ政府がことごとく復興の邪魔をすると言って不満をぶつけた。海岸をバッファーゾーンに指定したかと思えば、住宅建設用の土地を提供することを拒み、海外の専門家に再建のための調査やら計画書やらを次々と依頼するばかりだ、と。官僚たちが議論に明け暮れている間に被災者はうだるように暑い避難所での配給生活を強いられ、海岸から遠く離れているために漁業を再開することもできずにいた。こうした復興の遅れは「お役所仕事」や管理能力欠如のせいにされることが多いが、背後にははるかに深刻な問題が潜んでいた。

津波以前――頓挫した計画

スリランカの大改造計画が最初に持ち上がったのは、津波発生の二年前だった。始まりは内戦終結後のスリランカに米国際開発庁（USAID）、世界銀行、世銀から枝分かれしたアジア開発銀行といったいつもの面々が乗り込み、この国を世界経済に組み込むための策を練ったことだった。長い内戦のせいでグローバリゼーションの波が最後まで及ばなかったことこそ、スリランカの最大のセールスポイントだという点で、これら国際融資機関の認識は一致した。ごく狭い国土にもかかわらず、スリランカには、ヒョウ、サル、何千頭ものゾウなど豊富な野生生物が生息している。ビーチには高層ホテルは一軒もなく、山間部にはヒンドゥー教、仏教、イスラム教の寺院やモスク、聖地などが点在している。何より素晴らしいのは「ウェストヴァージニア州ぐらいの面積にその全部が収まっている」ことだとUSAIDは絶賛した。(7)

計画によると、内戦中はゲリラたちが潜んでいたジャングルもエコツアー客に開放し、中米コスタリカのように観光客はゾウに乗ったり、ターザンの真似事をしたりして冒険を楽しむ。血なまぐさい抗争の大きな要因だった宗教も、欧米人観光客のスピリチュアルなニーズを満たすために様変わりする――仏教僧は瞑想センターを運営し、ヒンドゥー教徒の女性は観光ホテルでエキゾチックなダンスを披露し、インド伝統医学に基づくクリニックが観光客の心身の不調を癒すというわけだ。

ひとことで言えば、アジア各地に多国籍企業が設けた「搾取工場」やコールセンター、それに狂乱に沸く市場はそのまま存続させる一方、スリランカをそうした業界の大物たちが疲れを癒す場にしようというのである。アジアに広がる規制なき資本主義の拠点から生み落とされる莫大な富があればこそ、極上のリゾートライフと野生の自然、こまやかなサービスと冒険を絶妙に組み合わせた休日を楽しむのに費やす金はあり余るほどある。先の国際機関の代表たちは、スリランカの将来はアマンリゾーツ〔インドネシアの富豪が創設した超高級リゾートホテルチェーン」のような大手ホテルチェーンの出方にかかっていると見ていた。ちなみにそのアマンリゾーツは最近、スリランカの南海岸に全室プール付きで一泊八〇〇ドルというホテルを二カ所オープンしている。

アメリカ政府は高級リゾート地としてのスリランカに、ホテルチェーンや旅行業者が参入できる可能性を見込んで大いに乗り気だった。USAIDはスリランカの観光業界をワシントン流の強力なロビー団体に仕立て上げる計画をスタートさせ、スリランカの観光振興予算を「年間五〇万ドル足らずから一〇〇〇万ドル規模へと」引き上げることに成功する。(8) 一方でアメリカ大使館も、スリランカにおけるアメリカの経済的利益を促進する拠点として「競争力強化プログラム」を立ち上げた。このプログラムの責任者でエコノミストのジョン・ヴァーレイによれば、二〇一〇年までに年間一〇〇万人の観光客を誘致するというスリランカ観光局の目標は控えめすぎるという。「個人的にはその倍は誘致できると思う」と彼は言う。世銀の現地担当責任者でイギリス人のピーター・ハロルドは私に、「スリランカはバリに匹敵する観光地になるとずっと思ってきた」と話した。

富裕層向けの観光業が確実な利益をもたらす成長マーケットであることは疑いない。二〇〇二年から二〇〇五年の間に、一泊の料金が平均四〇五ドルという高級ホテル業界の総収益は七〇％も上昇している。9・11後の落ち込み、イラク戦争、原油価格の高騰といったマイナス要因を考えると、驚くべき数字だ。この驚異的な成長は多くの点で、シカゴ学派経済学の全般的勝利が世界にもたらした極端なまでの経済格差の副産物だと言えよう。今日の世界には、経済の全体状況とは無縁に数千万から数十億ドルの資産を持つ新興エリート集団が存在し、その規模はウォールストリートが「スーパー消費者」——彼らだけで消費者需要を丸ごと担う財力を有する——とみなすまでになっている。ニューヨークのシティ・グループ傘下の投資銀行スミス・バーニーの元国際株式戦略グループ主任アジェイ・カプールは、ごく少数の富裕層が経済成長を牽引し、その成長を消費する体制を「プルトノミー(富豪経済)」と呼び、ブルガリ、ポルシェ、フォーシーズンズ、サザビーズなど富裕層をターゲットにした企業の株を「プルトノミー・バスケット」として顧客に売り込んでいる。「今後もわれわれの予想どおりプルトノミーが続き、収入格差がこのまま拡大していけば、プルトノミー・バスケット企業は順調に業績を伸ばしていくことが予測される」と彼は書く[9]。

だが、スリランカをこうした富裕層御用達の行楽地として生まれ変わらせるためには、いくつかの分野で抜本的な改善を行なう必要があった——しかも今すぐに。まず第一に、一流リゾート企業を誘致するには土地所有に関する規制を廃止することだ(スリランカの国土のおよそ八割は国有地)[10]。次には、リゾート業者が従業員を雇用しやすくするために、「柔軟な」労働法を制定する必要があり、さらには幹線道路や空港の整備、水道や電気システムの改良など、インフラを近代化する必要もあった。ところがスリランカはこれまで武器購入のために多大な負債を抱えており、これらの急を要する事業をすべて自国でまかなうことは不可能だった。こうして世銀やＩＭＦから融資を受ける条件として、民営化の促進と「官民パートナーシップ」の導入に合意する、というお決まりの取引が行なわれたのである。

世銀が承認し、二〇〇三年初めに最終決定に至ったショック療法プログラム「スリランカ再生計画」には、こうした改革案や条件のすべてが手際よく組み込まれていた。この計画を推進するにあたってスリランカ側で中心となったのが、政治家で起業家でもあるマノ・ティッタウェラ（容姿も考え方も、一九九〇年代アメリカの大物共和党議員ニュート・ギングリッチと驚くほどよく似ている）という人物だ。[11]

ショック療法プログラムの常として、「スリランカ再生計画」も迅速な経済成長を促すという大義のもと、国民に多大な犠牲を強いるものだった。海岸を観光客に、土地をリゾート施設や幹線道路に明け渡すために、何百万人もの人々が住み慣れた土地を離れることを余儀なくされる。漁業は大きな港から沖合へと出て行く大型トロール船が中心となり、浜から漕ぎ出す木造船はもはや用なしだった。[12]そしてブエノスアイレスからバグダッドまで、過去に同様の状況下で幾度となくくり返されてきたように、国営企業は大量解雇を断行し、各種の公共サービスは値上げされることになる。

だが計画推進派にとって厄介なことに、そんな犠牲を払うのはとうてい割に合わないと考える国民は少なくなかった。二〇〇三年と言えば、グローバリゼーション熱に浮かされた時期はとうに過ぎ、アジア通貨危機の恐怖を体験した人々の気持ちはすっかり冷めていた。長く続いた内戦の記憶も障害となった。「国家」や「祖国」や「領土」の名のもとに行なわれた紛争で、数万人が命を落としていた。そしてようやく平和が訪れた今、政府はもっとも貧しい人々から野菜畑や粗末な小屋や小船といった、わずかな土地や財産を奪い取ろうとしている――マリオットやヒルトンがゴルフコースを建設できるようにするために(村人たちはコロンボで物売りでもすればいいというわけだ)。それではひどすぎると、国民は抗議に立ち上がった。

計画への反対はまず戦闘的なストライキや街頭デモによって表明され、続く二〇〇四年四月の選挙では断固とした国民の声が示された。スリランカ国民は、外国人専門家や彼らと手を組む人々にノーを突きつけ、「スリランカ再生計画」の全面廃棄を掲げた中道左派とマルクス主義を掲げる極左政党との連合を支持した。(13) その時点では水道や電気など主要事業の民営化計画の多くはまだ中途で、道路の建設計画も裁判沙汰になっていた。こうして富裕層対象のリゾート建設の夢はあえなく崩れ去る。二〇〇四年は投資家が優遇されるスリランカの民営化元年となるはずだったが、今やすべてが白紙に戻ったのだ。

津波がスリランカを襲ったのは、運命を決したこの選挙から八カ月後のことだった。「スリランカ再生計画」が潰れたことを嘆いていた人たちは、津波という大災害の持つ意味をすぐさま理解した。崩壊した家や道路や学校や鉄道を再建するために、新政府は外国から何十億ドルという融資を受けなければならない。一方の融資する側も、国家の壊滅的危機に直面すればどんな経済的ナショナリストでも態度を軟化させることを十分知っている。そして前回は開発計画を阻止するために道路を封鎖し、大規模な反対集会を開いた戦闘的な農民や漁民はと言えば……最大の被災者である彼らは目下それどころではない、というわけだった。

津波以降——第二のチャンス

コロンボの中央政府は、災害支援金を一手に握っている先進富裕国に過去の決定を破棄することを伝えるべく、ただちに動き出した。反民営化路線を公約に掲げて当選したチャンドリカ・クマラトゥンガ大統領は、津波が一種の宗教的な啓示となり、自由市場経済に光明を見出すようになったと宣言。沿岸部の視察に訪れた彼女は、瓦礫の真ん中に立ってこう言い放った。「わが国は豊かな自然資源に恵まれていますが、これまでその恵みを十分に役立ててきたとは言えません。(中略)おそらく自然は「もういい加減にしろ」と怒りを爆発させ、四方八方からわれわれを打ちのめすことで、結束の大切さを教えてくれたにちがいありません」(14)。津波はこれまでこの国の海岸や森林を売りに出さなかったことへの〝天罰〟だと言うのだから、なんとも奇抜な解釈である。

〝贖罪〟はただちに始まった。津波発生のわずか四日後、政府は国民が長年強く反対してきた水道事業の民営化を可能にする法案を可決。国内が水浸しとなり、死者を埋葬することもできずにいたこのとき、当然ながら国民の大半はそんな法案が通ったことすら知らなかった——イラクで石油新法が通ったときとよく似たタイミングである。そればかりか政府は、この極度の困窮のさなかにガソリン価格の引き上げを断行した。スリランカ政府が財政的努力をしているという明白なメッセージを融資者に送るためだ。政府はまた、国営電力会社を分割して民間部門に売却する計画のもと、法整備に着手した[15]。

零細漁民の支援団体「スリランカ全国漁業連帯運動」のハーマン・クマラ代表はこの再建計画を、傷つき弱り切った国民を食い物にする意図的な計画だとみなし、これは「企業グローバリゼーションによる第二の津波」だと言う。戦争のあとに略奪が起きるように、最初の津波のあとに「第二の津波」が襲いかかってきたのだ、と。「国民はかつてこうした民営化政策に断固として反対していた。ところが今や人々は避難所で食べるものもなく、明日をどう生き延びるかを考えるだけで手一杯の状態です。寝る場所もなく、住むところもなく、収入の手段をなくし、この先どうやって食べていくか途方に暮れている。政府はまさにそういう状況のなかで、計画を勝手に推し進めている。人々がいずれ立ち直って何が決定されたかを知ったときには、もう後の祭りです」

ワシントンの融資機関が津波という好機を利用するべくただちに行動できたのは、過去にこれときわめてよく似た経験をしていたからだった。津波後の惨事便乗型資本主義のリハーサルとなったのは、一九九八年一〇月に中米を襲ったハリケーン・ミッチ後の対応だが、これについてはこれまでほとんど検証されていない。

ハリケーン・ミッチは丸一週間にわたって中米地域に居座り、ホンジュラス、グアテマラ、ニカラグアの海岸や山々を襲って村々を根こそぎ破壊し、九〇〇〇人以上の命を奪った。もともと貧しかったこれらの国々は、外国からの援助なしにはとうてい立ち直ることはできなかった。援助はたしかに来たものの、それには膨大な代償が伴った。ハリケーン襲来から二カ月後、国土がまだ瓦礫や死体や泥に覆われていた時期に、ホンジュラス議会は空港や海港、幹線道路の民営化を推進する法案を可決、国営の電話会社や電気会社、一部水道事業を迅速に民営化する計画案を通過させた。次に議会は、進歩的な土地改革法を撤廃して外国人が容易に土地の売買ができるようにし、さらには環境基準を引き下げ、鉱山開発の障害となる住民の強制退去を容易にする企業最優先の鉱業法(草案は業界が作成)を強引に可決した。[16]

近隣諸国の動向も似たり寄ったりだった。同じくハリケーン襲来の二カ月後、グアテマラ政府は電話事業の売却計画を発表し、ニカラグア政府も電話事業のほかに電気会社と石油事業の売却計画を打ち出した。『ウォールストリート・ジャーナル』紙によれば、「世界銀行とIMFはニカラグア政府に(通信事業の)売却を迫り、これを年間約四七〇〇万ドルの援助を三年間行なう条件にするとともに、約四四億ドルの対外債務の免除とも関連づけた」。[17]電話会社の民営化とハリケーン災害復興との間にはもちろんなんの関連もないが、ワシントンの融資機関の惨事便乗型資本主義者たちの頭の中では、切っても切れない関係にあるのだ。

その後数年間で売却は完了したが、市場価格よりはるかに安く買い叩かれることも少なくなかった。買い手の大半はかつて自らが民営化した外国の元国営企業で、今や自社の株価上昇を狙って新たな買収物件を世界各地で物色していた。グアテマラの電話会社に飛びついたのは、民営化したメキシコの電話会社テルメックスだ。スペインのエネルギー企業ウニオン・フェノーサはグアテマラのエネルギー企業数社を買収した。民間会社となったサンフランシスコ国際空港はホンジュラスの四つの空港すべてを買収し、ニカラグアの電話会社は、大手会計事務所プライスウォーターハウスクーパースが出した査定額八〇〇〇万ドルの四〇%にすぎない三三〇〇万ドルで売却された。[18]「災害は外国からの投資に好機をもたらす」――グアテマラの外務大臣は一九九九年にダボスで開かれた世界経済フォーラムに出席した際、こう述べた。[19]

二〇〇四年末に津波が発生したときには、ワシントンの融資機関はハリケーン・ミッチ方式をさらに一歩進め、個々の法律改正のみならず、復興事業全体を企業が直接コントロールすることを目指す態勢を整えていた。スマトラ沖地震の津波と同規模の大災害に見舞われれば、世界のどの国でも包括的な復興計画が必要となるし、その際、外国からの支援金を有効に使い、資金が確実に被災者のもとに届くよう努めるのが当然である。ところがスリランカ大統領はワシントンの融資機関からの圧力のもと、国民から選出された国会議員には復興計画の立案を任せないとして、津波襲来のわずか一週間後に「国家再建特別委員会」というまったく新しい組織を結成する。スリランカ復興の基本計画を決めて実行に移す全権を有するのは国会ではなく、この小集団だというのだ。委員会はスリランカの金融界と産業界を代表する有力者で構成され、しかも一〇人の委員のうち五人までがスリランカ最大のリゾートホテルを擁する海浜観光業界の株を直接保有していた。[20]委員には漁業や農業を代表する者はおろか、環境問題の専門家や科学者も一人もおらず、災害復興の専門家さえ含まれていなかった。委員長に就任したのは、かつての民営化の帝王マノ・ティッタウェラである。「これはモデル国家を打ち立てる機会だ」と彼は言い切った。[21]

この国家再建特別委員会の設立は、自然災害の力を借りた新手の企業クーデターを意味していた。他の大多数の国と同じくスリランカでもシカゴ学派の政策は国民の不評を買い、民主主義のルールに則って阻止された。二〇〇四年の選挙結果はそのことを如実に示している。ところがスリランカ国民が国家の非常事態に対処するために結束し、国会議員が支援金を国庫から出させようと必死になっている間に、国民が選挙で示した明白な意思は無視され、選挙民の意見を反映しない産業界の直接統治に取って代わられたのだ。これは惨事便乗型資本主義にとっても、かつてないことだった。

産業界の大物の委員たちは首都から一歩も出ることなく、たった一〇日間で住宅から道路建設に至るまでの国家再建の青写真を作るという荒業をやってのけた。バッファーゾーンの設置――寛大にもホテルだけは建設を許された――が打ち出されたのもこのときだ。委員会はさらに、津波以前には国民の強い反対に遭った高速道路と大型漁港の建設に災害支援金を流用する決定も下した。「私たちにとってこの経済政策は津波以上の大災害です。だからこそ私たちはこれまで必死にそれを阻止しようと戦ってきたし、この前の選挙でもノーを突きつけた」と言うのは、土地の権利問題の活動家サラス・フェルナンドだ。「それなのに津波からたった三週間で以前と同じ計画を持ち出してきた。前もって準備していたことは明らかです*」

＊　フェルナンドはスリランカのＮＧＯ連合組織「土地と農業の改革運動（ＭＯＮＬＡＲ）」の代表を務める。ＭＯＮＬＡＲは津波直後から「国民参加による復興」を求めて活動してきた。

アメリカ政府は自国の企業に巨大契約をもたらすという、すでにイラクで実施ずみの復興支援の方法を取ることで、この国家再建特別委員会に肩入れした。コロラドに本社を置く大手エンジニアリング建設会社ＣＨ２Ｍヒルは、イラクにおける契約事業監督の報酬として二八五〇〇万ドルを取得したが、イラクでの復興事業の失敗に重大な責任を負う立場にもかかわらず、スリランカの復興事業で新たに三三〇〇万ドルの契約を受注した（その後四八〇〇万ドルに拡大）。契約内容は、加工漁船用の深水港を三カ所に建設することと、アルガムベイを「観光客のパラダイス」に生まれ変わらせる計画の一環として橋を建設することだった。[22] 津波災害支援を名目にしていたとはいえ、どちらの計画も当の被災者にとっては災厄以外の何ものでもない。大型トロール船は漁民の獲る魚を全部さらってしまうし、ホテルはビーチから漁民を追放したがっているからだ。クマリが言うように、「『支援』が支援にならないどころか、人々に害をもたらしている」のである。

なぜ米政府は被災者に立ち退きを迫るようなプロジェクトに支援金を使うのか、先の「競争力強化プログラム」の責任者ジョン・ヴァーレイに質問をぶつけてみたところ、彼は次のように説明した。「被災者だけに限定した支援方法は望ましくない。（中略）スリランカ全体の利益になり、国家の成長につながるような支援にすべきなのです」。そして、この状況を高層ビルのエレベーターにたとえてこう言った。最初は少数の人だけが最上階に行くことができるが、彼らが富を築けばエレベーターはまた下に戻って、もっと多くの人を上へ運べるようになる。階下で待っている人たちは、エレベーターが必ず――いつかは――戻ってくることを理解すべきだ、と。

米政府が漁民に対して直接金を出したのはたった一度、海岸の再開発を進める間に漁民が押し込められていた仮設住宅の「改善」のために出された一〇〇万ドルだった。[23]ここからも、トタンとベニヤ板で囲った避難所が「一時的」なものというのは名ばかりで、けっきょくは恒久的なスラム――世界の貧困国のほとんどの大都市周辺に存在するような――と化す運命にあることが浮き彫りになる。スラムの住民を救うための大規模な活動が存在しないのは事実だが、津波の被災者については事情が違うはずだった。彼らが家や生活の糧を失うさまが世界中にテレビで生中継され、過酷な運命に翻弄される被災者の姿を目の当たりにした世界の人々は心底から同情の念を抱いた――彼らが失ったものはなんとしても取り戻させてあげなければ、富者のおこぼれにあずかるトリクルダウン効果などではなく、直接彼らのもとに援助金を届けなければ、と。ところが世銀とＵＳＡＩＤは、世界の大部分の人がまだ気づいていなかったことを見越していた。しばらくすれば津波の被災者が「特別な」存在であるという感覚も薄れ、やがては世界の何十億という顔の見えない貧困者と変わりなくなるというわけである。世界の貧困者の多くはすでにスラム街で水もない生活を送っている。こうしたスラムは一泊八〇〇ドルの超高級ホテルとまるで背中合わせのように増殖し続け、人々はそれをグローバル経済の落とし子として容認してきたのだ。

スリランカ南部の内陸部にあるひときわ荒廃した避難所で、私はレヌカという年若い母親に会った。ぼろをまとっていても目を奪われるほど美しい彼女は、ヴァーレイが言うところの〝エレベーター〟を待っている一人だ。生後六カ月になる末の女の子は、津波発生の二日後に生まれたという。気丈なレヌカは九カ月の身重の体で二人の幼い息子を連れて必死に逃げ、首まで水に浸かりながらもどうにか生き延びた。この奇跡的とも言える生還を遂げた彼女の一家は今、人里離れた干からびた土地でじっと飢えに耐えて生活している。NGOが善意で寄付した二隻のカヌーが、避難所の風景に痛ましさを添えていた。海岸線から三キロメートルも離れ、移動するにも自転車すらない場所では、カヌーはかつての生活を思い出させる以外なんの役にも立たないのだ。被災者を助けようとしている人に向けて、レヌカは私たちにこうメッセージを託した。「もし何かもらえるのなら、この手に直接届けてほしい」と。

「観光共和国」モルディブ

この「第二の津波」に襲われた国はスリランカだけではない。タイ、モルディブ、インドネシアでも、土地の立ち退きや法改正が似たような形で進められた。インド南端のタミルナードゥ州では被災者が食べる物にも事欠き、一五〇人もの女性が自らの肝臓を売るところまで追い詰められた。ある支援活動家は『ガーディアン』紙に、「(州政府は)海岸にホテルを建設したがっているが、そうなれば人々は絶望的な状況に置かれる」と語っている。津波に襲われた国ではどこも「バッファーゾーン」を設け、海岸に暮らしていた人々を追放して開発事業に明け渡そうとした(インドネシアのアチェ州では政府が幅二キロメートルにわたるバッファーゾーンを定めたが、この措置はのちに撤回を余儀なくされた)。[24]

津波から一年後、対外援助金の使途監視などで高く評価される国際開発NGOアクションエイドが、五カ国の津波被災者五万人を対象にした大規模な調査報告書を発表した。結果はどの国でも同じだった。住民は家を建て直すことを禁じられる一方、ホテル建設は積極的に奨励され、仮設避難所は軍が監視する悲惨な留置所同然の場所と化し、本格的な復興作業はいまだほとんど行なわれず、かつての人々の生活様式は一掃されてしまった――という状況だ。この失敗は、意思疎通のまずさや資金不足、腐敗といった通常の理由では片づけられない、問題は構造的かつ意図的なものだ、と報告書は指摘する。「これらの国の政府は被災者に定住用の土地を提供する責任を果たしていない。土地が強奪され、沿岸地域のコミュニティーが無視されて企業利益が優先される間、政府はただ拱手傍観するか、自らそれに手を貸すかしていた」と報告書は結論づけている。[25]

しかし津波を好機として活用したという点では、モルディヴの右に出る国はない。被災国のなかでの注目度はもっとも小さかったと思われるモルディヴだが、政府は沿岸部から貧しい住民を追放するだけでは満足せず、津波を理由にして居住に適した地域の大部分から国民を締め出すという策に出た。

モルディヴはインド洋に浮かぶ一〇〇〇島以上の島(うち住民がいるのは約二〇〇島)から成

り、かつて中米諸国が「バナナ共和国」と呼ばれたことに倣えば、さしずめ「観光共和国」と呼ぶにふさわしい国だ。モルディブ経済が依存するのはトロピカルフルーツならぬトロピカルレジャーで、観光収入が政府歳入のじつに九〇％を占める[26]。気ままで魅惑に満ちたモルディブでのリゾート体験はまさに贅沢の極みだ。真っ白の砂浜に緑が点在する一〇〇島近い「リゾートアイランド」がホテルや船会社、または裕福な個人によって完全管理されており、なかには五〇年もの長期契約で賃借されている島もある。そのなかでもリッチな島のリゾートには、セレブたちが美しいビーチとダイビング、そして個人所有の島ならではの日常から隔離された別世界を求めてやってくる（ハリウッドスターのトム・クルーズとケイティ・ホームズ夫妻もハネムーンで訪れた）。

モルディブのスパリゾートには、伝統的な漁村から「ヒントを得た」高床式の草葺屋根のコテージが立ち並び、各リゾートは互いに競うように、ボーズのサラウンド音響システムやら、フィリップ・スタルク設計の家具が置かれた屋外バスルームやら、まるでとろけるような手触りのシーツやらの贅沢な備品を設置している。それればかりか、陸と海を一体化させることでもリゾート同士は競い合う。ココパームのヴィラはラグーンの上に張り出すように建てられた水上コテージで、ロープのはしごを降りれば海にそのまま入れる。フォーシーズンズのベッドルームは文字どおり海に「浮かんで」いるし、ヒルトンは珊瑚礁の上に建つ世界初の海中レストランを売りにしている。客室には使用人部屋が設けられているものも多く、ある島のリゾートでは「「タクル」と呼ばれる専属のモルディブ人の執事」が二四時間体制で、「マティーニはシェイクとステア、どちらにいたしましょうか?」といった至れり尽くせりのサービスをしてくれる。映画『007』シリーズの舞台にもなったこうしたリゾートの宿泊料金は、最高で一泊五〇〇〇ドルにもなる[27]。

この地上の楽園モルディブに君臨しているのが一九七八年に大統領に就任し、アジアで最長の政権を誇るマウムーン・アブドル・ガユームだ(ガユームは二〇〇八年一〇月の大統領選で敗れ、三〇年の長期政権にピリオドを打った)。ガユーム政権はこれまで反対勢力の指導者を刑務所へ送り込み、反政府系ウェブサイトに書き込みをしただけでも「反政府分子」とみなして拷問するなど、その強権ぶりが非難されてきた[28]。政権批判する者を刑務所島に監禁して人目から隠すことで、ガユーム一派は観光ビジネスに思う存分邁進できたのである。

津波発生前、モルディブ政府は豪華リゾートへの需要の拡大に応え、リゾート島の数をさらに増やす構想を描いていた。その障害となったのは、いつものとおり庶民の存在だった。モルディブ国民は主として自給自足生活の漁師であり、その多くは環礁に点在する昔ながらのひなびた村に暮らしている。だが、漁師が浜で魚をさばく素朴な魅力あふれる光景は極上の楽園のイメージには似つかわしくない、というのが政府の考えだった。ガユーム政権は津波発生のずっと前から、これらの住民を面積が広くて人口も多い、観光客がめったに訪れないいくつかの島に移住させようと説得を続けてきた。これらの島は地球温暖化による水位上昇が起きても安全だという触れ込みだった。だが、さしもの抑圧的な政府も何万人という住民を先祖伝来の土地から引き離すことはできず、「人口統合」計画はおおむね失敗に終わった。[29]

ところが津波の発生後、ガユーム政権はただちに「住むには適さない危険な」島が多くあることが津波によって判明したと発表。政府はかつての計画よりはるかに強引な移住計画をスタートさせ、国からの被災支援金を受け取れるのは指定された五カ所の「安全な島」に移住した者に限るとの方針を打ち出した。[30] こうしていくつかの島からはすでに全住民が退去、他の島でも立ち退きが進行中で、政府の思惑どおり多くの土地がリゾート開発用に明け渡されつつある。

モルディブ政府によれば、世銀をはじめとする国際機関の支持と資金を得て実施されたこの「セーフアイランド・プログラム」は、国民の「大きくて安全な島」に住みたいという要望に応えたものだという。だがインフラさえ修復すれば、自分たちの島に住み続けたかったと言う住民は少なくない。アクションエイドが指摘するように、「住むところを確保し暮らしを立て直すには退去が前提条件だというのだから、国民に選択の余地はない」のだ。[31]

さらに、海抜の低い土地に不安定な建造物を建てるホテルにはなんのお咎めもないとなれば、安全を理由にする政府の言い分への不信感は募るばかりだ。リゾート業者は退去の対象にならなかったばかりか、津波から一年後の二〇〇五年一二月、ガユーム政権は新たに三五の島をリゾート用として最長五〇年の長期契約で賃借すると発表した。[32] その一方、被災者が移住した「安全」な島では失業が増加し、島民と転入者の間で暴力沙汰が起きる事態となっていた。

軍事化する高級化事業

第二の津波とはある意味で、とりわけ衝撃の強い経済的ショック療法だったと言える。というのも津波がじつに効率よく海岸を一掃してくれたおかげで、通常は何年もかかる住民の立ち退きや地域の高級化(ジェントリフィケーション)が、ものの数日あるいは数週間から数カ月で実施できたからだ。それは浅黒い肌をした何十万もの貧しい人々(世銀が「非生産的」とみなす漁民たち)が、大半は白い肌をした大富豪たち(「多くの利益をもたらす」観光客)に場所を明け渡すために、自分たちの意思に反して転住を強いられるという構図だった。まさにグローバル経済が生んだ貧富の二極——違う国というより違う世紀に生きている、といったほどに隔たりがあるこの両者が突如、海岸線をめぐって直接対峙することになったのだ。一方は働く権利を求め、もう一方は遊ぶ権利を主張して。銃で武装した地元警官と民間警備員に援護された、軍事化した高級化事業。それはまさに海岸での階級闘争だった。

もっとも直接的な衝突の舞台となったのはタイだ。津波襲来から二四時間も経たないうちに、開発業者は以前からリゾート地として狙っていた土地に武装した警備員を送り込み、フェンスで囲った。なかには崩壊した自宅に戻ってわが子の遺体を捜したいという被災者が追い払われたケースもある。(33) こうした土地の強奪行為に対処するため、「タイ津波被災者・支援者連合」が緊急に招集された。ほどなく出された声明文は強い調子で次のように述べている。「企業家や政治家にとって津波はその願望をかなえてくれるものだった。かねてからリゾートやホテル、カジノやエビ養殖場を建設する計画の障害になっていたコミュニティーが、沿岸地帯から文字どおりきれいさっぱり洗い流されたからである。彼らにとって、海岸地帯は今や空き地になったのだ！」(34)

空き地――植民地時代に支配を正当化するのに使われたのは、「無主の地(テラ・ヌリウス)」という概念だった。その土地が空いていて「使われていない」とみなされれば領地として奪い、住民を容赦なく排除できるという論理だ。津波に見舞われた国々では、「空き地」という概念にこの醜悪な歴史的共通性がオーバーラップする。そこに呼び起こされるのは、富の収奪や先住民に対する力ずくでの「文明化」といったかつての悪夢だ。アルガムベイの海岸で私が会った漁師ニジャムにとっては、スリランカ政府も植民地主義者と大差はないようだった。「政府の連中は魚や網を汚いもんだって思っているのさ。だから俺たちを浜から追い払おうとしてるんだろう。外国人のご機嫌をとるために、自分の国の国民を野蛮人扱いしているってわけだ」と彼は言う。瓦礫の散乱する海岸は、まさに現代の「無主の地」なのだ。

海岸にはニジャムのほかに、漁から戻ってきたばかりの仲間の漁師たちが大勢いた。海水で目を充血させた漁師たちに、政府が彼らを別の海岸に移住させようとしていることについて聞いてみると、何人かは魚をさばく幅の広いナイフを振り回し、自分たちの土地を守るために「団結して闘う」と宣言した。最初は自分たちもレストランやホテルを歓迎したと彼らは言う。「でも少しだけ土地を譲ってやったら、あいつら全部よこせと言い出したんだ」と、アブドゥルという漁師が怒りをぶつける。津波にも倒れることなく今も木陰を作ってくれている頑丈なヤシの木々を見上げて、マンスールという漁師はこう言った。「これは俺のひいじいさんの、そのまたじいさんとばあさんが植えたヤシの木だよ。ほかの場所へなんて移れるわけがない」。マンスールの親類だという漁師は言う。「俺たちがここを出て行くのは海が干上がったときだけだ」

津波の災害支援金は、喪失によって理不尽なまでの苦しみに苛まれているスリランカ国民に、永続的な平和を構築するチャンスを与えるために寄せられたはずだった。ところがアルガムベイを含む東部海岸一帯では平和どころか、また別の戦争が始まったかのように見える。それは、支援金の恩恵を受けるのはシンハラ人か、タミル人か、あるいはイスラム教徒かをめぐる民族間の争いであり、そして何よりも、真の恩恵が外国人の手に渡り、自国民はすべて食い物にされてしまうかどうかをめぐる争いだった。

私はまたかという暗い気分に襲われた。ここスリランカでも様相が一転し、果てしない破壊がくり返されるもうひとつの「復興した」国になってしまうのだろうか。一年前、私はイラクでも、復興がクルド人と一部のシーア派を優遇する形で進められているという同じような不満を耳にした。スリランカは、イラクやアフガニスタンに比べればよほどましだと、私がコロンボで会った何人かの支援活動家は口をそろえた。この国ではまだNGOが中立の立場にあると――それどころか味方だとさえ――みなされているし、復興という言葉にはまだ明るい響きがあると。だが、そんな状況も変わりつつあった。私がスリランカの首都で目にしたポスターには、スリランカ人が飢えている横で欧米の支援活動家が金をがっぽり貯め込んでいる、という皮肉たっぷりのイラストが描かれていた。

ＮＧＯのロゴマークは沿岸地方一帯のありとあらゆる場所で目につくため、復興事業への人々の怒りの矛先はいきおいＮＧＯに向けられる。一方、スリランカをバリのような観光地に変えることを画策する世銀やＵＳＡＩＤ、それに政府当局者は、ほとんど都会の事務所にこもりきりだ。およそ援助と名のつくものを提供しているのはＮＧＯだけだということを考えると、なんとも皮肉な話ではある。だが同時に、その活動はあまりに不十分であり、人々の怒りを買うのは当然とも言える。問題のひとつは支援組織があまりに巨大化し、地元住民との間に距離ができてしまったことにある。スリランカではＮＧＯスタッフの暮らしぶりが国民的な反感を買っているほどだ。実際、私の会ったスリランカ人のほぼ全員がＮＧＯスタッフの「自堕落な」(ある牧師の言葉)暮らしぶりを口にした——高級ホテル、ビーチに面したコテージ、そして最大の非難が集中するのは真っ白い新車のＳＵＶだ。どの支援団体もこうしたＳＵＶを所有しており、スリランカの狭い未舗装道路には不必要な馬力と大きさの車が一日中、避難キャンプの脇を、もうもうと埃を巻き上げながら轟音を立てて走っている。オックスファム、ワールド・ビジョン、セーブ・ザ・チルドレン、といったロゴマーク入りの旗をなびかせて走る彼らは、まるで異星からやってきた訪問者のようだ。熱帯のスリランカでエアコンをガンガンつけて走る着色ガラス仕様の車は、単なる移動手段というより、さながら微気候がまるごと移動しているといった趣である。

人々の憤りが増大するのを見ていると、スリランカも遠からずイラクやアフガニスタンと同じ道をたどるのではと憂慮せずにはいられなかった。復興とは強奪同然のものだと受けとめられたイラクやアフガニスタンでは、支援活動家が攻撃の対象にされたのだ。私がスリランカを後にして間もなく、その杞憂が現実となった。国際NGOアクション・アゲインスト・ハンガーのスタッフとして救済活動にあたっていた一七人のスリランカ人が、北東部の港湾都市トリンコマリー近郊の事務所で殺害されたのだ。これが引き金となって凶悪な襲撃事件が相次ぎ、復興作業もただちにストップした。これを受けて多くの支援団体がスタッフの安全を守るために撤退し、その他の支援団体も政府が掌握する南部へと拠点を移したため、津波被害のもっとも大きかった東部とタミル人の支配する北部は援助もなく放置されることになった。こうした状況は、復興資金の分配が不平等だという怒りをいっそう燃え上がらせ、二〇〇六年末に行なわれた調査の結果もそれに拍車をかけた。津波で破壊された家屋の大部分はそのまま放置されているなかで、大統領の選挙区である南部だけは住宅の再建率が一七三％という驚異的な数字を示したのだ[35]。

東部のアルガムベイ近くに残って活動を続けていた支援スタッフは、新たな避難民の波に対応しなければならなくなった。暴力の拡大で、何十万という人々が家を捨てて逃げてきたからだ。「もともとは津波で破壊された学校を再建するためにやってきた国連のスタッフが、暴力を逃れて避難してきた人々のトイレを作る作業に追われている」と、『ニューヨーク・タイムズ』紙は報じている[36]。

二〇〇六年七月、タミル・タイガーは停戦合意の終了を宣言。復興作業は全面ストップし、内戦は再び激化の一途をたどった。その後一年足らずの間に四〇〇〇人以上の死者が出ている。東部海岸で津波後に再建された家屋はまだほんの一部だったが、新しく建てられた数百戸の家には銃弾が撃ち込まれ、取り付けたばかりのガラス窓は粉々に割れて屋根は爆撃で崩れ落ちた。

津波を惨事便乗型資本主義の好機に転じようという決定が、内戦の激化にどこまで影響したかを正確に測ることはできない。これまでも和平はきわめて不安定なものだったし、どの陣営にも互いへの不信感が渦巻いていた。ただひとつたしかなのは、スリランカに平和を根づかせるためには、戦争が人々にもたらす以上の恩恵がなければならないということだ(たとえば内戦中は、政府軍が兵士の家族の面倒を見るし、タミル・タイガーも戦闘員や自爆兵士の家族の面倒を見るという具体的な経済的恩恵がある)。

津波後にスリランカに寄せられた莫大な援助金は、真の意味での「平和の配当」――より平等な国家を築き、建物や道路と同様に人々の信頼も再建できるよう、分裂した社会を立て直すための資源――となる貴重な可能性をはらんでいた。ところが現実にスリランカにもたらされたのは、イラクと同様、「平和のペナルティー」(オタワ大学の国際政治学者ローランド・パリスの言葉)だった。国民が何よりも和解と緊張緩和を必要としていたまさにそのとき、過酷な課税や戦闘的な経済モデルが導入され、大部分の人々の生活はいっそう逼迫したのである。[37] 実際、スリランカにもたらされた平和とは、民族紛争の激化にほかならなかった。土地と統治権と栄光を追い求め、暴力は果てしなく続く。企業主義による平和は、短期的には土地の強奪を、長期的にはジョン・ヴァーレイの言う「いつか来るかもしれないエレベーター」を人々にもたらした以外に、なんの恩恵ももたらさなかったのだ。

シカゴ学派の改革が勝利を収めた国ではどこでも、人口の二五％から六〇％にも及ぶ固定的な底辺層が生まれ、社会は一種の戦争状態を呈してきた。だがすでに災害によって国土が荒廃し、民族紛争で傷ついた国に、強制的な移動と文化の破壊を強いる戦闘的な経済モデルを持ち込めば、危険ははるかに増大する。かつてケインズが論じたように、こうした懲罰的平和には政治的結果が伴う――さらにひどい流血の紛争の勃発も含めて。

第20章　災害アパルトヘイト

――グリーンゾーンとレッドゾーンに分断された社会

災害は人を差別することなく、すべての人に〝民主的〟に襲いかかるというのは聞こえのいい作り話にすぎない。災厄が狙い撃ちするのは所有せざる者、危険区域で暮らすしかない者たちだ。エイズ禍にしても同じことだ。

――ハイン・マレー（南アフリカの作家、二〇〇六年）(1)

ハリケーン・カトリーナ（後の失態）は予測できなかったことではない。あれは自らの責務を放棄して民間企業に下請に出した政治構造が招いた結果だ。

――ハリー・ベラフォンテ（アメリカのミュージシャン、人権活動家、二〇〇五年九月）(2)

二〇〇五年九月の第二週、私はいまだ一部が浸水しているアメリカ南部ルイジアナ州ニューオーリンズにいた。夫のアヴィ、そしてイラクにも同行したカメラマンのアンドルーと一緒にドキュメンタリーフィルムの撮影をするためだ。外出禁止となる午後六時、私たちは道に迷い、気がつくと同じ場所をぐるぐる回っていた。なにしろ信号は消えているし、通りの表示板も大方はねじ曲がっているか、吹き飛んでしまっている。多くの道は瓦礫が散乱していたり浸水したりしていて通行できない。そんななか、方向もわからずやみくもに車を走らせているのは、私たちのように外部から来たよそ者ばかりだった。

事故はそのとき起きた。大きな交差点で私たちの車にもう一台の車が真横から衝突したのだ。スピードが出ていたため、車は信号に激突してから鉄のフェンスを突き破り、住宅の玄関前で止まった。どちらの車にも重傷者が出なかったのは不幸中の幸いだったが、私はあっという間に担架に乗せられ、救急車で病院へと運ばれた。どこへ運ばれようといいことはない、と私は脳震盪でぼんやりした頭で考えていた。ニューオーリンズ空港内の仮設病院で目にした悲惨な光景が脳裏に浮かんでいたのだ。そこでは医師や看護師の手が足りず、高齢の被災者たちが車椅子にうなだれて座ったまま何時間も放置されていた。その日の日中、前を通りかかったニューオーリンズ最大の公立病院チャリティー・ホスピタルでは、ハリケーンで水浸しになり電気も止まるなか、スタッフが患者の命を守るために懸命の努力をしたという。私は救急隊員に向かって、すぐに降ろしてほしいと懇願した。大丈夫ですから、本当に、と言ったことまでは覚えているが、どうやらそこで気を失ったらしい。

気がつくと、私は今までに見たこともないほど近代的で静かな病院にいた。オクスナー・メディカルセンター(「安心を与える医療」がキャッチフレーズ)というこの病院は被災者でごった返すほかの病院とは違って、患者の数をはるかに上回る数の医師や看護師、看護助手がいる。塵ひとつない清潔な病棟には患者の姿もまばらだった。すぐに広々とした個室に運び込まれた私は、医療スタッフの一団に取り囲まれて切り傷や擦り傷の手当を受けた。それから三人の看護師に付き添われて首のレントゲンを撮ったあと、南部独特の優雅な物腰のドクターがガラスの破片を取り除いて傷を縫合してくれた。

カナダの公共医療制度に慣れきっていた私には信じられないような体験だった。カナダではかかりつけの医師の診察を受けるのにも四〇分は待たされる。しかもこの病院は、近年のアメリカ史上もっとも深刻な医療緊急事態に直面するニューオーリンズのダウンタウンにあるのだ。やがて病室に事務担当者がやってきて、丁重な調子でこう言った。「アメリカでは医療費は個人が払うことになっていまして……いや、なんともひどいシステムで申し訳ありません。アメリカにもカナダのような医療制度があればいいんですが。この用紙に記入をお願いします」

夜間外出禁止令がなければ、二、三時間のうちには帰れる状態になった。病院のロビーで時間を潰している間、やはり暇を持て余していたガードマンが、こう言った。「いちばんの問題はヤク中の連中だよ。やつら、ヤク欲しさに薬局を襲ってくるからね」

その時間、院内の薬局にはしっかりと鍵がかかっているため、一人のインターン生が痛み止めを融通してくれた。ハリケーン災害のさなかの病院の様子はどうだったか彼に質問してみると、「幸い僕は非番でした。郊外に住んでいるんで」との答えが返ってきた。

どこかの避難所に助っ人に行ったのかと聞くと、彼はその質問に面食らい、やや困惑した表情で「いや、それは考えませんでした」と言う。ちょっとまずかったかなと思った私は、話題を変えてチャリティー・ホスピタルの今後について聞いてみた。この公立病院は予算不足のためにハリケーンの前からまともに機能しておらず、今回の水害でいよいよ閉鎖に追い込まれるのではないかとの憶測が飛び交っていたのだ。「あの病院は再開してもらわないと」と彼は言った。「ここではあそこのような患者は診られませんから」

この好青年の医師やまるでスパ施設のような医療ケア——まさにこれがハリケーン・カトリーナの悲劇をもたらし、この街の最貧層を放置して溺死させた社会そのものを映し出しているのではないか。そう私には思えてきた。私大の医学部を卒業し、私立病院でインターン生となった彼は、アフリカ系が大多数を占める無保険のニューオーリンズの住民が自分の患者になることなど考えないように教育を受けてきたのだ。ハリケーン前はもちろん、ハリケーンの襲来でニューオーリンズ全市が緊急事態に陥ったときでさえ、その考えは変わらなかった。彼は被災者に同情はしても、彼らが自分の患者だとは思わなかったのである。

ハリケーン・カトリーナの直撃によって、このオクスナー・メディカルセンターとチャリティー・ホスピタルの両極端に分断された社会が、突如その姿を世界にさらした。裕福な人々は街から脱出してホテルにチェックインし、すぐに保険会社に電話をかけた。一方、車を持たない一二万人の市民は避難することもできず、州政府の救助をひたすら待ち続けるしかなかった。人々はSOSのサインを掲げ、冷蔵庫のドアを筏代わりにしながら待ったが、助けはついに来なかった。そうした人たちの姿が世界中に衝撃を与えたのは、医療が受けられない、設備の整った学校に通えないといった日常的な不平等には半ば諦めの気持ちを抱いていても、災害時となれば話は別だとほとんどの人が考えていたからだ。大惨事が起きれば、国家が――少なくとも裕福な国であれば――国民の救済に乗り出すのは当然であり、国民が一致団結し、国もフル回転で救助活動を行なう災害時には、どんなに冷酷な資本主義でも手を休めるはずだ、と。ところがニューオーリンズから流される報道映像は、そうした常識がなんの公の議論もなしに放棄されたことをまざまざと物語っていた。

当初ほんの二、三週間ではあったが、洪水被害のあまりのすさまじさが非情な経済論理を破綻させるかもしれないという可能性が、ほの見えた時期もあった。公的領域に容赦のない攻撃をかけることで人災をいっそう激化させてきた経済優先の論理が、ハリケーンによって揺らぐのではないかと思われたのだ。「今回のハリケーンは、新自由主義(ネオリベラリズム)の虚偽と神話がどんな結果をもたらすのかを、たったひとつの場所で余すところなく見せつけた」と、ニューオーリンズ出身の政治学者アドルフ・リード・ジュニアは書いている(3)。見せつけられた事実とは周知のとおりだ。決壊した堤防は修復されることなく放置され、公共交通機関は財源不足のために機能せず、市の災害対策と言えば「ハリケーンが来たら街の外に避難しましょう」と説くDVDを配布するだけというお粗末さだった。

加えて、連邦緊急事態管理庁（FEMA）の問題もあった。同庁は、政府事業を企業に委託するというブッシュ政権の構想の実験場となっていた。カトリーナが襲来する一年以上前の二〇〇四年夏、ルイジアナ州政府は大型ハリケーンに備えた危機管理計画立案のための予算をFEMAに要求したが、FEMAはこれを拒否。災害の被害をできるだけ小さく抑えるための政府プログラム「災害緩和計画」も、ブッシュ政権によって骨抜きにされた。ところが同じ年の夏、FEMAは「ルイジアナ南部およびニューオーリンズ市における大型ハリケーン災害対策」を策定させるため、イノベーション・エマージェンシー・マネジメントという民間企業に五〇万ドルの契約を発注したのだ[4]。

イノベーション社は金に糸目をつけなかった。一〇〇人以上の専門家を雇い入れ、資金が底を突けばまたFEMAに要求するということをくり返した結果、費用は当初の倍の一〇〇万ドルに膨れ上がった。こうしてでき上がった計画は集団避難を想定したうえで、水の供給方法から被災者用のトレーラーハウスを収容できる空き地の選定までを網羅した、内容的にはきわめて妥当なものだった。ところがまさに想定されていた大型ハリケーンが襲ったとき、策定された対策は何ひとつ実施されなかった。理由のひとつは、この計画が提出されてからハリケーンが襲うまでの八カ月間、FEMAが何も行動を起こさなかったことにある。当時のマイケル・ブラウンFEMA長官は「実行に移すだけの資金がなかった」と弁明している[5]。これこそがブッシュ政権が作り上げたアンバランスな構造の典型である。公共部門は弱体化し、財源不足で機能不全に陥る一方、民間部門には潤沢な資金が回される。民間企業への支払い金額は天井知らずだが、国家の基本機能を支える財源は空っぽなのだ。

イラクの占領当局はけっきょく形だけで中身のない空洞組織だったことが判明したが、ハリケーン直撃後のアメリカ政府も同じであることが露呈した。ニューオーリンズのスーパードームには二万三〇〇〇人の被災者が食料や水もなく取り残され、世界中のメディアが何日間も取材していたというのに、FEMAはその場所がわからなかったのか、救援に駆けつけることはついぞなかった。

『ニューヨーク・タイムズ』紙のコラムニスト、ポール・クルーグマンをして「何もできない政府」と言わせたこの光景は、一部の自由市場経済主義者にも危機感を抱かせた。自由市場を深く信奉していたマーティン・ケリーは、多くの読者を持つあるブログ上で、「ニューオーリンズの堤防の決壊は、ベルリンの壁の崩壊がソ連共産主義にもたらしたのと同じ、深遠かつ長期的な影響を新保守主義にもたらすだろう」と無念そうに書く。「私自身を含め、この思想を奨励してきたすべての人々は、自らの過ちをじっくり時間をかけて反省しなければならない」。筋金入りのネオコン、ジョナ・ゴールドバーグでさえ、次のように「大きな政府」の出動を訴えた。「街が水没し暴動が激しさを増している今、政府は救済に乗り出すべきであろう」(6)

しかし、忠実なるフリードマン信奉者を常時何人か抱えるヘリテージ財団からは、こうした反省の弁は何ひとつ聞こえてこなかった。ミルトン・フリードマンが『ウォールストリート・ジャーナル』紙に書いたように、ハリケーン・カトリーナは悲劇であると同時に「チャンスでもある」とみなされた。ニューオーリンズの堤防決壊から二週間後の二〇〇五年九月一三日、同財団は思想を同じくするイデオローグたちや共和党議員を集めて会議を開き、「ハリケーン・カトリーナとガソリン価格高騰に対処するための自由市場に基づく提言」なるものを作成する。ここには「ハリケーン救済」と謳われた三二の政策提言がリストアップされているが、その内容はすべてシカゴ学派のルールブックそのものだ。たとえば最初の三つの提言の第一は、「被災地域ではデーヴィス・ベーコン法を自動的に一時停止すること」。デーヴィス・ベーコン法とは、連邦政府の受注工事で労働者に一定の生活水準を維持できる賃金を支払うことを義務づけた法律のことだ。第二は、「災害の影響を受けたすべての地域を一律課税の自由企業ゾーンにすること」。そして第三は、「全地域を経済競争ゾーンとすること(包括的な税制優遇措置と規制の撤廃を実施する)」である。このほか、学童のいる家庭にチャーター・スクールで使える利用券（バウチャー）を配付するというものもある。[7] ブッシュ大統領はこれらすべてをその週のうちに実行に移すと発表した。その後、労働基準については元に戻すことを余儀なくされたが、契約企業はそのほとんどを無視した。

ほかにもヘリテージ財団のチームが出したいくつかの提言が、ブッシュ大統領の支持を得た。気象学者によれば、大型ハリケーンが多発する直接の原因は海洋温暖化にある。[8] ところがこのチームは議会に対し、メキシコ湾岸の環境規制を撤廃し、アメリカ国内における新たな精油所の建設や「北極圏野生生物保護区での石油掘削」にゴーサインを出すよう求めたのだ。[9] こうした措置はすべて、温暖化の最大の人為的要因である温室効果ガスの排出を増大させるものであるにもかかわらず、ブッシュはハリケーン・カトリーナ災害対策という名のもと、ただちにこれらの提言を受け入れた。

数週間後、アメリカ南部のメキシコ湾岸は「民間企業による政府運営」を試す実験場と化していった。すでにイラクで試してきた実験の国内バージョンである。政府から大型契約をもぎ取ったのはイラクでもお馴染みの企業だった――ハリバートン傘下のＫＢＲは南部沿岸の米軍基地修復を六〇〇〇万ドルで請け負い、ブラックウォーターはFEMA職員を暴徒から守る仕事を託され、イラクでのずさんな仕事ぶりが批判されていたパーソンズもミシシッピー州の大型架橋プロジェクトに参入した。イラク復興事業の主要な契約企業であるフルーア、ショー、ベクテル、CH2Mヒルの各社も堤防決壊からわずか一〇日後に、被災者用トレーラーハウスを提供する契約を政府から受注。公開入札は行なわれず、契約金額は合計三四億ドルに達した。(10)

当時、少なからぬ者が口にしたように、ハリケーンからわずか数日後にはグリーンゾーンがチグリスからアメリカ南部湿地帯へ移動してきたかのような様相を呈した。イラクとの類似は紛れもない事実だった。ショー社は米軍イラク再建局の元責任者をハリケーン被害対策の陣頭指揮にあたらせ、フルーア社はイラク駐在の上級プロジェクト管理者をハリケーン被災地へ転属させた。「イラクでの復興事業がスローダウンしているため、ルイジアナへ人材を回せる余裕が出た」と、ある企業の代表は説明する。イラクにウォルマートとセブン-イレブンを展開すると豪語していたニュー・ブリッジ・ストラテジーズ社のジョー・オールボーは、ハリケーン災害でもロビイストとして多くの契約取引に関わった。イラクとニューオーリンズの状況があまりによく似ていたため、バグダッドから異動してきたばかりの傭兵のなかには、ここは本当にアメリカかと混乱する者もいた。ニューオーリンズのホテル前に立っていた武装ガードマンに、記者のデイヴィッド・エンダーズが仕事は大変かと尋ねると、ガードマンはこう答えた。「いや、ここもグリーンゾーンみたいなもんですよ」(11)

グリーンゾーンみたいなところはほかにもあった。ハリケーン災害関連の契約事業は八七億五〇〇〇万ドルに上ったが、連邦議会の調査委員会は「大幅な過剰請求、無駄な出費、ずさんな管理」などがあることを指摘した[12](イラクで犯した間違いがそっくりニューオーリンズでくり返されたという事実は、「イラク占領の失敗は、無能力とずさんな管理に起因する単なるミスや不始末が続いたことによるものだ」という主張がもはや通用しなくなったことを物語っている。同じ間違いがこれだけ何度もくり返されている以上、それが間違いなどではない可能性について考えるべき時期に来ている)。

イラクと同様、ニューオーリンズでもありとあらゆる儲けのチャンスが活用された。巨大葬儀チェーン、サービス・コーポレーション・インターナショナル(ブッシュ選挙戦での大口献金者)の子会社ケニヨンは、家屋内や路上に残された遺体の収容作業を受注したが作業は遅々として進まず、遺体は炎天下に何日も放置された。それでも同社の営業の侵害にあたるという理由から、救援隊員や地元の葬儀社がボランティアで協力することは禁止された。ケニヨン社は遺体一体当たり平均一万二五〇〇ドルという料金を請求したが、遺体につける名札の不手際が指摘されるケースが相次いだばかりか、ハリケーンから一年近く経ってもなお、家々の屋根裏から多くの腐乱死体が発見された[13]。

グリーンゾーンとのもうひとつの共通点は、契約の内容と実際との乖離である。瓦礫の除去作業を五億ドルで受注したアッシュブリット社は、伝えられるところでは一台のダンプカーも所有しておらず、下請に丸投げした[14]という。もっと驚く話もある。ＦＥＭＡはニューオーリンズ郊外のセントバーナード郡に救援作業員用の簡易宿泊所を建設するという重要な仕事を、ある会社に五二〇万ドルで発注した。ところが建設は遅れに遅れ、けっきょく完成しなかった。調査の結果、「ライトハウス・ディザスター・リリーフ」というその会社が、じつは宗教団体だったということが判明した。同社の責任者であるゲイリー・ヘルドレス牧師は、「今までやったなかでこれにいちばん近い仕事は、教会の若者のためのキャンプを行なったことぐらいだ」と告白した(15)。

イラクの場合と同じく、米政府は今回も引き出しと預け入れの両方の機能を持つキャッシュマシーンの役目を果たした。大型契約の受注によって政府から金を引き出した企業は、政府にその恩返しをする。

ただし、請け負った仕事をきちんとこなすのではなく、次の選挙のために資金や献身的な選挙運動員を提供するのだ(『ニューヨーク・タイムズ』紙によれば「契約企業のトップ二〇社は二〇〇〇年以降、ほぼ三億ドルをロビー活動に費やし、選挙運動に二三〇〇万ドルを献金した」という。一方、ブッシュ政権は二〇〇〇年から二〇〇六年の間におよそ二〇〇〇億ドルを請負業者への支払いに費やした(16))。

さらにもうひとつのイラクとの共通点に、契約企業が地元労働者を使おうとしなかったことがある。もし企業が地元住民を雇っていれば、彼らは復興事業を単なる仕事としてだけではなく、コミュニティーの受けた傷を癒し再生する作業だと考えたかもしれない。政府の側も、人々が生活を立て直すための一助としてすべての契約企業に地元の労働者を適正賃金で雇うことを条件づけることは簡単にできたはずだ。だがここでもイラクと同様、国民の税金と規制撤廃を利用して企業が創出した経済ブームを、地元住民はただ手をこまぬいて見ているほかなかった。

例によって幾層にも連なる下請業者が取り分を手にしたあと、実際に仕事をする人々の手に入る金はほとんど残っていなかった。ジャーナリストのマイク・デイヴィスが追跡したケースを例に取ると、FEMAは破損した屋根にブルーの防水シートをかぶせる仕事を一平方フィート当たり一七五ドルでショー社に発注したが(防水シートは政府から支給)、下請業者が次々に金を取ったあと、実際に防水シートを取り付ける作業に対して支払われたのは一平方フィート当たりわずか二ドルだった。「言い換えれば、この契約の〝食物連鎖〟においては、実際に仕事を行なう最下位を除くすべての段階に、異常なまでの大金が流れるということだ」とデイヴィスは書く[17]。

ある調査によれば、「街の修復作業にあたっている労働者の四分の一はヒスパニックが大多数を占める不法移民だが、彼らは正規労働者よりもはるかに安い賃金しか得ていない」という。ミシシッピー州では集団訴訟の結果、数社の企業が何十万ドルという未払い賃金を移民労働者に支払うよう命じられたが、まったく賃金が支払われなかったケースもある。ハリバートンとKBRが受注したある作業現場では、そこで働いていた不法労働者らが深夜、雇用主(孫請会社)に叩き起こされ、移民局の職員がやってくると言われたという。大部分の労働者は逮捕を恐れて逃げたが、もし逮捕されていたらハリバートンとKBRが政府契約によって建設した新しい不法移民収容所のどこかに連行されたかもしれない。*[18]

* ニューオーリンズにおける労働条件に関する徹底した調査は行なわれていないが、草の根市民団体アドバンスト・プロジェクトの推定によると、同市の移民労働者の六〇%は少なくとも一部の賃金が未払いだという。

「復興と救済」の名のもとに行なわれる社会的弱者への攻撃は、それだけでは終わらなかった。二〇〇五年一一月、共和党が多数を占める連邦議会は、企業に支払った何十億ドルという契約金や減税による財源不足を埋め合わせるために、四〇〇億ドルに上る連邦予算の削減を決定する。削減の対象となったのは学生ローン、低所得者向け医療保険（メディケイド）、食料配給券（フードスタンプ）などだった。[19]言い換えれば、もっとも貧しい市民が二度にわたって民間企業のぼろ儲けに力を貸したということだ。一度目はハリケーン被害救済が野放しの企業へのばらまきへと変貌する一方で、弱者にはまともな雇用も公共サービスも提供されなかったとき。そして二度目は、そうした膨大な請負業者への支払いのため、全国の失業者や低所得者を直接支援する数少ない政策が切り捨てられたときである。

少し前までは、災害は細分化したコミュニティー同士が壁を乗り越えて団結するという、いわば社会の水平化が見られるまれな機会だった。ところが状況は今や逆転しつつある。災害は、冷酷無情な分断社会――金と人種で生存できるか否かが決まる――という将来の姿を垣間見せる機会となってしまったのだ。

そうした世界秩序をまざまざと見せつけたのが、バグダッドのグリーンゾーンだ。グリーンゾーンの内部は独自の配電網や電話システムから下水設備、石油供給システム、さらには真新しい設備の整った手術室を持つ病院まで完備し、その周囲は厚さ五メートルの壁で守られている。あたかもイラクという、暴力と絶望と怒りが渦巻く危険区域（レッドゾーン）の大海に、巨大要塞と化した遊園地のクルーズ船が浮かんでいる、といった奇妙な様相である。このクルーズ船に首尾よく乗れた者はプールサイドのドリンクでも、ハリウッドの娯楽映画でも、フィットネス・マシーンでも好きなように楽しめるが、他方、乗れなかった者は壁に近づいたというだけの理由で射殺されかねない。

イラクの至るところで、人々がカテゴリー別に分類され、それぞれに大きく異なる価値が付与されるという図式は露骨なまでに明白だった。欧米人と彼らと手を組むイラク人は自分たちの居住区の入口に検問所を、自宅前には防爆壁を設置して防弾チョッキに身を固め、二四時間いつでも呼べるガードマンもいる。国内を移動するときは威嚇的な装甲車列を組み、傭兵たちが「雇い主を守る」という至上命令に従って銃口を窓から外に向ける。彼らの一挙一動に表れているのは、「われわれは選ばれた者であり、われわれの命は誰よりもはるかに尊い」という傲岸なメッセージだ。一方、中産階級のイラク人は、はしごの次の段に必死にしがみつく。彼らには地元の民兵に守ってもらうだけの金もあるし、家族が誘拐されたときに身の代金を払うこともできる。しかし、大多数のイラク国民は自らを守る術をまったく持たない。いつ銃弾や爆弾が飛んでくるかわからない通りを無防備で歩くしかなく、すぐ横の車が爆発しようが身を守るものは身に着けている服以外に何もない。運のいい人間は防弾チョッキを手に入れるが、そうでない者は数珠を握り締めて祈るしかないのだ。

初めのうち、私はグリーンゾーンはイラク戦争だけの特殊な現象だと思っていた。ところがその後の数年間、災害に見舞われたほかの地域を訪れているうちに、惨事便乗型資本主義複合体が飛びつくところにはどこでもグリーンゾーンが出現するということに気づいた。そこでは人々は仲間に入る者と排除される者、守られる側と見捨てられる側という二つの集団に明白に区分されるのだ。

ニューオーリンズもまさにそうだった。以前から貧富の格差で分断されていたニューオーリンズは、ハリケーン被害後には、壁で囲まれたグリーンゾーンと怒り渦巻くレッドゾーンが対決する戦場と化した。原因は水害ではなく、ブッシュ大統領が「自由市場経済の促進による解決」を図ったことにある。ブッシュ政権は緊急予算から公務員の給料を支払うことを拒否し、課税基盤を失ったニューオーリンズ市は、ハリケーン後の数カ月間で三〇〇〇人の職員を解雇することを余儀なくされた。そのなかには都市計画担当の職員一六人も含まれていたが、イラクの「バース党解体」政策とも似て、同市がもっとも都市計画を必要としたまさにそのときに専門職員が解雇される形となった。代わりに巨額の政府資金が民間のコンサルタント(その多くは大手不動産開発業者)へと流れた。[20] そして言うまでもなく、公立学校の教師も何千人という単位で解雇され、フリードマンが提唱したとおり、何十もの公立学校をチャーター・スクールに切り替えるための下地が作られた。

ハリケーンから二年近く経っても、チャリティー・ホスピタルは閉鎖したままだった。市の法廷制度もほとんど機能せず、電力事業は民営化されてエンタージー社に委ねられたが、市内の電力はいまだに完全復旧していなかった。同社は電気料金の大幅値上げをちらつかせて連邦政府から二〇億ドルという巨額の緊急援助金を取りつけたが、これは大きな論争を呼んだ。公共交通システムは骨抜きとなり、被雇用者の約半数が職を失った。公共住宅の大部分は空き家のまま板が打ち付けられ、連邦公共住宅局は五〇〇〇戸の住宅を取り壊すことを決定した。[21] アジアの観光業界団体がビーチから漁民を締め出そうと画策したのと同様、強大な力を持つニューオーリンズの観光業界も公共住宅に目をつけていた。というのもそのいくつかは、同市の観光の目玉である旧市街のフレンチクォーターに近い一等地に建っていたからだ。

板の打ち付けられた公共住宅のひとつ、セントバーナード・ハウジングの前で抗議するための仮設キャンプ建設に参加したエンデシャ・ジュアカリは、こう話す。「あいつらはずっと前からこの公共住宅を狙っていたんだ。でも人が住んでいる限りは何も手を出せなかった。そこで今回の災害で住宅から人がいなくなったのをこれ幸いと、ここを更地にしようってわけだ。(中略)ここはでっかい家やマンションを建てるには絶好の場所だからね。唯一の問題は、貧乏な黒人がそこに居座っていることだったのさ!」[22]

学校、住宅、病院、交通システム、そして街のあちこちで復旧しないままの水道——ニューオーリンズのこうした公共空間は再建されなかったというより、ハリケーンを口実に「消去」されようとしていた。資本主義原理による「創造的破壊」の初期段階では、アメリカ国内の広大な地域で製造業の基盤が崩壊、工場は閉鎖され、住民は見捨てられて「ラストベルト(錆びた工業地帯)」と化した。一方、ハリケーン・カトリーナ以後のニューオーリンズは、欧米世界で初めて出現した荒廃した都市風景という、新たなイメージを提示しているかのようだ。大規模な自然災害と破壊された公共インフラとが相まって、そこには「モールドベルト(カビの繁殖した地域)」とも言える荒涼たる光景が広がっている。

二〇〇七年に米国土木学会が行なった報告によると、アメリカにおける道路、橋、学校、ダムといった公共インフラの整備はきわめて遅れており、基準に達するには今後五年間で一兆五〇〇〇億ドル以上の予算が必要になるという。だが現実には、こうした公共予算は減らされる一方だ[23]。それと同時に、世界中でハリケーンや大型台風、洪水、森林火災といった自然災害がその激烈さと頻度を増しており、各国の公共インフラはかつてないほどの危機にさらされている。近い将来、世界中の多くの都市で、すでに見捨てられ脆弱化した公共インフラが災害によって打撃を受け、主要なサービスが修復も復旧もしないまま放置されることは想像に難くない。一方、富裕層はフェンスに囲まれたゲーテッド・コミュニティーに引きこもり、民営化されたサービスによってニーズを満たすことができるのである。

そうした未来の前兆は、二〇〇六年のハリケーン・シーズンが来る頃にはすでに明らかだった。ハリケーン・カトリーナからたった一年の間に災害対策産業は爆発的に成長した。安全対策が次のビッグ・ビジネスになるとの期待から、おびただしい数の新会社がこの市場に参入してきたのだ。なかでも野心的なのはフロリダ州ウェストパームビーチにある航空会社が売り出した「ヘルプ・ジェット」なる会員制の新事業で、宣伝文句には「ハリケーンからの避難をジェット機利用のバケーションに変える、世界で初めてのハリケーン脱出プラン」と謳われている。ハリケーンが接近してきた段階で、同社は五つ星のゴルフリゾート施設やスパ、またはディズニーランドでの休日プランを用意。会員は予約手続き後、豪華なジェット機でハリケーン被害地から脱出するという寸法だ。「列に並ぶ必要も、混雑に苛立つこともない、厄介な事態を休暇に変える、まさにファーストクラスの体験。(中略)悪夢のような避難騒ぎとは無縁の休日をお楽しみください[24]」

休暇には行けないという人には、民営化による別の対策がある。二〇〇六年、赤十字は災害対策の新たなパートナーとしてウォルマートと提携した。フロリダ半島南端のフロリダキーズ諸島の危機管理の責任者であるビリー・ワグナーは言う。「災害の片がつくまでにすべてが民営化されるだろう。なにしろ彼らには専門知識があるし、資金もある」。彼がこう発言したのは、フロリダ州オーランドで年一回開かれる商業見本市「全米ハリケーン会議」でのこと。この見本市には来たる災害に向けて役立ちそうな商品を売り込む業者が多数集まり、近年急速に拡大している。会場で「自動加熱食品」を売り込んでいたデイヴ・ブランフォードはこう話す。「こんなことを言う人がいましたよ。『これはでっかいビジネスだな。俺も造園業に見切りをつけて、ハリケーン被害地の瓦礫処理業を始めるつもりだ』って[25]」

こうした惨事便乗経済の大部分は国民の税金を投入することで形成されてきた。これも戦闘地域の復興事業ブームのおかげだが、イラクやアフガニスタンで復興事業の〝主役〟を担ってきた巨大企業は、政府から得た契約金のかなりの部分――二〇〇六年のイラク契約事業監査報告によれば、二〇～五五％――を自社の経費にあてたとして、たびたび政治的批判を浴びてきた。(26) 契約金の多くがごく合法的に大型設備投資へと回されてきたのだ。ベクテルは軍用土木機械を大量に買い入れ、ハリバートンは航空機や軍用トラックを購入し、L-3コミュニケーションズ、CACIインターナショナル、ブーズ・アレンの三社は監視偵察システムを構築した。

なかでも際立っていたのは、ブラックウォーターのケースだ。一九九六年に設立された同社はブッシュ政権時代に途切れることなく契約を受注し、その金を使って二万人の傭兵が待機する準軍事組織を作り上げ、ノースカロライナ州に四〇〇〇万～五〇〇〇万ドルをかけた巨大な軍事訓練施設を建設した。ある資料によれば、同社が現在有するものは次のとおりである。「一〇〇～二〇〇トンの人道支援物資を赤十字よりも迅速に届けられる独自の輸送システム、フロリダ州の航空部門に保管された武装ヘリコプターからボーイング767まで二六機の輸送機およびツェッペリン型飛行船一機、全米一の規模を持つ戦術用走行路、（中略）広さ八〇万平方メートルの人工湖に浮かべられた敵船への潜入訓練用の輸送コンテナ、世界各地に八〇のドッグチームを送り込む軍用犬訓練施設、（中略）全長一〇〇〇メートルの狙撃訓練用射撃場」*(27)

＊　この業界のもっとも危惧すべき点のひとつは、そのあからさまな党派性である。たとえばブラックウォーターは妊娠中絶反対をはじめ右派の掲げる政治的主張に同調しており、政治的リスクを分散する他の大手企業とは違い、同社の政治献金はもっぱら共和党に集中している。ハリバートンの選挙献金の八七％、CH2Mヒルの選挙献金の七〇％は共和党に渡っている。政党がこうした企業を選挙戦中に雇って反対陣営のスパイをさせたり、CIA顔負けの秘密工作に従事させたりする日が来ないとも限らない――というのは考えすぎだろうか。

アメリカのある右派メディアは、ブラックウォーターを「善人のアルカイダ」と呼んだが[28]、言い得て妙と言うべきだろう。惨事便乗型資本主義複合体が参入した先ではどこでも、国家の枠の外にさまざまな武装集団が台頭した。考えてみれば当然の話だ。政府を信用しない人々によって国が復興されれば、その国家が脆弱化するのは必至であり、そこに代替的な治安部隊――ヒズボラであれ、ブラックウォーターであれ、マフディ軍やニューオーリンズのストリートギャングであれ――が出現する余地が生まれるというわけだ。

こうして整備された民間企業のインフラは、治安維持というレベルをはるかに超えている。ブッシュ政権時代に契約企業が構築したインフラを全体として見たとき、そこに浮かび上がるのは脆弱化した国家の姿と対照をなす、統合化された強固かつ有能な国家内国家とも言うべきものの姿だ。企業が作り上げたこの〝影の国家〟は、ほとんど公的資金のみによって形成されたものであり（ブラックウォーター社の収入の九〇％は政府からの契約金だ）、社員教育も例外ではない（社員の大部分は元公務員、元政治家、元兵士で占められる）[29]。それにもかかわらず、こうした巨大規模の設備はすべて民間企業が所有・管理しており、資金を提供した市民はこの〝パラレル・エコノミー〟やその資源に対してなんの権利も主張できないのである。

一方、実際の国家は契約企業の助けなしには主要な機能を果たせないほど無力な存在と化している。公共設備は時代遅れとなり、有能な専門家は民間部門に流出してしまった。そのためハリケーン・カトリーナ襲来の際、ＦＥＭＡは事業を企業に割り当てる仕事をする企業を雇わなければならなかった。同様に、アメリカ陸軍は契約事業に関する規約の改定にあたって、軍の大手契約企業のひとつであるＭＰＲＩにその仕事を外注した。もはや軍内部にはそのノウハウを持つ人材がいなかったからだ。ＣＩＡは、あまりに多くの人材が民間諜報機関へ流出したため、同局の食堂で職員に転職話をすることを禁止したほどだった。「つい最近退職した職員は、コーヒーの列に並んでいる間に二回も転職話を持ちかけられたと言う」と『ロサンゼルス・タイムズ』紙は書いている。また、国土安全保障省がメキシコとカナダとの国境にハイテク装置からなる「バーチャル・フェンス」を設置することを決めた際、マイケル・Ｐ・ジャクソン副長官は契約企業に向かってこう言った。「これは異例の申し出ですが(中略)この仕事をどのように進めたらいいか、ぜひ考えを聞かせていただきたい」。同省の監察官は、同省には「(国境警備構想を)効果的に計画、監視、実行するだけの能力がない」と説明している(30)。

ブッシュ政権下、アメリカは国としての体裁だけは――立派な庁舎、大統領の記者会見、政策論争など――なんとか保っている。だが実際の政府の統治機能という点で言えば、〔自社工場を持たずに生産を丸ごと外部委託している）ナイキのオレゴン本社の従業員並みなのだ。

政治家が国民に選ばれた者としての責任を放棄し、それを組織的に外部委託しようと決断すれば、その影響はひとつの政権をはるかに超えたものとなる。いったん市場が形成されれば、その市場を保護する必要が生じ、惨事便乗型資本主義複合体の中核をなす企業は政府や非営利団体をますます競争相手とみなすようになる。政府や慈善団体が従来の任務を果たすために行なうことはすべて、企業の立場からすれば、利益につながる見込みのある契約仕事を取られたとみなされるからだ。

二〇〇六年、超党派のシンクタンク外交問題評議会が発表した「なおざりにされた防衛――国土安全保障支援のために民間セクターの動員を」と題する報告書（その諮問委員会には国内最大手企業の代表者も何人か含まれていた）は、こう警告する。「災害の被災者に緊急支援を提供しようという政府の温情的措置は、民間市場のリスク管理対策に悪影響を及ぼす[31]」。言い換えれば、被災者が政府の救済を当てにしている限りは、民間企業の提供するサービスに金を払う気にはならないというのだ。同様に、ハリケーン・カトリーナから一年後、フルーア、ベクテル、シェブロンなど米大企業三〇社のＣＥＯがビジネス・ラウンドテーブルのもとに集まって結成した「災害対応パートナーシップ」と称するグループも、非営利団体が災害後に行なう活動のなし崩し的拡大、いわゆる「ミッション・クリープ」に苦言を呈している。業界にしてみれば、慈善活動やＮＧＯの活動は権利侵害にあたる――たとえば建築資材がただで寄付されたら、ホームデポ社の販売機会が奪われる――というわけだ。また傭兵企業各社も、スーダンのダルフール紛争の平和維持活動にあたっては国連の平和維持部隊より装備が整っていると声高に主張してきた(32)。

民間企業がこうしたアグレッシブな姿勢を取る背景には、政府からいくらでも契約を獲得できた黄金時代はもはや長くは続かないとの認識がある。惨事便乗経済の民営化に多大な資金を注ぎ込んだことが大きく響いて米政府の財政赤字は急速に増大しつつあり、外注契約が激減するのは時間の問題だ。二〇〇六年末、防衛アナリストは米国防総省の取得予算は二〇一〇年代には二五％減少する可能性があると予測している(33)。

いずれ災害バブルがはじければ、ベクテル、フルーア、ブラックウォーターなどの企業は主要な収入源の大半を失うことになる。国民の税金を使って購入したハイテク機器や装備はそのまま保持し続けるものの、巨額の維持費を賄うには新たなビジネスモデルを見つけなければならない。惨事便乗型資本主義複合体の次の段階がどうなるかは、火を見るより明らかだ。緊急事態が増加の一途をたどり、財源に事欠く政府は無力化し、国民はなす術もない状況に置かれるなか、〝パラレル国家〟たる企業がこの機に乗じて金儲けに走る――災害対策用の設備を市場が許す限りの高価格で、金が払える者なら誰でもかまわず提供するのだ。ビルの屋上から飛び立つ救援ヘリコプターから、飲料水、避難所用簡易ベッドに至るまで、ありとあらゆるものが商品として売りに出される。

金さえあればほとんどの災害から身を守れるという状況は、すでに現実になっている。津波多発地域では早期警戒システムも買えるし、次の新型インフルエンザの流行に備えてタミフルを買いだめすることもできる。ボトル飲料水や発電機はもちろん、衛星電話、はてはガードマンまで金さえ出せば手に入る。二〇〇六年にイスラエルがレバノンを攻撃した際、米政府は当初レバノン在住のアメリカ市民を退避させる費用を本人に払わせようとしたが、けっきょくは撤回した。[34] もし社会がこの方向に進み続ければ、ニューオーリンズで屋根の上に取り残された被災者のあの映像は、アメリカに根強く残る人種差別を垣間見せるものにとどまらず、「災害アパルトヘイト」とも言うべき未来社会を暗示するものになる――すなわち、逃げ出すための経済力のある者だけが生き残れる社会だ。

環境災害であれ、政治的災害であれ、この先惨事が発生した場合を想定したとき、私たちはとかくこう考えがちだ――人々は団結してそれに立ち向かうはずであり、必要なのは危機の深刻さを認識する指導者の存在だ、と。だが本当にそうだろうか。政治家や企業人などエリート層の多くが地球の気候変動にきわめて楽観的な理由のひとつは、自分たちは金の力で最悪の状況から脱出できると思っているからではないのか。またブッシュの支持者にキリスト教終末論者が多い理由の一部はそこにあるのかもしれない。自分たちが創り上げている世界から脱出する非常口があると信じ込む必要があるだけでなく、彼らはまさに「携挙（ラプチャー）」〔上巻一七頁参照〕の寓話を地で行こうとしているのだ。つまり、破壊と惨事を招く社会システムを作り上げておいて、自分たちだけはプライベートヘリによって空中に引き上げられ、聖なる安全圏へ逃げ込むというわけである。

請負業者が政府契約に代わる安定収入源を開拓しようと躍起になるなか、そのひとつとして注目されるのが企業向け防災対策というビジネスだ。これはポール・ブレマーがイラク赴任の前に手がけていた事業で、多国籍企業をがっちり防護壁で固め、たとえ大惨事で国家が崩壊しても、そこにある企業は機能し続けられるようにするというものである。このビジネスの初期の成果としては、たとえばニューヨークやロンドンの大型オフィスビルのロビーに見られる、顔写真入りＩＤカードやＸ線検査装置を導入した空港のようなチェックイン・システムがある。が、業界の野望はそれだけにとどまらず、グローバル通信ネットワークや緊急医療、電力の民営化、さらには大災害勃発時に世界中の労働力を送り込むための交通手段の設置・提供へと拡大している。もうひとつ、惨事便乗型資本主義複合体が成長市場として目をつけたのが地方自治体である。自治体の持つ警察や消防署の業務を民間セキュリティー会社が請け負うというのだ。「ファルージャの中心街で軍隊の代わりにやっていることを、リノ（ネバダ州都）の繁華街で警察の代わりにやろうということだ」。二〇〇四年一一月、ロッキード・マーティン社の広報担当者はそう説明している。(35)

これらの新しい市場は今後一〇年で飛躍的に拡大すると業界は見込んでいる。こうした動向の行く手には何が待つのか？　陸軍特殊部隊デルタフォースで秘密工作の司令官を務め、その後経営コンサルタントとして成功しているジョン・ロブという人物が、その未来像を率直に語っている。大手ビジネス誌『ファースト・カンパニー』のなかで、彼はテロとの戦いがもたらす「最終結果」は「新しい、より弾力的な国家安全保障の形」だと指摘する。それは「国家を中心に構築されるのではなく、民間人や民間企業を中心に築かれる。(中略)すでに医療制度がそうなっているように、セキュリティーも住んでいる地域や勤務先ごとに機能するようになる」というのだ。[36]

さらにロブはこう続ける。「現在の集団的システムから真っ先に脱出するのは裕福な個人と多国籍企業である。彼らはブラックウォーターやトリプル・キャノピーといった民間軍事会社に金を払って自宅や会社の施設を守り、日常生活における安全環境を確保する。そして、資産家ウォーレン・バフェットが運営するネットジェッツ社のようなビジネスジェット事業から発展した民間輸送ネットワークが、こうした富裕層や大手企業を相手に、顧客を安全で設備の整った場所から別の安全な場所へと飛行機で運ぶことになるだろう」。こうしたエリート層で構成される世界はすでにおおむね確立しているが、中産階級も近い将来これに追随し、「セキュリティーのコストを分担する郊外在住者のグループが形成される」と彼は予想する。こうした「〝武装した郊外〟では、非常用発電機や通信回線が配備・維持管理され、(中略)企業でしっかり訓練を受け、独自の最先端の緊急対応システムを備えた」民間の傭兵によって警護されるという。

まさに郊外版「グリーンゾーン」と言うべき世界だ。その一方で、こうした安全圏の外側にいる者は「わずかに残った国の制度に頼るしかない。彼らはアメリカの各都市に流れ込み、至るところで監視の目にさらされ、最低限のサービスに甘んじるか、まったくサービスが受けられないこともある。だが貧困層にとってはそれ以外に避難できる場所はない」という。

　ロブの描く未来図は、まさに現在のニューオーリンズの姿と重なり合う。災害後に出現したのは、フェンスで囲まれた二つのまったく異質な世界だった。一方は人里離れた場所にベクテルやフルーアの下請業者が建設した通称「FEMA村」と呼ばれる避難施設で、ここには低所得層の避難民を収容するトレーラーハウスがずらりと並べられ、民間セキュリティー会社の職員が砂利の敷かれた施設内をパトロールする。訪問者は制限され、マスコミの取材もご法度、収容者はまるで犯罪人のように扱われた。もう一方は、オーデュボンやガーデン地区などの高級住宅地にあるゲーテッド・コミュニティーで、がっちりと防護されたこれらの住宅地は完全に国家から切り離されて存在しているかのようだ。こうしたコミュニティーではハリケーン後数週間で水道が復旧し、非常用の大型発電機も稼動した。病気になれば私立病院で治療を受け、子どもたちは新設のチャーター・スクールに通った。もちろん、彼らには公共の交通機関などは必要ない。ニューオーリンズ郊外のセントバーナード郡では警察機能の大半を民間軍事企業ダインコープが請け負い、近隣のほかの地区では民間セキュリティー会社が直接雇い入れられた。フェンスで囲まれたこの二つの〝民営化国家〟の間にはニューオーリンズ版レッドゾーンが広がる。ここでは殺人事件が急増し、災害のもっともひどかったあのロウワー・ナインス地区のように人っ子一人いない終末的風景が立ち現れた。カトリーナの去った夏にヒットした、人気ラッパー、ジュヴィナイルの曲はいみじくもこう歌う。「俺たちゃハイチみたいに政府のない世に生きている」――それはもはや国家の体をなさないアメリカの姿だった[37]。

ニューオーリンズ在住の弁護士で活動家でもあるビル・クイグリーはこう訴える。「ニューオーリンズで起きていることは、アメリカ各地で進行している問題を凝縮し、より生々しくしたものだ。アメリカ各地の都市ではニューオーリンズと似たような深刻な事態が起きている。どの都市にも放棄された居住地が存在し、公教育や公共住宅、公的医療制度、刑事司法制度などが部分的に切り捨てられている。われわれが今ここで立ち上がらなければ、公的な教育、医療、住宅に反対している人々がアメリカ中をロウワー・ナインス地区にしてしまうだろう[38]」

事態はすでに進行している。来るべき災害アパルトヘイト社会が垣間見られるもうひとつの例を挙げよう。ジョージア州アトランタ近郊の裕福な共和党支持者が多く住む地区では、住民が郡の行政サービスに長年不満を募らせてきた。自分たちの払った税金が、アフリカ系アメリカ人の多く住む低所得地区の学校や警察のために使われるのは我慢できないというのだ。そこで住民らは人口約一〇万人のサンディ・スプリングスという新しい市を郡から独立して発足させることを住民投票で決定した。だが問題は地方自治体組織をどう作るかだった。税の徴収から土地利用規制、公園緑地やレクリエーション施設管理まで、あらゆる行政機能をゼロから作らなければならない。二〇〇五年九月、ハリケーン・カトリーナがニューオーリンズを襲ったその同じ月、建設大手CH2Mヒルが住民らに他に類を見ない売り込みをかけてきた――われわれにお任せくだされば市の体制をゼロから作り上げます、初年度二七〇〇万ドルの資金を出していただければ市の体制をゼロから作り上げます、と。[39]

数カ月後、サンディ・スプリングスは全米初の「民間運営の市」となった。市の正規職員はたった四人、ほかはすべて契約事業者の社員だった。CH2Mヒルのプロジェクト責任者リック・ハースコーンは、サンディ・スプリングスを「政府の機能が関与していないまっさらな白紙」だと表現し、別の記者に対しては「業界でもこれだけの規模の市を丸ごと作り上げた前例はない」と胸を張っている。[40]

『アトランタ・ジャーナル・コンスティテューション』紙は「サンディ・スプリングスが民間業者を雇って新たな市の運営を任せたことは、大胆な実験だと受けとめられた」と報じた。ところがその後一年間に、アトランタ近郊の富裕層居住地域では「民間運営の市」がブームとなり、「フルトン郡北部ではごく当たり前のこと」になった。近隣の地域では次々とサンディ・スプリングスに倣って住民投票を行ない、独立行政区を発足させ、その運営を民間企業に委託することを決定。そのうちのひとつであるミルトン市は、経験を買ってただちにCH2Mヒルと契約した。ほどなく、新しい民間運営の市が集まって独自の郡を立ち上げようという運動が起きた。そうすれば自分たちの税金が近隣の貧しい地区に流れることを防げるというわけである。この〝飛び地〟案に対して、周辺地域からは猛烈な反対が沸き起こり、政治家たちは富裕層からの税収なしには公営の病院も公共交通システムも維持できないと主張した。郡を分割すれば一方では政府機能が崩壊し、一方では過剰なまでのサービスを得るという状況が生まれるというのだ。これはまるでニューオーリンズそのものであり、バグダッドにも少しばかり似ている。[41]

こうしてアトランタ近郊の高級住宅地では、コーポラティズム改革運動が三〇年にわたって追求してきた「国家の剝奪」とも言うべき目的がついに果たされた。単に政府の行なう公共サービスがすべて外部委託されただけでなく、統治という政府機能そのものが民間に委託されたのだ。その新天地を切り拓いたのがＣＨ２Ｍヒルだというのは、大いにうなずける話だ。というのも同社はイラクで、他の請負業者を監視するという政府の中心機能を数百万ドルの契約金で委託され、津波に襲われたスリランカでも港湾施設や橋の建設ばかりでなく、「インフラ再建計画の包括的管理という業務」を任されていたからだ。[42] さらにハリケーン・カトリーナに見舞われたニューオーリンズでは「ＦＥＭＡ村」の建設を五億ドルで受注し、次の災害時にも同様の対応が取れるよう待機状態に置かれた。緊急事態における国家の民営化の達人とも言うべき同社は、今や平時においても同じことを手がけるようになったのだ。イラクが究極の民営化の実験場だったとすれば、テスト段階は確実にクリアしていたのである。

第21章　二の次にされる和平
――警告としてのイスラエル

高いフェンスで囲った場所、それはグラーグ（スターリン政権下の矯正労働収容所）に限らない。高速道路沿いの遮音フェンスや、スポーツスタジアムの特別観覧席、禁煙エリア、空港内のセキュリティー・ゾーン、そして「ゲーテッド・コミュニティー」。（中略）フェンスは〝持てる者〟の特権意識と〝持たざる者〟の羨望を、どちらにとってもきまりの悪い形で露呈する。だがそうは言っても、フェンスにはそれなりの機能がある。

――クリストファー・コールドウェル（『ウィークリー・スタンダード』誌編集長、二〇〇六年一一月）[1]

これまで何十年にもわたり、非常事態の常態化はグローバル経済の損失をもたらすというのが世界の一般通念だった。個々の衝撃的な出来事や危機は、たしかに新たな市場を力ずくで開く際には役立つが、初期のショックが十分その役目を果たしたあと、持続的な経済成長を確保するにはある程度の平和と安定性が必要になるのだ、と。一九九〇年代にあれほどの繁栄が訪れた理由も、それで説明がつくと考えられた。冷戦の終結とともに経済は自由化されて貿易や投資が拡大し、世界各国が相互依存度を高めていくに従って、もはや互いに爆弾を落としあう可能性ははるかに小さくなった、というわけだ。

しかし二〇〇七年、スイスのダボスで開催された世界経済フォーラムで、政財界のリーダーたちはそうした通念が通用しない事態に直面し、困惑する。「ダボス・ジレンマ」と呼ばれたこの困惑とは、『フィナンシャル・タイムズ』紙のコラムニスト、マーティン・ウルフによれば「好調な世界経済と混沌とした政治状況との対照的な関係」だという。世界経済は「二〇〇〇年の株式市場の暴落〔いわゆるITバブル崩壊〕、二〇〇一年九月一一日のテロ事件、それに続くアフガニスタン戦争とイラク戦争、アメリカの経済政策をめぐる論争、一九七〇年代以降最大の原油価格高騰、世界貿易機関（WTO）ドーハ・ラウンド交渉の中断、そしてイランの核開発をめぐる各国間の対立——と、さまざまな衝撃に直面してきた」にもかかわらず、「広範囲にわたる成長の黄金時代」を謳歌している、とウルフは指摘する。ひとことで言えば、世界は荒廃の一途をたどり不安定になる一方、グローバル経済は諸手を挙げてそれを歓迎しているということだ。それから間もなく、ローレンス・サマーズ元米財務長官は、政治と市場の「ほぼ完全な断絶」をこう評した。「まるでディケンズの世界だ。国際関係の専門家は今がかつてない最悪の時代だと言い、投資家はかつてない最高の時代だと言う」(2)

この不可解な動向は、戦闘機（「銃」）と高級自家用ジェット機（「キャビア」）の売上げを比較する「銃対キャビア・インデックス」と呼ばれる経済指標からも読み取れる。過去一七年間にわたり、戦闘機の売上げが好調なときは常に自家用ジェット機の売上げは落ち込み、反対に自家用ジェット機の売上げが伸びたときには戦闘ジェット機が落ち込むという傾向が見られた。たしかに「銃」を売って儲ける武器商人は常に少数は存在するが、世界経済全体から見れば影響力はほとんどない。現代の市場では、紛争や社会的混乱など安定を欠いた状況下では好景気にはなりえない、というのが自明の理とされてきたのだ。

ところが今やそうではなくなった。イラク侵攻の起きた二〇〇三年以降、戦闘機と高級自家用ジェットの売上げは、足並みをそろえるように急速な伸びを示している。つまり、世界はますます平和から遠ざかると同時に、経済収益もどんどん拡大しているのだ。(3) 中国とインドの急速な経済成長が贅沢品の需要増大に一役買っているのも事実だが、ごく小規模にすぎなかった軍産複合体が惨事便乗型資本主義複合体へと拡大したことも大きな要因となっている。今日、不安定な国際情勢で潤っているのは何もひと握りの武器商人だけではない。ハイテク化したセキュリティー産業や建設業者、負傷した兵士を治療する民間医療企業、石油やガス会社、そして言うまでもなく軍事請負企業も巨額の利を得ている。

これだけの規模の収益があれば、景気を押し上げるのに十分なことはたしかだ。ロッキード・マーティンのブルース・ジャクソン元副社長は、イラク解放委員会の委員長としてイラク戦争を大っぴらに煽ったが、同社は二〇〇五年だけで国民の税金二五〇億ドルを手にした。民主党のヘンリー・ワックスマン下院議員によれば、これは「アイスランドやヨルダン、コスタリカなど世界一〇三カ国のGDPより多く、(中略)わが国の商務省、内務省、中小企業局、連邦議会上下院の予算を合わせた額よりも多い」という。ロッキードそのものが「新興成長市場」だった(同社の株価は二〇〇〇〜〇五年の間に三倍に跳ね上がった)。アメリカの株式市場が9・11以降、長期的に下落しないですんだ大きな理由のひとつは、ロッキードのような企業が存在したからだ。通常の株価が低迷を続けるなか、「防衛、セキュリティー、航空各企業の株価の指標」であるスペード・ディフェンス・インデックスは、二〇〇一年から〇六年までに年平均一五%も上昇した。これは同時期のS&P500(アメリカの代表的五〇〇銘柄の株価に基づいて算出される株価指数)の上昇率のじつに七・五倍にあたる。(4)

「ダボス・ジレンマ」にさらに拍車をかけているのは、復興事業の民営化というイラクで作り上げた収益性のきわめて高い経済モデルだ。戦争や自然災害後に競争入札なしの旨みのある契約を受注する大手土木企業を含む建設業界の株価は、二〇〇一年から〇七年四月までに二・五倍に上昇した。復興事業は今や巨大なビジネスと化し、新たな危機が訪れるたびに新規株式公開ラッシュが起きている。イラク復興関連では公開総額三〇〇億ドル、スマトラ沖地震による津波からの復興では一三〇億ドル、ニューオーリンズと周辺湾岸地域の復興では一〇〇〇億ドル、イスラエル軍のレバノン侵攻後の復興では七六億ドルという具合だ。(5)

かつては株価を急落させたテロ攻撃も、今では株式市場に活況をもたらす。二〇〇一年の9・11事件の際には、市場が再開されるやダウ平均株価は六八五ポイントも急落した。ところがそれとは対照的に、二〇〇五年七月七日、ロンドンで同時爆破事件が起きて多数の死傷者が出たときには、アメリカの株式市場の終値は前日より上昇し、ナスダック市場は七ポイント上昇した。翌八月、ロンドン警視庁がアメリカ行きの旅客機爆破テロを計画した容疑者二四人を逮捕したときも、ナスダックの終値は前日より一一・四ポイント上昇したが、その大きな理由はアメリカのセキュリティー関連企業の株価が急騰したことだった。

さらに石油業界も、とてつもない利益を上げている。二〇〇六年、エクソンモービルは四〇〇億ドルという史上最高の収益を記録し、シェブロンなどの競合企業もそれに続く高い収益を上げた。[6] 軍事、建設、セキュリティーに関連する企業と同様、石油業界もまた戦争やテロ攻撃、カテゴリー5レベルの大型ハリケーンが起きるたびに収益を拡大してきた。主要産油地域が不安定な状況に陥った結果、石油価格が高騰すると、そこから短期的な利益を得るばかりでなく、災害を利用して首尾よく長期的収益を得てきたのだ。アフガニスタン復興資金のかなりの部分を新しい石油パイプライン敷設に必要な道路整備事業に振り向けたことしかり(他の大規模復興事業の大部分は頓挫した)、イラク国内が危機に瀕しているさなかに新石油法案を強引に成立させたことしかり、ハリケーン襲来に便乗して一九七〇年代以降アメリカ国内で建設が止まっていた石油精製所の新設を決めたことしかり。このように石油・ガス産業は、大惨事を引き起こす根本原因ともなり、大惨事の発生によって利益を得る側にもなるという二つの意味で災害経済ときわめて密接な関係にあり、まさに惨事便乗型資本主義複合体の〝名誉補佐役〟と呼ぶにふさわしい存在なのである。

今や謀略も不要

近年相次いで起きた大惨事があまりに巨大な利益をもたらすことを見せつけられた結果、世界中にこう考える人は少なくない――富と権力を有する者は自分たちの利益のために意図的に大惨事を起こしているにちがいない、と。二〇〇六年七月にアメリカ住民を対象に行なわれた世論調査では、米政府が9・11事件に加担した、あるいは「中東で戦争を起こしたかったために」事件を知りながら阻止しなかった、と考える者が回答者の三分の一以上を占めた。最近起きたほとんどの大惨事にも同様の疑念がつきまとう。カトリーナが襲ったあと、ルイジアナ州の避難所では堤防は決壊したのではなく、「黒人居住地区を破壊し、白人居住地区が浸水しないようにする」(ネーション・オブ・イスラムの指導者ルイス・ファラカーン)ために、ひそかに爆破されたのだという噂が飛び交った。[7] スリランカでは、津波はアメリカが東南アジアに軍を送り込み、この地域の経済を支配するために海底で爆弾を爆発させて起こしたのだ、という噂を何度も耳にした。

真実はどうか。そこまで邪悪なシナリオはないにせよ、事はもっと深刻だ。常に成長し続けることを要求し、環境規制に対する本格的な取り組みにはことごとく反対する経済システムは、それ自体で惨事――軍事、環境、金融のいずれに関するものであれ――を途切れなく生み出す宿命にある。短期間で簡単に大儲けしたいという欲望に駆り立てられた投機的投資の拡大によって、株式、通貨、不動産の各市場が危機を生み出す装置と化したことは、アジア通貨危機やメキシコのペソ暴落、ドットコム・バブルの崩壊の際にことごとく実証された。さらに、汚染をまき散らす再生不能エネルギー資源、すなわち化石燃料への依存も、異なった種類の危機を呼び寄せている。ひとつは自然災害(一九七五年から四・三倍に増加)、もうひとつは希少資源の支配をめぐる戦争(イラクやアフガニスタンのみならず、ナイジェリアやコロンビア、スーダンなどでも低強度の紛争が起きている)であり、これがさらにはテロ攻撃を誘発している(二〇〇七年のある調査によれば、イラク戦争開始以降テロ攻撃の数は七倍に増えたという[8])。

気候問題にせよ政治情勢にせよ、現時点で火種は十分すぎるほどあり、もはや策を弄して大惨事を引き起こす必要はない。あらゆる点から見て、このまま進めばより激烈な惨事が到来することは間違いない。つまり市場の見えざる手に委ねれば、大惨事は次々に発生するのだ。この点に関して市場はけっして予想を裏切らない。

惨事便乗型資本主義複合体が意図的に大変動を起こすことはないにしても(ただしイラク戦争は明らかな例外かもしれないが)、それを構成する産業界が、現在の破壊的潮流を現状のまま保つために力を注いでいることを裏づける証拠は数多くある。たとえば大手石油企業は長年、気候変動否定論者側に資金援助をしており、エクソンモービルは過去一〇年間に推定で一六〇〇万ドルを投じている。この事実はよく知られているのに対し、災害事業請負企業と世論形成に影響力を持つシンクタンクとの癒着関係についての認識ははるかに低い。全米公共政策研究所や安全保障政策センターなど、ワシントンの有力シンクタンクには軍事企業やセキュリティー関連企業から潤沢な資金が流れ込んでいる。これらのエリート機関が、世界は険悪で脅威に満ちており、問題は力で解決するしかないというメッセージを発信し続ければ、こうした企業にとっては願ったりかなったりだからだ。さらにはセキュリティー産業とメディア業界との結びつきも強まりつつあり、まさにオーウェルが描いた世界を思わせる展開となっている。二〇〇四年、デジタル通信最大手レクシスネクシスは、連邦政府や州政府と密接に連携して監視事業を行なうデータ分析企業セイシントを七億七五〇〇万ドルで買収。同じ年、NBCテレビを傘下に収めるGEは、空港などの公共施設に導入されて賛否両論を呼んでいる爆弾探知機メーカー、インビジョンを買収した。インビジョンは二〇〇一年から〇六年にかけて、国土安全保障省から一五〇億ドルというこの種のものとしては他に類を見ない巨額の契約を受注した。(9)

惨事便乗型産業界がメディアへと徐々に手を広げているこうした動きは、一九九〇年代に隆盛した「垂直統合」を基にした新たな異業種合併の形へと発展するのかもしれない。いずれにせよビジネスの採算が合うのはたしかだ。モスクというモスクにテロリストが潜んでいる、といった具合に社会的パニックが大きくなればなるほど、テレビニュースの視聴率はアップし、生体認証装置や液体爆発物探知機の売上げも伸び、ハイテク・フェンスの需要も増える。開かれたボーダーレスの「小さな地球」という夢物語が高収益を約束したのが九〇年代だったとすれば、二一世紀は要塞化した欧米社会の悪夢――ジハード主義者や不法移民に包囲され、辺りを威嚇することで身を守るしかない――がそれに取って代わった。兵器から石油、エンジニアリング、監視装置、特許薬に至るまで、じつに多くの産業が依存する惨事経済ブームを脅かすものがあるとすれば、それはこの先、気候の安定と世界の地政学的平和がある程度達成されるというシナリオにほかならない。

惨事アパルトヘイト国家としてのイスラエル

アナリストたちが「ダボス・ジレンマ」の謎をなんとか解明しようとした結果、新しい共通理解が生まれつつある。市場が不安定さに慣れ、もはや影響を受けなくなったというわけではない（少なくとも厳密には）。大惨事が次々に発生することが予期される現代にあって、順応性に富む市場が現状に合わせるよう適応した――つまり、不安定こそが安定になったというのだ。9・11以降のこうした経済的現象について議論する際によく引き合いに出されるのが、イスラエルである。というのもイスラエルはこの一〇年間近く、「ダボス・ジレンマ」の小型版をいくつも体験してきたからだ。紛争やテロ攻撃の増大にもかかわらず、テルアビブの証券取引所では株価が記録的な高値を更新してきた。二〇〇五年七月にロンドン同時爆破事件が起きた際、フォックス・ニュースではある証券アナリストが、「イスラエルでは日々テロの脅威にさらされているが、市場はずっと上がり続けている」とコメントした。[10] グローバル経済全般と同じく、イスラエルの政治状況は悲惨なものだ（と大半の人は認めている）が、同国の経済はこれまでにない好景気に沸き、二〇〇七年の経済成長率は中国やインドと肩を並べている。

イスラエルがダボス・ジレンマのモデルケースとして興味深いのは、二〇〇六年のレバノン侵攻や二〇〇七年のハマスのガザ地区占拠などの大きな政治的衝撃にも経済が屈しなかったからだけではなく、暴力の拡大に直接反応して大きく成長する経済システムを巧みに作り上げてきたという点にある。この国の産業界が惨事としっくり親和するのになんら不思議はない。欧米企業がグローバルなセキュリティー・ブームの到来を察知するずっと以前から、イスラエルのハイテク企業はせっせとこのセキュリティー産業の開拓に邁進しており、今日もこの分野では他の追随を許さない。イスラエル輸出協会によれば、同国にはセキュリティー関連製品を販売する企業が三五〇社ほどあると推定され、二〇〇七年には新たに三〇社が参入したという。企業の視点から見れば、イスラエルは9・11以降の市場が見習うべき「手本」となってきた。だが社会的・政治的観点からは、明確な「警鐘」とみなされるべきである。周辺アラブ諸国と紛争を起こし、占領地区での暴力をエスカレートさせながらも一貫して経済ブームに沸くイスラエルの姿は、戦争の継続と惨事の泥沼化を前提にして成り立つ経済がいかに危険であるかを、身をもって示しているからだ。

今日のイスラエルが「銃」と「キャビア」を結びつける能力を持つに至ったのは、過去一五年間にわたって国家経済の特質を大幅に変化させてきた結果である。この変化は同時に、和平実現の破綻に重大な影響――これについてはほとんど検証されていない――を与えてきた。ふり返れば、最後に中東和平の実現に光が差したのは一九九〇年代初め、長い紛争に終止符を打つべきだという気運がイスラエル国内で高まったときのことだ。共産主義が崩壊し、IT革命が始まりつつあったこの時期、ガザ地区やヨルダン川西岸地区でのイスラエルの暴力的占領と周辺アラブ諸国で高まるイスラエル・ボイコット運動が、同国経済の先行きを危うくするにちがいないという予見がイスラエル実業界を広く覆っていた。世界経済に次々と「新興市場」が登場するなか、イスラエルの企業は紛争に足を引っ張られることにはもううんざりだった。地域紛争などに封じ込められるのではなく、高収益の望めるボーダーレスな世界に自分たちも加わりたい。もし政府がパレスチナとの間になんらかの和平協定を結べば、周辺諸国もボイコットを取り下げざるをえない。そうなればイスラエルは中東地域の自由貿易の拠点となるまたとないチャンスをものにできる、と考えたのである。

一九九三年、イスラエル商工会議所連合会のダン・ギラーマン会長はこの考えを積極的に主張した。「イスラエルがただの平凡な国家になるか(中略)それとも多国籍企業が本社を置くシンガポールや香港のように、中東地域全体における流通とマーケティングの戦略的拠点になるか、今はその正念場であります。(中略)これまでとはまったく異なる経済に脱皮できるのです。(中略)今ここで迅速に行動しなければ、千載一遇の経済的機会を逃し、ゆくゆく後悔するはめになるでしょう――「あのときにああしておけば」と」[11]

同じ年、当時のシモン・ペレス外相はイスラエルの記者団に向かって、今こそ和平を実現すべきだと語った。もっともそれは通常の意味での和平ではなかった。「国家間の和平を目指そうというのではない。市場の和平が重要なのだ」とペレスは言った[12]。その数カ月後、イツハク・ラビン・イスラエル首相とヤセル・アラファトPLO議長がホワイトハウスの庭で握手を交わし、オスロ合意が調印された。世界中が歓喜し、ペレス、ラビン、アラファトの三人は翌一九九四年のノーベル平和賞を受賞した。だがその後、事態は暗転する。

オスロ合意は、イスラエル・パレスチナ関係史におけるもっとも楽観的な時期だったかもしれない――が、あの歴史的な握手は交渉の妥結を意味していたわけではない。単に和平プロセス開始の合意が行なわれたにすぎず、積年の問題はほとんど未解決のままだった。チュニジアに亡命していたアラファト自身、ガザへの帰還をまず交渉しなければならなかったうえ、エルサレム帰属問題やパレスチナ難民問題、ユダヤ人入植問題、そしてパレスチナの自決権に関してもイスラエル側との合意は何も取りつけていなかった。オスロ合意とは、まさにペレス本人が言ったように「市場の和平」を推し進めれば、あとのことはそれなりにうまく収まるという考えに基づく戦略にほかならない。すなわち市場を開放してグローバル化の波に乗れば、イスラエル人もパレスチナ人も日々の生活が大きく改善されたことを実感し、「国家間の和平」交渉のための土壌も作られるはずだ――というのが、少なくともオスロ合意の意味だった。

その後、合意が破綻したのにはいくつもの要因がある。イスラエル側ではパレスチナ人の自爆攻撃と、ユダヤ人右翼青年によるラビン首相暗殺に原因があるとの見方が大勢を占めた。他方のパレスチナ側は、和平交渉中にイスラエルが違法入植地をなりふり構わず拡大してきたことを非難し、オスロ和平交渉が「新植民地主義に基づく」(バラク労働党政権のシュロモ・ベン＝アミ外相)ことを示す証拠だと主張した。そこには、「イスラエル人とパレスチナ人の間にいつの日か和平が訪れたとき、両者の間には依存関係が存在し、けっして対等な関係にはならない」(同)という目論見があるというのだ。[13] 和平プロセスを破綻に追い込んだ犯人は誰か、あるいは、そもそも和平実現が本当の目的だったのかをめぐる論争はよく知られており、十分な議論が尽くされてきた。しかし、イスラエルを単独主義へと後退させた二つの要因についてはほとんど理解されず、議論されることもないものの、この二つはともにシカゴ学派による自由市場経済推進運動がイスラエルで独自の形で展開したことと密接に関係している。第一の要因は、ロシアで行なわれたショック療法実験の直接的結果として、ロシアから大量のユダヤ人移民がイスラエルへ流入してきたこと。そして第二は、イスラエルの主要輸出品が伝統的商品やハイテク製品から、対テロ対策に関連する技術や機器へと大きく転換したことである。この二つは和平プロセスを崩壊させる大きな要因となった。すなわちロシアからの移民流入によってパレスチナ人労働力に依存する必要性が小さくなり、占領地の封鎖が行なわれる一方、セキュリティー関連のハイテク経済が急速に拡大した結果、強大な権力と資金を持つ階層の内部に、和平を放棄して「テロとの戦い」を継続し、拡大し続けていくことへの強烈な欲望が生まれたのである。

和平プロセスの開始が、シカゴ学派の実験によってロシアが苦痛にあえいでいた時期と重なったのは、歴史の皮肉ないたずらと言うしかない。ホワイトハウスで握手が交わされた一九九三年九月一三日からちょうど三週間後、エリツィン大統領は戦車で最高会議ビルを包囲し攻撃するというきわめて暴力的な手法で経済ショック療法を推し進めた。

一九九〇年代には約一〇〇万人のユダヤ人が旧ソ連からイスラエルへと移住した。現在のイスラエルのユダヤ人人口の一八%以上がこの時期の旧ソ連からの移民にあたる(14)。イスラエルのような小国にこれほど多くの人間が急激に移住したことによる影響の大きさは計り知れない。比率の上からは、アンゴラとカンボジアとペルーの全国民が一度にアメリカへ移住したのと同じであり、ヨーロッパで言えばギリシャの全国民がそっくりフランスへ移住したのに匹敵する。

旧ソ連からイスラエルへと向かったユダヤ人の第一波には、長年の宗教的迫害を理由にユダヤ人国家に移り住むことを決意した者が少なくなかった。が、その後はロシアの経済ショック療法によって国民生活が困窮化するに従い、ロシアからイスラエルへの移民は増加の一途をたどった。これらの人々はイスラエル建国運動に燃える理想主義的なシオニストではなく(それどころか、ユダヤ人であるという身分証明さえ曖昧な者も多くいた)、切羽詰まって国を脱出してきた経済難民だったのだ。「重要なのは私たちがどこへ行くかではなく、どこから出て行くかだ」と、一九九二年にモスクワのイスラエル大使館前で移民申請の列に並んでいたあるユダヤ人は『ワシントン・ポスト』紙の記者に語っている。「出エジプト」ならぬこの「出ロシア」現象について、ソビエト・ユダヤ人シオニスト・フォーラムのスポークスマンはこう漏らした。「彼らはイスラエルに魅力を感じているのではなく、政治的混乱と経済の崩壊のせいでソ連という国から見捨てられたと感じているのだ」。一九九三年のエリツィンのクーデター以後、それまでをはるかにしのぐ移民の波がロシアからイスラエルに流れ込んだ。これはちょうどイスラエルで和平プロセスが始まった時期に重なる。以後、旧ソ連からイスラエルに流入した移民の数は六〇万人に上った(15)。

この人口の大きな変化は、そうでなくても不安定だったオスロ合意を崩壊させることになる。ロシアから難民が流入する以前、イスラエル経済はガザ地区やヨルダン川西岸地区のパレスチナ人労働者なしでは立ち行かない状況にあった。カリフォルニアがメキシコ人労働者なしにはやっていけないのと同様、パレスチナ人の労働力はイスラエル経済にとって不可欠だった。ガザ地区や西岸地区からは毎日一五万人ものパレスチナ人がイスラエル領内に出かけて行っては道路の清掃や建設工事に従事し、農民や商人もトラックに商品を満載してイスラエルや他の占領地で商売をしていた(16)。当時は互いが経済的に依存しあう関係にあり、イスラエルはパレスチナ占領地が周辺のアラブ諸国と自主的な貿易関係を持つことを禁じる措置まで取っていた。

ところがオスロ合意が成立したちょうどそのとき、深く結びついたこの二者の依存関係が突然断ち切られる。イスラエル政府に奪取された土地の返還を請求し、対等な市民権を求めるパレスチナ人の存在はシオニズム政策の遂行を妨げるのに対し、この時期に移民してきた数十万というロシア人は正反対の影響力を持っていた。彼らはイスラエル国内のユダヤ人比率を大幅に上昇させることでシオニズム政策を後押しすると同時に、安い労働力の新たな供給源となった。突如、イスラエル政府はパレスチナとの関係を刷新するための力を手に入れたのだ。一九九三年三月三〇日、同政府は「封鎖」政策を開始する。イスラエルと占領地との境界線を一度につき数日から数週間封鎖し、パレスチナ人がイスラエルで仕事をしたり物を売ったりできないようにするという措置である。この封鎖政策は、表向きはテロの脅威に備えるための一時的措置として始まったが、すぐに常態化した。しかも占領地とイスラエルとの行き来だけでなく、占領地間の行き来もできなくなり、検問所での取り締まりはいっそう厳しく屈辱的なものとなった。

一九九三年は、新しい時代への希望の夜明けとなるはずの年だった。ところが現実にはこの年、イスラエルの占領地は荒廃した下層民の居住地から息苦しい刑務所へと変質したのである。そして同じ時期、一九九三年から二〇〇〇年の間に、占領地に住むユダヤ人入植者は一挙に倍増した。[17] それまで多くは急ごしらえの入植者の前哨基地だったところが、周囲に壁をめぐらし、通行制限つきの専用道路も完備した緑豊かな郊外の町へと変貌していった。領地を拡大しようというイスラエルの意図は明らかだった。和平プロセスが始まっても、イスラエル政府は引き続きヨルダン川西岸地区にある主要な水源の所有権を主張し、乏しい水資源を独占的に入植地とイスラエル領内に供給した。

ここでもロシアからの新移民たちは大きな役割を担ったが、この点もほとんど検証されていない。ショック療法による通貨切り下げでそれまでの蓄財を失い、無一文でイスラエルにやってきた旧ソ連住民の多くにとって、家やアパートがはるかに低価格で手に入り、しかも政府から特別ローンや援助金まで提供される占領地は大きな魅力だった。大学やホテル、ミニゴルフコースまでそろった西岸地区のアリエル入植地のような意欲的な入植地のなかには、旧ソ連からの移民を一人でも多く呼び寄せようと、誘致担当者を送り込んだり、ロシア語のウェブサイトを立ち上げたりするものもあった。その甲斐あってアリエル入植地の人口は倍増し、今日では商店の看板もヘブライ語とロシア語の両方で表記されるなど、あたかも〝ミニ・モスクワ〟の様相を呈している。住民の半分は旧ソ連からの新移民だ。イスラエルのNGO「ピース・ナウ」の推定によれば、不法入植地に住むイスラエル市民のうち約二万五〇〇〇人はこれらの新移民であり、「自分たちがどこに住むのかよく理解しないままに」入植した者も少なくないという[18]。

オスロ合意からの数年間に、イスラエルは紛争から繁栄への転換という目標を劇的な形でクリアした。一九九〇年代半ばから後半にかけて、イスラエル企業は雪崩を打ってグローバル経済に参入していった。なかでも通信とウェブ・テクノロジーに特化したハイテク企業の成長は目覚ましく、テルアビブとハイファは中東のシリコンバレーと目されるまでになった。ドットコム・バブルの最盛期には、イスラエルのGDPの一五％、輸出の五〇％までがハイテク製品で占められ、『ビジネスウィーク』誌はイスラエルを「世界でもっともテクノロジーに依存した経済」と呼んだ。その依存率はじつにアメリカの二倍にも達していた[19]。

そしてこのハイテク・ブームにおいても、新移民が決定的な役割を果たした。九〇年代にイスラエルに渡ってきた数十万のロシア移民のなかには、旧ソ連の科学研究施設出身の科学者も含まれていた。八〇年の歴史を持つ研究施設で積んだ高度な訓練は、イスラエルの一流技術研究所もかなわない。彼らの多くは冷戦期にソ連の科学技術をリードしてきた専門家であり、イスラエルのあるエコノミストの言葉を借りれば、こうした人材がイスラエルの「ハイテク産業発展の起爆剤」となった。ベン＝アミ元外相は、ホワイトハウスで握手が交わされてからの数年間を「(イスラエル)史上もっとも目覚ましく経済が成長し、市場が開放された時代のひとつ」だったとふり返る[20]。

市場の開放は、イスラエルとパレスチナ双方に恩恵をもたらすとの触れ込みだったにもかかわらず、アラファト周辺の腐敗した幹部は別として、パレスチナ人はオスロ合意後の経済ブームからは明らかに疎外されていた。最大の障害となったのは、一九九三年に実施されて以来現在〔二〇〇七年〕に至るまで、一度も解除されずに続いているイスラエルの封鎖政策である。ハーバード大学の中東研究者サラ・ロイによれば、一九九三年に突如境界線が封鎖されたことによってパレスチナの経済は壊滅的状態に陥ったという。「和平プロセスの間にもっとも深刻な経済的打撃を与えたのが封鎖であり、もとより弱体だったパレスチナ経済に甚大な打撃を与えることになった」と、彼女はあるインタビューで語っている。

パレスチナ人の労働者は働きに行けず、商人は商品を売ることができず、農民は自分の畑に行くこともできなくなった。占領地における一九九三年の一人当たり国民総生産(GNP)は前年比で三割近くも落ち込み、翌九四年にはパレスチナの貧困率は三三%上昇した。一九九六年には、「パレスチナ人労働者の六六％は失業するか、きわめて不完全な雇用状態にあった」と、封鎖政策の経済的影響について広範囲に研究するロイは言う[21]。パレスチナ人にとってオスロ合意がもたらしたのは「市場の平和」どころではなかった。市場は消滅し、仕事は激減し、自由は奪われ、そして何よりユダヤ人の入植地拡大によって土地はどんどん奪われていった。こうした理不尽きわまりない状況が、占領地のパレスチナ人の怒りを一触即発の状態へと追い込んだ。二〇〇〇年九月、当時の外相でありリクード党首のアリエル・シャロンがエルサレムのイスラム聖地アル・ハラム・アル・シャリーフ（ユダヤ人にとっては「神殿の丘」）に足を踏み入れたことをきっかけにその怒りは爆発し、第二次インティファーダ（アル・アクサー・インティファーダ）へと発展していったのである。

イスラエル国内や国際メディアは、和平交渉が決裂した理由を通常、次のように説明する。二〇〇〇年七月、クリントン米大統領の仲介によるキャンプ・デービッド会談で、イスラエルのエフード・バラク首相はパレスチナ側に最大限の譲歩をした。だがアラファト議長はその寛大な提案の受け入れを拒み、和平を真剣に追求する気がないことを露呈した、と。交渉の決裂と第二次インティファーダの勃発を受け、イスラエル国民は和平交渉に見切りをつけて強硬派のシャロンを首相に選出した。さらにイスラエル政府は分離壁――イスラエル側は「防御壁」と呼び、パレスチナ側は「アパルトヘイト隔離壁」と呼ぶ――の建設に着手する。コンクリート壁とスチール製フェンスで構成されるこの壁は、第三次中東戦争後の一九六七年に画定されたグリーン境界ラインを越えて大きくパレスチナ自治区側に食い込んでいた。こうしてイスラエルは広大な入植用地を確保するとともに、地区によっては水資源の三〇%を手中に収めた。[22]

二〇〇〇年のキャンプ・デービッド会談や翌年一月のタバ協議で、アラファトが提示された条件に満足しなかったことはたしかだ。だが同時に、言われてきたほどの好条件が示されたわけでもないのも事実である。キャンプ・デービッドでの提案はかつてないほど寛大なものだったとイスラエルは一貫して主張してきたが、実際のところは、一九四八年のイスラエル建国時に住んでいた土地や家から強制的に立ち退かされたパレスチナ人に対する補償もほとんど含まれず、パレスチナ人が満足できるような最低限の民族自決権も認めていなかった。キャンプ・デービッドとタバの両方でイスラエル政府代表として交渉の席についたベン＝アミでさえ、二〇〇六年には政府の公式見解に反してこう述べている。「キャンプ・デービッドでパレスチナ側がみすみす好機を逸したとは思わない。私がもしパレスチナ人だったら、やはり提案を拒否していただろう[23]」

二〇〇一年以降、イスラエル政府が和平交渉に見切りをつけた背後には、ほかにも要因があった。アラファトのいわゆる「非妥協的態度」や、シャロンが個人的に抱いていた「大イスラエル」構想にも劣らない強力な要因である。そのひとつはイスラエルのハイテク経済の台頭に関連する。一九九〇年代初め、イスラエルの経済エリートたちは経済発展のために和平の実現を望んでいた。だがその後、和平プロセスが進む間に彼らが築いた繁栄は、当初考えられていたように和平に依存するものではなかった。グローバル経済において情報テクノロジーというニッチ市場に活路を見出した結果、イスラエルの経済成長は、それまでのようにベイルートやダマスカスに重い貨物を輸送するのではなく、ロサンゼルスやロンドンへソフトウェアやコンピューター・チップを送ることで達成されるようになった。その結果、周辺アラブ諸国と友好的関係を保ち、占領地での支配体制に終止符を打つ必要性は大幅に薄れたのだ。もっとも、ハイテク・ブームはイスラエル経済の変革の第一幕にすぎない。第二幕はＩＴバブルがはじけた二〇〇〇年以降に訪れる。ハイテク・ブームが去ったあと、イスラエルの主要企業はグローバル市場で次のニッチ・ビジネスを見つける必要に迫られた。

世界でもっともハイテク経済への依存度が高かったイスラエルは、ＩＴバブル崩壊の影響をどの国よりも大きく受けた。イスラエル経済は急降下し、二〇〇一年六月には、およそ三〇〇社のハイテク企業が倒産し、数十万人が解雇されるだろうとアナリストたちは予測した。テルアビブのビジネス紙『グローブ』は、二〇〇二年は「イスラエル経済にとって一九五三年以来最悪の年」だったと見出しで宣言した。(24)

同紙によれば、これ以上の景気悪化が食い止められたのはイスラエル政府がただちに介入して、一〇・七％という大幅な軍事費増大に踏み切ったからだという(財源の一部は社会福祉予算を削ることで賄われた)。さらに政府はハイテク業界に対し、従来の情報・通信分野からセキュリティーや監視の分野へと手を広げるよう奨励した。この時期、イスラエル国防軍が新ビジネスの起業支援とも呼べる役割を果たした。イスラエルは国民皆兵制だが、徴兵期間中、若い兵士たちはネットワーク・システムや監視装置などのハイテク技術を身につける。彼らは兵役が終わると、軍隊で得た知識を生かしたビジネスに乗り出したのだ。こうしてピンポイントのデータ・マイニング〔膨大なデータを分析し、有用な知識や規則を見つけ出すこと〕から監視カメラ、テロリスト・プロファイリング〔犯人の人物像を分析して推定する手法〕まで、さまざまな分野に特化したおびただしい数の新規事業がスタートした。[25] 9・11以降、こうしたサービスや装置に対する需要が爆発的に拡大したことを受け、イスラエルは新たな国家経済構想を打ち出す。ITバブルによる経済成長からセキュリティー・ブームによる成長へと舵を切ろうというのである。リクード党の強硬路線とシカゴ学派の経済理論とがまさに完璧な形で合体し、それをシャロン政権のベンヤミン・ネタニヤフ財務相と、イスラエル中央銀行総裁に就任したスタンレー・フィッシャー(かつてIMF幹部としてロシアとアジアでショック療法を実施した立役者)が具現化したというわけだった。

イスラエル経済は二〇〇三年には驚異的回復を遂げ、翌二〇〇四年には奇跡的とも言うべき成長を見せる。バブル崩壊後の世界で、イスラエル経済はほとんどの欧米諸国よりも好調に推移していた。その成長のカギは、多種多様なセキュリティー・テクノロジーを取りそろえるデパートのような立ち位置にあった。タイミングも申し分なかった。世界各国の政府がいっせいにテロリスト狩りのための装置や、アラブ世界における諜報活動のノウハウを求めるようになったからだ。リクード党主導のもと、イスラエルは過去何十年間もアラブやイスラムの脅威と戦ってきた経験と知識をセールスポイントに、最先端のセキュリティー国家のショールームとしての自らを欧米諸国にこう売り込んだ――あなた方はテロとの戦いに乗り出したばかりだが、われわれは建国以来テロと戦ってきた実績がある。わが国のハイテク企業や民間スパイ会社の手法をぜひ採用されてはいかがですか、と。

イスラエルは一夜にして「テロ対策技術の〝頼れる〟国」(『フォーブス』誌)へと転身[26]、二〇〇二年以降少なくとも六回にわたって世界中の政治家や警察幹部、企業CEOが参加する大規模な国土安全保障会議を主催し、その規模や内容は年々拡大している。安全性への不安から旅行業界が打撃を被るなか、こうしたテロ対策の視察を目的としたツアーが登場したことで損失の一部は解消される形となった。

二〇〇六年二月に開催された会議では、期間中に「テロとの戦いの舞台裏を訪ねる」と銘打ったツアーが企画され、FBI、マイクロソフト、シンガポールのマス・トランジット・システムなどの代表がクネセット(国会議事堂)や神殿の丘、嘆きの壁といった観光スポットを見て回った。彼らはまるで要塞のような警備システムを見学して感嘆の声を上げ、自国での応用の参考にした。二〇〇七年五月にはアメリカの大手空港数カ所から管理責任者を迎え、テルアビブ近郊のベン・グリオン国際空港で採用されている搭乗者プロファイリングおよびスクリーニングの方法を学ぶワークショップを実施。カリフォルニア州のオークランド国際空港航空部門の責任者スティーヴン・グロスマンは、このワークショップに参加した理由を「セキュリティー分野ではイスラエルの右に出るものはいないから」と説明した。なかには背筋が寒くなるような芝居がかったイベントもある。たとえば二〇〇六年に開催された国際国土安全保障会議では、イスラエル軍が「中部のネスジオナ市で大量の死傷者が出たという想定のもと、テルアビブ近郊のアサフ・ハロフェ病院へ搬送するまでの入念なシミュレーション」を行なってみせた、と主催者は言う[27]。

これらの会議は政策会議ではなく、イスラエルのセキュリティー関連企業の手腕を見せつけて大きな利益に結びつけることを目的にしたトレードショーだった。その結果、二〇〇六年にはイスラエルの対テロ関連の製品やサービスの輸出は一五％増加し、二〇〇七年にはさらに二〇％増の年間一二億ドルに達すると見込まれている。また、一九九二年に一六億ドルだった武器輸出高は二〇〇六年には過去最高の三四億ドルに達し、イギリスを抜いて世界第四位の武器輸出国になった。ナスダック市場に上場しているテクノロジー株はイスラエルが世界最多であり(その多くはセキュリティー関連)、アメリカに登録しているテクノロジー関連特許の数も中国とインドの合計を上回る。今やイスラエルの総輸出高の六割がテクノロジー分野で占められ、その多くはセキュリティー関連である[28]。

イスラエルの著名なインベストメント・バンカー、レン・ローゼンは『フォーブス』誌の取材に応えて、「和平より重要なもの、それはセキュリティーだ」と語っている。和平プロセスの間は「皆、経済成長のために和平を求めた。だが今は暴力が成長の妨げにならないよう、セキュリティーを求めている」という[29]。いや、彼の本音はこうだったはずだ——近年のイスラエル経済が飛躍的な成長を果たしたのは、国内外を対象にした「セキュリティー」ビジネスのおかげだ、と。惨事便乗型資本主義複合体が世界の株式市場を救ったように、崩壊の危機にあったイスラエル経済を救ったのは「テロとの戦い」ビジネスだったと言っても、けっして過言ではないのだ。

次にその一端を示す例をいくつか挙げてみよう。

- ニューヨーク警察にかかってきた電話は、イスラエルのナイス・システムズが開発した技術によって録音され、分析される。同社はロサンゼルス警察やタイム・ワーナーの通信も監視しているほか、ロナルド・レーガン・ナショナル空港はじめ多くの大手クライアントに監視ビデオカメラを納入している[30]。
- ロンドンの地下鉄では、イスラエルの大手テクノロジー企業コンバースの子会社、ベリント製の監視カメラが使用されている。同社の監視装置はアメリカの国防総省、ワシントンのダレス国際空港、国会議事堂、モントリオールの地下鉄施設でも使われている。同社は五〇カ国以上に顧客を持ち、アメリカのホームデポやターゲットといった大企業にも社員監視用カメラを納めている[31]。
- ロサンゼルスやオハイオ州コロンバスの市役所職員は、イスラエル企業スーパーコム(ジェームズ・ウールジー元CIA長官が顧問委員会委員長を務める)が開発したICカード身分証明書を携行している。ヨーロッパのある国は同社に「電子国民カード」プログラムを依頼し、別の国は「生体認証付きパスポート」の実験的導入を委託したが、いずれの政策も議論を呼んでいる[32]。

- アメリカの大手電気会社数社が取り入れているコンピューター・ネットワークのセキュリティー・システム（ファイアウォール）は、イスラエルのテクノロジー大手チェックポイントが手がけたものである（電気会社側は社名の公表を避けている）。同社によれば「『フォーチュン500社』の八九％がわが社のセキュリティー・システムを使っている」という。[33]
- 二〇〇七年のスーパーボウル開催を前に、マイアミ国際空港で働く者は全員、「行動パターン認識」と呼ばれる心理システムを使った「怪しい物だけでなく怪しい人物」を見分けるための研修を受けた。このシステムはイスラエルのニューエイジ・セキュリティー・ソリューションが開発したもので、同社のCEOはかつてベン・グリオン空港のセキュリティー部門の責任者だった。ボストン空港、サンフランシスコ空港、グラスゴー空港、アテネ空港、ロンドン・ヒースロー空港をはじめ世界の多くの空港が、こうした搭乗者プロファイリングの研修を空港労働者に受けさせるために同社と契約している。空港以外でもナイジェリアのニジェール川流域の紛争地帯の港湾職員、オランダ司法省職員、「自由の女神像」の警備員、ニューヨーク市警のテロ対策局員なども同社の研修を受けている。[34]
- ハリケーン・カトリーナ以後、ニューオーリンズの高級住宅地オーデュボン・プレースは自警組織の導入を決定、イスラエルの民間セキュリティー会社インスティンクティブ・シューティング・インターナショナルと契約した。[35]
- カナダ連邦警察職員は、警察官と兵士の訓練を専門とするインターナショナル・セキュリティー・インストラクターズ（本社アメリカ・ヴァージニア州）の研修を受けた。同社のインストラクターは「イスラエル国防軍、イスラエル国家警察対テロ部隊、イスラエル総保安局〔イスラエルの秘密警察〕などの(中略)特殊部隊での経験を積んだベテラン」で、「イスラエルの厳しい状況で得た体験」をセールスポイントにしている。同社の顧客リストにはＦＢＩ、米陸軍、海兵隊、海軍特殊部隊、ロンドン警視庁などが並ぶ。(36)

- 二〇〇七年四月、メキシコ国境警備に従事する米国土安全保障省の移民担当特別職員はゴラン・グループの八日間集中訓練コースに参加した。同社はイスラエルの元特殊部隊将校らによって設立され、世界七カ国に三五〇〇人以上の社員を持つ。同社の事業部責任者トマス・ピアソンによれば、このコースは「イスラエル方式を取り入れた」もので、素手での戦いから射撃訓練、そして「ＳＵＶ車を使った積極的なアクション」まであらゆる訓練を行なう。本社は現在フロリダ州にあるが、イスラエル仕込みのノウハウを売り文句にしており、ほかにＸ線機器や金属探知機、ライフル銃などの製造も手がける。顧客リストには各国政府や有名人のほか、エクソンモービル、シェル、テキサコ、リーバイス、ソニー、シティ・グループ、ピザハットなどの大手企業も名を連ねる。(37)
- イギリスのバッキンガム宮殿はセキュリティー・システムの刷新にあたり、イスラエル企業で「防御壁」の建設にもっとも大きく関わった二社のうちのひとつであるマガールに新システムの設計を依頼した。(38)
- メキシコとカナダとの国境に「バーチャル・フェンス」を建設する米国土安全保障省の二五億ドルの大プロジェクト〔電子センサー、無人偵察機、監視カメラ、それに一八〇〇カ所の監視塔まで完備したもの)を受注したボーイングの主要なパートナーの一社は、イスラエルのエルビットである。同社は「防御壁」に大きく関わるもうひとつの企業であり、この「イスラエル史上最大の建設プロジェクト」の総コストもまた二五億ドルだ。[39]

世界各国で要塞化が進むなか(インドとカシミール、サウジアラビアとイラク、アフガニスタンとパキスタンの各国境沿いにも壁やハイテク・フェンスが建設されつつある)、惨事関連業界でもっとも大きな市場となるのは「防御壁」かもしれない。イスラエルの分離壁に対する世界中からの非難の声を、エルビットもマガールも意に介していない——それどころか、ただで宣伝できて好都合とまで考えている——のはそのためだ。「この装置を現実に試した経験を持つのはイスラエル人だけだと信頼してもらっている」と、マガールのCEOジェイコブ・エヴェン゠エズラは胸を張る。[40] 9・11以降、両社の株価は倍以上に上昇したが、イスラエルのセキュリティー関連株はどこも同様だった。「ビデオ監視装置の草分け」と言われるベリント社も9・11以前はまったく収益が上がっていなかったが、二〇〇二年から〇六年にかけて、監視ブームのおかげで株価は三倍以上に跳ね上がった。[41]

イスラエルのセキュリティー企業の目覚ましい業績は、株ウォッチャーの間ではよく知られていても、中東政治の一要因として論じられることはほとんどない。だがこの問題は正面から議論されてしかるべきである。イスラエルが「テロ対策」を輸出経済の中心に据えた時期と、和平交渉を放棄すると同時に対パレスチナ紛争を見直す明確な戦略を打ち出した時期とがぴたりと一致するのは、けっして偶然ではない。このときを境に、イスラエルはパレスチナとの戦いを、領土や権利など特定の目標を掲げた民族主義運動との戦いではなく、グローバルな「テロとの戦い」——非論理的で狂信的な破壊分子との戦い——の一環として捉えるようになったのである。

二〇〇一年以降のイスラエルとパレスチナの情勢悪化の主要な犯人が経済だったというわけではない。言うまでもなく、暴力を激化させる理由は双方に山ほどあった。それでもそうした和平実現が困難な状況下で、一九九〇年代初頭のように、経済が腰の重い政治指導者を交渉の場に押し出す力になった時期もあった。ところがそうした力学を大きく変えたのがセキュリティー・ブームであり、それによって暴力の継続から利益を得る強力な分野がまたひとつ生まれたのである。

それまでシカゴ学派の政策が導入された他の国々と同様、9・11以後のイスラエルの経済ブームは国内の貧富の格差を急速に押し広げていった。セキュリティー産業の発展に伴って民営化の波が起き、社会支出も削減された。これは労働シオニズム〔集団農場や協同組合建設を目指したユダヤ人入植当時からの思想〕というイスラエルの経済的遺産の事実上の崩壊を意味し、同国がかつて経験したことのない不平等が社会に蔓延することになる。二〇〇七年には、国民の二四・四%が貧困層に属し、子どもの貧困率は三五・二%にも達した〔二〇年前は八%〕[42]。ところが、この経済ブームは社会の裾野まで恩恵をもたらさなかった代わりに、ごく一部のイスラエル人、とくに軍と政府に密接に結びついた産業界にとって膨大な旨みがあったため

(おなじみの汚職スキャンダルも多発した)、和平実現へのインセンティブがすっかり消え失せてしまったのだ。

イスラエル産業界の政治的方向性は、まさに劇的に変化した。今日、テルアビブ証券取引所はもはや中東地域の貿易拠点になることではなく、たとえ四方を強固な敵に囲まれても生き残れるような要塞国家となることを、国の将来像として思い描く。その方針転換が明白になったのは二〇〇六年夏、イスラエル政府がヒズボラとの捕虜奪還交渉を放棄して全面戦争へと舵を切ったときだった。イスラエルの大手企業はこのレバノン侵攻を支持しただけでなく、資金援助も行なった。民営化したばかりのメガバンク、レウミ銀行は「われわれは必ず勝利する」「イスラエルは強い」と書かれた車用のステッカーまで配布し、イスラエルのジャーナリストで作家のイツハク・ラオルによれば、「大手携帯電話会社は今回の戦争をブランドを売り込む初のチャンスと捉え、大々的な販促キャンペーンを展開」していた[43]。

イスラエルの産業界にとって、もはや戦争を恐れる理由がないことは明らかだった。紛争は経済成長を阻害すると見られていた一九九三年とは対照的に、レバノンと悲惨な交戦状態にあった二〇〇六年八月、テルアビブ証券取引所の株価は上昇した。同年一月のパレスチナ評議会選挙で強硬派のハマスが圧勝したのを受けて、ヨルダン川西岸地区とガザ地区での紛争が激化した同年の第4四半期にも、イスラエル経済は八％(同時期のアメリカの経済成長率の三倍以上)という驚異的な成長を遂げた[44]。一方、同年のパレスチナ経済は一〇～一五％縮小し、貧困率は七〇％近くにまで達した。

八月に国連がイスラエルとヒズボラの停戦決議を可決してから一カ月後、ニューヨーク証券取引所の主催により、イスラエルへの投資に関する特別会議が開かれた。参加した二〇〇社を超えるイスラエル企業のなかには、多くのセキュリティー企業が含まれていた。当時、レバノン経済は文字どおりの活動停止状態にあった。国内約一四〇カ所の工場――プレハブ住宅から医薬品、牛乳まで、ありとあらゆる製造業――がイスラエルの爆撃やミサイル攻撃によって破壊され、瓦礫の山と化していたからだ。だが、ニューヨークで開かれたこの特別会議は戦争の衝撃をものともせず、明るい展望に浮き立っていた。「イスラエルはこれまでずっとビジネスに門戸を開いてきた。それは今も変わりない」と、イスラエルのダン・ギラーマン国連大使は会議の参加者を歓迎した[45]。

ほんの一〇年前には、戦時にこのような活況が訪れることなど想像もできなかった。和平という歴史的機会を捉えてイスラエルを「中東のシンガポール」にしようと呼びかけたのは、当時イスラエル商工会議所連合会会長の座にあった、ほかならぬギラーマンだった。そのギラーマンが今や戦争支持のタカ派の急先鋒となり、さらなる暴力拡大を主張していた。CNNのニュース番組に出演した際、彼はこう発言している。「すべてのイスラム教徒はテロリストだと言うのは差別的かもしれないし、事実に反しているかもしれない。けれどもほとんどのテロリストがイスラム教徒だというのはまさに事実だ。だからこれはイスラエルの戦争であるだけでなく、世界にとっての戦争なのです[46]」

世界規模の戦いの終わりなき継続というイスラエルの目論見は、9・11後にブッシュ政権が生まれたばかりの惨事便乗型資本主義複合体に対して提示した事業構想と同じものだ。それはどこかの国が勝利するという戦争ではない。そもそも勝つことは重要ではない。壁の外側で低レベルの紛争が果てしなく続くことによって強化される要塞国家を築き、その内部の「セキュリティー」を保つことこそが重要なのだ。ある意味では、イラクで民間セキュリティー企業がやろうとしていること——周辺を固めて本体を守る——と同じである。バグダッドやニューオーリンズ、そしてサンディ・スプリングスといった都市は、惨事便乗型資本主義複合体によって築かれる未来の要塞社会を垣間見せてくれる。だが要塞化がもっとも進んでいるのはイスラエルだ。なにしろ国全体が要塞化されたゲーテッド・コミュニティーと化し、壁の外には永久に見捨てられた人々が暮らすレッドゾーンが広がっているのである。ある社会が平和構築への経済的インセンティブを放棄し、勝利者のいない終わりなき「テロとの戦い」を戦い、それによって利益を得ることにのめり込んだときの姿が、まさにここにある。それは、イスラエルのような部分とガザのような部分で構成される、分断された社会である。

イスラエルの例は極端かもしれないが、そこに作られつつある社会のあり方はけっして特異なものではない。惨事便乗型資本主義複合体はいわゆる低強度紛争と言われる状況を好むが、ニューオーリンズからイラクまで、災害や惨事に見舞われたあらゆる地域が行き着く先もそこにあるようだ。二〇〇七年四月、米軍はバグダッドのいくつかの危険区域のゲーテッド・コミュニティー化に着手した。その地域の周辺をコンクリートの塀で囲い、検問所を設け、生体認証技術を使って住民の出入りを管理しようという計画である。「俺たちもパレスチナ人のようになるんだろうよ」と、アドハミヤ地区のある住民は、自分の住む地域が塀で囲われていく様子を見ながら言った[47]。バグダッドを第二のドバイに変えたり、ニューオーリンズをディズニーランド化したりできないことが明らかになれば、次なる計画はコロンビアやナイジェリアのようにすること――つまり「終わりなき戦い」を継続させることだ。戦闘はおおむね民兵か傭兵に任せ、紛争をあるレベル以下に抑えつつ、傭兵たちにパイプラインや発射基地や水資源を守らせて天然資源を首尾よく手に入れるという寸法である。

コンクリートの壁と感電フェンスで囲われ、検問所が設けられたガザ地区やヨルダン川西岸地区の軍事化されたゲットーは、しばしば南アの「バンツースタン」と比較される。アパルトヘイト政策の一環として存在したバンツースタン、別名ホームランドは、黒人をゲットーに閉じ込め、出入りの際に身分証明書の提示を求めた黒人自治区のことだ。「被占領パレスチナ地域(OPT)で施行されているイスラエルの法律や政府によるやり口はアパルトヘイト政策とじつによく似ている」と、南アの弁護士で国連パレスチナ人権問題特別報告官を務めるジョン・デュガードは、二〇〇七年二月に述べている[48]。たしかにきわめてよく似ているが、両者の間には違いもある。南アのバンツースタンは実質的には労働キャンプであり、アフリカ人を厳しい監視と支配のもとに置いて鉱山労働者として安くこき使うことを目的としていた。しかしイスラエルで考案されたシステムは、それとはまったく逆の考えに立っている。パレスチナ人労働者に仕事を与えず、数百万の人間を「余計者」として放置しておこうというのだ。

厄介者扱いをされてきたのはパレスチナ人だけではない。ロシア人もまた祖国から余計者として扱われたために、まっとうな仕事と生活を求めてイスラエルへと逃げてきた。南アではかつてのバンツースタンは解体したものの、新自由主義が幅を利かせる現在、国民の四人に一人が急速に拡大するスラム地区に住み、やはり余計者とみなされている。[49] 国民の二五%~六〇%にも上る人々を切り捨てるというこの考えは、まさにシカゴ学派の改革運動の特徴だ。その結果、一九七〇年代以降、南米南部地域(サザンコーン)には「打ち捨てられた村」が続々と出現した。南アフリカでも、ロシアでも、ニューオーリンズでも、富裕層は自らの周りに防御壁を築いてきた。だがイスラエルの切り捨て策はその一歩先に踏み出した——自分の周りではなく、危険な貧者の周囲に壁を築いたのである。

終章　ショックからの覚醒
――民衆の手による復興へ

ここボリビアに暮らす多くのインディオの同胞諸君に申し上げたい。過去五〇〇年にわたるわれわれの抵抗運動は無駄ではなかったと。民主主義と文化を守るこの戦いは、わが祖先たちから継承された戦いだ。これはトゥパク・カタリ（植民地統治に反対した一八世紀の先住民の英雄）から引き継がれてきた戦いであり、チェ・ゲバラから引き継がれてきた戦いなのだ。

――ボリビア史上初の先住民出身の大統領エボ・モラレス、二〇〇六年一月二二日、大統領就任宣誓後の演説で(1)

住民がいちばんよくわかっている。地元社会のことなら何から何まで知っているし、自分たちの弱点も承知しています。

――ピチット・ラタクル（アジア災害対策センター事務局長、二〇〇六年一〇月三〇日）(2)

バリオ（貧困地区）の住民は二回、街を建設した。昼間は金持ちの家を建て、夜や週末は皆で協力して自分たちの家を建て、このバリオを造ったんだ。

――ベネズエラの首都カラカスに住むアンドレス・アンティジャーノ（二〇〇四年四月一五日）(3)

二〇〇六年一一月にミルトン・フリードマンがこの世を去ったとき、彼の死によってひとつの時代が終わりを告げることへの懸念を表明した追悼記事は少なくなかった。フリードマンの忠実なる弟子だったテレンス・コーコランは、カナダの『ナショナル・ポスト』紙に次のような追悼文を寄せている。「自由市場経済の最後の偉大な勇者を失ったあとの喪失感は大きい。(中略)彼に匹敵するほどの人物は今の世にはもう存在しない。フリードマンが築き上げ、そのために闘ってきた理念は、はたして今後もずっと生き残るだろうか。信頼性とカリスマ性、そして知的リーダーシップを備えた新しい世代が出てこない限り、その見通しは明るいとは言えない[4]」

だがその一一月、フリードマンの提唱した放任資本主義路線が陥った混迷は、コーコランの懸念よりはるかに深刻だった。アメリカにおけるフリードマンの知的後継者、すなわち惨事便乗型資本主義複合体を立ち上げた新自由主義者(ネオコン)たちは、かつて経験したことのないどん底の状態にあった。ネオコンの絶頂期は一九九四年、共和党が議会の主導権を握ったときだったが、フリードマンの死の九日前に行なわれた二〇〇六年の中間選挙で共和党は民主党に破れ、ふたたび議会の主導権を失ってしまったのだ。共和党の敗因は、第一に政治腐敗、第二にイラク戦争の不手際、そして第三には上院議員に当選した民主党のジム・ウェブの明確な表現を借りれば、アメリカが「一九世紀に姿を消したような階級社会」へと近づいているという国民の認識だった[5]。この三つの破綻の根底にはいずれも、シカゴ学派経済学の柱をなす基本理念——民営化、規制撤廃、社会支出の縮小——がある。

一九七六年、シカゴ学派による反革命運動の最初の犠牲者の一人であるチリの経済学者で政治家のオルランド・レテリエルは、シカゴ・ボーイズがチリ社会にもたらした膨大な貧富の格差は「経済的なマイナスではなく、一時的な政治的成功」だと主張した。言い換えれば、ピノチェト独裁政権の「自由市場」路線は、まさに目論見どおりの結果を出している、と。彼らは調和のとれた経済体制を作り出すのではなく、富裕層をさらなるスーパーリッチに仕立てる一方で、組織労働者階級を使い捨て可能な貧者へと追いやろうとしているというのだ。シカゴ学派のイデオロギーが勝利したところでは、どこも判で押したように貧富の格差が拡大した。中国では目覚ましい経済発展にもかかわらず、この二〇年で都市部の住民と農村部に住む八億人の貧困層との所得格差は倍増し、アルゼンチンでは一九七〇年に上位一〇％の富裕層が貧困層の一二倍の所得を得ていたのに対し、二〇〇二年にはその比率が四三倍に拡大した。チリの「政治的成功」が、まさにグローバル化したのである。フリードマンの死から一カ月後の二〇〇六年一二月、国連の調査報告は「世界の成人人口の上位二％の富裕層が、地球上の世帯財産の半分以上を所有している」と述べた。なかでも格差が著しいのはアメリカである。レーガン大統領がフリードマン流の経済政策を導入した一九八〇年、企業ＣＥＯの平均年収は一般労働者の年収の四三倍だったが、二〇〇五年には四一一倍に跳ね上がった。これらの企業経営者にとって、一九五〇年代にシカゴ大学の社会科学研究棟の地下で生まれた反革命的経済政策は大きな成功をもたらしたが、その勝利のツケは、「分配される富の拡大」という自由市場経済の約束への不信感の広がりとなって返ってきた。中間選挙の選挙戦中にウェブが訴えたように、「トリクルダウン効果など起きなかった」のである。[6]

世界のほんのひと握りの人間が莫大な富を独占するに至るまでのプロセスは、これまで見てきたとおり平和的とはほど遠かったが、そればかりでなく法に触れることもしばしばだった。フリードマン亡きあとのシカゴ学派の指導力についてのコーコランの憂慮は的を射ていたが、問題は単に彼のようなカリスマ性を備えた人物がいないというだけではなかった。当時、世界中であらゆる規制の縛りから市場を解放せよと先頭に立って訴えてきた人物の多くが、数々の不祥事や刑事訴訟——古くは南米諸国での初期の実験に端を発するものから、ごく最近のイラクのケースに至るまで——で身動きが取れない状態にあったからだ。シカゴ学派はその三五年間の歴史を通じて、ビジネス界の有力者や熱意に満ちたイデオローグ、豪腕の政治家らとの密接な協力によって自らのアジェンダを推進してきた。だが二〇〇六年までに、こうした各界の主要人物たちの多くはすでに刑務所に入るか、罪に問われるという状況にあったのだ。

フリードマンのショック療法を最初に実行に移したチリのピノチェト元大統領は自宅軟禁下に置かれ、けっきょく汚職と殺人の罪で裁判にかけられる前に病死した。フリードマンの死の翌日、ウルグアイ警察は、一九七六年に有力な左翼活動家四人を殺害した容疑でファン・マリア・ボルダベリ元大統領を逮捕。ボルダベリは同国がシカゴ学派理論を容赦なく実行した時期に大統領を務め、フリードマンの同僚や弟子を政府の有力な顧問として迎え入れた人物である。アルゼンチンでは、裁判所が軍事政権の元指導者の刑事免責特権を剝奪し、ホルヘ・ビデラ元大統領とエミリオ・マセラ元提督に終身刑を言い渡した。さらに軍政下で中央銀行総裁を務め、民政移管後に経済的ショック療法を強引に導入したドミンゴ・カバーロも「行政詐欺」罪で起訴された。二〇〇一年に経済相に就任したカバーロが国際融資機関から取りつけた融資は数百億ドルにも上った〔アルゼンチンは同年一二月に債務不履行宣言を出し、国家経済が破綻した〕。裁判所はカバーロの個人資産一〇〇〇万ドルを凍結したうえで、当時の政府は国益が損なわれることを「完全に認識」していたと主張した。(7)

ボリビアのゴンサロ・サンチェス・デ・ロサーダ元大統領はかつて〝原爆〟級のショック療法プログラムを自宅の居間で作り上げた人物だが、デモ隊への発砲による殺人容疑や、外国ガス企業と結んだ契約が違法だったとされることなど数件の容疑で起訴された。(8) ロシアでは、ハーバード大学から派遣されたアンドレイ・シュレイファー経済学教授らが詐欺行為で有罪になっただけでなく、ハーバード大学チームの助力によって文字どおり一夜のうちに行なわれた民営化のおかげで億万長者になった新興財閥(オリガルヒ)の多くも、刑務所に入るか海外に亡命した。大手石油会社ユコスの元社長ミハイル・ホドルコフスキーはシベリアの刑務所で禁固八年の刑に服役し、その同僚で同社の主要株主でもあったレオニード・ネブズリンはイスラエルに亡命した。メディア王のウラジーミル・グシンスキーも同じくイスラエルに亡命。政界の黒幕として悪名高いボリス・ベレゾフスキーはロンドンに亡命し、横領などの容疑で逮捕されることを恐れてモスクワには戻れずにいる。だが、彼らはこぞって身の潔白を主張している。[9] カナダの元メディア王で同国きっての強力なフリードマン主義者コンラッド・ブラックは、アメリカで自ら経営していたホリンジャー・インターナショナルの株主に対する詐欺容疑に問われた。検察によれば、ブラックは同社をまるで「コンラッド・ブラック銀行」のように扱っていたという。また、アメリカではエンロンの会長ケネス・レイ(エネルギー業界の規制撤廃による弊害のシンボル的存在とも言うべき人物)が共謀罪と詐欺罪で有罪判決を受けたが、刑に服することなく二〇〇六年七月に病死した。さらに右派のシンクタンク全米税制改革協議会を率いるフリードマン主義者、グローバー・ノークイスト(かつて「政府を全廃したいわけではない。ただサイズをうんと小さくして、バスルームに引きずって行ってバスタブに沈めてやりたいだけだ」という恐るべきコメントを口にした人物)は、ワシントンのロビイスト、ジャック・エイブラモフの汚職スキャンダルに深く関わっていたが、告発は免れている。[10]

ピノチェトからカバーロ、ベレゾフスキー、ブラックに至る全員が、いわれなき政治的迫害の犠牲者を演じようとしているが、このそうそうたる顔ぶれは(これで全員というわけではないが)、新自由主義による創世神話が急速に色あせたことを物語っている。新自由主義に基づく改革運動は、これまで表面上は一応の体裁と合法性をつくろってきた。だが今やその化けの皮が――多くの場合、醜悪な犯罪行為が明るみに出ることに助けられて――はがれ落ち、大きな富の不平等をはらむシステムがあらわとなったのである。

この運動の行く手には法的な問題のほかに、もうひとつの暗雲がたちこめていた。思想的な合意の形成と不可分の関係にあったショック療法そのものの効用が、薄れ始めていたのだ。

軍事政権の犯罪を暴こうとして殺害された初期の犠牲者の一人、アルゼンチンのジャーナリスト、ロドルフォ・ウォルシュは、シカゴ学派の台頭はアルゼンチンにとって一時的な敗北ではあっても、永続的なものにはならないと見ていた。軍事政権による恐怖戦術はたしかにアルゼンチンをショック状態に陥れたが、ショックとはまさにその本質からして一時的なものにすぎない、というのが彼の見解だった。ブエノスアイレスの路上で銃撃される前、ウォルシュは二、三十年後にはショックの効力が消失し、アルゼンチンはふたたび勇気と自信を取り戻して経済的・社会的平等を求めて戦うようになると予想していた。果たせるかな、彼の死から二四年後の二〇〇一年、アルゼンチン国民は国際通貨基金(IMF)主導の緊縮財政に反対して立ち上がり、わずか三週間のうちに五人の大統領を辞任に追い込んだ。

ちょうどその時期ブエノスアイレスに住んでいた私は、人々が「独裁が終わった！」と叫ぶのを目にするにつけ、その意味を測りかねていた。軍事独裁政権はその一七年前、一九八三年に終わっていたからだ。だが今になってみれば理解できる。まさにウォルシュが予見していたように、アルゼンチン国民はそのときやっとショック状態から脱却したのだ。

それ以降、ショック療法の実験が行なわれてきたチリ、ボリビア、中国、レバノンといった国々でも、ショックから目覚めた市民が続々と立ち上がった。かつて戦車や牛追い棒(ピカーナ)、急激な資本逃避や冷酷な合理化によって植えつけられた集団的恐怖から徐々に脱却した多くの人々は、民主主義の拡大と市場の規制強化を求め始めた。こうした要求は、フリードマン理論に対する最大の脅威にほかならない。なぜならそれは、資本主義と自由は不可分の関係にあるというフリードマンの主張の核心に異議を申し立てるものだからだ。

ブッシュ政権は、資本主義と自由は表裏一体だという、この欺瞞に満ちた理念に固執するあまり、二〇〇二年に発表した米国家安全保障戦略(ブッシュ・ドクトリン)のなかに次のような一文を盛り込んだ。「二〇世紀にくり広げられた自由主義と全体主義との大いなる戦いは、自由の側の決定的な勝利によって幕を閉じた。国家を成功させる持続可能なモデルは、自由、民主主義、そして自由企業体制の組み合わせ以外にはありえない[11]」。アメリカの強大な軍事力を後ろ盾にした主張だったが、それでも世界各地の市民がそれぞれの持つ自由を駆使して自由市場主義にノーを突きつけるうねりは、食い止められなかった。当のアメリカも例外ではなく、二〇〇六年の中間選挙後の『マイアミ・ヘラルド』紙には、「自由貿易協定に反対した民主党大勝」という見出しが躍った。選挙から数カ月後の『ニューヨーク・タイムズ』紙とCBSの共同世論調査では、回答者の六四%が国民皆保険制度を導入すべきだと答え、その実現のためなら年間五〇〇ドルまでの増税を含め、「負担を引き受けることに(中略)きわめて前向きの姿勢を示した[12]」。

世界に目を転じれば、各国の選挙で新自由主義経済に強硬に反対する候補者の勝利が相次いだ。二〇〇六年、ベネズエラでは「二一世紀の社会主義」を掲げるウーゴ・チャベス大統領が六三%の得票率で三選を勝ち取った。ベネズエラを似非民主主義国家だと非難しようとしたブッシュ政権だが、それとは裏腹に、同年の世論調査ではベネズエラ国民の五七%が自国の民主主義のあり方に満足していることが示された。これは南米ではウルグアイに次ぐ高い数字である。そのウルグアイでは左派連合政党「拡大戦線（フレンテ・アンプリオ）」が政権を握り、一連の国民投票によって主要事業の民営化が禁止された[13]。言い換えれば、選挙によって「ワシントン・コンセンサス」に正面からノーを突きつけたこの南米二カ国では、国民がふたたび民主主義への信頼を取り戻し、民主主義の力によって自分たちの生活が改善されると信じるに至ったのだ。こうした熱気に満ちた国民とは対照的に、選挙時の公約がどうあれ経済政策に大きな変化のない国々では民主主義への信頼が失われつつあり、このことは投票率の低下や政治家への深い不信感、宗教原理主義の台頭といった現象となって表れている。

ヨーロッパでは二〇〇五年、フランス、オランダ両国の国民投票で欧州憲法（ＥＵ憲法）の批准が否決されたことで、自由市場主義と市民の自由との対決がいっそう表面化した。フランス国民は欧州憲法を、コーポラティズムに基づく秩序の成文化とみなした。これは自由市場主義がヨーロッパを支配するべきかどうか、国民に是非が問われた初めての機会だったが、フランス市民はそれに対して否という回答を突きつけたのだ。パリ在住の作家で市民活動家でもあるスーザン・ジョージはこう語る。「ヨーロッパ全体がひとつの文書に要約されてしまったことなど、一般市民はまったく知らなかった。（中略）引用しようとして初めて実際にそこに何が書いてあるのかを知り、もしこれが憲法として定められれば、改正も修正もできないということがわかって、人々は背筋が凍る思いに襲われたのです[14]」

「野蛮な資本主義」とフランス人が呼ぶものに対する強烈な拒否反応は、さまざまな形をとって表れ、時として反動的で人種差別的な主張になることもある。アメリカでは中産階級の崩壊に対する怒りの矛先が、たやすく不法移民へと振り向けられる傾向が見て取れる。CNNのキャスター、ルー・ダブスは毎晩のように「不法移民の侵入」に反対するキャンペーンを展開、彼らは職を奪い、犯罪を増加させ、「伝染性の強い病気」を持ち込むことによって、「アメリカの中産階級に戦争」をしかけていると煽り立てた[15](移民を〝身代わり(スケープゴート)〟に仕立て上げるこの種の言説は、アメリカ国内でかつてない規模の移民の権利擁護運動を誘発し、二〇〇六年に起きた一連の抗議デモには一〇〇万人以上が参加した。これもまた経済的ショック療法の犠牲者が恐怖を振り払って立ち上がった一例と言えよう)。

同様の現象はオランダでも見られた。二〇〇五年の欧州憲法に対する国民投票の際、反移民政策を掲げるオランダの政党は、投票の意味があたかもポーランド移民流入の是非を問うことにあるかのように見せかけ、大量のポーランド人労働者が西欧諸国の国内賃金を低下させるとの不安を煽り立てた。オランダ、そしてフランスでも、「ポーランド人配管工に対する恐れ」(元欧州委員会委員パスカル・ラミーの言葉を借りれば「配管工恐怖症」)から反対票を投じた国民は少なくなかった[16]。

一方、そのポーランドでも、一九九〇年代におびただしい数の国民を貧困に追いやった政策に対する反発が、いくつかの憂慮すべき偏見を生み出した。労働運動から生まれた「連帯」が当の労働者を裏切る政策に転じたことに幻滅した国民の多くは、新しい政党に活路を求め、やがて超保守政党「法と正義」が政権の座に就いた。現在の大統領レフ・カチンスキ〔二〇一〇年に飛行機事故で死亡〕はかつて「連帯」の活動家だった人物だが、党に不満を募らせ、双子の兄で現在首相の座にある〔在任二〇〇六年七月〜〇七年一一月〕ヤロスワフ・カチンスキとともに「法と正義」を結成。ワルシャワ市長時代には「ゲイ・プライド・デー」のパレードを禁止し、「ノーマルであることにプライドを持つ」イベントに参加して一躍注目を集めた。* 二〇〇五年の議会選挙で、カチンスキ兄弟は主にシカゴ学派の政策を批判する論戦を張って勝利を収め、同党は第一党に躍進した。国民年金制度の廃止と一五％の一律課税というフリードマンの教科書どおりの政策を選挙公約に掲げる対抗勢力に対し、兄弟は、そうした政策は貧者から金を奪い取り、大企業と自己利益を追求する政治家を利するものだと批判した。ところがいざ政権の座に就くと、「法と正義」は同性愛者やユダヤ人、フェミニスト、外国人、共産主義者といった、もっと攻撃しやすい対象に矛先を向けたのだ。「彼らの計画は明らかに〔ポーランド民主化以降の〕過去一七年を攻撃することにある」と、あるポーランドの新聞の社説は書いている。(17)

＊　同性愛者に対する偏見はポーランドでは珍しいことではない。二〇〇七年三月、ロンドン市長ケン・リヴィングストンは「東欧に吹き荒れているゲイおよびレズビアンへの攻撃」に懸念を表明した。

ロシアでも、プーチン時代をショック療法に対する反動だと位置づける見方は少なくない。急成長する経済から排除された貧困層がいまだに何千万人と存在するなか、政治家にとって一九九〇年代初頭の出来事に対する国民の怒りを掻き立てるのはたやすい。その際にしばしば用いられるのは、当時、外国の陰謀がソ連帝国を屈伏させ、「外部支配」のもとに置こうと企んだという説明だ。[18] プーチン大統領がいくつかの新興財閥（オリガルヒ）に対して下した法的処分は、おおかた見せしめにすぎないものの（クレムリン周辺には新たな「国家新興財閥（ステート・オリガルヒ）」が台頭している）、九〇年代のあの忌まわしい混乱を記憶する国民は、プーチンによって秩序が回復したことを――一方で、ジャーナリストや批評家が謎の死を遂げる事件が続発し、秘密警察はなんの咎めも受けていないにもかかわらず――歓迎している。

社会主義の名のもとに、何十年にもわたって残虐行為が行なわれてきた記憶がいまだに生々しく残っているため、ロシア国民にとっての怒りのはけ口はナショナリズムかネオファシズムぐらいしかない。民族間の紛争は年に約三〇％の割合で増加し、二〇〇六年には毎日のようにその事例が報告されている。「ロシア人のためのロシアを」という愛国的スローガンを支持する国民は六〇％近くに上る。[19]「国民の大多数に満足のいく生活を提供するという点で、政府は自分たちの社会・経済政策は欠陥だらけであることを十分に認識している」と反ファシズム活動家ユーリ・ヴドヴィンは言う。にもかかわらず「政府は自らの失敗を、異なった宗教、異なった肌の色、異なった民族的背景を持つ者のせいにしている[20]」

ショック療法がロシアや東欧諸国で実施されたとき、それに伴う痛みは、ナチズムの台頭を許したワイマール共和国の状況を二度とくり返さないための唯一の手段だとして正当化された。ところが皮肉なことに、自由市場主義のイデオローグたちは何千万という人々をばっさり切り捨てた結果、かつてのワイマール共和国と恐ろしいほどよく似た状況を招いてしまった。外国勢力によってプライドを傷つけられたと感じた人々は、国内のもっとも弱い者に攻撃の刃を向けることで国家の誇りを取り戻そうとしているのだ。

シカゴ学派の最初の実験場となったラテンアメリカでは、反発ははるかに前向きな形をとった。怒りは少数派や弱者に向かうことなく、排他的な経済体制を生んだイデオロギーそのものへと向けられている。またロシアや東欧の状況とは異なり、国民の間にはかつて踏みにじられた社会主義思想に対する熱い期待が渦巻いている。

二〇世紀は、あらゆる形の社会主義に対する自由市場主義の「決定的勝利」に終わったというブッシュ政権の喧伝にもかかわらず、ラテンアメリカ市民の多くは、東欧やアジアの一部地域で崩壊したのはあくまでも権威主義的共産主義であることを十分に理解している。単に社会主義政党が選挙によって政権に就くだけでなく、職場や土地所有が民主的に運営されているという意味での民主主義的社会主義は、北欧諸国からイタリアのエミリア・ロマーニャ州(協同組合制度を取り入れて成功している)まで、世界各地に存在する。一九七一年から七三年にかけて、チリのアジェンデ大統領が打ち立てようとしたのはまさに民主主義と社会主義を合体させたこの形態だったし、ゴルバチョフも同様に、より穏健な形ではあるが、北欧をモデルにしてソ連を「社会主義の先導者」に転換させるビジョンを持っていた。アパルトヘイトからの解放闘争を長年支えてきた南アフリカの「自由憲章」も、同じように第三の道を目指した。国家社会主義ではなく、市場経済と銀行や鉱山の国営化とが共存し、収益が快適な居住地やまっとうな学校の建設のために使われる社会、すなわち政治的のみならず経済的な民主主義の実現である。一九八〇年にポーランドで自主管理労組「連帯」を結成した労働者は、社会主義に反対するのではなくその実現を目指し、やがては職場や国家そのものを民主的に運営する力を獲得するために闘うことを誓った。

新自由主義時代の卑劣なからくりは、これらの思想が大がかりな思想闘争によって敗北したわけでも、選挙で否定されたわけでもなく、政治的に重要な時点でショックを与えられ排除されてきたことにある。抵抗運動が激しくなれば、すさまじい暴力が加えられた——ピノチェトもエリツィンも鄧小平も、戦車を出動させて抵抗勢力を弾圧した。また、ジョン・ウィリアムソンが〝ブードゥー政治〟と呼んだものが、そうした思想を押し潰したこともあった。ボリビアでビクトル・パス・エステンソロ大統領の当選後、秘密裏に活動した経済チームしかり(労組幹部の大量誘拐も起きた)。南アではターボ・ムベキの極秘の経済計画がアフリカ民族会議(ANC)の密室で進められ、自由憲章の精神が裏切られた。ポーランドの「連帯」は選挙で勝利したものの、党幹部は危機的状況から抜け出すために援助と引き換えにショック療法を甘受した。そもそもショック政策が採用されたのは、経済的平等を求める人々の願いがあまりにも強く、まともな戦い方ではそれを抑え込む見込みがなかったからにほかならない。

アメリカ政府はこれまで一貫して、簡単に非難したり敵に仕立て上げることのできる全体主義的共産主義より、民主主義的社会主義を大きな脅威とみなしてきた。六〇年代から七〇年代にかけて、開発主義や民主主義的社会主義の隆盛という自国にとって不都合な状況が生まれると、アメリカは好んでそれらをスターリン主義と――両者の明確な世界観の違いを意図的に曖昧にして――同一視するという戦術に出た（敵対者をすべてテロリスト視するという今日の手法はこれとよく似ている）。この戦術がシカゴ学派の改革運動初期にあったという明白な例が、機密解除されたチリ政府文書の奥深くに示されている。CIAの資金によるプロパガンダ作戦がアジェンデ大統領をソ連型独裁者に仕立て上げたとはいえ、アジェンデ政権誕生に関するワシントンの真の懸念がどこにあったかは、一九七〇年、当時のヘンリー・キッシンジャー大統領補佐官がニクソン大統領に宛てた次のメモに表れている。「チリにマルキストの政府が誕生したことは必ずや世界――とくにイタリア――に大きな影響を及ぼし、価値ある前例とまでみなされると思われます。これを真似た動きが他国に拡大すれば、世界の均衡およびわが国の立場に重大な影響を与えることは必至です[21]」。言い換えれば、アジェンデの主張する民主主義的社会主義という第三の道が広まらないうちに、彼を排除しなければならないということだ。

だが、アジェンデが掲げた夢はけっして潰えることはなかった。ウォルシュが指摘したように、それはいったんは恐怖の力で沈黙させられ、社会の水面下に押し込められた。だからこそ数十年後にラテンアメリカ諸国がショック状態から立ち直ったとき、かつての思想がふたたび表面に沸き起こり、キッシンジャーが恐れたように「真似た動きが拡大」したのである。二〇〇一年にアルゼンチン経済が破綻したのを機に、南米では反民営化の動きが決定的となり、次々に政権が交代した。二〇〇六年後半には、ドミノ倒しのような波及現象が起きた。二〇〇六年一〇月のブラジル大統領選でルイス・イナシオ・ルラ・ダ・シルバが再選されたのも、反民営化を旗頭に掲げて国民の信任を問うたことに大きな要因があった。一九九〇年代の民営化の波を推進した政党から出馬したルラの対立候補は、民営化を免れた企業のロゴをべたべた貼ったジャケットと野球帽といういでたちで、さながら社会主義者のカーレーサーといったイメージを売り込もうとしたが、国民はそんなものには惑わされなかった。ルラ政権は汚職スキャンダルまみれであったにもかかわらず、ルラは得票率六一％で再選を果たした。その直後、ニカラグアの大統領選ではサンディニスタ民族解放戦線の指導者で元大統領のダニエル・オルテガが、頻繁に起こる停電を主な争点にして当選した。その原因は一九九八年のハリケーン・ミッチ襲来後、国営電気会社をスペインのウニオン・フェノーサ社に売却したことにあるというのがオルテガの主張だった。「毎日のように停電に悩まされているわが同胞諸君！」とオルテガは呼びかけた。「ウニオン・フェノーサをこの国に連れ込んだのは誰か？　それは金持ちのためにある政府、野蛮な資本主義の奴隷になり下がった連中なのだ[22]」

二〇〇六年一一月にエクアドルで行なわれた大統領選挙でも、同様のイデオロギー闘争が展開した。左派の経済学者で四三歳のラファエル・コレアが、バナナ王で国内有数の金持ちであるアルバロ・ノボアに大差で勝利した。コレア陣営はアメリカのヘビーメタルバンド、トゥイステッド・シスターの「ノット・ゴナ・テイク・イット(もうごめんだ)」を選挙テーマソングに、「ネオリベラリズムのまやかしに打ち勝とう」と国民に訴えた。当選が決まると、コレアは「私はミルトン・フリードマンは好きではない」と明言した。[23] ボリビアでは同国初の先住民出身の大統領エボ・モラレスが、就任から一年を迎えようとしていた。モラレスは軍を派遣して多国籍企業に〝略奪〟されていた天然ガス田を取り戻し、その一部を国有化する動きに出ていた。同じ頃、メキシコで行なわれた大統領選は不正疑惑で混迷に陥り、抗議に立ち上がった市民がメキシコシティーの大統領府前の通りや広場を占拠し、「もうひとつの政府」が宣言されるという前代未聞の事態に発展した。右派政権はオアハカ州の教師による賃上げ要求ストライキを鎮圧するために機動隊を派遣、これをきっかけにコーポラティズム国家の腐敗に対する怒りが全国に広がり、人々の抵抗はその後数カ月にわたって続いた。

チリ、アルゼンチンはともに、自国でシカゴ学派の実験が行なわれたことに反対する立場を取る政治家に率いられているが、彼らがどこまで真の代替的な政策を提示しているかどうかは、いまだに激しい議論の渦中にある。とはいえ、そこには象徴的な意味での勝利があった。アルゼンチンのネストル・キルチネル政権の閣僚には、キルチネル本人を含め、独裁政権時代に投獄された者が数人いる。一九七六年の軍事クーデター三〇周年にあたる二〇〇六年三月二四日、同大統領は、行方不明者の母親たちが毎週、抗議活動を行なってきた五月広場(プラザ・デ・マヨ)で演説した。「私たちはここに戻ってきました」と、キルチネルは一九七〇年代に恐怖に陥れられた世代を代表して、集まった大群衆にこう語りかけた。「行方不明となった三万人の同志が今日、この広場に戻ってきて、私たちとともにいるのです[24]」。チリのミチェル・バチェレ大統領（二〇一〇年三月で任期満了）もまたピノチェトの恐怖支配の被害者の一人だ。一九七五年、彼女は母親とともに逮捕されて拷問を受けた。彼女が収監された秘密収容所ビジャ・グリマルディの独房はあまりに狭く、中ではうずくまっているしかなかった。空軍准将だった彼女の父親はクーデターに反対したためにピノチェトの手下に殺害された。

フリードマンの死から一カ月後の二〇〇六年一二月、ボリビアのコチャバンバ市でラテンアメリカ諸国の指導者が結集し、歴史的な首脳会談が開かれた。コチャバンバは二〇〇〇年に水道事業の民営化反対を求める市民運動によって、ベクテルが追放されたことで知られる街だ。会議の冒頭、モラレス大統領は「ラテンアメリカの切り開かれた血脈」を閉じることを誓った。[25] ウルグアイのジャーナリスト、エドゥアルド・ガレアーノは同名の著書（邦訳『収奪された大地ラテンアメリカ五百年』）のなかで、豊かな南米大陸が暴力的な略奪者により貧困化していった歴史を叙情的筆致で綴っている。この本が出版されたのは一九七一年、銅山を国有化して「切り開かれた血脈」を閉じようとしていたアジェンデ政権がピノチェトに倒される二年前のことだった。ピノチェトのクーデターにより南米はすさまじい収奪の新時代へと突入する。開発主義運動によって築き上げられた体制はことごとく破壊され、略奪され、売り飛ばされていった。

今日、ラテンアメリカでは、かつて暴力的に阻止された社会改革プロジェクトが復活しつつある。再浮上しているのは、主要な経済部門の国有化や土地改革、教育への大規模な投資、識字率向上、医療の拡充など。すでになじみの政策ばかりで、そこには何も革命的なアイデイアはない。しかし平等な社会を目指す政府を作るという正々堂々とした構想において、これらが一九七五年にフリードマンがピノチェトに向けて発した言葉――「私が思うに、他人の金を使って善政を行なう、といった考えがそもそも大きな過ちなのです」――へのアンチテーゼであることは間違いない。

現在のラテンアメリカの動きには、たしかに長い闘争の歴史によって立つ部分はあるが、かつての運動をそっくり再現するものではない。数ある違いのなかでももっとも明白なのは、過去に受けた数々のショック――クーデターによるショックから、外国勢力によるショック療法、アメリカ直伝の拷問、そして八〇年代と九〇年代の債務ショックと通貨危機まで――から身を守る必要性を強く認識している点だ。そのパワーで左翼候補を次々と選出してきたラテンアメリカの市民運動は、ショックに強い組織作りの方法を模索し、習得しつつある。たとえば六〇年代のような中央集権化した組織作りを避けているのは、数人のトップが排除されても運動全体が潰される事態にはなりにくいからだ。ベネズエラではチャベス大統領が絶大な人気を集め、チャベス自身も国家レベルでの中央集権化に意欲を見せているものの、進歩派のネットワークはきわめて分権化が進んでいる。草の根レベルやコミュニティーレベルでは無数の地域議会や協同組合が活動し、権力の分散が図られている。ボリビアでモラレスを大統領の座に導いた先住民運動も同様の形をとっており、自分たちがモラレスを無条件で支持するわけではないと明言している――われわれはモラレスが民主的使命に忠実である限りは支持するが、そこから外れればただちに支持を撤回する、と。二〇〇二年、ベネズエラで軍部がCIAの支援を受けて起こしたクーデターがわずか三日で失敗に終わったのも、こうした市民ネットワークのおかげだった。チャベスの支持者たちは自らの支持する革命が脅かされるや、カラカス周辺のスラム街から続々と集結して大規模なデモを行ない、チャベスの復職を要求した。一九七〇年代の軍事クーデターの際には見られなかった大衆行動である。

ラテンアメリカの新しいリーダーたちはまた、アメリカ支援のクーデターによって民主主義の勝利を台無しにされることのないよう、断固たる手段を講じている。ベネズエラ、コスタリカ、アルゼンチン、ウルグアイの各政府は、自国の学生を米州軍事学校（スクール・オブ・ジ・アメリカズ）（現在は「西半球安全保障協力研究所」と改名）には送らないと発表。ジョージア州フォート・ベニングにあるこの軍事施設は悪名高い警察・軍事訓練センターで、南米大陸の残忍な殺人者たちの多くはここで最新の「対テロ」戦術を学び、それをエルサルバドルの農民やアルゼンチンの自動車工に対して駆使してきた(26)。ボリビアとエクアドルも、近いうちにこの施設との関係を絶つと見られる。チャベス大統領は、もしボリビアのサンタクルス県を拠点にする極右勢力がモラレス政権の脅威となったときには、ベネズエラ軍を送ってボリビアの民主主義を守ることに協力すると明言した。ラテンアメリカのなかでも、もっとも大胆な手に打って出ようとしているのがエクアドルのラファエル・コレア大統領だ。エクアドルのマンタ港には南米最大の米空軍基地があり、主として隣国コロンビアで展開する「麻薬戦争」の拠点となってきた。

ところがコレア政権は、二〇〇九年に契約期限を迎える米軍基地の契約更新を行なわないと発表した。「エクアドルは主権国家だ。わが国にはいかなる外国の軍隊も必要ない」と、マリア・フェルナンダ・エスピノーサ外相は言明する。[27] 基地もなく、軍事訓練も行なえなければ、米軍がショックを与える力は著しく損なわれることになろう〔二〇〇九年九月、米軍はマンタ基地から撤退した〕。

さらにラテンアメリカの新しい指導者は、不安定な市場によるショックに振り回されないよう対策を整えつつある。ここ数十年でとくに大きな不安定要因になっているのは、資本の引き揚げや移動があまりにも急速に行なわれること、そして商品価格の急激な下落が農業部門全体に壊滅的な影響を与えることだ。ラテンアメリカ諸国の大半はすでにこうしたショックに見舞われ、その結果として郊外のあちこちにさびれた工業地帯や膨大な休耕地が見られる。各国の新しい左派陣営は、工業や農業をグローバリゼーションの後遺症から立ち直らせ、ふたたび軌道に乗せることに取り組んでいる。こうした取り組みとして注目されるのはブラジルの「土地なし農民運動（ＭＳＴ）」だ。これは一五〇万人に上る農民たちが数百の協同組合を結成し、使われていない農地を再利用しようという運動である。アルゼンチンでは「企業再生」運動がもっとも突出している。これまで倒産した企業およそ二〇〇社が元社員らによって再建され、民主的に運営される協同組合組織へと変貌した。これらの協同組合は資本の引き揚げによる経済ショックを恐れる必要がない――投資家はすでに引き揚げてしまっているからだ。ある意味で、これらの再生の試みは災禍に見舞われたあとの新しい再建の形

――新自由主義という災禍からのゆっくりとした復興――なのかもしれない。イラクやアフガニスタン、あるいはアメリカのメキシコ湾岸地域に惨事便乗型資本主義複合体が持ち込んだモデルとは対照的に、ラテンアメリカで復興作業の音頭を取っているのは被害をこうむってきた人々自身である。そして当然のことながら、こうした自発的な解決への取り組みは、まさにシカゴ学派の運動が世界各地でショックを与えることで首尾よく押さえ込んできた「第三の道」――日常生活における民主主義――そのものに見えてくる。

ベネズエラでは、チャベス大統領が企業の協同組合化を政治の最優先課題とし、協同組合に政府契約に対する優先先買権を与えるとともに、経済的インセンティブを与えて組合同士の取引を奨励している。二〇〇六年の時点で、同国には約一〇万の協同組合が結成され、七〇万人以上が雇用されている[28]。料金所や高速道路の補修、診療所など、国の基盤設備の運営が地域共同体に任されるケースも少なくない。そのロジックは政府による民間委託の対極にある。つまり、国の事業を大企業に切り売りすることで民主的管理が失われるのとは反対に、そのリソースの利用者自身に運営の権限を与えるというもので、少なくとも理論上は雇用を創出し、住民のニーズに応える公共サービスが提供できる。当然ながら、チャベスに反対する人々はこうした施策をばらまき政策とか、不公正な政府助成だなどとして批判する。だが、ハリバートンが六年間もアメリカ政府をまるで自社専用のATMのように利用し、イラク復興事業だけで政府から二〇〇億ドル超の契約金を受け取り、メキシコ湾岸でもイラクでもいっさい地元の労働者を雇おうとせず、米国民の税金をさんざん使っておきながらドバイに本社を移す(税制上も法的にもメリットが伴う)ような時代にあって、一般市民に直接助成金を出そうというチャベスの手法は、はるかに穏健なものに見える。

ラテンアメリカ諸国にとって、将来加えられる可能性のあるショック――つまりはショック療法そのもの――から身を守るための最大の力は、各国が地域統合の絆を強め、ワシントンの国際金融機関への依存をやめようとする動きにある。北はアラスカから南はティエラ・デル・フエゴに及ぶコーポラティズムにとっての理想的な自由貿易ゾーン「米州自由貿易地域」に対抗する形で生まれたのが、「米州ボリバル代替統合構想(ALBA)」(二〇〇九年に頭文字はそのままで「米州ボリバル同盟」に改名。加盟国は八カ国)である。ALBAはまだ誕生から間もないが、ブラジルを拠点とする社会学者のエミール・サデルは、その目指すところを次のように表現する。「真のフェアトレード(公正貿易)の絶好のモデル――すなわち、各国がもっとも得意とする製品やサービスを提供する代わりにもっとも必要とするものを手に入れ、取引価格はグローバル市場価格に左右されないというものだ」[29]。たとえば、ボリビアは安定した低価格で天然ガスを供給し、ベネズエラは多額の補助金が出ている石油を貧困国に供給し、資源開発のノウハウを伝授する。キューバは何千人という医師を南米各地に派遣して無料で医療を提供する一方、各国の学生をキューバに受け入れて医学教育を施す、といった具合である。これは同じ相互交換システムでも、一九五〇年代半ばにシカゴ大学で始まったものとはまったく違う。当時、ラテンアメリカの留学生はシカゴ大学で、あるひとつの硬直したイデオロギーを習得し、帰国後は南米大陸全体にその教えを画一的に実践した。これに対し、ＡＬＢＡの最大の利点はバーター取引を基本にしていることで、加盟国はそれぞれ供給される製品やサービスの価値を自分で決められる。ニューヨークやシカゴやロンドンのトレーダーが勝手に決めた価格で取引する必要はない。これによって、近年ラテンアメリカ経済を破綻させてきたような急激な価格変動に振り回される危険ははるかに小さくなる。荒れ狂う国際金融の海のなか、ラテンアメリカでは比較的穏やかで予測が可能な経済圏――グローバル化の時代にはほとんど不可能だとみなされる――が形成されつつあるのだ。

こうした経済統合が進めば、ある国が財政危機に直面した場合もＩＭＦや米財務省に緊急援助を求める必要がなくなる。二〇〇六年のアメリカ国家安全保障戦略では、米政府が依然としてショック療法の有効性を大いに見込んでいることは明らかであり、その点から見ればこれはきわめて幸運なことだ。同文書は次のように述べる。「危機が生じた際、ＩＭＦは各国が自らの経済的選択に対して持つ責任を強化するように対応しなければならない。危機を受け、ＩＭＦは金融面での意思決定に対する市場機構や市場規律を強化する」。だがこうした「市場規律」の強化は、危機に瀕した政府が実際にワシントンに助けを請わなければ実施されない。アジア通貨危機の際、当時のスタンレー・フィッシャーＩＭＦチーフエコノミストはこう説明した――ＩＭＦは請われれば援助するが、「（ある国が）まったく金がなくなったとき、助けを求められる先はそれほど多くない」[30]と。だが、今は違う。石油価格高騰のおかげでベネズエラは発展途上国への主要な融資国となり、各国はもはやワシントンに頭を下げる必要がなくなったからである。

その結果は目を見張るものがある。膨大な債務のせいで長期にわたって米政府に縛られてきたブラジルは、ＩＭＦとの融資協定を更新しないことを決めた。ニカラグアはＩＭＦからの脱退を交渉中で、ベネズエラはＩＭＦと世界銀行の両方から脱退した。かつてはワシントンの「模範生」だったアルゼンチンでさえ、同じ流れに加わっている。キルチネル大統領は二〇〇七年の一般教書演説でこう述べた。海外の債権者たちは、「『負債を返済するためにはＩＭＦと協定を結ばなければだめだ』と言ってくるが、私たちはこう答える。『わが国は主権国家だ。負債はお返ししたいが、金輪際ＩＭＦと協定を結ぶつもりはない』と」。こうして一九八〇〜九〇年代には絶大な力を振るったＩＭＦは、南米ではすっかり影響力を失った。二〇〇五年、ＩＭＦの融資総額のうちラテンアメリカ諸国への融資は八〇％を占めていたが、二〇〇七年にはわずか一％に激減している。たった二年で潮の流れは大きく変わった。「ＩＭＦと縁を切っても生きる道があります」と、キルチネルは高らかに宣言した。「しかも、素晴らしい生き方ができるのです」[31]

変化はラテンアメリカだけにとどまらない。わずか三年間で、ＩＭＦの世界各国への融資総額は八一〇億ドルから一一八億ドルに縮小し、現在の融資の大部分はトルコに対するものだ。危機を収益チャンスとみなしてきたＩＭＦは多くの国から見放され、今や衰退しつつある。同様に、世界銀行の行く手にも暗い影が差している。二〇〇七年四月、同年一月に就任したエクアドルのコレア大統領は世銀への債務返済を保留すると宣言、さらに世銀のエクアドル駐在代表を「好ましからざる人物（ペルソナ・ノン・グラータ）」として国外追放するという異例の措置を取った。その二年前、石油収入を貧困層に再分配するというエクアドルの経済法案に対して、世銀が一億ドルの融資を凍結するという対抗措置に出たことをコレアは非難した。「エクアドルは主権国家であり、このような国際官僚組織による強要には屈しない」。同じ時期、ボリビアのモラレス大統領は、多国籍企業が自らの利益を守るために各国政府を提訴することのできる世銀の仲裁裁判所（国際投資紛争解決センター）からの脱退を発表。「ラテンアメリカ諸国、そして私の見るところ世界中のどの国の政府も裁判に勝った試しはない。勝つのはいつも多国籍企業のほうだ」とモラレスは言う。二〇〇七年五月、ポール・ウォルフォウィッツ世界銀行総裁が女性問題で辞職に追い込まれると、世銀は深刻な信用危機に陥る。信用回復のための非常手段が必要なのは明らかだった。不祥事のさなか、『フィナンシャル・タイムズ』紙は、世銀職員が途上国に対してアドバイスすれば、「今や一笑に付される」と書いている。[32] 二〇〇六年には世界貿易機関（WTO）のドーハ・ラウンド交渉が決裂（「グローバリゼーションは死んだ」との声があちこちで上がった）、あたかも経済的必然であるかのようにシカゴ学派のイデオロギーを押しつけてきた三つの主要な国際機関は、今や絶滅の危機に直面している。

新自由主義への異議申し立てがもっとも進行した段階にあるのがラテンアメリカだというのには、十分理由がある。ショック療法の最初の実験場であるこの地域の人々は、長い時間をかけて混乱から立ち直った。長年にわたる抗議運動のなかから新たな政治組織が形成され、ついには国を統治する力を獲得したばかりか、国家の権力構造も変容させつつある。ショック療法の実験場となった他の国々にも、同様の兆しが見られる。南アフリカでは二〇〇五年から〇六年にかけて、長い間見捨てられてきたスラムの住民がANCへの支持をきっぱり取り下げ、「自由憲章」の約束が破られたことへの抗議活動を始めている。運動の盛り上がりはアパルトヘイトへの抵抗運動以来だと、外国人記者はコメントしている。だが、どこよりも空気が変わったのは中国だろう。中国では長年にわたって天安門事件の生々しい恐怖が尾を引き、労働者の権利の侵害や農村部の貧困の増大に対する人々の怒りは抑えられてきた。だが状況は変わった。中国政府の公式統計によれば、二〇〇五年に行なわれた大規模な抗議行動はじつに八万七〇〇〇件を数え、四〇〇〇万人以上の労働者や農民が参加した。[*33]中国の人権活動は一九八九年以来、きわめて厳しい国家弾圧を受けてきたが、農村部への大規模な予算投入、医療制度の改善、教育無償化の約束など、いくつかの具体的な成果もあがっている。中国もまたショック状態から抜け出しつつあるのだ。

＊　四〇〇〇万人という数字に、アメリカの労働ジャーナリストのグループは驚きの声を上げた。「一九九九年の〝シアトルの闘い〟〔シアトルで開催されたWTO閣僚会議に対する抗議行動〕に六万人が集結したとき、われわれは新しいグローバルな運動が誕生したと祝ったものなのに」

衝撃的な出来事がもたらした機会を利用しようとするすべての戦略が大きく依存するのは、驚愕という要素である。ショック状態とは、急速に展開する出来事と、それを説明する情報との間にギャップが生じた状態を指す。今は亡きフランスの思想家ジャン・ボードリヤールは、テロ事件を「リアリティーの過剰」と表現した。9・11の攻撃も当初は純粋な事象であり、生々しいリアリティーが、そのリアリティーと理解の溝を埋める説明や解説によって処理されることなくただ存在していた[34]。多くの人がそうだったように、なんの説明もなく頭が真っ白のときは、混乱を自らの目的のために利用しようという企みに対してきわめて無防備な状況になる。だがいったんなんらかの説明が提示され、衝撃的事件を大局的に把握できれば、人は方向性を取り戻し、つじつまの合った世界がふたたび姿を現す。

拘束者にショックと退行を引き起こすことに血道を上げる刑務所の尋問官は、このプロセスをよく理解している。CIAのマニュアルが、拘束者の感覚入力や他の拘束者、さらには守衛との会話に至るまで、拘束者が状況を把握する助けになるものいっさいを遮断することが重要だと強調している理由もそこにある。「拘束者はただちに隔離されなければならない。検挙した瞬間から、心身両面での隔離を維持しなければならない」と、一九八三年のマニュアルには書かれている[35]。拘束者同士が接触しようとすることを尋問官はよく知っている。彼らは次に何が起きるかを互いに警告しあい、鉄格子の隙間から走り書きのメモを渡す。だがいったんそうなれば、拘束した側の威力は大きくそがれてしまう。身体的苦痛は与えられても、相手を心理的にコントロールして「気力をくじく」ためのもっとも効果的な心理的手段が失われてしまうのだ。驚かせ、混乱させ、認識力を奪うという要素がなければ、相手をショック状態に陥らせることはできない。

このことは一般社会にも当てはまる。ショック・ドクトリンのメカニズムが多くの人々に深く理解されれば、ある社会全体を驚愕と混乱に陥れるのはむずかしくなる。ショックに対する耐性ができるからだ。9・11以降、極端に暴力的な惨事便乗型資本主義が幅を利かせるようになった理由のひとつは、債務危機や通貨崩壊、「歴史」に取り残される恐れといった相対的に衝撃度の低いショックの威力が――あまりに何度も使われたために――失せてしまったことにある。しかし今日では、戦争や自然災害のような大変動でさえも、人々の望まない経済的ショック療法を強行するのに必要なレベルの混乱を引き起こせるとは限らない。今や世界には、ショック・ドクトリンを直接体験した者があふれるほど存在する。彼らはその仕組みを熟知し、他の〝拘束者〟と話をしたり、鉄格子の隙間からメモを渡したりしている。驚愕というもっとも重要な要素がなくなってしまったのだ。

その格好の例が、二〇〇六年のイスラエルによる侵攻後、レバノン国民が見せた対応である。国際金融機関は復興援助を行なうにあたり、自由市場経済「改革」の実施を条件にしようとした。レバノンは喉から手が出るほど支援を必要としていたから、万事思惑どおりにいくはずだった。侵攻以前、すでに世界でも最大規模の債務を抱えていたところに、イスラエルの侵攻によって道路や橋、空港などに受けた被害は推定で九〇億ドルにも上った。したがって二〇〇七年一月、先進三〇カ国の代表がパリに集まって総額七六億ドルの復興融資を決定した際にも、レバノン政府はどんな条件でもおとなしく呑むはずだと思われた。条件とは例によって、電話と電気事業の民営化、燃料価格の値上げ、公共サービスの削減、そして現状でも異論の多い消費税のさらなる値上げだった。レバノンの経済学者カマル・ハムダンはこれらの条件を受け入れた場合、「増税や値上げにより家計費は一五％増大する」と予測した。いわゆる「平和のペナルティー」である。復興事業そのものは当然ながら大手惨事便乗型資本主義企業に委託されることになり、地元の労働者や下請企業を使う義務はいっさい課されなかった。[36]

コンドリーザ・ライス米国務長官は、これほど徹底した要求を押しつけるのは内政干渉にあたらないかとの問いにこう答えた。「レバノンは民主主義国だ。とは言っても、レバノンは現在、民主主義を機能させるのに欠かせない重要な経済改革に取り組んでいるところなのです」。欧米諸国を後ろ盾にしたファド・シニオラ首相は、「これまでわが国は民営化に熱心ではなかった」と肩をすくめて言うと、あっさりこれらの条件を受け入れた。それればかりかシニオラは前向きな姿勢をさらに欧米諸国にアピールしようと、電話事業民営化の仲介役としてブッシュと関係の深い大手諜報企業ブーズ・アレン・ハミルトンと契約した。[37]

だが、多くのレバノン国民はそれに異議を唱えた。自宅がまだ瓦礫に埋まったままであるにもかかわらず、多数の市民が組合と政党(イスラム主義組織ヒズボラも含まれていた)の連合が組織したゼネストに参加した。戦争で荒廃した人々の生活が融資を受けることでさらに圧迫されるのなら、それはとうてい援助とは呼べないと、デモの参加者は抗議の声を上げた。シニオラ首相がパリで援助国を安心させようと躍起になっている間に、レバノン国内はストライキと道路封鎖によって麻痺状態に陥った。これは戦争災害に群がる惨事便乗型資本主義に対する初めての国民規模の反乱だった。デモ隊の座り込みは二カ月続き、ベイルートの中心街はテント村と化すとともに、お祭りのような様相を呈した。大半のメディアはこれをヒズボラ勢力の伸張によるものだと説明したが、ニューヨークの地元紙『ニュースデイ』の中東支局長モハマド・バッジは、そうした解釈は事態の真の意味を見落としていると指摘する。「中心街のテント村にこれほど多くの市民を駆り立てた要因はイランやシリアでもなく、スンニ派とシーア派の対立でもない。真の原因は、長年レバノンのシーア派を苦しめてきた経済的不平等にほかならない。これは貧困層と労働者階級の反乱なのだ」[38]

レバノン国民がショック・ドクトリンに対してこれほど強硬な抵抗姿勢を見せた理由は、座り込みの場所そのものが雄弁に物語る。それはベイルートの中心街、レバノンの近年の復興事業によって建設された地区で、開発を請け負った企業の名前をとって「ソリデール」と呼ばれる。一九九〇年代初め、一五年続いた内戦で荒廃し多額の負債を抱えていたレバノンは、復興資金にも事欠いていた。そこに億万長者のビジネスマンでその後首相に就任するラフィク・ハリリ(二〇〇五年五月、自動車爆弾テロで殺害された)が、こう提案する——中心街の土地の権利をもらえれば、自分が設立した建設会社ソリデールがそこを「中東のシンガポール」にしてみせるというのだ。こうしてほとんどの建造物をブルドーザーでなぎ倒し、辺り一帯を〝白紙状態〟にすると、古くから市場(スーク)で賑わった場所にマリーナや高級マンション(リムジン専用エレベーター付きのものもある)、金持ち向けのショッピングモールなどが建設された。[39] ビジネス街はほぼすべて、ビルや広場から警備員までソリデール社が所有している。

外国から見ればソリデールはレバノン復興の輝かしい象徴に見える。が、多くのレバノン人にとって、それは幻のようなものだった。というのも超モダンな中心街から一歩外に出れば、ベイルートの大部分は電気や公共交通などの基本的インフラすら整備されておらず、爆撃の傷跡が生々しく残る建物も修復されることなく放置されているからだ。きらびやかなソリデール地区を取り囲むそうしたスラムに拠点を築いたのが、ヒズボラである。ヒズボラは発電機や送電機を設置し、ゴミの収集から治安警備まで行なって「国家内国家」を形成し、大いに非難されるようになる。荒廃した近郊の住民がソリデール地区に足を踏み入れたりすれば、観光客が怖がるとの理由でハリリのガードマンにつまみ出されるのがオチだった。

ベイルートの社会活動家ライダ・ハトゥームは、ソリデール社が再建に着手した当時をこうふり返る。「内戦が終わって街も再建されるというので、初めはみんな大喜びだった。でも土地がすでに民間に売却されていたとわかったときにはもう遅かった。復興にあたって政府が借金したことも、そのツケがやがてわれわれに回ってくることも知らなかったんです」。ごく一部の富裕層だけに恩恵をもたらす再開発のツケをもっとも貧しい者が払わされるという苦い現実に直面したことで、レバノン国民は奇しくも惨事便乗型資本主義のからくりに精通するようになった。二〇〇六年、イスラエルとの停戦後に人々が結束し、間違った方向に進まなかったのは、この体験あってのことだった。抗議の座り込みの場所にソリデール地区を選び、ヴァージン・メガストアと高級カフェの店の前でパレスチナ難民がテントを張ることで(座り込みをしていた一人は「こんな店でサンドイッチを食べたら、一週間は文無しの生活だよ」と漏らした)、彼らは明確なメッセージを発信した。もうソリデール型の派手な再建と周辺のスラム化——要塞化されたグリーンゾーンと荒廃したレッドゾーン——はごめんだ、復興は国民全体のためにあるべきだ、というメッセージである。「国民の金を盗む政府を認められるはずはないだろう?」と、デモ参加者の一人は言う。「ここを開発するためにとんでもない負債がのしかかったんだ。誰がその借金を払うっていうのか? 払わされるのは俺のあとには息子が払わされるんだよ」[40]

ショック・ドクトリンに対するレバノン市民の抵抗は、単なる抗議にとどまらなかった。公的な復興とは別の、広範囲にわたる復興が行なわれたのだ。停戦からほどなく、ヒズボラの地域委員会は空爆で破壊された家々を訪問して被害状況を調査し、家をなくした人々には一年分の住居費や家具などの備品代として一世帯当たり一万二〇〇〇ドルの現金を支給した。ベイルートを取材したフリージャーナリストのアナ・ノゲイラとサシーン・カウザリーによれば、「これは連邦緊急事態管理庁(FEMA)がハリケーン・カトリーナの被災者に支払った補償金の六倍にあたる」という。「誰かに頭を下げたり、行列に並んだりする必要はまったくありません」と、ヒズボラの指導者ハッサン・ナスラ師はテレビで国民に向けて語った(同じ言葉をカトリーナの被災者が聞いたらさぞ喜んだだろう)。ヒズボラの援助はレバノン政府や外国のNGOを通さず直接支給され、カブールのような五つ星ホテルや、イラクのように警察官訓練用のオリンピックサイズのプールの建設費にあてられることはなかった。まさにスリランカのレヌカが私に訴えた、「もし何かもらえるのなら、この手に直接届けてほしい」という被災者の声が聞き届けられたのだ。さらにヒズボラは、復興事業に地元住民を積極的に動員した。地元の建設労働者を雇い(集めた金属クズが報酬として与えられた)、一五〇〇人の技術者を集め、ボランティアグループを組織した。こうした活動のおかげで、停戦一週間後にはすでに復興作業は順調に展開していた[41]。

アメリカのメディアはほぼ一様に、こうした取り組みを買収行為あるいは恩顧主義だとして冷笑した。イスラエルの攻撃を挑発して国土を荒廃させたあと、非難をかわすために大衆の人気取りをしているにすぎない、と(保守派ジャーナリストのデイヴィッド・フラムは、ヒズボラがばらまいている金は偽札だとまでほのめかした[42])。ヒズボラが慈善活動と同時に政治活動も行なっていること、イランから多額の資金が流れ込んでいることは紛れもない事実だ。しかし重要なのはその効率の良さにとどまらず、ヒズボラが再建されつつある地域社会から立ち上がった、地元民による地元の組織だという点である。復興を請け負う外国企業がはるか遠くの官僚組織の指示に基づき、民間警備員や通訳を雇って外国式の運営法によって事業を行なうのとは違い、ヒズボラが迅速に行動できたのは彼らが路地の一本一本、非常用送電機の一台一台を知り尽くし、誰に仕事を任せるべきかを知っていたからだ。レバノンの住民がヒズボラの活動に感謝したとすれば、理由はもうひとつある。彼らにはそれ以外の選択肢がなんなのかわかっていた——「ソリデール」である。

ショックを受けたとき、人間は必ずしも退行するとは限らない。ときには危機に直面することで成長することもある——しかもすばやい速度で。それをよく示した例が、二〇〇四年三月にスペインで起きた列車爆破事件だ。マドリード市内の通勤電車と駅で一〇回もの爆破が起き、二〇〇人近くが死亡した。ホセ・マリア・アスナール首相はただちにテレビでバスク分離独立主義者の犯行だと断定〔その後、アルカイダ系グループの犯行と判明した〕、同時にイラク戦争への派兵を決めた政府への支持を国民に呼びかけた。「スペイン全土でこれまで幾度となく殺人を犯してきた暗殺者どもと交渉するなど不可能だし、望ましくもない。毅然とした態度を取ることでしか攻撃を終わらせることはできない」とアスナールは言明した。[43]

ところがスペイン国民はそうした論調には乗らなかった。「いまだにフランコの亡霊がさまよっている」と言うのは、かつてフランコ独裁政権下で迫害を受けた著名なマドリードの新聞編集者ホセ・アントニオ・マルティネス・ソレルだ。「アスナール首相はあらゆる行動やジェスチャー、発言を通して自分は正しい、自分の言うことこそが真実であり、それに賛同しない者は敵とみなすと語ったのです」[44]。言い換えれば、アメリカで「強い指導力」とみなされた9・11以後のブッシュ大統領とまったく同じ資質のアスナールに、スペイン国民はファシズムの不吉な臭いをかぎ取ったのだ。爆破事件が起きたのはスペイン総選挙のわずか三日前だったが、フランコ時代の恐怖を記憶する国民はアスナールにノーを突きつけ、イラクからの撤退を公約に掲げた政党を支持した。レバノンと同様、スペインでも過去のショックに対する国民の記憶が、新たなショックへの抵抗をもたらしたのだった。

ショック療法を実施する側は常に、記憶を消去することに全力を注ぐ。精神科医ユーイン・キャメロンは、患者の心を新しく作り変えるにはまずそれを消去しなければならないと確信していた。イラクのアメリカ占領当局者が、美術館や図書館の略奪をあえて止めようとしなかったのも、そのほうが自分たちの仕事がやりやすくなると考えたからだ。しかし、キャメロンの患者だったゲイル・カストナーの例からもわかるように、資料や本やメモを入念に組み合わせることによって記憶を再構築することも、人生を新たに語り直すことも可能である。個人のものであれ集団のものであれ、記憶はショックを和らげる最大の緩衝材となるのだ。

二〇〇四年のスマトラ沖地震後の津波でも、災害がうまく利用された例は多々あるなか、過去の記憶が抵抗の手段として役立ったケースもある。その顕著な例がタイだ。タイでも沿岸地域の何十もの村が津波に流されたが、スリランカとは異なり、多くの漁村が数カ月のうちに再建された。その違いは政府の対応にあったわけではない。タイでも政治家はご多分に漏れず、津波災害を口実に漁民を立ち退かせ、大手リゾート企業に土地を売り渡そうとした。しかしタイのケースが他と違うのは、被災者たちが政府の口約束を信用せず、避難所でおとなしく公的な復興計画を待つのを拒んだことだった。津波から数週間のうちに何千人という漁民が結集し、「再侵入」と称する行動に出た。彼らは開発業者に雇われた武装ガードマンもものともせず、各自が手にした道具でかつて自分たちの住まいのあった区画を囲った。なかにはすぐに家を建て直し始める者もいた。「この土地を守るためなら命を懸けても惜しくない。ここは俺たちの土地なんだ」と、津波で家族の大半を失ったラトリー・コングワトマイは言う。(45)

もっとも大胆な「再侵入」作戦に打って出たのは、「海のジプシー」と呼ばれる先住民モーケン族だった。過去何百年間も公民権を剝奪されてきたモーケン族は、慈愛に満ちた国家が沿岸の土地を差し押さえるのと引き換えに、しかるべき土地を与えてくれるなどという幻想は持っていなかった。なかでも注目すべきなのは、パンガー県バンタンワー村のケースだ。あるタイのNGOの報告によれば、住民たちは「集結してまっすぐに住居のあった場所へ向かい、壊滅した村の敷地をロープで囲って土地の所有権を主張した」という。「村民全員がそこで野営したため、当局も簡単に追い払うことはできなかった。メディアの目が災害復興に注がれていればなおさらである」。村民たちは政府側との交渉の結果、沿岸の一部の土地を放棄する代わりに、残りの先祖伝来の土地を法的に所有する権利を手に入れた。こうして再建された村には博物館や地域センター、学校、市場が完備し、モーケン族の文化を紹介する場となっている。「今では自治体の職員が〝村民主体の津波からの復興〟を視察するためにこの村を訪れ、研究者や大学生は〝先住民の知恵〟を学ぼうとバスを連ねてやってくる」[46]という。

津波被害にあったタイの沿岸地域では、こうした住民の直接参加による復興が一般的になっている。地域社会のリーダーによれば、成功のカギは「占領された立場にあっても土地の権利を主張する」こと、言い換えれば「自らの手を使って交渉する」のだという[47]。さらにタイでは、被災者たちが従来とは違う形の援助を要求した。ただ座して施しを待つのではなく、自分たちの手で復興を行なうのに必要な手段を求めたのだ。その結果、多くの建築学科の学生や教授が、村人自身が新しい住居を設計したり村の再建の青写真を描けるようボランティアで手助けしたり、熟練した船大工が村人に高機能の漁船の造り方を教えたりしている。こうして津波前より強固な地域社会が生まれた。バンタンワー村やバーンナイライ村に建つ高床式の住居は美しいだけでなく頑丈で、外国の請負業者が提案してきたプレハブの小型住宅より安価なうえに広く、涼しい。タイの被災地連合の声明はこう主張する。「復興事業は可能な限り地元住民自身が行なうべきである。外部の業者の参入を排し、地元社会が責任を持って復興を行なうのが望ましい(48)」

ハリケーン・カトリーナから一年後、タイで異例の交流会が開催された。タイの復興に関わる草の根グループのリーダーと、ニューオーリンズの被災者代表団との交流である。アメリカ側の代表はいくつかのタイの村を視察し、復興のスピードの速さに目を丸くした。「われわれ被災者はただ政府が何かをしてくれるのを待っているだけだったが、ここでは住民が自分たちの手で復興を進めている」と、ニューオーリンズで「被災者村」を創設したエンデシャ・ジュアカリは言い、こう決意を語った。「国に戻ったら、あなた方をお手本にして頑張りたい(49)」

実際、彼らはニューオーリンズに戻るとすぐに地元で直接行動を起こした。ジュアカリの住む地域もいまだに破壊の爪痕がそのまま残っていたが、彼は地元の業者とボランティアによるチームを結成し、周辺家屋の室内に残された瓦礫を次々に片づけていった。それが終わると隣のブロックへと移動して作業した。タイへの視察旅行で目が開かれた、とジュアカリは言う。「ニューオーリンズの人々はＦＥＭＡや市や政府を当てにせず、自らこう問うべきだ。「政府の言いなりになるのではなく、政府がなんと言おうと、自分たちでこの地域を復興させるには今、何をなすべきか？」とね」。タイ視察に参加したヴィオラ・ワシントンも、新たな決意を胸に地元ジェンティリー地区に戻った。彼女はこう話す。「ジェンティリーをいくつかの小地区に分けてそれぞれの地区に代表者委員会を設置し、リーダーを決めて再建に必要なことを話し合うようにしました。政府にお金を出させようとして戦っていたときは、自分たちの力で立ち直るために何かしようという気はまったくなかったんです[50]」

直接的な行動に出る人はほかにも現れた。二〇〇七年二月、ブッシュ政権が取り壊しを予定していた公営住宅の住民たちが、元の住まいに「再侵入」して住み着いたのだ。ボランティアが部屋の掃除を手伝い、発電機やソーラーパネルを買うための寄付金集めもした。「家は私のお城。返してもらわなくちゃ」と、Ｃ・Ｊ・ピート公営住宅の住人、グロリア・ウィリアムズは言う。住人たちの「再侵入」は屋外パーティーへと発展し、地元のブラスバンドも加わって大いに盛り上がった[51]。盛り上がる理由は十分にあった。少なくとも現時点で、ここだけは「復興」という名の文化的破壊行為を免れることができたからだ。

自力で復興に努めるこうした人々には共通する重要な点がある。彼らは異口同音に、自分たちはただ建物を修復しているだけでなく、自分自身を癒しているのだと言う。その言葉には深く頷けるものがある。大きなショックを体験した者は誰しも、とてつもない無力感に襲われる。太刀打ちできない力に圧倒され、親は子を救う術を失い、夫婦は離れ離れとなり、身を守ってくれるはずの家も危険な場所と化す。この無力感から立ち直る何よりの方法は、助けること——皆で力を合わせて再生のために汗することだ。「この学校を再開できたことは、このコミュニティーがとても特別な場所であることを意味している。人々は単に地理的にだけでなく、精神的にも、血筋によっても、そしてここにどうしても帰ってきたいという強い気持ちによって結ばれているのです」と、ニューオーリンズのロウワー・ナインス地区にあるマーティン・ルーサー・キング・ジュニア小学校の副校長は話す(52)。

こうした住民による自力復興は、惨事便乗型資本主義複合体の精神（エトス）の対極にあるものだ。後者はモデル国家を構築するために、常にまっさらな白紙状態を求める。だが自力で復興を目指す人々は、たとえばラテンアメリカの農業や工業の協同組合のように、常にその場にあるものを——残った人手であれば誰でも、壊れていなければどんな錆びついた機具でも——有効に使う。真の信者だけが地上の混乱を逃れ、天上の世界に引き上げられて消えるという黙示録的な「携挙（ラプチャー）」の寓話とは対照的に、民衆による再建の運動は、人間が生み出したおびただしい混乱から逃れることはできないという前提から出発する。歴史、文化そして記憶まで、これまで消されてきたものはもう十分すぎるほどある。この再生のための運動は、白紙（スクラッチ）からではなく、残り物（スクラップ）——つまり、瓦礫や廃品など周りにいくらでも転がっているものから始めようという試みだ。コーポラティズムによる改革運動が衰退の一途をたどりつつ、行く手に立ちふさがる抵抗勢力を撃退するためにショックのレベルをさらに強めていくなか、これらの運動は原理主義の合間を縫って前へ前へと進んで行く。地域社会に根を張り、ひたすら実質的な改革に取り組むという意味においてのみ急進的(ラディカル)なこれらの人々は、自らを一介の修繕屋とみなし、手に入るものを使って地域社会を手直しし、強化し、平等で住みやすい場所へと作り変えている。そして何にも増して、自らの回復力の増強を図っている――来るべきショックに備えて。

訳者あとがき

本書は二〇〇七年に出版されたNaomi Klein著*The Shock Doctrine: The Rise of Disaster Capitalism*の全訳である。二〇〇〇年のデビュー作*No Logo: Taking Aim at the Brand Bullies*（邦訳『ブランドなんか、いらない——搾取で巨大化する大企業の非情』）で一躍反グローバリゼーションの語り部となった気鋭のジャーナリストである著者が、短編エッセイを集めた二〇〇二年の*Fences and Windows: Dispatches from the Front Lines of the Globalization Debate*（邦訳『貧困と不正を生む資本主義を潰せ——企業によるグローバル化の悪を糾弾する人々の記録』）に続く第三作として出版した本書は、北米のみならず世界的ベストセラーとなり、三〇以上の言語に翻訳されている。

著者のナオミ・クラインが本書で徹底して批判するのは、シカゴ大学の経済学者ミルトン・フリードマン（一九七六年にノーベル経済学賞受賞）と彼の率いたシカゴ学派の影響のもと、一九七〇年代から三〇年以上にわたって南米を皮切りに世界各国で行なわれてきた「反革命」運動である。言い換えればそれは、社会福祉政策を重視し政府の介入を是認するケインズ主義に反対し、いっさいの規制や介入を排して自由市場のメカニズムに任せればおのずから均衡状態が生まれるという考えに基づく「改革」運動であり、その手法をクラインは「ショック・ドクトリン」と名づける。「現実の、あるいはそう受けとめられた危機のみが真の変革をもたらす」というフリードマン自身の言葉に象徴されるように、シカゴ学派の経済学者たちは、ある社会が政変や自然災害などの「危機」に見舞われ、人々が「ショック」状態に陥ってなんの抵抗もできなくなったときこそが、自分たちの信じる市場原理主義に基づく経済政策を導入するチャンスだと捉え、それを世界各地で実践してきたというのである。

その原点とも言うべきおぞましい人体実験が、ショック・ドクトリンが最初に導入される二〇年ほど前、米ソ冷戦下の一九五〇年代にカナダのマギル大学でひそかに行なわれた。洗脳や拷問のノウハウを得るためにCIAの資金援助を得て行なわれたこの一連の実験は、被験者に電気ショックや感覚遮断、薬物投与などの「身体的ショック」を過剰なまでに与えることによって、その人の脳を「白紙状態」に戻すことを目的としていた。実験は無残な失敗に終わるが、「ショック」を与えてすべてを消去し、白紙に戻したところに新しいシステムを植えつけようという試みは、個人と社会全体という違いはあるものの、七〇年代のラテンアメリカから9・11後のアメリカやイラク戦争に至るまで、ショック・ドクトリンが発動したところすべてに見られる共通の図式であることを、クラインは明らかにしていく。

フリードマンが提唱した過激なまでの自由市場経済は市場原理主義、新自由主義などとも呼ばれ、徹底した民営化と規制撤廃、自由貿易、福祉や医療などの社会支出の削減を柱とする。こうした経済政策は大企業や多国籍企業、投資家の利害と密接に結びつくものであり、貧富の格差拡大や、テロ攻撃を含む社会的緊張の増大につながる悪しきイデオロギーだというのがクラインの立場である。自由市場改革を目論む側にとってまたとない好機となるのが、社会を危機に陥れる壊滅的な出来事であることから、クラインは危機を利用して急進的な自由市場改革を推進する行為を「ディザスター・キャピタリズム」と呼んでいる。これまでこの語は「災害資本主義」と訳されることが多かったが、「ディザスター」は自然災害だけでなく人為的な戦争やクーデターも含む語であることを踏まえ、より意味を鮮明にするために、本書では「惨事便乗型資本主義」と訳した。

ショック・ドクトリンが実際に適用された例として、クラインはピノチェト将軍によるチリのクーデターをはじめとする七〇年代のラテンアメリカ諸国から、イギリスのサッチャー政権、ポーランドの「連帯」、中国の天安門事件、アパルトヘイト後の南アフリカ、ソ連崩壊、アジア経済危機、9・11後のアメリカとイラク戦争、スマトラ島沖地震、ハリケーン・カトリーナ、セキュリティー国家としてのイスラエル……と過去三五年の現代史を総なめにするごとく、広範囲にわたるケースを検証していく。綿密かつ豊富な取材と調査に基づいて、これまで主として政治的な文脈でしか語られてこなかったさまざまな事件の裏に、ショック・ドクトリンと惨事便乗型資本主義という明確な一本の糸が通っていることを、クラインは切れ味鋭い筆鋒で次々に暴いていく。自由と民主主義という美名のもとに語られてきた「復興」や「改革」や「グローバリゼーション」の裏に、人々を拷問にかけるに等しい暴力的なショック療法が存在していたことが臨場感あふれる筆致で語られており、読者を慄然とさせずにはおかない。

翻って今年の三月一一日、東日本大震災とそれに伴う津波および福島第一原発事故という未曽有の「ディザスター」に見舞われた日本にとっても、本書の内容は重くのしかかる。壊滅的な被害をこうむった東北地方の沿岸部と原発事故による広範囲にわたる放射能汚染に対し、復興・再建はいったいどのような道筋をたどってなされるべきなのか。同じ自然災害でも、アジアの津波やハリケーン・カトリーナの際のようなあからさまな惨事便乗経済の発動は今のところ伝えられていないものの、復興の名を借りて住民無視・財界優先の政策を打ち出す自治体も出てきており、予断を許さない状況である。ショック・ドクトリンの導入が行なわれないよう、私たち市民は心して目を光らせていく必要があろう。

著者ナオミ・クライン(本来の発音は「ネイオミ」だが、読みは慣例に従った)は一九七〇年、ベトナム戦争に反対してカナダに移住したユダヤ系アメリカ人の両親のもとにモントリオールで生まれた。現在はトロント在住で、ジャーナリスト、作家として活躍するほか、活動家としての一面も持つ。トロント大学時代に大学新聞に寄稿したことからキャリアをスタートし、英『ガーディアン』、カナダ『グローブ・アンド・メール』の二紙のほか、『ニューヨーク・タイムズ』紙や雑誌『ネーション』『ミズ』など数多くの媒体に記事を発表している。映像作家で英語版アルジャジーラのニュース番組司会者でもある夫のアヴィ・ルイスとともに、アルゼンチンの生産設備占拠運動を記録した『The Take』(二〇〇四年)など、ドキュメンタリー映画の制作も手がけている。新自由主義批判にとどまらず、環境汚染、気候変動、人種問題、組合潰し……など多岐にわたる問題について精力的に発言を続ける彼女の活動の一端は、自身のホームページ(http://www.naomiklein.org/main)やフェイスブック、ツイッター、あるいはニューヨークの独立系メディア〈デモクラシー・ナウ!〉の日本語版サイト(http://democracynow.jp/)でも知ることができる。三〇代の若さでこの大著を世に問うたクラインの今後に大いに期待したい。

本書の翻訳は序章と一二章から二一章、および終章を村上が、一章から一一章までを幾島が分担して訳し、その後全体を通して幾島が手を入れるという形で行なった。一一章は田中雅子さんのご協力を得た。英語の解釈に不安が残る箇所については、長年の知己であるアメリカ人、ダグ・ローズナーさんに背景の解説を含めて大いに助けてもらった。そして、多岐にわたる内容とボリュームゆえに当初の予定から大幅に遅れた翻訳作業を辛抱強く支え、訳者たちを励ましてくださった岩波書店『世界』編集部の清宮美稚子さんには、ひとかたならぬお世話になった。この場を借りて心よりお礼を申し上げたい。

二〇一一年盛夏　訳者を代表して

幾島幸子

岩波現代文庫版訳者あとがき

二〇一一年九月に日本語版『ショック・ドクトリン』が出版されたとき、「ショック・ドクトリン」という言葉はほとんどの人に馴染みがなかった。けれどもその半年前の三月に東日本大震災と福島第一原子力発電所の事故という未曽有の惨事＝ショックが日本を襲ったというタイミングもあり、本書は出版直後から大きな反響を呼んだ。そして出版から一〇年以上を経ても売れつづけるロングセラーとなっている。最近では今年六月に、四回にわたってNHK Eテレの「100分 de 名著」に取り上げられ、国際ジャーナリストの堤未果氏による明快な解説がなされたことは記憶に新しい。出版前には担当編集者と、「ショック・ドクトリン」という言葉が一般名詞として使われるようになるといいですね、とよく話したものだが、いまやこの言葉の考案者であるナオミ・クラインの名前は知らなくても、「ショック・ドクトリン」という言葉は知っているという人が増え、ナオミ・クラインの造語であることに言及せずに、まさに一般名詞として使われることが多くなっている。

アメリカで原著が刊行されたのは二〇〇七年だが、その直後にはリーマン・ショックを契機にした金融危機が世界を席捲し、ショック・ドクトリンはクラインが本書で検証した過去の歴史における手法にとどまらず、現在もリアルタイムで導入されうるものであることが図らずも示された。ここ数年に限っても、ウクライナやパレスチナでの終わりの見えない戦争、新型コロナウイルスによるパンデミックや地球温暖化の進行による気候危機など、まさに地球規模の惨事が多発して、いまやその影響はすべての人に襲いかかっている。言いかえれば、いつショック・ドクトリンが導入され、自分の身に影響が及ばないとも限らないのだ。

日本国内に目を投じても、東日本大震災と福島第一原発事故以降、東北地方を中心としたショック・ドクトリンの事例が次々と明るみに出て、その検証と告発が行われてきた。二〇一八年末に改正水道法(水道民営化に道を開くもの)が異例のスピードで成立したのは、同年に起きた大阪府北部地震が契機だったという見方もある。また、マイナンバーカードの普及を急ぐ現政府のやり方も、コロナ禍という惨事につけこんだものだと前述の堤氏は指摘している。

ざっと本書刊行後の日本と世界の現状を見渡しただけでも、『ショック・ドクトリン』の意義はますます増大しているのは明らかだ。この文庫版の刊行によって本書がさらに多くの読者に読まれ、歴史上の出来事を結ぶ共通のドクトリンの存在を知ることによって、自分たちの生活の場にもいつ何時、同様の手法が忍び寄ってくるかもしれないとの認識が深まることには大きな意味があると思う。さらには、私たちがどんな世界を望み、次の世代に残したいと思うのか、権力者や強者のためではなく、真に人びとのためになる改革とはどんなものなのか、そのために私たち一人ひとりが何をすべきなのか……という大きな問いに答えるヒントを本書が与えてくれることを願ってやまない。

最後に、本書刊行後のクラインの著作について簡単に触れておきたい。精力的な著作活動は止むことなく、おもなところでは二〇一四年に『これがすべてを変える――資本主義vs.気候変動』(邦訳二〇一七年、岩波書店)、二〇一七年に『NOでは足りない――トランプ・ショックに対処する方法』(邦訳二〇一八年、岩波書店)、二〇一九年に『地球が燃えている――気候崩壊から人類を救うグリーン・ニューディールの提言』(邦訳二〇二〇年、大月書店)を出版。テーマは気候危機やアメリカ政治に移ってはいるが、社会の周縁に追いやられた人びとをはじめとする弱者に寄り添った、民主的手法による社会改革をめざすという視座は、本書から一貫して変わらない。今年九月に出版された新著『ドッペルゲンガー――鏡の世界への旅(仮邦題)』は、ナオミ・ウルフと混同されてきた個人的体験をきっかけにして、リアルとフェイクが交錯する現代社会の混迷を鋭く分析するいわば実験的な作品で、出版直後に『ニューヨーク・タイムズ』紙のベストセラーリスト入りした。

文庫版の出版にあたっては、いくつかの間違い(人物の肩書や不統一など)を正したほか、全文を読み直し、日本語表現の生硬な箇所やわかりにくい箇所にも手を入れた。少しでも読みやすくなっていれば幸いである。岩波書店編集部の中西沢子さんには終始、大変お世話になったことをここに記してお礼を申し上げたい。

二〇二三年一二月　訳者を代表して

幾島幸子

解　説

中山智香子

表紙の真ん中を銃弾が撃ち抜いたようなカヴァーの、ナオミ・クライン著 *The Shock Doctrine: The Rise of Disaster Capitalism* が刊行されたのは二〇〇七年、邦訳刊行は二〇一一年であった。原著から一六年あまり、クラインは世界を飛び回って講演を行い、気候正義の運動に奔走し、取材を重ね、何冊もの著作や多くの記事を書いて、今や世界で広く読まれる著者の一人である。しかし本書『ショック・ドクトリン』は、二〇〇〇年のデビュー作 *No Logo*（邦訳『新版 ブランドなんか、いらない』二〇〇九年、大月書店）、二〇一四年の著作 *This Changes Everything*（邦訳『これがすべてを変える』二〇一七年、岩波書店）と並ぶ主要著作であり、疑いなくクラインの代表作である。

上下巻で八〇〇ページに迫るこの大著には、多くの国の事例が登場する。世界や各国、たとえば今の日本の文脈にひきつけて読むなど、多様な読み方があるだろう。ここでは本書を、二〇〇三年五月、米国のイラク占領統治の頃から数年にわたる調査研究の成果として、思想史的に整理してみよう。

本書にはショック・ドクトリンと惨事便乗型資本主義(disaster capitalism)という二つの焦

点があり、資本主義はショック・ドクトリンのために災害、惨事(disaster)に便乗するという明快な主張が提示される。惨事とは、昨今多発する自然災害を思えば、冒頭のハリケーン・カトリーナの事例が象徴的だろう。しかしまた、9・11以降に生み出された「戦争」状態との関わりも確認する必要がある。冷戦構造崩壊後のグローバリゼーションの中、相手方の欠けた米国の国家安全保障は、すでに軍事プロセス全般の民営化へと継ぎ込まれていた。本書は「ショック」の概念を軸として、経済と暴力との歪んだ結託とその帰結を描いたのである。その帰結は本書を超え、ロシアのウクライナ侵攻、ハマスとイスラエルの戦争にあえぐ二〇二三年末の現代世界をも撃ち抜いている。

*

さて、「ショック・ドクトリン」の概念である。これは経済学者の故ミルトン・フリードマンが『資本主義と自由』(一九六二年)で示した自由主義のあり方を、クラインの視点から位置づけ直したものだ。フリードマン自身も、ショック療法という言葉を使いはした。しかしこれを「民営化、規制撤廃・自由貿易、財政支出の大幅削減というフリードマンの新自由主義三原則」(二七〇頁)とまとめたのはクラインである。原則をパッケージ化できるシンプルさこそ、ショック・ドクトリンが賛否両面において普及した大きな要因であった。そして、やや戯画的に描かれる「ミルティーおじさん」ことフリードマンの頭脳のシンプルな「明晰」さが、その支えであった。

なお「新自由主義(ネオリベラリズム)」の概念もまた、デヴィッド・ハーヴェイの*A Brief History of Neoliberalism*(『新自由主義――その歴史的展開と現在』原著は二〇〇五年、邦訳二〇〇七年、作品社)の反響もあり、同じ頃に普及した。かつて一九九〇年代に自由貿易を標的にしていた反グローバリズムの論陣は、『ブランドなんか、いらない』でデビューしたクラインを一躍、旗手に押し上げたが、新自由主義という共通の批判軸を獲得したのである。

もっともクラインは本書では必ずしも新自由主義を前面には押し出さず、コーポラティズム、新保守主義など複数の「イズム」を用いて分析している。とはいえ、デビュー作でブランド戦略による文化の変容を「この三〇年の規制緩和、自由化の政策がなければ不可能だっただろう」(*No Logo* 邦訳四八頁)として、レーガンやサッチャーに言及した時からの軌跡は明らかだろう。ロゴや広告のきらめく企業分析から、本書では企業を支える国家の戦略、諸国家の政策に影響するIMFや世界銀行などの国際経済機関の存在、それらと経済理論、思想やイデオロギー、政策、政治の絡み合いへと視野を移行させ、体系的・構造的な把握へと達したのである。

IMFが一九八三年から「構造調整」プログラムの重要性を説き、一九八九年以降にはジョン・ウィリアムソンの「ワシントン・コンセンサス」が、経済苦境、債務不履行など危機に瀕した国家に、融資条件として政策パッケージを課したことは、すでに反グローバリズムの議論において批判されていた。しかしクラインはさらにこれを突き詰め、ウィリアムソンの一九九三年の小さな講演での発言に着目して、IMFや世銀の理念が崩れた瞬間を見出す。

フリードマンの「危機のみが、真の変革をもたらす」(七頁)という見解は、「ことによったら故意に危機を起こすのも一案ではないか」(四二八頁)という金融のあからさまな作為となり、救済の理念を決定的に変質させたのだった。

だがもちろんショック・ドクトリンの概念は、もう一方の側面と合わせて初めて十全に成り立つものである。本書で真っ先に論じられるのは、一九五〇年代にマギル大学で電気ショックの実験を行ったユーイン・キャメロンであり、それに関心をもったCIAとの関わりである。実験台となった一人の女性の逸話をまじえて語られるが、実験は冷戦下で、共産主義国における捕虜の洗脳の効果を知るための臨床研究と位置づけられていた。実験台として脳を破壊された人びとは訴訟を起こしたが、冷戦構造崩壊後にようやく意味が理解された。実験は洗脳などではなく、文字通りの拷問、虐待であり、人間性の破壊だったのだ。

電気ショックのショック療法は、本書の単なる導入や比喩ではない。9・11、すなわち二〇〇一年九月一一日を境に変容してゆく米国と、米国が仕掛けた「戦争」の現実であった。キューバのグアンタナモ米海軍基地、イラクのアブグレイブ刑務所の捕虜、拘束者への拷問、虐待が、当時、次第に露わになりつつあった。目を覆いたくなるような醜悪な行為は、なぜ可能となったのか。電気ショック療法をめぐる米国の戦略の分析は、異様さを異様と認めてこなかった歴史の闇を明るみにひきずり出す。

9・11の符号はまた、一九七三年九月一一日のチリで、国民が選挙で選んだ社会主義のアジェンデ政権に対しクーデターを企てた軍人ピノチェトの時代へと、読者を導くものでもある。ピノチェトは彼に逆らう者たちを拷問し、拉致や殺人を行い、国際社会から非人道的だと非難された。他方でチリは自由主義的市場経済の国際的ネットワークに急速に復帰し、一時期はチリの奇跡と称賛されたのである。ショック・ドクトリンの概念は、その「奇跡」が軍事独裁政権によってのみ達成され得たことを、一言で体現する。なおチリでの手法は、アルゼンチンなどラテンアメリカやアジアでも採用された。しかし文字通りの暴力が回帰してくるのは、イラクへのショック攻撃(第六部)においてである。またそれが冷戦構造崩壊期の旧社会主義・共産主義国、特にソ連・ロシアの事例とも響き合うのである。

一九八九年一一月のベルリンの壁崩壊のニュースを、当時の「西」側の住民は、自由で民主的な世界への歓迎ムードで聞いた。資本主義への移行経済も、同じ歓迎ムードでとらえられた。この見方にとどまる限り、為政者がエリツィンに替わり憲法停止、議会解散、議事堂の爆撃、戦闘状態へと急転した事態を、整合的に理解することは難しい。ところがショック・ドクトリンの軸を導入すると、一挙に解明できるのである。ショック・ドクトリンは、現地の人びとがいかに拒否しようとも、「民主化」の一部として遂行されたのだった。クラインは当時のロシアに関する欧米のニュース記事が、一〇年後のイラクについての議論と酷似していることに驚いたという。

ショック・ドクトリンの結末は、わたしたちを深い憂慮の淵に陥れる。

「キャメロンは〔タマネギの皮をむくような〕途中の層などどうでもいい、一気に脳のいちばん奥へ到達しようと考えていた。しかしその後わかったのは、層構造そのものが脳だということだった。(中略)イラクにおけるショック療法家たちも、国家の層構造を破壊して(中略)新たなモデル国家を創り上げようと考えていた。だがその結果目にしたのは、(中略)瓦礫の山と、心身ともに打ちのめされた何千万人というイラク国民だった」(六二四頁)

復讐が復讐を呼び、各地で報復のための攻撃が繰り返された。「人間と同様に国家も、(中略)崩壊し続けるだけ」(同前)となった。人間の脳も国家も、一見「どうでもいい」と思われるかもしれない多様な層でできているが、実は「どうでもいい」部分など一つもない。それを見誤って一部を破壊すれば、他の部分もやがて損傷し、ついには全体が崩壊する、とクラインは看破したのである。一九九九年末、エリツィン失脚後のロシアで選挙もなく政権交代を果たしたのは元KGBのプーチン、二〇二二年二月にウクライナ侵攻を始める為政者である。今度は、当時のイラクと現代のロシアがダブル・イメージとなり、わたしたちを震撼させる。ショック・ドクトリンが蒔いた憎悪の種は、時を超えて醜く芽吹く。報復、攻撃、崩壊の連鎖は、はるか現代にまで及ぶのである。なお、当時のロシアからの大量のユダヤ人流入がイスラエルの雇用バランスを乱し、一九九三年のオスロ和平合意に暗い影を落としたという本書最後の事例にも、現代との関連を思わざるを得ない。

＊

ちなみに本書には小さな続編がある。プエルトリコのショック・ドクトリンを論じた二〇一八年の小著 *The Battle for Paradice*（邦訳『楽園をめぐる闘い』二〇一九年、堀之内出版）である。ショック・ドクトリンは相変わらず惨事に便乗し、暗号資産(通貨)への欲望までも携えて、ますます酷く現地を襲った。だが、それが何であるかを知っていた人びとは、クライン自身とも連帯して抵抗した。そこにわずかな希望がある。ショック・ドクトリンを知ることが血肉となり闘いの力となって、打開の可能性を拓くのだ。

本書は、かつて講演や運動を苦手としたというクラインが、怒りに燃えて腹を括り、世界を駆け回りながら何年も調査を続けた成果であり、揺るぎなき金字塔である。わたしたちには、ここにコンパクトな邦訳書として甦った、この一書がある。こんなに心強いことはない。

本書は二〇一一年九月、岩波書店より刊行された。岩波現代文庫への収録にあたり、訳文を若干改訂した。なお、本文中の「現在」は、すべて原書刊行当時(二〇〇七年)のことを示す。

岩波現代文庫創刊二〇年に際して

二一世紀が始まってからすでに二〇年が経とうとしています。この間のグローバル化の急激な進行は世界のあり方を大きく変えました。世界規模で経済や情報の結びつきが強まるとともに、国境を越えた人の移動は日常の光景となり、今やどこに住んでいても、私たちの暮らしは世界中の様々な出来事と無関係ではいられません。しかし、グローバル化の中で否応なくもたらされる「他者」との出会いや交流は、新たな文化や価値観だけではなく、摩擦や衝突、そしてしばしば憎悪までをも生み出しています。グローバル化にともなう副作用は、その恩恵を遥かにこえていると言わざるを得ません。

今私たちに求められているのは、国内、国外にかかわらず、異なる歴史や経験、文化を持つ「他者」と向き合い、よりよい関係を結び直してゆくための想像力、構想力ではないでしょうか。

新世紀の到来を目前にした二〇〇〇年一月に創刊された岩波現代文庫は、この二〇年を通して、哲学や歴史、経済、自然科学から、小説やエッセイ、ルポルタージュにいたるまで幅広いジャンルの書目を刊行してきました。一〇〇〇点を超える書目には、人類が直面してきた様々な課題と、試行錯誤の営みが刻まれています。読書を通した過去の「他者」との出会いから得られる知識や経験は、私たちがよりよい社会を作り上げてゆくために大きな示唆を与えてくれるはずです。

一冊の本が世界を変える大きな力を持つことを信じ、岩波現代文庫はこれからもさらなるラインナップの充実をめざしてゆきます。

（二〇二〇年一月）

ショック・ドクトリン（下）
——惨事便乗型資本主義の正体を暴く　ナオミ・クライン

2024年3月15日　第1刷発行

訳　者　幾島幸子（いくしまさちこ）　村上由見子（むらかみゆみこ）

発行者　坂本政謙

発行所　株式会社 岩波書店
〒101-8002 東京都千代田区一ツ橋 2-5-5

案内 03-5210-4000　営業部 03-5210-4111
https://www.iwanami.co.jp/

印刷・精興社　製本・中永製本

ISBN 978-4-00-603345-3　Printed in Japan

索　引

欧文

あ 行

か 行

さ 行

た行

な 行

は 行

や 行

ら 行

わ 行

原　注

- 著者のインタビューに基づく引用や事実は原則として注から省いた．
- スペイン語からの英訳は，断りのない限りシャナ・ヤエル・シャプスによる．
- ドル換算はすべて米国ドル．
- 1段落中に複数の出典先がある場合は，各出典に番号は付けず，段落の終わりに示した番号で一括した．なお，注の出典の順番は本文に即した．
- 後注内に出典がある場合は，本文中の＊マークの直後の番号の注の文中に「＊後注」として記載した．
- ウェブサイトの流動性を鑑み，ネット上で閲覧可能なニュース記事のURLの記載は省いた．同様にネット上で閲覧可能な資料に関しても，資料を特定した詳しいURLは頻繁に変わることからサイトのホームページのみ挙げておいた．
- 本文で引用した第一次資料の多くやウェブのリンク先，参考文献とフィルモグラフィーの詳細は，www.naomiklein.org.に掲載してある．

第12章

(1) John Maynard Keynes, "From Keynes to Roosevelt: Our Recovery Plan Assayed," *New York Times*, December 31, 1933.

(2) Ashley M. Herer, "Oprah, Bono Promote Clothing Line, iPod," Associated Press, October 13, 2006.

(3) T. Christian Miller, *Blood Money: Wasted Billions, Lost Lives, and Corporate Greed in Iraq* (New York: Little, Brown and Company, 2006), 123. ＊後注 p. 413: John Cassidy, "Always with Us," *The New Yorker*, April 11, 2005.

(4) Peter Passell, "Dr. Jeffrey Sachs, Shock Therapist," *New York Times*, June 27, 1993.

(5) Jeffrey Sachs, "Life in the Economic Emergency Room," in *The Political Economy of Policy Reform*, ed. John Williamson (Wash-

ington, DC: Institute for International Economics, 1994), 516.

(6) "Roosevelt Victor by 7,054,520 Votes," *New York Times*, December 25, 1932; Raymond Moley, *After Seven Years* (New York: Harper & Brothers, 1939), 305.

(7) Carolyn Eisenberg, *Drawing the Line: The American Decision to Divide Germany, 1944–1949* (New York: Cambridge University Press, 1996).

(8) *The Political Economy of Policy Reform*, 44.

(9) Sachs, "Life in the Economic Emergency Room," 503–504, 513.

(10) John Williamson, *The Political Economy of Policy Reform*, 19, 26.

(11) John Williamson and Stephan Haggard, "The Political Conditions for Economic Reform," in *The Political Economy of Policy Reform*, 565.

(12) Williamson, *The Political Economy of Policy Reform*, 20.

(13) John Toye, *The Political Economy of Policy Reform*, 41.

(14) Bruce Little, "Debt Crisis Looms, Study Warns," *Globe and Mail* (Toronto), February 16, 1993; The TV report was on W5 on CTV, hosted by Eric Malling; Linda McQuaig, *Shooting the Hippo: Death by Deficit and Other Canadian Myths* (Toronto: Penguin, 1995), 3.

(15) この段落の情報は以下の本に基づく．McQuaig, *Shooting the Hippo*, 18, 42–44, 117.

(16) Ibid., 44, 46.

(17) "How to Invent a Crisis in Education," *Globe and Mail* (Toronto), September 15, 1995.

(18) 以下の2段落の内容はブルーノの本に基づく．Michael Bruno, *Deep Crises and Reform: What Have We Learned?* (Washington, DC: World Bank, 1996), 4, 6, 13, 25. 傍点は原文のまま．

(19) Ibid., 6. 傍点引用者．

(20) 1995年当時の世銀の加盟国数．現在は185カ国．

(21) この段落を含めて以下の4段落の内容はブドゥーの本に基づく．Davison L. Budhoo, *Enough Is Enough: Dear Mr. Camdessus...*

Open Letter of Resignation to the Managing Director of the International Monetary Fund (New York: New Horizons Press, 1990), 2–27.

(22) ブドゥーの主張の大部分はトリニダード・トバゴの相対単位労働コストの数値の矛盾に集中しているが，この数値は国の生産力を評価するうえで非常に重大な経済指標となる．ブドゥーは次のように書く．「トリニダード・トバゴの相対単位労働コスト(RULC)は1985年度の報告書では145.8%増，86年のIMF資料では142.9%増とされていたが，昨年，IMFの調査団が現地から戻ったあとに同地区統計担当者が行なった計算では69%増にすぎなかった．80〜85年の間のRULCの増加率は，86年度のIMF報告書では164.7%とされているのに対し，実際には66.1%にとどまっている．83年から85年までのRULCの増加率はIMFが86年に発表した36.9%ではなく，14.9%にすぎない．IMFの経済情勢現況報告書およびスタッフ報告書には85年にRULCが9%増加したと記されているが，実際には1.7%減少した．さらに86年には46.5%と激減するが，この数字は87年度報告書をはじめIMFの公式資料にはまったく記載されていない」Ibid., 17.

(23) "Bitter Calypsos in the Caribbean," *Guardian* (London), July 30, 1990; Robert Weissman, "Playing with Numbers: The IMF's Fraud in Trinidad and Tobago," *Multinational Monitor* 11, no. 6 (June 1990).

(24) Lawrence Van Gelder, "Mr. Budhoo's Letter of Resignation from the I. M. F. (50 Years Is Enough)," *New York Times*, March 20, 1996.

第13章

(1) Anita Raghavan, "Wall Street Is Scavenging in Asia-Pacific," *Wall Street Journal*, February 10, 1998.

(2) R. William Liddle, "Year One of the Yudhoyono—Kalla Duumvirate," *Bulletin of Indonesian Economic Studies* 41, no. 3 (December 2005): 337.

(3) "The Weakest Link," *The Economist*, February 8, 2003.

(4) Irma Adelman, "Lessons from Korea," in *The New Russia: Transition Gone Awry*, eds. Lawrence R. Klein and Marshall Pomer (Stanford, CA: Stanford University Press, 2001), 129.

(5) David McNally, "Globalization on Trial" *Monthly Review*, September 1998.

(6) "Apec Highlights Social Impact of Asian Financial Crisis," Bernama news agency, May 25, 1998.

(7) Hur Nam-Il, "Gold Rush ... Korean Style," *Business Korea*, March 1998; "Selling Pressure Mounts on Korean Won—Report," *Korea Herald* (Seoul), May 12, 1998.

(8) "Elderly Suicide Rate on the Increase," *Korea Herald* (Seoul), October 27, 1999; "Economic Woes Driving More to Suicide," *Korea Times* (Seoul), April 23, 1998.

(9) テキーラ危機は1994年に起きたが，融資は1995年初めになってようやく行なわれた．

(10) "Milton Friedman Discusses the IMF," *CNN: Moneyline with Lou Dobbs*, January 22, 1998; George P. Shultz, William E. Simon and Walter B. Wriston, "Who Needs the IMF," *Wall Street Journal*, February 3, 1998.

(11) Milken Institute, "Global Overview," *Global Conference 1998*, Los Angeles, March 12, 1998, www.milkeninstitute.org.

(12) Bill Clinton, "Joint Press Conference with Prime Minister Chrétien," November 23, 1997, www.clintonfoundation.org.

(13) Milken Institute, "Global Overview."

(14) José Piñera, "The 'Third Way' Keeps Countries in the Third World," prepared for the Cato Institute's 16th Annual Monetary Conference cosponsored with *The Economist*, Washington, DC, October 22, 1998; José Piñera, "The Fall of a Second Berlin Wall," October 22, 1998, www.josepinera.com.

(15) "U. S. Senate Committee on Foreign Relations Holds Hearing on the Role of the IMF in the Asian Financial Crisis," February 12, 1998; "Text–Greenspan's Speech to New York Economic Club," Reuters News, December 3, 1997.

(16) M. Perez and S. Tobarra, "Los países asiáticos tendrán que aceptar cierta flexibilidad que no era necesaria hasta ahora," *El País International Edition* (Madrid), December 8, 1997; "IMF Chief Calls for Abandon of 'Asian Model,'" Agence France-Presse, December 1, 1997.

(17) Interview with Mahathir Mohamad conducted July 2, 2001, for *Commanding Heights: The Battle for the World Economy*, www.pbs.org.

(18) Interview with Stanley Fischer conducted May 9, 2001, for *Commanding Heights*, www.pbs.org.

(19) Stephen Grenville, "The IMF and the Indonesian Crisis," background paper, Independent Evaluation Office of the IMF, May 2004, page 8, www.imf.org.

(20) Walden Bello, "The IMF's Hidden Agenda," *The Nation* (Bangkok), January 25, 1998.

(21) Fischer, *Commanding Heights*; Joseph Kahn, "I. M. F.'s Hand Often Heavy, a Study Says," *New York Times*, October 21, 2000. *後注 Paul Blustein, *The Chastening: Inside the Crisis That Rocked the Global Financial System and Humbled the IMF* (New York: PublicAffairs, 2001), 6–7.

(22) IMF が韓国と交わした合意には「(企業の他業種への転換を可能にするため)労働市場における余剰人員解雇の規制を緩和する」ことが明白に要求されている. Cited in Martin Hart-Landsberg and Paul Burkett, "Economic Crisis and Restructuring in South Korea: Beyond the Free Market-Statist Debate," *Critical Asian Studies* 33, no. 3 (2001): 421; Alkman Granitsas and Dan Biers, "Economies: The Next Step: The IMF Has Stopped Asia's Financial Panic," *Far Eastern Economic Review*, April 23, 1998; Cindy Shiner, "Economic Crisis Clouds Indonesian's Reforms," *Washington Post*, September 10, 1998.

(23) Soren Ambrose, "South Korean Union Sues the IMF," *Economic Justice News* 2, no. 4 (January 2000).

(24) Nicola Bullard, *Taming the Tigers: The IMF and the Asian*

Crisis (London: Focus on the Global South, March 2, 1999), www.focusweb.org; Walden Bello, *A Siamese Tragedy: The Collapse of Democracy in Thailand* (London: Focus on the Global South, September 29, 2006), www.focusweb.org.

(25) Jeffrey Sachs, "Power Unto Itself," *Financial Times* (London), December 11, 1997.

(26) Michael Lewis "The World's Biggest Going-Out-of-Business Sale," *New York Times Magazine*, May 31, 1998.

(27) Ian Chalmers, "Tommy's Toys Trashed," *Inside Indonesia* 56 (October–December 1998).

(28) Paul Blustein and Sandra Sugawara, "Rescue Plan for Indonesia in Jeopardy," *Washington Post*, January 7, 1998; Grenville, "The IMF and the Indonesian Crisis," 10.

(29) McNally, "Globalization on Trial."

(30) "Magic Arts of Jakarta's 'Witch-Doctor,'" *Financial Times* (London), November 3, 1997.

(31) Susan Sim, "Jakarta's Technocrats vs. the Technologists," *Straits Times* (Singapore), November 30, 1997; Kahn, "I. M. F.'s Hand Often Heavy, a Study Says."

(32) International Monetary Fund, *The IMF's Response to the Asian Crisis*, January 1999, www.imf.org.

(33) Paul Blustein, "At the IMF, a Struggle Shrouded in Secrecy," *Washington Post*, March 30, 1998; Martin Feldstein, "Refocusing the IMF," *Foreign Affairs*, March–April 1998; Jeffrey Sachs, "The IMF and the Asian Flu," *American Prospect*, March–April 1998.

(34) 韓国の貧困率は2.6%から7.6%へ，インドネシアの貧困率は4%から12%へと拡大した．同様の現象は他の国々でも見られた．International Labour Organization, "ILO Governing Body to Examine Response to Asia Crisis," press release, March 16, 1999; Mary Jordan, "Middle Class Plunging Back to Poverty," *Washington Post*, September 6, 1998; McNally, "Globalization on Trial"; Florence Lowe-Lee, "Where Is Korea's Middle Class?" *Korea Insight* 2, no. 11 (November 2000): 1; James D. Wolfensohn, "Open-

ing Address by the President of the World Bank Group," *Summary Proceedings of the Fifty-Third Annual Meeting of the Board of Governors* (Washington, DC: International Monetary Fund, October 6–8, 1998), 31, www.imf.org.

(35) "Array of Crimes Linked to the Financial Crisis, Meeting Told," *New Straits Times* (Kuala Lumpur), June 1, 1999; Nussara Sawatsawang, "Prostitution—Alarm Bells Sound Amid Child Sex Rise," *Bangkok Post*, December 24, 1999; Luz Baguioro, "Child Labour Rampant in the Philippines," *Straits Times* (Singapore), February 12, 2000; "Asian Financial Crisis Rapidly Creating Human Crisis: World Bank," Agence France-Presse, September 29, 1998.

(36) Laura Myers, "Albright Offers Thais Used F-16s, Presses Banking Reforms," Associated Press, March 4, 1999.

(37) Independent Evaluation Office of the IMF, *The IMF and Recent Capital Account Crises: Indonesia, Korea, Brazil* (Washington, DC: International Monetary Fund, September 12, 2003): 42–43, www.imf.org; Grenville, "The IMF and the Indonesian Crisis," 8.

(38) Craig Mellow, "Treacherous Times," *Institutional Investor International Edition*, May 1999.

(39) Raghavan, "Wall Street Is Scavenging in Asia-Pacific."

(40) Rory McCarthy, "Merrill Lynch Buys Yamaichi Branches, Now Japan's Biggest Foreign Broker," Agence France-Presse, February 12, 1998; "Phatra Thanakit Announces Partnership with Merrill Lynch," Merrill Lynch press release, June 4, 1998; United Nations Conference on Trade and Development, *World Investment Report 1998: Trends and Determinants* (New York: United Nations, 1998): 337; James Xiaoning Zhan and Terutomo Ozawa, *Business Restructuring in Asia: Cross-Border M&As in the Crisis Period* (Copenhagen: Copenhagen Business School Press, 2001), 100; "Advisory Board for Salomon," *Financial Times* (London), May 18, 1999; "Korea Ssangyong Sells Info Unit Shares to Carlyle," Reuters News, January 2, 2001; "JP Morgan—Carlyle Consortium to Become Largest Shareholder of KorAm," *Korea Times*

(Seoul), September 9, 2000.

(41) Nicholas D. Kristof, "Worsening Financial Flu in Asia Lowers Immunity to U. S. Business," *New York Times*, February 1, 1998.

(42) Lewis, "The World's Biggest Going-Out-of-Business Sale"; Mark L. Clifford, "Invasion of the Bargain Snatchers," *BusinessWeek*, March 2, 1998.

(43) United Nations Conference on Trade and Development, *World Investment Report 1998*, 336; Zhan and Ozawa, *Business Restructuring in Asia*, 99; "Chronology-GM Takeover Talks with Daewoo Motor Creditors," Reuters, April 30, 2002.

(44) Zhan and Ozawa, *Business Restructuring in Asia*, 96–102; Clifford, "Invasion of the Bargain Snatchers."

(45) Alexandra Harney, "GM Close to Taking 67% Stake in Daewoo for $400M," *Financial Times* (London), September 20, 2001; Stephanie Strom, "Korea to Sell Control of Banks to U. S. Investors," *New York Times*, January 1, 1999.

(46) Charlene Barshefsky, "Trade Issues with Asian Countries," Testimony before the Subcommittee on Trade of the House Committee on Ways and Means, February 24, 1998.

(47) "International Water—Ayala Consortium Wins Manila Water Privatization Contract," Business Wire, January 23, 1997; "Bechtel Wins Contract to Build Oil Refinery in Indonesia," Asia Pulse news agency, September 22, 1999; "Mergers of S. Korean Handset Makers with Foreign Cos on the Rise," Asia Pulse news agency, November 1, 2004; United Nations Conference on Trade and Development, *World Investment Report 1998*, 337; Zhan and Ozawa, *Business Restructuring in Asia*, 96–99.

(48) Zhan and Ozawa, *Business Restructuring in Asia*, 96–102; Robert Wade and Frank Veneroso, "The Asian Crisis: The High Debt Model Versus the Wall Street-Treasury-IMF Complex," *New Left Review* 228 (March-April 1998).

(49) "Milton Friedman Discusses the IMF," *CNN: Moneyline with Lou Dobbs*, January 22, 1998.

(50) 1995年の10万人当たりの自殺者は11.8人だったが，2005年には121% 増の26.1人となった．*World Factbook 1997* (Washington, DC: Central Intelligence Agency, 1997); *World Factbook 2007*, www.cia.gov; "S. Korea Has Top Suicide Rate among OECD Countries: Report," Asia Pulse news agency, September 18, 2006; "S. Korean Police Confirm Actress Suicide," Agence France-Presse, February 12, 2007.

(51) United Nations Human Settlements Program, *2005 Annual Report* (Nairobi: UN-HABITAT, 2006), 5–6, www.unchs.org; Rainer Maria Rilke, *Duino Elegies and the Sonnets to Orpheus*, trans. A. Poulin Jr. (Boston: Houghton Mifflin, 1977), 51 [リルケ『ドゥイノの悲歌』手塚富雄訳(岩波文庫，2010)]．

(52) "Indonesia Admits to Rapes during Riots," *Washington Post*, December 22, 1998.

(53) "The Weakest Link"; Thomas L. Friedman, *The Lexus and the Olive Tree* (New York: Farrar, Straus and, Giroux, 1999), 452–53.

(54) "The Critics of Capitalism," *Financial Times* (London), November 27, 1999.

(55) Fischer, *Commanding Heights*; Blustein, *The Chastening*, 6–7.

第14章

(1) Tom Baldwin, "Revenge of the Battered Generals," *Times* (London), April 18, 2006.

(2) Reuters, "Britain's Ranking on Surveillance Worries Privacy Advocate," *New York Times*, November 3, 2006.

(3) Daniel Gross, "The Homeland Security Bubble," Slate.com, June 1, 2005.

(4) Robert Burns, "Defense Chief Shuns Involvement in Weapons and Merger Decisions to Avoid Conflict of Interest," Associated Press, August 23, 2001.

(5) John Burgess, "Tuning in to a Trophy Technology," *Washington Post*, March 24, 1992; "TIS Worldwide Announces the Appointment of the Honorable Donald Rumsfeld to its Board of Advisors,"

PR Newswire, April 25, 2000; Geoffrey Lean and Jonathan Owen, "Donald Rumsfeld Makes $5M Killing on Bird Flu Drug," *Independent* (London), March 12, 2006.

(6) George W. Bush, "Bush Delivers Remarks with Rumsfeld, Gates," CQ Transcripts Wire, November 8, 2006.

(7) Joseph L. Galloway, "After Losing War Game, Rumsfeld Packed Up His Military and Went to War," Knight-Ridder, April 26, 2006.

(8) Jeffrey H. Birnbaum, "Mr. CEO Goes to Washington," *Fortune*, March 19, 2001.

(9) Donald H. Rumsfeld, "Secretary Rumsfeld's Remarks to the Johns Hopkins, Paul H. Nitze School of Advanced International Studies," December 5, 2005, www.defenselink.mil; Tom Peters, *The Circle of Innovation* (New York: Alfred A. Knopf, 1997), 16 [トム・ピーターズ『トム・ピーターズの起死回生』仁平和夫訳(TBSブリタニカ, 1998)].

(10) 以下この節の終わりまでの内容は次の資料から得た. Donald H. Rumsfeld, "DoD Acquisition and Logistics Excellence Week Kickoff—Bureaucracy to Battlefield," speech made at the Pentagon, September 10, 2001, www.defenselink.mil.

(11) Carolyn Skorneck, "Senate Committee Approves New Base Closings, Cuts $1.3 Billion from Missile Defense," Associated Press, September 7, 2001; Rumsfeld, "DoD Acquisition and Logistics Excellence Week Kickoff."

(12) Bill Hemmer and Jamie McIntyre, "Defense Secretary Declares War on the Pentagon's Bureaucracy," *CNN: Evening News*, September 10, 2001.

(13) Donald Rumsfeld, "Tribute to Milton Friedman," Washington, DC, May 9, 2002, www.defenselink.mil; Milton Friedman and Rose D. Friedman, *Two Lucky People: Memoirs* (Chicago: University of Chicago Press, 1998), 345.

(14) Friedman and Friedman, *Two Lucky People*, 391.

(15) William Gruber, "Rumsfeld Reflects on Politics, Business," *Chicago Tribune*, October 20, 1993; Stephen J. Hedges, "Winter Comes

for a Beltway Lion," *Chicago Tribune*, November 12, 2006.

(16) Greg Schneider, "Rumsfeld Shunning Weapons Decisions," *Washington Post*, August 24, 2001; Andrew Cockburn, *Rumsfeld: His Rise, Fall, and Catastrophic Legacy* (New York: Scribner, 2007), 89-90［アンドリュー・コバーン『ラムズフェルド――イラク戦争の国防長官』加地永都子訳(緑風出版，2008)］; Randeep Ramesh, "The Two Faces of Rumsfeld," *Guardian* (London), May 9, 2003; Richard Behar, "Rummy's North Korea Connection," *Fortune*, May 12, 2003.

(17) Joe Palca, "Salk Polio Vaccine Conquered Terrifying Disease," *National Public Radio: Morning Edition*, April 12, 2005; David M. Oshinsky, *Polio: An American Story* (Oxford: Oxford University Press, 2005), 210–11. ＊後注 Carly Weeks, "Tamiflu Linked to 10 Deaths," Gazette (Montreal), November 30, 2006; Dorsey Griffith, "Psychiatric Warning Put on Flu Drug," *Sacramento Bee*, November 14, 2006.

(18) Knowledge Ecology International, "KEI Request for Investigation into Anticompetitive Aspects of Gilead Voluntary Licenses for Patents on Tenofivir and Emtricitabine," February 12, 2007, www.keionline.org.

(19) John Stanton, "Big Stakes in Tamiflu Debate," *Roll Call*, December 15, 2005.

(20) 以下の２段落の内容はミラーの本に基づく．T. Christian Miller, *Blood Money: Wasted Billions, Lost Lives and Corporate Greed in Iraq* (New York: Little, Brown and Company, 2006), 77–79.

(21) Joan Didion, "Cheney: The Fatal Touch," *The New York Review of Books*, October 5, 2006.

(22) Dan Briody, *Halliburton Agenda: The Politics of Oil and Money* (New Jersey: John Wiley & Sons, 2004), 198–99; David H. Hackworth, "Balkans Good for Texas-Based Business," *Sun-Sentinel* (Fort Lauderdale), August 16, 2001.

(23) Antonia Juhasz, *Bush Agenda: Invading the World, One Economy at a Time* (New York: Regan Books, 2006), 120.

(24) Jonathan D. Salant, "Cheney: I'll Forfeit Options," Associated Press, September 1, 2000.
(25) "Lynne Cheney Resigns from Lockheed Martin Board," Dow Jones News Service, January 5, 2001.
(26) Tim Weiner, "Lockheed and the Future of Warfare," *New York Times*, November 28, 2004. ＊後注 Jeff McDonald, "City Looks at County's Outsourcing as Blueprint," *San Diego Union-Tribune*, July 23, 2006.
(27) Sam Howe Verhovek, "Clinton Reining in Role for Business in Welfare Effort," *New York Times*, May 11, 1997; Barbara Vobejda, "Privatization of Social Programs Curbed," *Washington Post*, May 10, 1997.
(28) Michelle Breyer and Mike Ward, "Running Prisons for a Profit," *Austin American-Statesman*, September 4, 1994; Judith Greene, "Bailing Out Private Jails," *The American Prospect*, September 10, 2001; Madeline Baro, "Tape Shows Inmates Bit by Dogs, Kicked, Stunned," Associated Press, August 19, 1997.
(29) Matt Moffett, "Pension Reform Pied Piper Loves Private Accounts," *Wall Street Journal*, March 3, 2005.
(30) "Governor George W. Bush Delivers Remarks on Government Reform," *FDCH Political Transcripts*, Philadelphia, June 9, 2000.
(31) Jon Elliston, "Disaster in the Making," *Tucson Weekly*, September 23, 2004.
(32) 2001年5月16日，上院退役軍人・住宅都市開発・独立機関小委員会でジョゼフ・オールボーFEMA長官が行なった証言.
(33) John F. Harris and Dana Milbank, "For Bush, New Emergencies Ushered in a New Agenda," *Washington Post*, September 22, 2001; United States General Accounting Office, *Aviation Security: Long-Standing Problems Impair Airport Screeners' Performance*, June 2000, page 25, www.gao.gov.
(34) National Commission on Terrorist Attacks upon the United States, *The 9/11 Commission Report: Final Report of the National Commission on Terrorist Attacks Upon the United States*, 2004,

page 85, www.gpoaccess.gov.

(35) Anita Manning, "Company Hopes to Restart Production of Anthrax Vaccine," *USA Today*, November 5, 2001.

(36) J. McLane, "Conference to Honor Milton Friedman on His Ninetieth Birthday," *Chicago Business*, November 25, 2002, www.chibus.com.

(37) Joan Ryan, "Home of the Brave," *San Francisco Chronicle*, October 23, 2001; George W. Bush, "President Honors Public Servants," Washington, DC, October 15, 2001.

(38) George W. Bush, "President Discusses War on Terrorism," Atlanta, Georgia, November 8, 2001.

(39) Harris and Milbank, "For Bush, New Emergencies Ushered in a New Agenda."

(40) Andrew Bacevich, "Why Read Clausewitz When Shock and Awe Can Make a Clean Sweep of Things?" *London Review of Books*, June 8, 2006. *後注 Scott Shane and Ron Nixon, "In Washington, Contractors Take on Biggest Role Ever," *New York Times*, February 4, 2007.

(41) Evan Ratliff, "Fear, Inc.," *Wired*, December 2005.

(42) Shane and Nixon, "In Washington, Contractors Take on Biggest Role Ever."

(43) Matt Richtel, "Tech Investors Cull Start-ups for Pentagon," *Washington Post*, May 7, 2007; Defense Venture Catalyst Initiative, "An Overview of the Defense Venture Catalyst Initiative," devenci. dtic. mil.

(44) Ratliff, "Fear, Inc."

(45) Jason Vest, "Inheriting a Shambles at Defense" *Texas Observer* (Austin), December 1, 2006; Ratliff, "Fear, Inc."; Paladin Capital Group, "Lt. General (Ret) USAF Kenneth A. Minihan," Paladin Team, December 2, 2003, www.paladincapgroup.com.

(46) Office of Homeland Security, *National Strategy for Homeland Security*, July 2002, page 1, www.whitehouse.gov; Ron Suskind, *The One Percent Doctrine: Deep Inside America's Pursuit of Its*

Enemies Since 9/11 (New York: Simon & Schuster, 2006); "Terror Fight Spawns Startups," *Red Herring*, December 5, 2005.

(47) United States House of Representatives, Committee on Government Reform-Minority Staff, Special Investigations Division, *Dollars, Not Sense: Government Contracting Under the Bush Administration*, Prepared for Rep. Henry A. Waxman, June 2006, page 5, www.democrats.reform.house.gov; Tim Shorrock, "The Corporate Takeover of U. S. Intelligence," *Salon*, June 1, 2007, www.salon.com; Rachel Monahan and Elena Herrero Beaumont, "Big Time Security," *Forbes*, August 3, 2006; Central Intelligence Agency, *World Fact Book 2007*, www.cia.gov; "US Government Spending in States Up 6 Pct in FY'03," Reuters, October 7, 2004; Frank Rich, "The Road from K Street to Yusufiya," *New York Times*, June 25, 2006.

(48) Monahan and Herrero Beaumont, "Big Time Security"; Ratliff, "Fear, Inc."

(49) この数字の出所は元ブッシュ政権のテロ対策担当官で現在はグッド・ハーバー・コンサルティング社長のロジャー・クレッシー. Rob Evans and Alexi Mostrous, "Britain's Surveillance Future," *Guardian* (London), November 2, 2006; Mark Johnson, "Video, Sound Advances Aimed at War on Terror," Associated Press, August 2, 2006; Ellen McCarthy, "8 Firms Vie for Pieces of Air Force Contract," *Washington Post*, September 14, 2004.

(50) Brian Bergstein, "Attacks Spawned a Tech-Security Market That Remains Young Yet Rich," Associated Press, September 4, 2006.

(51) Mure Dickie, "Yahoo Backed on Helping China Trace Writer," *Financial Times* (London), November 10, 2005; Leslie Cauley, "NSA Has Massive Database of Americans' Phone Calls," *USA Today*, May 11, 2006; "Boeing Team Awarded SBInet Contract by Department of Homeland Security," press release, September 21, 2006, www.boeing.com.

(52) Robert O'Harrow Jr., *No Place to Hide* (New York: Free Press,

2005) ［ロバート・オハロー『プロファイリング・ビジネス ― 米国「諜報産業」の最強戦略』中谷和男訳(日経 BP 社, 2005)］.
(53) "Terror Fight Spawns Startups."
(54) Justine Rood, "FBI Terror Watch List 'Out of Control'," *The Blotter blog on ABC News*, June 13, 2007, www.abcnews.com; Ed Pilkington, "Millions Assigned Terror Risk Score on Trips to the US," *Guardian* (London), December 2, 2006.
(55) Rick Anderson, "Flog Is My Co-Pilot," *Seattle Weekly*, November 29, 2006; Jane Mayer, "The C. I. A.'s Travel Agent," *The New Yorker*, October 30, 2006; Brian Knowlton, "Report Rejects European Denial of CIA Prisons," *New York Times*, November 29, 2006; Mayer, "The C. I. A.'s Travel Agent"; Stephen Grey, *Ghost Plane: The True Story of the CIA Torture Program* (New York: St. Martin's Press, 2006), 80 ［スティーヴン・グレイ『CIA 秘密飛行便 ― テロ容疑者移送工作の全貌』平賀秀明訳(朝日新聞社, 2007)］; Pat Milton, "ACLU File: Suit Against Boeing Subsidiary, Saying It Enabled Secret Overseas Torture," Associated Press, May 31, 2007.
(56) Andrew Buncombe, "New Maximum-Security Jail to Open at Guantanamo Bay," *Independent* (London), July 30, 2006; Pratap Chatterjee, "Intelligence in Iraq: L-3 Supplies Spy Support," *CorpWatch*, August 9, 2006, www.corpwatch.com.
(57) Michelle Faul, "Guantanamo Prisoners for Sale," Associated Press, May 31, 2005; John Simpson, "No Surprises in the War on Terror," *BBC News*, February 13, 2006; John Mintz, "Detainees Say They Were Charity Workers," *Washington Post*, May 26, 2002.
(58) このエジプト人拘束者はアデル・ファトウ・アリ・アルガザール. Dave Gilson, "Why Am I in Cuba?" *Mother Jones*, September–October 2006; Simpson, "No Surprises in the War on Terror"; Andrew O. Selsky, "AP: Some Gitmo Detainees Freed Elsewhere," *USA Today*, December 15, 2006.
(59) Gary Stoller, "Homeland Security Generates Multibillion Dollar Business," *USA Today*, September 10, 2006.
(60) Sarah Anderson, John Cavanagh, Chuck Collins and Eric Ben-

jamin, "Executive Excess 2006: Defense and Oil Executives Cash in on Conflict," August 30, 2006, page 1, www.faireconomy.org.
(61) Ratliff, "Fear, Inc."
(62) O'Harrow, *No Place to Hide*, 9.

第15章

(1) Jim Krane, "Former President Bush Battles Arab Critics of His Son," Associated Press, November 21, 2006.
(2) Scott Shane and Ron Nixon, "In Washington, Contractors Take on Biggest Role Ever," *New York Times*, February 4, 2007.
(3) Jane Mayer, "Contract Sport," *The New Yorker*, February 16, 2004.
(4) "HR 5122: John Warner National Defense Authorization Act for Fiscal Year 2007 (Enrolled as Agreed to or Passed by Both House and Senate)," thomas.loc.gov.
(5) "Remarks of Sen. Patrick Leahy on National Defense Authorization Act for Fiscal Year 2007, Conference Report, Congressional Record," States News Service, September 29, 2006.
(6) Gilead Sciences, "Stock Information: Historical Price Lookup," www.gilead.com.
(7) Interview with Stephen Kinzer, *Democracy Now!* April 21, 2006, www.democracynow.org.
(8)「表裏一体の関係にあり，互いに補強しあっていた」という部分は歴史家ジェームズ・A・ビルからの引用．Stephen Kinzer, *Overthrow: America's Century of Regime Change from Hawaii to Iraq* (New York: Times Books, 2006), 122.
(9) Robert Burns, "Defense Chief Shuns Involvement in Weapons and Merger Decisions to Avoid Conflict of Interest," Associated Press, August 23, 2001; Matt Kelley, "Defense Secretary Sold Up to $91 Million in Assets to Comply with Ethics Rules, Complains about Disclosure Form," Associated Press, June 18, 2002; Pauline Jelinek, "Rumsfeld Asks for Deadline Extension," Associated Press, July 17, 2001.

(10) John Stanton, "Big Stakes in Tamiflu Debate," *Roll Call*, December 15, 2005.

(11) ラムズフェルドの2005年度情報開示報告書によると，彼は「9590万ドル相当の株を保有し，そこから最大1300万ドルの収益を得たほか，最大1700万ドル相当の土地を所有し，その賃貸料として100万ドルを得た」とある．Geoffrey Lean and Jonathan Owen, "Donald Rumsfeld Makes $5m Killing on Bird Flu Drug," *Independent* (London), March 12, 2006; Kelley, "Defense Secretary Sold up to $91 Million in Assets..."

(12) Burns, "Defense Chief Shuns Involvement..."

(13) Stanton, "Big Stakes in Tamiflu Debate."

(14) Nelson D. Schwartz, "Rumsfeld's Growing Stake in Tamiflu," *Fortune*, October 31, 2005.

(15) Gilead Sciences, "Stock Information: Historical Price Lookup," www.gilead.com.

(16) Cassell Bryan-Low, "Cheney Cashed in Halliburton Options Worth $35 Million," *Wall Street Journal*, September 20, 2000.

(17) Ken Herman, "Cheneys Earn $8.8 Million to Bushes' $735,000," *Austin American-Statesman*, April 15, 2006; Halliburton, Investor Relations, "Historical Price Lookup," www.halliburton.com.

(18) Sarah Karush, "Once Privileged in Iraq, Russian Oil Companies Hope to Compete on Equal Footing After Saddam," Associated Press, March 14, 2003; Saeed Shah, "Oil Giants Scramble for Iraqi Riches," *Independent* (London), March 14, 2003.

(19) "Waiting for the Green Light," *Petroleum Economist*, October 1, 2006.

(20) Lean and Owen, "Donald Rumsfeld Makes $5m Killing on Bird Flu Drug."

(21) Jonathan Weisman, "Embattled Rep. Ney Won't Seek Reelection," *Washington Post*, August 8, 2006; Sonya Geis and Charles R. Babcock, "Former GOP Lawmaker Gets 8 Years," *Washington Post*, March 4, 2006; Judy Bachrach, "Washington Babylon," *Vanity Fair*, August 1, 2006.

(22) Eric Lipton, "Former Antiterror Officials Find Industry Pays Better," *New York Times*, June 18, 2006.

(23) Ellen Nakashima, "Ashcroft Finds Private-Sector Niche," *Washington Post*, August 12, 2006; Lipton, "Former Antiterror Officials Find Industry Pays Better"; Good Harbor Consulting, LLC., www.goodharbor.net; Paladin Capital Group, "R. James Woolsey—VP," Paladin Team, www.paladincapgroup.com; Booz Allen Hamilton, "R James Woolsey," www.boozallen.com; Douglas Jehl, "Insiders' New Firm Consults on Iraq," *New York Times*, September 30, 2003; "Former FEMA Head to Start Consulting Business on Emergency Planning," Associated Press, November 24, 2005.

(24) "Former FEMA Head Discussed Wardrobe during Katrina Crisis," Associated Press, November 3, 2005.

(25) Seymour M. Hersh, "The Spoils of the Gulf War," *The New Yorker*, September 6, 1993.

(26) Michael Isikoff and Mark Hosenball, "A Legal Counterattack," *Newsweek*, April 16, 2003; John Council, "Baker Botts' 'Love Shack' for Clients," *Texas Lawyer*, March 6, 2006; Erin E. Arvedlund, "Russian Oil Politics in a Texas Court," *New York Times*, February 15, 2005; Robert Bryce, "It's a Baker Botts World," *The Nation*, October 11, 2004.

(27) Peter Smith and James Politi, "Record Pay-Outs from Carlyle and KKR," *Financial Times* (London), October 20, 2004.

(28) "Cutting James Baker's Ties," *New York Times*, December 12, 2003.

(29) 以下の 2 段落の内容は著者の次の記事より．Naomi Klein, "James Baker's Double Life: A Special Investigation," *The Nation*, posted online October 12, 2004, www.thenation.com.

(30) David Leigh, "Carlyle Pulls Out of Iraq Debt Recovery Consortium," *Guardian* (London), October 15, 2004; United Nations Compensation Commission, "Payment of Compensation," press releases, 2005–2006, www.unog.ch; Klein, "James Baker's Double Life"; World Bank, "Data Sheet for Iraq," October 23, 2006, www.

worldbank.org.

(31) Eric Schmitt, "New Group Will Lobby for Change in Iraqi Rule," *New York Times*, November 15, 2002; George P. Shultz, "Act Now," *Washington Post*, September 6, 2002; Harry Esteve, "Ex-Secretary Stumps for Gubernatorial Hopeful," *Oregonian* (Portland), February 12, 2002; David R. Baker, "Bechtel Pulling Out after 3 Rough Years of Rebuilding Work," *San Francisco Chronicle*, November 1, 2006.

(32) Tim Weiner, "Lockheed and the Future of Warfare," *New York Times*, November 28, 2004; Schmitt, "New Group Will Lobby for Change in Iraqi Rule"; John Laughland, "The Prague Racket," *Guardian* (London), November 22, 2002; John B. Judis, "Minister without Portfolio," *The American Prospect*, May 2003; Lockheed Martin, Investor Relations, "Stock Price Details," www.lockheedmartin.com.

(33) Bob Woodward, *State of Denial* (New York: Simon & Schuster, 2006), 406–407 [ボブ・ウッドワード『ブッシュのホワイトハウス』伏見威蕃訳(日本経済新聞出版社, 2007)].

(34) James Dao, "Making a Return to the Political Stage," *New York Times*, November 28, 2002; Leslie H. Gelb, "Kissinger Means Business," *New York Times*, April 20, 1986; Jeff Gerth, "Ethics Disclosure Filed with Panel," *New York Times*, March 9, 1989.

(35) James Harding, "Kissinger Second Take," *Financial Times* (London), December 14, 2002.

(36) Seymour M. Hersh, "Lunch with the Chairman," *The New Yorker*, March 17, 2003.

(37) Ibid.; Thomas Donnelly and Richard Perle, "Gas Stations in the Sky," *Wall Street Journal*, August 14, 2003. ＊後注 R. Jeffrey Smith, "Tanker Inquiry Finds Rumsfeld's Attention Was Elsewhere," *Washington Post*, June 20, 2006; Tony Capaccio, "Boeing Proposes Bonds for 767 Lease Deal," *Seattle Times*, March 4, 2003.

(38) Hersh, "Lunch with the Chairman"; Tom Hamburger and Dennis Berman, "U. S. Adviser Perle Resigns as Head of Defense

Board," *Wall Street Journal*, March 28, 2003.
(39) Interview with Richard Perle, *CNN: Late Edition with Wolf Blitzer*, March 9, 2003.
(40) Judis, "Minister without Portfolio"; David S. Hilzenrath, "Richard N. Perle's Many Business Ventures Followed His Years as a Defense Official," *Washington Post*, May 24, 2004; Hersh, "Lunch with the Chairman"; T. Christian Miller, *Blood Money: Wasted Billions, Lost Lives and Corporate Greed in Iraq* (New York: Little, Brown and Company, 2006), 73.

第16章

(1) Andrew M. Wyllie, "Convulsion Therapy of the Psychoses," *Journal of Mental Science* 86 (March 1940): 248.
(2) Richard Cohen, "The Lingo of Vietnam," *Washington Post*, November 21, 2006.
(3) "Deputy Secretary Wolfowitz Interview with Sam Tannenhaus, Vanity Fair," News Transcript, May 9, 2003, www.defenselink.mil.
(4) *後注 *2007 Index of Economic Freedom* (Washington, DC: Heritage Foundation and *The Wall Street Journal*, 2007), 326, www.heritage.org.
(5) Thomas L. Friedman, "The Long Bomb," *New York Times*, March 2, 2003; Joshua Muravchik, "Democracy's Quiet Victory," *New York Times*, August 19, 2002; Robert Dreyfuss, "Just the Beginning," *American Prospect*, April 1, 2003. *後注 John Norris, *Collision Course: NATO, Russia, and Kosovo* (Westport, CT: Praeger, 2005), xxii–xxiii.
(6) George W. Bush, "President Discusses Education, Entrepreneurship & Home Ownership at Indiana Black Expo," Indianapolis, Indiana, July 14, 2005.
(7) Edwin Chen and Maura Reynolds, "Bush Seeks U.S.-Mideast Trade Zone to Bring Peace, Prosperity to Region," *Los Angeles Times*, May 10, 2003.
(8) Harlan Ullman, "'Shock and Awe' Misunderstood," *USA Today*,

April 8, 2003.

(9) Peter Johnson, "Media's War Footing Looks Solid," *USA Today*, February 17, 2003.

(10) Thomas L. Friedman, "What Were They Thinking?" *New York Times*, October 7, 2005.

(11) United States Department of State, "Memoranda of Conversation," June 10, 1976, declassified, www.gwu.edu/~nsarchiv.

(12) George W. Bush, speech made at 2005 Inauguration, January 20, 2005.

(13) Norman Friedman, *Desert Victory: The War for Kuwait* (Annapolis, MD: Naval Institute Press, 1991), 185［ノーマン・フリードマン『湾岸戦争 ―― 砂漠の勝利』高井三郎訳(大日本絵画, 1993)］; Michael R. Gordon and Bernard E. Trainor, *Cobra II: The Inside Story of the Invasion and Occupation of Iraq* (New York: Pantheon Books, 2006), 551.

(14) Anthony Shadid, *Night Draws Near: Iraq's People in the Shadow of America's War* (New York: Henry Holt, 2005), galley, 95. 著者の許可を得て引用した.

(15) Harlan K. Ullman and James P. Wade, *Shock and Awe: Achieving Rapid Dominance* (Washington, DC: NDU Press Book, 1996), 55; Ron Suskind, *The One Percent Doctrine: Deep Inside America's Pursuit of Its Enemies Since 9/11* (New York: Simon & Schuster, 2006), 123, 214.

(16) Ullman and Wade, *Shock and Awe*, xxv, 17, 23, 29.

(17) Maher Arar, "'I Am Not a Terrorist—I Am Not a Member of Al-Qaida,'" *Vancouver Sun*, November 5, 2003.

(18) "Iraq Faces Massive U.S. Missile Barrage," *CBS News*, January 24, 2003.

(19) "U.S. Tests Massive Bomb," *CNN: Wolf Blitzer Reports*, March 11, 2003.

(20) Ibid.

(21) Rajiv Chandrasekaran and Peter Baker, "Allies Struggle for Supply Lines," *Washington Post*, March 30, 2003; Jon Lee Ander-

son, *The Fall of Baghdad* (New York: Penguin Press, 2004), 199; Gordon and Trainor, *Cobra II*, 465. ＊後注 Charles Duelfer, *Comprehensive Report of the Special Advisor to the DCI on Iraq's WMD*, vol. 1, September 30, 2004, 11, www.cia.gov.

(22) Shadid, *Night Draws Near*, 71.

(23) Suzanne Goldenberg, "War in the Gulf: In an Instant We Were Plunged into Endless Night," *Guardian* (London), April 4, 2003.

(24) "Restoring a Trea sured Past," *Los Angeles Times*, April 17, 2003.

(25) Charles J. Hanley, "Looters Ransack Iraq's National Library," Associated Press, April 15, 2003.

(26) Michael D. Lemonick, "Lost to the Ages," *Time*, April 28, 2003; Louise Witt, "The End of Civilization," *Salon*, April 17, 2003, www.salon.com.

(27) Thomas E. Ricks and Anthony Shadid, "A Tale of Two Baghdads," *Washington Post*, June 2, 2003.

(28) Frank Rich, "And Now: 'Operation Iraqi Looting,'" *New York Times*, April 27, 2003.

(29) Donald H. Rumsfeld, "DoD News Briefing—Secretary Rumsfeld and Gen. Myers," April 11, 2003, www.defenselink.mil; Simon Robinson, "Grounding Planes the Wrong Way," *Time*, July 14, 2003.

(30) Rajiv Chandrasekaran, *Imperial Life in the Emerald City: Inside Iraq's Green Zone* (New York: Alfred A. Knopf, 2006), 119–20［ラジブ・チャンドラセカラン『グリーン・ゾーン』徳川家広訳(集英社インターナショナル，2010)］.

(31) Ibid., 165–66.

(32) World Bank, *World Development Report 1990* (Oxford: World Bank, 1990), 178–79; New Mexico Coalition for Literacy, New Mexico Literacy Profile, 2005–2006 Programs, www.nmcl.org. ＊後注 Chandrasekaran, *Imperial Life in the Emerald City*, 5.

(33) Shafiq Rasul, Asif Iqbal and Rhuhel Ahmed, *Composite Statement: Detention in Afghanistan and Guantanamo Bay* (New York: Center for Constitutional Rights, July 26, 2004), 96, 99, www.ccr-

ny.org.
(34) Ibid., 9, 10, 21, 26, 72.
(35) John F. Burns, "Looking Beyond His Critics, Bremer Sees Reason for Both Hope and Caution," *New York Times*, June 29, 2004; Steve Kirby, "Bremer Says Iraq Open for Business," Agence France-Presse, May 25, 2003.
(36) Thomas B. Edsall and Juliet Eilperin, "Lobbyists Set Sights on Money-Making Opportunities in Iraq," *Washington Post*, October 2, 2003.

第17章

(1) ジェフリー・ゴールドバーグによれば，ライスはこのコメントをジョージタウンのレストランでの夕食の席で口にした．「その発言は同席者全員を唖然とさせた．（ブレント・）スコウクロフトは後に「ライスの原理主義的な物言いには面食らった」と友人たちに語った」とゴールドバーグは書いている．Jeffrey Goldberg, "Breaking Ranks," *The New Yorker*, October 31, 2005.
(2) Fareed Zakaria, "What Bush Got Right," *Newsweek*, March 14, 2005.
(3) Phillip Kurata, "Eastern Europeans Urge Iraq to Adopt Rapid Market Reforms," Washington File, Bureau of International Information Programs, U. S. Department of State, September 26, 2003, usinfo.state.gov; "Iraq Poll Finds Poverty Main Worry, Sadr Popular," Reuters, May 20, 2004.
(4) Joseph Stiglitz, "Shock without the Therapy," *Business Day* (Johannesburg), February 20, 2004; Jim Krane, "U. S. Aims to Keep Iraq Military Control," Associated Press, March 13, 2004.
(5) Interview with Richard Perle, *CNN: Anderson Cooper 360 Degrees*, November 6, 2006; Interview with David Frum, *CNN: Late Edition with Wolf Blitzer*, November 19, 2006.
(6) L. Paul Bremer III, *My Year in Iraq: The Struggle to Build a Future of Hope* (New York: Simon & Schuster, 2006), 21.
(7) Interview with Paul Bremer, *PBS: The Charlie Rose Show*, Jan-

uary 11, 2006.

(8) Noelle Knox, "Companies Rush to Account for Staff," *USA Today*, September 13, 2001; Harlan S. Byrne, "Disaster Relief: Insurance Brokers AON, Marsh Look to Recover, Even Benefit Post-September 11," *Barron's*, November 19, 2001.

(9) ガーナー将軍のイラク復興計画はじつに単純明快で，インフラを整備し，やっつけで選挙を実施し，ショック療法はIMFに任せ，フィリピンを手本に米軍基地をしっかりと根づかせる，というものだった．BBCのインタビューでガーナーは「現時点ではイラクを米国の中東補給基地とみなすべきだと思う」と語っている．Interview with General Jay Garner, conducted by Greg Palast, "Iraq for Sale," BBC TV, March 19, 2004, www.gregpalast.com; Thomas Crampton, "Iraq Official Warns on Fast Economic Shift," *International Herald Tribune* (Paris), October 14, 2003; Rajiv Chandrasekaran, "Attacks Force Retreat from Wide-Ranging Plans for Iraq," *Washington Post*, December 28, 2003.

(10) "Let's All Go to the Yard Sale," *The Economist*, September 27, 2003.

(11) Coalition Provisional Authority, *Order Number 37 Tax Strategy for 2003*, September 19, 2003, www.iraqcoalition.org; Coalition Provisional Authority, *Order Number 39 Foreign Investment*, December 20, 2003, www.iraqcoalition.org; Dana Milbank and Walter Pincus, "U. S. Administrator Imposes Flat Tax System on Iraq," *Washington Post*, November 2, 2003; Rajiv Chandrasekaran, "U. S. Funds for Iraq Are Largely Unspent," *Washington Post*, July 4, 2004. *後注 Mark Gregory, "Baghdad's 'Missing Billions,'" *BBC News*, November 9, 2006; David Pallister, "How the US Sent $12bn in Cash to Iraq. And Watched It Vanish," *Guardian* (London), February 8, 2007.

(12) Central Bank of Iraq and the Coalition Provisional Authority, "Saddam-Free Dinar Becomes Iraq's Official Currency," January 15, 2004, www.cpa-iraq.org; "Half of Iraqis Lack Drinking Water—Minister," Agence France-Presse, November 4, 2003; Charles Clo-

ver and Peter Spiegel, "Petrol Queues Block Baghdad as Black Market Drains Off," *Financial Times* (London), December 9, 2003.

(13) Donald H. Rumsfeld, "Prepared Statement for the Senate Appropriations Committee," Washington, DC, September 24, 2003, www.defenselink.mil; Borzou Daragahi, "Iraq's Ailing Banking Industry Is Slowly Reviving," *New York Times*, December 30, 2004; Laura MacInnis, "Citigroup, U. S. to Propose Backing Iraqi Imports," Reuters, February 17, 2004; Justin Blum, "Big Oil Companies Train Iraqi Workers Free," *Washington Post*, November 6, 2004.

(14) Congressional Bud get Office, *Paying for Iraq's Reconstruction: An Update*, December 2006, page 15, www.cbo.gov; Chandrasekaran, "U. S. Funds for Iraq Are Largely Unspent."

(15) George W. Bush, "President Bush Addresses United Nations General Assembly," New York City, September 23, 2003; George W. Bush, "President Addresses the Nation," September 7, 2003.

(16) James Glanz, "Violence in Iraq Curbs Work of 2 Big Contractors," *New York Times*, April 22, 2004.

(17) Rajiv Chandrasekaran, "Best-Connected Were Sent to Rebuild Iraq," *Washington Post*, September 17, 2006; Holly Yeager, "Halliburton's Iraq Army Contract to End," *Financial Times* (London), July 13, 2006.

(18) Office of Inspector General, USAID, *Audit of USAID/Iraq's Economic Reform Program*, Audit Report Number E-266-04-004-P, September 20, 2004, pages 5-6, www.usaid.gov; USAID, "Award/Contract," RAN-C-00-03-00043-00, www.usaid.gov; Mark Brunswick, "Opening of Schools to Test Iraqis' Confidence," *Star Tribune* (Minneapolis), September 17, 2006. *後注 James Rupert, "Schools a Bright Spot in Iraq," *Seattle Times*, June 30, 2004.

(19) Ron Wyden, "Dorgan, Wyden, Waxman, Dingell Call to End Outsourcing of Oversight for Iraq Reconstruction," press release, May 5, 2004, wyden. senate.gov; "Carolinas Companies Find Profits in Iraq," Associated Press, May 2, 2004; James Mayfield, "Un-

derstanding Islam and Terrorism—9/11," August 6, 2002, was at www.texashoustonmission.org, accessed January 7, 2005; Sis Mayfield, "Letters from President Mayfield," February 27, 2004, was at www.texashoustonmission.org, accessed January 7, 2005.

(20) Rajiv Chandrasekaran, "Defense Skirts State in Reviving Iraqi Industry," *Washington Post*, May 14, 2007.

(21) ガイダルのコメントの出所は，ロシア政府に起業家精神に関して助言していたマーク・マサルスキーである．Jim Krane, "Iraq's Fast Track to Capitalism Scares Baghdad's Businessmen," The Associated Press, December 3, 2003; Lynn D. Nelson and Irina Y. Kuzes, "Privatization and the New Business Class," in *Russia in Transition: Politics, Privatization, and Inequality*, ed. David Lane (London: Longman, 1995), 129. ＊後注 Kevin Begos, "Good Intentions Meet Harsh Reality," *Winston-Salem Journal*, December 19, 2004.

(22) Dahr Jamail and Ali al-Fadhily, "U. S. Resorting to 'Collective Punishment,'" Inter Press Service, September 18, 2006.

(23) Gilbert Burnham et al., "Mortality after the 2003 Invasion of Iraq: A Cross-Sectional Cluster Sample Survey," *Lancet* 368 (October 12, 2006): 1421–28.

(24) Ralph Peters, "Last Gasps in Iraq," *USA Today*, November 2, 2006.

(25) Oxford Research International, *National Survey of Iraq*, February 2004, page 20, news.bbc.co.uk; Donald MacIntyre, "Sistani Most Popular Iraqi Leader, US Pollsters Find," *Independent* (London), August 31, 2004.

(26) Bremer, *My Year in Iraq*, 71.

(27) "The Lost Year in Iraq," *PBS Frontline*, October 17, 2006.

(28) Patrick Graham, "Beyond Fallujah: A Year with the Iraqi Resistance," *Harper's*, June 1, 2004.

(29) Rajiv Chandrasekaran, *Imperial Life in the Emerald City: Inside Iraq's Green Zone* (New York: Alfred A. Knopf, 2006), 118.

(30) Alan Wolfe, "Why Conservatives Can't Govern," *Washington*

Monthly, July/August 2006.

(31) Ariana Eunjung Cha, "In Iraq, the Job Opportunity of a Lifetime," *Washington Post*, May 23, 2004.

(32) Chandrasekaran, *Imperial Life in the Emerald City*, 214–18; T. Christian Miller, "U. S. Priorities Set Back Its Healthcare Goals in Iraq," *Los Angeles Times*, October 30, 2005.

(33) Jim Krane, "Iraqi Businessmen Now Face Competition," Associated Press, December 3, 2003.

(34) Chandrasekaran, *Imperial Life in the Emerald City*, 288.

(35) "National Defense Authorization Act for Fiscal Year 2007," *Congressional Record—Senate*, June 14, 2006, page S5855.

(36) Griff Witte, "Despite Billions Spent, Rebuilding Incomplete," *Washington Post*, November 12, 2006; Dan Murphy, "Quick School Fixes Won Few Iraqi Hearts," *Christian Science Monitor*, June 28, 2004.

(37) Griff Witte, "Contractors Rarely Held Responsible for Misdeeds in Iraq," *Washington Post*, November 4, 2006; T. Christian Miller, "Contractor's Plans Lie Among Ruins of Iraq," *Los Angeles Times*, April 29, 2006; James Glanz, "Inspectors Find Rebuilt Projects Crumbling in Iraq," *New York Times*, April 29, 2007; James Glanz, "Billions in Oil Missing in Iraq, U. S. Study Says," *New York Times*, May 12, 2007.

(38) 2006年12月15日，議会・広報副監察官補兼イラク復興特別監察官のクリスティーン・ベリスルに著者がEメールで行なった取材．

(39) Griff Witte, "Invoices Detail Fairfax Firm's Billing for Iraq Work," *Washington Post*, May 11, 2005; Charles R. Babcock, "Contractor Bilked U. S. on Iraq Work, Federal Jury Rules," *Washington Post*, March 10, 2006; Erik Eckholm, "Lawsuit Accuses a Contractor of Defrauding U. S. Over Work in Iraq," *New York Times*, October 9, 2004.

(40) Renae Merle, "Verdict against Iraq Contractor Overturned," *Washington Post*, August 19, 2006; Erik Eckholm, "On Technical

Grounds, Judge Sets Aside Verdict of Billing Fraud in Iraq Rebuilding," *New York Times*, August 19, 2006.
(41) Dahr Jamail and Ali al-Fadhily, "Bechtel Departure Removes More Illusions," Inter Press Service, November 9, 2006; Witte, "Despite Billions Spent, Rebuilding Incomplete."
(42) Anthony Shadid, *Night Draws Near: Iraq's People in the Shadow of America's War* (New York: Henry Holt, 2005), 173, 175.

第18章

(1) Bertolt Brecht, "The Solution," *Poems, 1913–1956*, ed. John Willett and Ralph Manheim (1976, repr. New York: Methuen, 1979), 440［ベルトルト・ブレヒト『ベルトルト・ブレヒトの仕事3　ブレヒトの詩』野村修訳(河出書房新社, 1972)］.
(2) Sylvia Pfeifer, "Where Majors Fear to Tread," *Sunday Telegraph* (London), January 7, 2007.
(3) L. Paul Bremer III, "New Risks in International Business," *Viewpoint*, November 2, 2001, was at www.mmc.com, accessed May 26, 2003.
(4) Maxine McKew, "Confessions of an American Hawk," *The Diplomat*, October–November 2005.
(5) L. Paul Bremer III, *My Year in Iraq: The Struggle to Build a Future of Hope* (New York: Simon & Schuster, 2006), 93.
(6) Interview with Paul Bremer conducted June 26, 2006, and August 18, 2006, for "The Lost Year in Iraq," *PBS Frontline*, October 17, 2006.
(7) William Booth and Rajiv Chandrasekaran, "Occupation Forces Halting Elections Throughout Iraq," *Washington Post*, June 28, 2003; Michael R. Gordon and Bernard E. Trainor, *Cobra II: The Inside Story of the Invasion and the Occupation of Iraq* (New York: Pantheon Books, 2006), 490; William Booth, "In Najaf, New Mayor Is Outsider Viewed with Suspicion," *Washington Post*, May 14, 2003.
(8) Ariana Eunjung Cha, "Hope and Confusion Mark Iraq's Democracy Lessons," *Washington Post*, November 24, 2003; Booth and

Chandrasekaran, "Occupation Forces Halting Elections Throughout Iraq."

(9) Christopher Foote, William Block, Keith Crane, and Simon Gray, *Economic Policy and Prospects in Iraq*, Public Policy Discussion Papers, no. 04–1 (Boston: Federal Reserve Bank of Boston, May 4, 2004), 37, www.bosfed.org.

(10) Salim Lone, "Iraq: This Election Is a Sham," *International Herald Tribune* (Paris), January 28, 2005.

(11) "Al-Sistani's Representatives Threaten Demonstrations, Clashes in Iraq," *BBC: Monitoring International Reports*, report by Lebanese Hezbollah TV Al-Manar, January 16, 2004; Nadia Abou El-Magd, "U. S. Commander Urges Saddam Holdouts to Surrender," Associated Press, January 16, 2004.

(12) Michael Moss, "Iraq's Legal System Staggers Beneath the Weight of War," *New York Times*, December 17, 2006.

(13) Gordon and Trainor, *Cobra II*, 4, 555; Julian Borger, "Knives Come Out for Rumsfeld as the Generals Fight Back," *Guardian* (London), March 31, 2003.

(14) Jeremy Scahill, *Blackwater: The Rise of the World's Most Powerful Mercenary Army* (New York: Nation Books, 2007), 199.

(15) Peter Maass, "The Way of the Commandos," *New York Times*, May 1, 2005; "Jim Steele Bio," Premiere Speakers Bureau, www.premierespeakers.com; Michael Hirsh and John Barry, "'The Salvador Option,'" *Newsweek*, January 8, 2005.

(16) "Email from Cpt. William Ponce," *PBS Frontline: The Torture Question*, August 2003, www.pbs.org; Josh White, "Soldiers' 'Wish Lists' of Detainee Tactics Cited," *Washington Post*, April 19, 2005.

(17) アブグレイブ担当司令官ジャニス・カーピンスキー准将は，ミラーが自分にこう言ったと語る．Scott Wilson and Sewell Chan, "As Insurgency Grew, So Did Prison Abuse," *Washington Post*, May 10, 2004.

(18) 1カ月後，サンチェスは先に送った覚書より明確で，いくらか抑制したもう一通の覚書を送るが，現場ではどの方法を適用するか

をめぐって大きな混乱が生じた. Ricardo S. Sanchez, *Memorandum, Subject: CJTF-7 Interrogation and Counter-Resistance Policy*, September 14, 2003, www.aclu.org.

(19) 以下の3段落の内容は次の資料に基づく. Human Rights Watch, *No Blood, No Foul: Soldiers' Accounts of Detainee Abuse in Iraq*, July 2006, pages 6–14, www.hrw.org.

(20) Ibid., 26, 28.

(21) Richard P. Formica, "Article 15-6 Investigation of CJSOTF—AP and 5th SF Group Detention Operations," finalized on November 8, 2004, declassified, www.aclu.org.

(22) *USMC Alleged Detainee Abuse Cases Since 11 Sep 01*, unclassified, July 8, 2004, www.aclu.org.

(23) "Web Magazine Raises Doubts Over a Symbol of Abu Ghraib," *New York Times*, March 14, 2006; Interview with Haj Ali, "Few Bad Men?" *PBS Now*, April 29, 2005.

(24) "Haj Ali's Story," *PBS Now* Web site, www.pbs.org; Chris Kraul, "War Funding Feud Has Iraqis Uneasy," *Los Angeles Times*, April 28, 2007.

(25) Human Rights Watch, *Leadership Failure: Firsthand Accounts of Torture of Iraqi Detainees by the U. S. Army's 82nd Airborne Division*, September 2005, pages 9, 12, www.hrw.org.

(26) Human Rights Watch, *The New Iraq? Torture and Ill-Treatment of Detainees in Iraqi Custody*, January 2005, pages 2, 4, www.hrw.org; Bradley Graham, "Army Warns Iraqi Forces on Abuse of Detainees," *Washington Post*, May 20, 2005; Moss, "Iraq's Legal System Staggers Beneath the Weight of War."

(27) Maass, "The Way of the Commandos."

(28) Interview with Allan Nairn, *Democracy Now!* January 10, 2005, www.democracynow.org; Solomon Moore, "Killings Linked to Shiite Squads in Iraqi Police Force," *Los Angeles Times*, November 29, 2005.

(29) Moss, "Iraq's Legal System Staggers Beneath the Weight of War"; Thanassis Cambanis, "Confessions Rivet Iraqis," *Boston*

Globe, March 18, 2005; Maass, "The Way of the Commandos."

(30) Ibid; John F. Burns, "Torture Alleged at Ministry Site Outside Baghdad," *New York Times*, November 16, 2005; Moore, "Killings Linked to Shiite Squads in Iraqi Police Force."

(31) Anne Collins, *In the Sleep Room: The Story of the CIA Brainwashing Experiments in Canada* (Toronto: Lester and Orpen Dennys, 1988), 174.

(32) Maxine McKew, "Confessions of an American Hawk," *The Diplomat*, October–November 2005.

(33) Charles Krauthammer, "In Baker's Blunder, a Chance for Bush," *Washington Post*, December 15, 2006; Frederick W. Kagan, *Choosing Victory: A Plan for Success in Iraq*, Phase I Report, January 4, 2007, page 34, www.aei.org.

(34) Dahr Jamail and Ali Al-Fadhily, "Iraq: Schools Crumbling Along with Iraqi Society," Inter Press Service, December 18, 2006; Charles Crain, "Professor Says Approximately 300 Academics Have Been Assassinated," *USA Today*, January 17, 2005; Michael E. O'Hanlon and Jason H. Campbell, Brookings Institution, *Iraq Index: Tracking Variables of Reconstruction & Security in Post-Saddam Iraq*, February 22, 2007, page 35, www.brookings.edu; Ron Redmond, "Iraq Displacement," press briefing, Geneva, November 3, 2006, www.unhcr.org; "Iraq's Refugees Must Be Saved from Disaster," *Financial Times* (London), April 19, 2007.

(35) "Nearly 20,000 People Kidnapped in Iraq This Year: Survey," Agence France-Presse, April 19, 2006; Human Rights Watch, *The New Iraq?* 32, 54, www.hrw.org.

(36) HSBC は当初イラク全土に支店を開設する予定だったが，それを取りやめた代わりにイラクのダルエスサラーム銀行の株 79% を取得した．John M. Broder and James Risen, "Contractor Deaths in Iraq Soar to Record," *New York Times*, May 19, 2007; Paul Richter, "New Iraq Not Tempting to Corporations," *Los Angeles Times*, July 1, 2004; Yochi J. Dreazen, "An Iraqi's Western Dream," *Wall Street Journal*, March 14, 2005; "Syria and Iraq: Unbanked and

Unstable," *Euromoney*, September 2006; Ariana Eunjung Cha and Jackie Spinner, "U.S. Companies Put Little Capital into Iraq," *Washington Post*, May 15, 2004.

(37) Andy Mosher and Griff Witte, "Much Undone in Rebuilding Iraq, Audit Says," *Washington Post*, August 2, 2006; Julian Borger, "Brutal Killing of Americans in Iraq Raises Questions over Security Firms," *Guardian* (London), April 2, 2004; Office of the Special Inspector General for Iraq Reconstruction, *Review of Administrative Task Orders for Iraq Reconstruction Contracts*, October 23, 2006, page 11, www.sigir.mil.

(38) Griff Witte, "Despite Billions Spent, Rebuilding Incomplete," *Washington Post*, November 12, 2006.

(39) Aqeel Hussein and Colin Freeman, "US to Reopen Iraq's Factories in $10m U-turn," *Sunday Telegraph* (London), January 29, 2007.

(40) Josh White and Griff Witte, "To Stem Iraqi Violence, U.S. Looks to Factories," *Washington Post*, December 12, 2006.

(41) James A. Baker III, Lee H. Hamilton, Lawrence S. Eagleburger, et al., *Iraq Study Group Report*, December 2006, page 57, www.usip.org.

(42) Pfeifer, "Where Majors Fear to Tread."

(43) "Iraq's Refugee Crisis Is Nearing Catastrophe," *Financial Times* (London), February 8, 2007; Joshua Gallu, "Will Iraq's Oil Blessing Become a Curse?" *Der Spiegel*, December 22, 2006; Danny Fortson, Andrew Murray-Watson and Tim Webb, "Future of Iraq: The Spoils of War," *Independent* (London), January 7, 2007.

(44) Iraqi Labor Union Leadership, "Iraqi Trade Union Statement on the Oil Law," December 10–14, 2006, www.carbonweb.org.

(45) Edward Wong, "Iraqi Cabinet Approves Draft of Oil Law," *New York Times*, February 26, 2007.

(46) Steven L. Schooner, "Contractor Atrocities at Abu Ghraib: Compromised Accountability in a Streamlined Outsourced Government," *Stanford Law & Policy Review* 16, no. 2 (2005): 552.

(47) Jeremy Scahill, Blackwater: *The Rise of the World's Most Powerful Mercenary Army* (New York: Nation Books, 2007), 123.
(48) Jim Krane, "A Private Army Grows Around the U. S. Mission in Iraq and Around the World," Associated Press, October 30, 2003; Jeremy Scahill, "Mercenary Jackpot," *The Nation*, August 28, 2006; Jeremy Scahill, "Exile on K Street," *The Nation*, February 20, 2006; Mark Hemingway, "Warriors for Hire," *Weekly Standard*, December 18, 2006.
(49) Griff Witte, "Contractors Were Poorly Monitored, GAO Says," *Washington Post*, April 30, 2005.
(50) T. Christian Miller, *Blood Money: Wasted Billions, Lost Lives, and Corporate Greed in Iraq* (New York: Little, Brown and Company, 2006), 87. *後注 George R. Fay, *AR 15-6 Investigation of the Abu Ghraib Detention Facility and 205th Military Intelligence Brigade*, pages 19, 50, 52, www4.army.mil.
(51) Renae Merle, "Army Tries Private Pitch for Recruits," *Washington Post*, September 6, 2006.
(52) Andrew Taylor, "Defense Contractor CEOs See Pay Double Since 9/11 Attacks," Associated Press, August 29, 2006; Steve Vogel and Renae Merle, "Privatized Walter Reed Workforce Gets Scrutiny," *Washington Post*, March 10, 2007; Donna Borak, "Walter Reed Deal Hindered by Disputes," Associated Press, March 19, 2007.
(53) トーマス・リックスによると，「米軍の兵力約15万人，連合国の兵力2万5000人に加え，約6万人の民間の契約要員が支援兵力として存在した」．連合軍の総兵力17万5000人に対し契約要員6万人ということは，兵士2.9人につき民間兵1人の割合となる．Nelson D. Schwartz, "The Pentagon's Private Army," *Fortune*, March 17, 2003; Thomas E. Ricks, *Fiasco: The American Military Adventure in Iraq* (New York: Penguin, 2006), 37; Renae Merle, "Census Counts 100,000 Contractors in Iraq," *Washington Post*, December 5, 2006.
(54) Ian Bruce, "Soldier of Fortune Deaths Go Missing in Iraq,"

Herald (Glasgow), January 13, 2007; Brian Brady, "Mercenaries to Fill Iraq Troop Gap," *Scotland on Sunday* (Edinburgh), February 25, 2007; Michelle Roberts, "Iraq War Exacts Toll on Contractors," Associated Press, February 24, 2007.

(55) United Nations Department of Public Information, "Background Note: 31 December 2006," United Nations Peacekeeping Operations, www.un.org; James Glanz and Floyd Norris, "Report Says Iraq Contractor Is Hiding Data from U. S.," *New York Times*, October 28, 2006; Brady, "Mercenaries to Fill Iraq Troop Gap."

(56) ＊後注 James Boxell, "Man of Arms Explores New Areas of Combat," *Financial Times* (London), March 11, 2007.

(57) Special Inspector General for Iraq Reconstruction, *Iraq Reconstruction: Lessons in Contracting and Procurement*, July 2006, pages 98–99, www.sigir.mil; George W. Bush, State of the Union Address, Washington, DC, January 23, 2007.

(58) Guy Dinmore, "US Prepares List of Unstable Nations," *Financial Times* (London), March 29, 2005.

第19章

(1) Seth Mydans, "Builders Swoop in, Angering Thai Survivors," *International Herald Tribune* (Paris), March 10, 2005.

(2) ActionAid International et al., *Tsunami Response: A Human Rights Assessment*, January 2006, page 13, www.actionaidusa.org.

(3) *Sri Lanka: A Travel Survival Kit* (Victoria, Australia: Lonely Planet, 2005), 267.

(4) John Lancaster, "After Tsunami, Sri Lankans Fear Paving of Paradise," *Washington Post*, June 5, 2005.

(5) National Physical Planning Department, *Arugam Bay Resource Development Plan: Reconstruction Towards Prosperity*, Final Report, pages 4, 5, 7, 18, 33, April 25, 2005; Lancaster, "After Tsunami, Sri Lankans Fear Paving of Paradise."

(6) "South Asians Mark Tsunami Anniversary," United Press International, June 26, 2005.

(7) USAID/Sri Lanka, "USAID Elicits 'Real Reform' of Tourism," January 2006, www.usaid.gov.
(8) Ibid.
(9) 2006年8月16日，［国際的なホテル協会］リーディング・ホテルズ・オブ・ザ・ワールドの広報担当マネージャー，カレン・プレストンに著者がEメールで行なった取材．Ajay Kapur, Niall Macleod, and Narendra Singh, "Plutonomy: Buying Luxury, Explaining Global Imbalances," Citigroup: Industry Note, Equity Strategy, October 16, 2005, pages 27, 30.
(10) United Nations Environment Programme, "Sri Lanka Environment Profile," National Environment Outlook, www.unep.net.
(11) ティッタウェラは1997年から2001年までスリランカ公共企業改革委員会の事務局長を務め，スリランカ・テレコムとスリランカ航空の民営化を監督した(前者は1997年8月に，後者は1998年3月に民営化)．2004年の選挙後には国営の戦略的企業経営機構の会長兼CEOに任命され，同機関は「官民パートナーシップ」という新たなかけ声のもとで民営化プロジェクトを推進した．Public Enterprises Reform Commission of Sri Lanka, "Past Divestitures," 2005, www.perc.gov.lk; "SEMA to Rejuvenate Key State Enterprises," June 15, 2004, www.priu.gov.lk.
(12) Movement for National Land and Agricultural Reform, Sri Lanka, *A Proposal for a People's Planning Commission for Recovery After Tsunami*, www.monlar.org.
(13) "Privatizations in Sri Lanka Likely to Slow Because of Election Results," Associated Press, April 5, 2004.
(14) "Sri Lanka Begins Tsunami Rebuilding Amid Fresh Peace Moves," Agence France-Presse, January 19, 2005.
(15) Movement for National Land and Agricultural Reform, Sri Lanka, *A Proposal for a People's Planning Commission for Recovery After Tsunami*, www.monlar.org; "Sri Lanka Raises Fuel Prices Amid Worsening Economic Crisis," Agence France-Presse, June 5, 2005; "Panic Buying Grips Sri Lanka Amid Oil Strike Fears," Agence France-Presse, March 28, 2005.

(16) James Wilson and Richard Lapper, "Honduras May Speed Sell-Offs After Storm," *Financial Times* (London), November 11, 1998; Organization of American States, "Honduras," *1999 National Trade Estimate Report on Foreign Trade Barriers*, page 165, www.sice.oas.org; Sandra Cuffe, Rights Action, *A Backwards, Upside-Down Kind of Development: Global Actors, Mining and Community-Based Resistance in Honduras and Guatemala*, February 2005, www.rightsaction.org.

(17) "Mexico's Telmex Unveils Guatemala Telecom Alliance," Reuters, October 29, 1998; Consultative Group for the Reconstruction and Transformation of Central America, Inter-American Development Bank, "Nicaragua," *Central America After Hurricane Mitch: The Challenge of Turning a Disaster into an Opportunity*, May 2000, www.iadb.org; Pamela Druckerman, "No Sale: Do You Want to Buy a Phone Company?" *Wall Street Journal*, July 14, 1999.

(18) "Mexico's Telmex Unveils Guatemala Telecom Alliance"; "Spain's Fenosa Buys Nicaragua Energy Distributors," Reuters, September 12, 2000; "San Francisco Group Wins Honduras Airport Deal," Reuters, March 9, 2000; "CEO—Govt. to Sell Remaining Enitel Stake This Year," *Business News Americas*, February 14, 2003.

(19) Quotation from Eduardo Stein Barillas. "Central America After Hurricane Mitch," World Economic Forum Annual Meeting, Davos, Switzerland, January 30, 1999.

(20) Alison Rice, Tsunami Concern, *Post-Tsunami Tourism and Reconstruction: A Second Disaster?* October 2005, page 11, www.tourismconcern.org.uk.

(21) TAFREN, "An Agenda for Sri Lanka's Post-Tsunami Recovery," *Progress & News*, July 2005, page 2.

(22) USAID Sri Lanka, "Fishermen and Tradesmen to Benefit from U. S. Funded $33 Million Contract for Post-Tsunami Infrastructure Projects," press release, September 8, 2005, www.usaid.gov; United States Government Accountability Office, *USAID Signature Tsunami Reconstruction Efforts in Indonesia and Sri Lanka Ex-*

ceed Initial Cost and Schedule Estimates, and Face Further Risks, Report to Congressional Committee, GAO-07-357, February 2007; National Physical Planning Department, *Arugam Bay Resource Development Plan: Reconstruction Towards Prosperity*, Final Report, April 25, 2005, page 18.

(23) United States Embassy, "U. S. Provides $1 Million to Maintain Tsunami Shelter Communities," May 18, 2006, www.usaid.gov.

(24) Randeep Ramesh, "Indian Tsunami Victims Sold Their Kidneys to Survive," *Guardian* (London), January 18, 2007; ActionAid International et al., *Tsunami Response*, 17; www.actionaidusa.org; Nick Meo, "Thousands of Indonesians Still in Tents," *Globe and Mail* (Toronto), December 27, 2005.

(25) ActionAid International et al., *Tsunami Response*, 9.

(26) Central Intelligence Agency, "Maldives," *The World Factbook 2007*, www.cia.gov.

(27) Coco Palm Dhuni Kolhu, www.cocopalm.com; Four Seasons Resort, Maldives at Landaa Giraavaru, www.fourseasons.com; Hilton Maldives Resort and Spa, Rangali Island, www.hilton.com; "Dhoni Mighili Island," Private Islands Online, www.privateislandsonline.com.

(28) Roland Buerck, "Maldives Opposition Plan Protest," *BBC News*, April 20, 2007; Asian Human Rights Commission, "Extrajudicial Killings, Disappearances, Torture and Other Forms of Gross Human Rights Violations Still Engulf Asia's Nations," December 8, 2006, www.ahrchk.net; Amnesty International, "Republic of Maldives: Repression of Peaceful Political Opposition," July 30, 2003, www.amnesty.org.

(29) Ashok Sharma, "Maldives to Develop 'Safe' Islands for Tsunami-Hit People," Associated Press, January 19, 2005.

(30) Ministry of Planning and National Development, Republic of Maldives, *National Recovery and Reconstruction Plan*, Second Printing, March 2005, page 29, www.tsunamimaldives.mv.

(31) Ibid.; ActionAid International et al., *Tsunami Response*, 18.

(32) リース期間は25年だが，契約の細則には特定所有構造を条件に50年間に延長可とある．Ministry of Tourism and Civil Aviation, *Bidding Documents: For Lease of New Islands to Develop as Tourist Resorts* (Malé: Republic of Maldives, July 16, 2006), 4, www.maldivestourism.gov.
(33) Penchan Charoensuthipan, "Survivors Fighting for Land Rights," *Bangkok Post*, December 14, 2005; Mydans, "Builders Swoop in, Angering Thai Survivors."
(34) Asian Coalition for Housing Rights, "The Tsunami in Thailand: January–March 2005," www.achr.net.
(35) Shimali Senanayake and Somini Sengupta, "Monitors Say Troops Killed Aid Workers in Sri Lanka," *New York Times*, August 31, 2006; Amantha Perera, "Tsunami Recovery Skewed by Sectarian Strife," Inter Press Service, January 3, 2007.
(36) Shimali Senanayake, "An Ethnic War Slows Tsunami Recovery in Sri Lanka," *New York Times*, October 19, 2006.
(37) Roland Paris, *At War's End: Building Peace After Civil Conflict* (Cambridge: Cambridge University Press, 2004), 200.

第20章

(1) Hein Marais, "A Plague of Inequality," *Mail & Guardian* (Johannesburg), May 19, 2006.
(2) "Names and Faces," *Washington Post*, September 19, 2005.
(3) Adolph Reed Jr., "Undone by Neoliberalism," *The Nation*, September 18, 2006.
(4) Jon Elliston, "Disaster in the Making," *Tucson Weekly*, September 23, 2004; Innovative Emergency Management, "IEM Team to Develop Catastrophic Hurricane Disaster Plan for New Orleans & Southeast Louisiana," press release, June 3, 2004, www.ieminc.com.
(5) Ron Fournier and Ted Bridis, "Hurricane Simulation Predicted 61,290 Dead," Associated Press, September 9, 2005.
(6) Paul Krugman, "A Can't Do Government," *New York Times*, September 2, 2005; Martin Kelly, "Neoconservatism's Berlin Wall,"

The G—Gnome Rides Out blog, September 1, 2005, www.theggnomeridesout.blogspot.com; Jonah Goldberg, "The Feds," the Corner blog on the National Review Online, August 31, 2005, www.nationalreview.com.

(7) Milton Friedman, "The Promise of Vouchers," *Wall Street Journal*, December 5, 2005; John R. Wilke and Brody Mullins, "After Katrina, Republicans Back a Sea of Conservative Ideas," *Wall Street Journal*, September 15, 2005; Paul S. Teller, deputy director, House Republican Study Committee, "Pro-Free-Market Ideas for Responding to Hurricane Katrina and High Gas Prices," e-mail sent on September 13, 2005.

(8) Intergovernmental Panel on Climate Change, *Climate Change 2007: The Physical Science Basis*, Summary for Policymakers, February 2007, page 16, www.ipcc.ch.

(9) Teller, "Pro-Free-Market Ideas for Responding to Hurricane Katrina and High Gas Prices."

(10) Eric Lipton and Ron Nixon, "Many Contracts for Storm Work Raise Questions," *New York Times*, September 26, 2005; Anita Kumar, "Speedy Relief Effort Opens Door to Fraud," *St. Petersburg Times*, September 18, 2005; Jeremy Scahill, "In the Black (water)," *The Nation*, June 5, 2006; Spencer S. Hsu, "$400 Million FEMA Contracts Now Total $3.4 Billion," *Washington Post*, August 9, 2006.

(11) Shaw Group, "Shaw Announces Charles M. Hess to Head Shaw's FEMA Hurricane Recovery Program," press release, September 21, 2005, www.shawgrp.com; "Fluor's Slowed Iraq Work Frees It for Gulf Coast," Reuters, September 9, 2005; Thomas B. Edsall, "Former FEMA Chief Is at Work on Gulf Coast," *Washington Post*, September 8, 2005; David Enders, "Surviving New Orleans," *Mother Jones*, September 7, 2005, www.motherjones.com.

(12) United States House of Representatives, Committee on Government Reform—Minority Staff, Special Investigations Division, *Waste, Fraud and Abuse in Hurricane Katrina Contracts*, August

2006, page i, www.oversight.house.gov.
(13) Rita J. King, CorpWatch, *Big, Easy Money: Disaster Profiteering on the American Gulf Coast*, August 2006, www.corpwatch.org; Dan Barry, "A City's Future, and a Dead Man's Past," *New York Times*, August 27, 2006.
(14) Patrick Danner, "AshBritt Cleans Up in Wake of Storms," *Miami Herald*, December 5, 2005.
(15) "Private Companies Rebuild Gulf," *PBS: NewsHour with Jim Lehrer*, October 4, 2005.
(16) Scott Shane and Ron Nixon, "In Washington, Contractors Take on Biggest Role Ever," *New York Times*, February 4, 2007.
(17) Mike Davis, "Who Is Killing New Orleans?" *The Nation*, April 10, 2006.
(18) Leslie Eaton, "Immigrants Hired After Storm Sue New Orleans Hotel Executive," *New York Times*, August 17, 2006; King, CorpWatch, *Big, Easy Money;* Gary Stoller, "Homeland Security Generates Multibillion Dollar Business," *USA Today*, September 11, 2006. ＊後注 Judith Browne-Dianis, Jennifer Lai, Marielena Hincapie et al., *And Injustice for All: Workers' Lives in the Reconstruction of New Orleans*, Advancement Project, July 6, 2006, page 29, www.advancementproject.org.
(19) Rick Klein, "Senate Votes to Extend Patriot Act for 6 Months," *Boston Globe*, December 22, 2005.
(20) Jeff Duncan, "The Unkindest Cut," *Times-Picayune* (New Orleans), March 28, 2006; Paul Nussbaum, "City at a Crossroads," *Philadelphia Inquirer*, August 29, 2006.
(21) Ed Anderson, "Federal Money for Entergy Approved," *Times-Picayune* (New Orleans), December 5, 2006; Frank Donze, "146 N. O. Transit Layoffs Planned," *Times-Picayune* (New Orleans), August 25, 2006; Bill Quigley, "Robin Hood in Reverse: The Looting of the Gulf Coast," justiceforneworleans.org, November 14, 2006.
(22) Asian Coalition for Housing Rights, "Mr. Endesha Juakali,"

www.achr.net.
(23) Bob Herbert, "Our Crumbling Foundation," *New York Times*, April 5, 2007.
(24) Help Jet, www.helpjet.us.
(25) Seth Borenstein, "Private Industry Responding to Hurricanes," Associated Press, April 15, 2006.
(26) James Glanz, "Idle Contractors Add Millions to Iraq Rebuilding," *New York Times*, October 25, 2006.
(27) Mark Hemingway, "Warriors for Hire," *Weekly Standard*, December 18, 2006. ＊後注 Jeremy Scahill, "Blackwater Down," *The Nation*, October 10, 2005; Center for Responsive Politics, "Oil & Gas: Top Contributors to Federal Candidates and Parties," Election Cycle 2004, www.opensecrets.org; Center for Responsive Politics, "Construction: Top Contributors to Federal Candidates and Parties," Election Cycle 2004, www.opensecrets.org.
(28) Josh Manchester, "Al Qaeda for the Good Guys: The Road to Anti-Qaeda," *TCSDaily*, December 19, 2006, www.tcsdaily.com.
(29) Bill Sizemore and Joanne Kimberlin, "Profitable Patriotism," *The Virginian-Pilot* (Norfolk), July 24, 2006.
(30) King, CorpWatch, *Big, Easy Money*; Leslie Wayne, "America's For-Profit Secret Army," *New York Times*, October 13, 2002; Greg Miller, "Spy Agencies Outsourcing to Fill Key Jobs," *Los Angeles Times*, September 17, 2006; Shane and Nixon, "In Washington, Contractors Take on Biggest Role Ever."
(31) 諮問委員会にはロッキード・マーティン，ボーイング，ブーズ・アレンの代表が含まれている．Stephen E. Flynn and Daniel B. Prieto, Council on Foreign Relations, *Neglected Defense: Mobilizing the Private Sector to Support Homeland Security*, CSR No. 13, March 2006, page 26, www.cfr.org.
(32) Mindy Fetterman, "Strategizing on Disaster Relief," *USA Today*, October 12, 2006; Frank Langfitt, "Private Military Firm Pitches Its Services in Darfur," *National Public Radio: All Things Considered*, May 26, 2006.

(33) Peter Pae, "Defense Companies Bracing for Slowdown," *Los Angeles Times*, October 2, 2006.
(34) Johanna Neuman and Peter Spiegel, "Pay-as-You-Go Evacuation Roils Capitol Hill," *Los Angeles Times*, July 19, 2006.
(35) Tim Weiner, "Lockheed and the Future of Warfare," *New York Times*, November 28, 2004.
(36) 以下の2段落の内容は次の資料に基づく. John Robb, "Security: Power to the People," *Fast Company*, March 2006.
(37) Juvenile, "Got Ya Hustle On," on the album *Reality Check*, Atlanta/WEA label, 2006.
(38) Bill Quigley, "Ten Months After Katrina: Gutting New Orleans," CommonDreams.org, June 29, 2006, www.commondreams.org.
(39) Doug Nurse, "New City Bets Millions on Privatization," *Atlanta Journal-Constitution*, November 12, 2005.
(40) Annie Gentile, "Fewer Cities Increase Outsourced Services," *American City & County*, September 1, 2006; Nurse, "New City Bets Millions on Privatization."
(41) Doug Nurse, "City Hall Inc. a Growing Business in North Fulton," *Atlanta Journal-Constitution*, September 6, 2006; Doug Gross, "Proposal to Split Georgia County Drawing Cries of Racism," *Seattle Times*, January 24, 2007.
(42) United Nations Office for the Coordination of Humanitarian Affairs, "Humanitarian Situation Report—Sri Lanka," September 2–8, 2005, www.reliefweb.int.

第21章

(1) Christopher Caldwell, "The Walls That Work Too Well," *Financial Times* (London), November 18, 2006.
(2) Martin Wolf, "A Divided World of Economic Success and Political Turmoil," *Financial Times* (London), January 31, 2007; "Ex-Treasury Chief Summers Warns on Market Risks," Reuters, March 20, 2007.

(3) Richard Aboulafia, Teal Group, "Guns-to-Caviar Index," 2007.

(4) United States House of Representatives, Committee on Government Reform—Minority Staff, Special Investigations Division, *Dollars, Not Sense: Government Contracting Under the Bush Administration*, Prepared for Rep. Henry A. Waxman, June 2006, page 6, www.oversight.house.gov; Tim Weiner, "Lockheed and the Future of Warfare," *New York Times*, November 28, 2004; Matthew Swibel, "Defensive Play," *Forbes*, June 5, 2006.

(5) 2001年9月10日のダウ・ジョーンズ重建設業株平均株価の終値は143.34ドルだったが，2007年6月4日の終値は507.43ドルだった．DJ_2357, "Historical Quotes," money.cnn.com; James Glanz, "Iraq Reconstruction Running Low on Funds," *International Herald Tribune* (Paris), October 31, 2005; Ellen Nakashima, "A Wave of Memories," *Washington Post*, December 26, 2005; Ann M. Simmons, Richard Fausset and Stephen Braun, "Katrina Aid Far from Flowing," *Los Angeles Times*, August 27, 2006; Helene Cooper, "Aid Conference Raises $7.6 Billion for Lebanese Government," *New York Times*, January 26, 2007.

(6) Shawn McCarthy, "Exxon's 'Outlandish' Earnings Spark Furor," *Globe and Mail* (Toronto), February 2, 2007.

(7) Jonathan Curiel, "The Conspiracy to Rewrite 9/11," *San Francisco Chronicle*, September 3, 2006; Jim Wooten, "Public Figures' Rants Widen Racial Chasm," *Atlanta Journal-Constitution*, January 22, 2006.

(8) EM-DAT, The OFDA/CRED International Disaster Database, "2006 Disasters in Numbers," www.em-dat.net; Peter Bergen and Paul Cruickshank, "The Iraq Effect: War Has Increased Terrorism Sevenfold Worldwide," *Mother Jones*, March–April 2007.

(9) McCarthy, "Exxon's 'Outlandish' Earnings Spark Furor"; William Hartung and Michelle Ciarrocca, "The Military-Industrial-Think Tank Complex," *Multinational Monitor*, January–February 2003; Robert O'Harrow Jr., "LexisNexis to Buy Seisint for $775 Million," *Washington Post*, July 15, 2004; Rachel Monahan and Elena Herre-

ro Beaumont, "Big Time Security," *Forbes*, August 3, 2006.

(10) "Recap of Saturday, July 9, 2005," *Fox News: The Cost of Freedom*, www.foxnews.com.

(11) Dan Gillerman, "The Economic Opportunities of Peace," press statement, Chambers of Commerce, September 6, 1993, cited in Guy Ben-Porat, "A New Middle East?: Globalization, Peace and the 'Double Movement,'" *International Relations* 19, no. 1 (2005): 50.

(12) Efraim Davidi, "Globalization and Economy in the Middle East —A Peace of Markets or a Peace of Flags?" *Palestine-Israel Journal* 7, nos. 1 and 2 (2000): 33.

(13) Shlomo Ben-Ami, *A Place for All* (Tel Aviv: Hakibbutz Hameuchad, 1998), 113, cited in Davidi, "Globalization and Economy in the Middle East," 38.

(14) Americans for Peace Now, "The Russians," *Settlements in Focus* 1, no. 16 (December 23, 2005), www.peacenow.org.

(15) Gerald Nadler, "Exodus or Renaissance?" *Washington Times*, January 19, 1992; Peter Ford, "Welcome and Woes Await Soviet Jews in Israel," *Christian Science Monitor*, July 25, 1991; Lisa Talesnick, "Unrest Will Spur Russian Jews to Israel, Official Says," Associated Press, October 5, 1993; "Israel's Alienated Russian Voters Cry Betrayal," Agence France-Presse, May 8, 2006.

(16) Greg Myre, "Israel Economy Hums Despite Annual Tumult," *International Herald Tribune* (Paris), December 31, 2006; "Israel Reopens Gaza Strip," United Press International, March 22, 1992.

(17) Peter Hirschberg, "Barak Settlement Policy Remains Virtually the Same as Netanyahu's," *Jerusalem Report*, December 4, 2000.

(18) Americans for Peace Now, "The Russians."

(19) David Simons, "Cold Calculation of Terror," *Forbes*, May 28, 2002; Zeev Klein, "January–May Trade Deficit Shoots up 16% to $3.59 Billion," *Globes* (Tel Aviv), June 12, 2001; Neal Sandler, "As if the Intifada Weren't Enough," *BusinessWeek*, June 18, 2001.

(20)「起爆剤」という言葉はイスラエルの経営教育機関テクニオン・

インスティテュート・オブ・マネジメントのシュロモ・マイタル教授の発言からの引用．Nelson D. Schwartz, "Prosperity without Peace," *Fortune*, June 13, 2005; Shlomo Ben-Ami, *Scars of War, Wounds of Peace: The Israeli-Arab Tragedy* (Oxford: Oxford University Press, 2006), 230.

(21) United Nations Special Coordinator in the Occupied Territories, *Quarterly Report on Economic and Social Conditions in the West Bank and Gaza Strip*, April 1, 1997; Ben-Ami, *Scars of War, Wounds of Peace*, 231; Sara Roy, "Why Peace Failed: An Oslo Autopsy," *Current History* 101, no. 651 (January 2002): 13.

(22) Chris McGreal, "Deadly Thirst," *Guardian* (London), January 13, 2004.

(23) "Norman Finkelstein & Former Israeli Foreign Minister Shlomo Ben-Ami Debate," *Democracy Now!* February 14, 2006, www.democracynow.org.

(24) イスラエルのビジネス紙『グローブ』によると，イスラエルは2001年から2003年にかけて「国民一人当たりの成長率が累積で8.5% 低下」というすさまじい落ち込みに直面していた．Zeev Klein, "2002 Worst Year for Israeli Economy Since 1953," *Globes* (Tel Aviv), December 31, 2002; Sandler, "As if the Intifada Weren't Enough."

(25) Aron Heller and James Bagnall, "After the Intifada: Why Israel's Tech Titans Are Challenging Canadian Entrepreneurs as a Global Force," *Ottawa Citizen*, April 28, 2005; Schwartz, "Prosperity without Peace."

(26) Susan Karlin, "Get Smart," *Forbes*, December 12, 2005.

(27) Ran Dagoni, "O'seas Cos, Gov'ts to Inspect Israeli Anti-Terror Methods," *Globes* (Tel Aviv), January 22, 2006; Ben Winograd, "U. S. Airport Directors Study Tough Israeli Security Measures Ahead of Summer Travel," Associated Press, May 8, 2007; State of Israel, Ministry of Public Security, "International Homeland Security Conference, 2006," March 19, 2006, www.mops.gov.il.

(28) Heller and Bagnall, "After the Intifada"; Yaakov Katz, "Defense

Officials Aim High at Paris Show," *Jerusalem Post*, June 10, 2007; Hadas Manor, "Israel in Fourth Place among Defense Exporters," *Globes* (Tel Aviv), June 10, 2007; Steve Rodan and Jose Rosenfeld "Discount Dealers," *Jerusalem Post*, September 2, 1994; Gary Dorsch, "The Incredible Israeli Shekel, as Israel's Economy Continues to Boom," The Market Oracle, May 8, 2007, www.marketoracle.co.uk.

(29) Schwartz, "Prosperity without Peace."

(30) Ibid.; Nice Systems, "Nice Digital Video Surveillance Solution Selected by Ronald Reagan Washington National Airport," press release, January 29, 2007, www.nice.com; Nice Systems, "Time Warner (Charlotte)," Success Stories, www.nice.com.

(31) James Bagnall, "A World of Risk: Israel's Tech Sector Offers Lessons on Doing Business in the New Age of Terror," *Ottawa Citizen*, August 31, 2006; Electa Draper, "Durango Office Keeps Watch in War on Terror," *Denver Post*, August 14, 2005.

(32) SuperCom, "SuperCom Signs $50m National Multi Id Agreement with a European Country," press release, September 19, 2006; SuperCom, "City of Los Angeles to Deploy Supercom's IRMS Mobile Credentialing and Handheld Verification System," press release, November 29, 2006; SuperCom, "SuperCom Signs $1.5m ePassport Pilot Agreement with European Country," press release, August 14, 2006, www.supercomgroup.com.

(33) Check Point, "Facts at a Glance," www.checkpoint.com.

(34) David Machlis, "US Gets Israeli Security for Super Bowl," *Jerusalem Post*, February 4, 2007; New Age Security Solutions, "Partial Client List," www.nasscorp.com.

(35) Kevin Johnson, "Mansions Spared on Uptown's High Ground," *USA Today*, September 12, 2005.

(36) International Security Instructors, "About" and "Clients," www.isiusa.us.

(37) "Golan Group Launches Rigorous VIP Protection Classes," press release, April 2007; Golan Group, "Clients," www.golangroup.

com.

(38) Schwartz, "Prosperity without Peace"; Neil Sandler, "Israeli Security Barrier Provides High-Tech Niche," *Engineering News-Record*, May 31, 2004.

(39) David Hubler, "SBInet Trawls for Small-Business Partners," *Federal Computer Week*, October 2, 2006; Sandler, "Israeli Security Barrier Provides High-Tech Niche."

(40) Schwartz, "Prosperity without Peace."

(41) Elbit Systems Ltd. and Magal Security Systems Ltd, "Historical Prices," Yahoo! Finance, finance.yahoo.com; Barbara Wall, "Fear Factor," *International Herald Tribune* (Paris), January 28, 2006; Electa Draper, "Verint Systems Emerges as Leader in Video Surveillance Market."

(42) Thomas L. Friedman, "Outsource the Cabinet?" *New York Times*, February 28, 2007; Ruth Eglash, "Report Paints Gloomy Picture of Life for Israeli Children," *Jerusalem Post*, December 28, 2006.

(43) Karen Katzman, "Some Stories You May Not Have Heard," report to the Jewish Federation of Greater Washington, www.shalomdc.org; Yitzhak Laor, "You Are Terrorists, We Are Virtuous," *London Review of Books*, August 17, 2006.

(44) Tel Aviv Stock Exchange Ltd., TASE *Main Indicators*, August 31, 2006, www.tase.co.il; Friedman, "Outsource the Cabinet?"; Reuters, "GDP Growth Figure Slashed," *Los Angeles Times*, March 1, 2007; Greg Myre, "Amid Political Upheaval, Israeli Economy Stays Healthy," *New York Times*, December 31, 2006; World Bank Group, *West Bank and Gaza Update*, September 2006, www.worldbank.org.

(45) Susan Lerner, "Israeli Companies Shine in Big Apple," *Jerusalem Post*, September 17, 2006; Osama Habib, "Labor Minister Says War Led to Huge Jump in Number of Unemployed," *Daily Star* (Beirut), October 21, 2006.

(46) Interview with Dan Gillerman, *CNN: Lou Dobbs Tonight*, July

14, 2006.

(47) Karin Brulliard, "'Gated Communities' for the War-Ravaged," *Washington Post*, April 23, 2007; Dean Yates, "Baghdad Wall Sparks Confusion, Divisions in Iraq," Reuters, April 23, 2007.

(48) Rory McCarthy, "Occupied Gaza like Apartheid South Africa, Says UN Report," *Guardian* (London), February 23, 2007.

(49) Michael Wines, "Shantytown Dwellers in South Africa Protest the Sluggish Pace of Change," *New York Times*, December 25, 2005.

終 章

(1) Juan Forero, "Bolivia Indians Hail the Swearing In of One of Their Own as President," *New York Times*, January 23, 2006.

(2) Tom Kerr, Asian Coalition for Housing Rights, "People's Leadership in Disaster Recovery: Rights, Resilience and Empowerment," Phuket disaster seminar, October 30–November 3, 2006, Phuket City, www.achr.net.

(3) アンティジャーノはラヴェガ土地委員会のメンバー．Caracas. *Hablemos del Poder/Talking of Power*, documentary directed by Nina López, produced by Global Women's Strike, 2005, www.globalwomenstrike.net.

(4) Terence Corcoran, "Free Markets Lose Their Last Lion," *National Post* (Toronto), November 17, 2006.

(5) Jim Webb, "Class Struggle," *Wall Street Journal*, November 15, 2006.

(6) Geoffrey York, "Beijing to Target Rural Poverty," *Globe and Mail* (Toronto), March 6, 2006; Larry Rohter, "A Widening Gap Erodes Argentina's Egalitarian Image," *New York Times*, December 25, 2006; World Institute for Development Economics Research, "Pioneering Study Shows Richest Two Percent Own Half World Wealth," press release, December 5, 2006, www.wider.unu.edu; Sarah Anderson et al., *Executive Excess 2006: Defense and Oil Executives Cash in on Conflict*, August 30, 2006, page 1, www.

faireconomy.org; Webb, "Class Struggle."

(7) Raul Garces, "Former Uruguayan Dictator Arrested," Associated Press, November 17, 2006; "Argentine Judge Paves Way for New Trial of Ex-Dictator Videla," Agence France-Presse, September 5, 2006; "Former Argentine Leader Indicted for 2001 Bond Swap," MercoPress, September 29, 2006, www.mercopress.com.

(8) "Former Latin American Leaders Facing Legal Troubles," *Miami Herald*, January 18, 2007.

(9) Andrew Osborn, "The A–Z of Oligarchs," *Independent* (London), May 26, 2006.

(10) Paul Waldie, "Hollinger: Publisher or 'Bank of Conrad Black'?" *Globe and Mail* (Toronto), February 7, 2007; "Political Activist Grover Norquist," *National Public Radio Morning Edition*, May 25, 2001; Jonathan Weisman, "Powerful GOP Activist Sees His Influence Slip over Abramoff Dealings," *Washington Post*, July 9, 2006.

(11) George W. Bush, *The National Security Strategy of the United States*, September 2002, www.whitehouse.gov.

(12) Jane Bussey, "Democrats Won Big by Opposing Free-Trade Agreements," *Miami Herald*, November 20, 2006; Robin Toner and Janet Elder, "Most Support U. S. Guarantee of Health Care," *New York Times*, March 2, 2007.

(13) Corporación Latinobarómetro, *Latinobarómetro Report 2006*, www.latinobarometro.org.

(14) Susan George and Erik Wesselius, "Why French and Dutch Citizens Are Saying NO," Transnational Institute, May 21, 2005, www.tni.org.

(15) Lou Dobbs, *CNN: Lou Dobbs Tonight*, April 14, 2005.

(16) Martin Arnold, "Polish Plumber Symbolic of all French Fear about Constitution," *Financial Times* (London), May 28, 2005.

(17) Andrew Curry, "The Case Against Poland's New President," *New Republic*, November 17, 2005; Fred Halliday, "Warsaw's Populist Twins," *openDemocracy*, September 1, 2006, www.opendemo

cracy.net; Ian Traynor, "After Communism: Ambitious, Eccentric—Polish Twins Prescribe a Dose of Harsh Reality," *Guardian* (London), September 1, 2006. ＊後注 Ken Livingstone, "Facing Phobias," *Guardian* (London), March 2, 2007.

(18) Perry Anderson, "Russia's Managed Democracy," *London Review of Books*, January 25, 2007.

(19) Vladimir Radyuhin, "Racial Tension on the Rise in Russia," *The Hindu*, September 16, 2006; Amnesty International, *Russian Federation: Violent Racism Out of Control*, May 4, 2006, www.amnesty.org.

(20) Helen Womack, "No Hiding Place for Scared Foreigners in Racist Russia," *Sydney Morning Herald*, May 6, 2006.

(21) Henry A. Kissinger, *Memorandum to the President, Subject: NSC Meeting, November 6—Chile*, November 5, 1970, declassified, www.gwu.edu/~nsarchiv.

(22) Jack Chang, "Fear of Privatization Gives Brazilian President a Lead in Runoff," Knight Ridder, October 26, 2006; Hector Tobar, "Nicaragua Sees Red Over Blackouts," *Los Angeles Times*, October 30, 2006.

(23) Nikolas Kozloff, "The Rise of Rafael Correa," *CounterPunch*, November 26, 2007; Simon Romero, "Leftist Candidate in Ec ua dor Is Ahead in Vote, Exit Polls Show," *New York Times*, November 27, 2006.

(24) "Argentine President Marks Third Year in Office with Campaign-Style Rally," *BBC: Monitoring International Reports*, May 26, 2006.

(25) Dan Keane, "South American Leaders Dream of Integration, Continental Parliament," Associated Press, December 9, 2006.

(26) Duncan Campbell, "Argentina and Uruguay Shun US Military Academy," *Guardian* (London), April 6, 2006; "Costa Rica Quits US Training at Ex-School of the Americas," Agence France-Presse, May 19, 2007.

(27) Roger Burbach, "Ecuador's Government Cautiously Takes Its

First Steps," *NACLA News*, February 19, 2007, www.nacla.org.

(28) Chris Kraul, "Big Cooperative Push in Venezuela," *Los Angeles Times*, August 21, 2006.

(29) Emir Sader, "Latin American Dossier: Free Trade in Reciprocity," *Le Monde Diplomatique*, February 2006.

(30) George W. Bush, *The National Security Strategy of the United States of America*, March 2006, page 30, www.whitehouse.gov; interview with Stanley Fischer conducted May 9, 2001, for *Commanding Heights: The Battle for the World Economy*, www.pbs.org.

(31) Jorge Rueda, "Chavez Says Venezuela Will Pull out of the IMF, World Bank," Associated Press, May 1, 2007; Fiona Ortiz, "Argentina's Kirchner Says No New IMF Program," Reuters, March 1, 2007; Christopher Swann, Bloomberg News, "Hugo Chávez Exploits Oil Wealth to Push IMF Aside," *International Herald Tribune* (Paris), March 1, 2007.

(32) Ibid.; "Ecuador Expels World Bank Representative," Agence France-Presse, April 27, 2007; Reuters, "Latin Leftists Mull Quitting World Bank Arbitrator," *Washington Post*, April 29, 2007; Eoin Callan and Krishna Guha, "Scandal Threatens World Bank's Role," *Financial Times* (London), April 23, 2007.

(33) Michael Wines, "Shantytown Dwellers in South Africa Protest the Sluggish Pace of Change," *New York Times*, December 25, 2005; Brendan Smith et al., "China's Emerging Labor Movement," Commondreams.org, October 5, 2006, www.commondreams.org.
＊後注 Ibid.

(34) Jean Baudrillard, *Power Inferno* (Paris: Galilée, 2002), 83［ジャン・ボードリヤール『パワー・インフェルノ ── グローバル・パワーとテロリズム』塚原史訳(NTT 出版, 2003)］.

(35) Central Intelligence Agency, Human Resource Exploitation Training Manual—1983, www.gwu.edu/~nsarchiv.

(36) Andrew England, "Siniora Flies to Paris as Lebanon Protests Called Off," *Financial Times* (London), January 23, 2007; Kim

Ghattas, "Pressure Builds for Lebanon Reform," *BBC News*, January 22, 2007; Lysandra Ohrstrom, "Reconstruction Chief Says He's Stepping Down," *Daily Star* (Beirut), August 24, 2006.

(37) Helene Cooper, "Aid Conference Raises $7.6 Billion for Lebanese Government," *New York Times*, January 26, 2007; Osama Habib, "Siniora Unveils Reform Plan Aimed at Impressing Paris III Donors," *Daily Star* (Beirut), January 3, 2007; Osama Habib, "Plans for Telecom Sale Move Ahead," *Daily Star* (Beirut), September 30, 2006.

(38) Mohamad Bazzi, "People's Revolt in Lebanon," *The Nation*, January 8, 2007; Trish Schuh, "On the Edge of Civil War: The Cedar Revolution Goes South," *CounterPunch*, January 23, 2007, www.counterpunch.org.

(39) Mary Hennock, "Lebanon's Economic Champion," *BBC News*, February 14, 2005; Randy Gragg, "Beirut," *Metropolis*, November 1995, pages 21, 26; "A Bombed-Out Beirut Is Being Born Again—Fitfully," *Architectural Record* 188, no. 4 (April 2000).

(40) Bazzi, "People's Revolt in Lebanon."

(41) Ana Nogueira and Saseen Kawzally, "Lebanon Rebuilds (Again)," *Indypendent*, August 31, 2006, www.indypendent.org; Kambiz Foroohar, "Hezbollah, with $100 Bills, Struggles to Repair Lebanon Damage," Bloomberg News, September 28, 2006; Omayma Abdel-Latif, "Rising From the Ashes," *Al-Ahram Weekly*, August 31, 2006.

(42) David Frum, "Counterfeit News," *National Post* (Toronto), August 26, 2006.

(43) "Spain's Aznar Rules Out Talks with Basque Group ETA," Associated Press, March 11, 2004.

(44) Elaine Sciolino, "In Spain's Vote, a Shock from Democracy (and the Past)," *New York Times*, March 21, 2004.

(45) Santisuda Ekachai, "This Land Is Our Land," *Bangkok Post*, March 2, 2005.

(46) Tom Kerr, Asian Coalition for Housing Rights, "New Orleans

Visits Asian Tsunami Areas—September 9-17, 2006," www.achr.net.

(47) Ibid.

(48) Kerr, "People's Leadership in Disaster Recovery: Rights, Resilience and Empowerment."

(49) Kerr, "New Orleans Visits Asian Tsunami Areas."

(50) Richard A. Webster, "N. O. Survivors Learn Lessons from Tsunami Rebuilders," *New Orleans Business*, November 13, 2006.

(51) Residents of Public Housing, "Public Housing Residents Take Back Their Homes," press release, February 11, 2007, www.peoplesorganizing.org.

(52) ジョゼフ・レキャスナーのコメントからの引用. Steve Ritea, "The Dream Team," *Times-Picayun*e (New Orleans), August 1, 2006.